中国税制

于海峰　李林木　◎主编

中国财经出版传媒集团
经济科学出版社
Economic Science Press

PREFACE 前言

为了便于广大读者学习了解我国现行税收制度和最新的税收政策，我们组织编写了这本《中国税制》。本书既可以作为高等院校经济与管理类专业本科生和研究生的教材，也可以作为政府财政税务部门以及广大纳税人学习税收知识的参考资料。

本教材在内容组织上具有以下几个鲜明特色：

一是注重引导性。"兴趣是最好的老师"。引导案例的设计是每一节的"导航员"，特别注意趣味性和导向性，从学生熟悉的生活实际出发，选择能让学生在一定程度上进行情境参与的案例作引导，力图起到激发学生学习兴趣和热情的重要作用。大部分引导案例采用了提问式方法，使得读者在阅读整节内容后再看引导案例会有豁然开朗的愉悦感，亦能增强读者学习税法的自信心。

二是突出实用性。教材内容在突出实践中普遍应用的原理和方法的同时，对于生涩难懂的政策法规，尽量通过举例方式，在通俗易懂的精选例子中融入法规要素，以鲜活生动的例题设计作为开启税法知识的"钥匙"。一方面，例题的选择过程是相当谨慎的，既不能过于复杂又需涵盖知识点和要点。为此，编写者特别注意协调"难易度""繁简度""覆盖面"之间的关系。另一方面，在本书的编写过程中始终贯彻循序渐进原则。本书的编写者在教学实践中发现学生对描述复杂的"长例题"普遍有畏难情绪，因此本书在难度上遵循"梯度推进"的原则，即在阐述税种的某个知识点时，选择描述简单且针对性强的"小例题"，而后逐步过渡到覆盖性较强且难度较大的"长例题"。

三是体现前沿性。我国税收制度在不断发展和完善，近年税收政策发生了较大变化。本书根据最新的税收政策及相关法律法规更新编写，并对税制改革历程进行了系统梳理，涵盖了"十四五"期间税制改革已发生的新动向。

本书由教育部高等学校财政学类专业教学指导委员会委员于海峰教授和李林木教授主编，编写者均为长期从事税制或税法课程教学的教师，多年来不仅为本科生和研究生主讲税制或税法，而且为税务干部和企事业单位财会人员进行税收知识培训。具体编写分工是：绪论由李林木、张霄编写；增值税部分由石卫祥编写；消费税、关税部分由陈小安编写；企业所得税、个人所得税和土地增值税部分由赵丽萍编写；房产税、契税、城镇土地使用税、车船税部分由姚雪绯编写；印花税、车辆购置税、耕地占用税、烟叶税、船舶吨税部分由邓满源编写；城建税、教育费附加、环保税、资源税部分由张霄编写。最后由于海峰教授和李林木教授总纂定稿。

由于作者水平有限，书中不足乃至错误之处在所难免，敬请广大读者不断反馈信息，对教材提出批评和建议，以便于我们不断修订、完善。

编者

2022 年 6 月

第一章　绪论　/　1

　　第一节　税收制度概述　/　1
　　第二节　税收制度的构成要素　/　3
　　第三节　中国现行税制体系分类及结构　/　16
　　第四节　中国税收制度的历史沿革　/　21

第二章　货物和劳务税　/　39

　　第一节　增值税　/　39
　　第二节　消费税　/　89
　　第三节　城市维护建设税与教育费附加　/　116
　　第四节　资源税　/　125
　　第五节　烟叶税　/　136
　　第六节　关税　/　139

第三章　所得税　/　160

　　第一节　企业所得税　/　160
　　第二节　个人所得税　/　226
　　第三节　土地增值税　/　262

第四章　财产税　/　282

　　第一节　房产税　/　282

第二节 契税 / 295

第三节 城镇土地使用税 / 309

第四节 车船税 / 321

第五章 行为税 / **331**

第一节 环境保护税 / 331

第二节 印花税 / 344

第三节 车辆购置税 / 360

第四节 耕地占用税 / 365

第五节 船舶吨税 / 372

第一章 绪 论

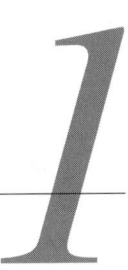

学习目标

1. 掌握税收制度的概念。
2. 掌握课税对象、纳税人和税率的内涵及特点,熟悉其他税制要素的内涵及特点。
3. 掌握我国现行税制体系分类,熟悉我国税制结构特点。
4. 了解我国税制历史沿革及趋势展望。

第一节 税收制度概述

一、税收制度的概念

税收制度,简称"税制"。它是规范政府与纳税人之间税收分配关系的各种法律、法规、规章等成文制度的总称,是国家税收政策的法治化和具体化。税务机关和纳税人都必须按照税收制度的有关规定征税和履行纳税义务。

税收制度的法律形式是税法,它是国家法律制度的重要组成部分。广义的税收制度包括税收基本法(如宪法等统领各项税收法律制度的根本大法)、税收程序法(如税收征收管理法等规范征纳税程序的法律制度)和税收实体法(即规定各个独立税种征纳税规范的法律制度)。狭义的税收制度一般仅指税收实体法,即国家设置的具体税种的课征制度。本书所涉及的内容主要是狭义的税收制度。

二、税收制度的意义

税收制度作为规范政府和纳税人之间税收分配关系的法律制度,在现实经济生活中具有十分重要的意义。

(一) 税收制度是维护国家权益的重要保障

征税权是国家权力的重要方面,任何国家都有权对其管辖权范围内的单位和个人行使征税权力。而征税权力的行使最终都要通过税收制度反映出来,没有相应的税收制度,国家征税就缺乏必要的法律依据,税收收入的取得就没有保障。所以,根据国家的具体情况,在经济政策和税收政策的指导下,制定符合本国国情的税收制度,对满足国家财政需要、充分维护国家的经济政治权益具有十分重要的现实意义。税收制度不完善或不健全,国家的征税权力就很难充分发挥出来,税收应有的职能作用也会受到相应的影响。

(二) 税收制度是国家经济政策的重要体现

在不同时期和不同的经济条件下,国家为了实现一定的经济目标和社会目标,必然会制定相应的经济政策。在总的经济政策下,还需制定各领域的经济政策,如财政政策、货币政策、投资政策、税收政策等。各项经济政策的实施均需依赖于相应的经济制度的确定,税收制度就是其中的一个方面。通过制定税收制度,可以把国家在一定时期内的经济政策,如对鼓励发展或优先发展的产业、项目的税收优惠政策以及公平税负、合理负担、促进平等竞争等经济政策通过各项具体的税收法律规定体现出来。

同时,在社会主义市场经济条件下,税收作为国家对国民经济进行宏观调控的重要经济杠杆,其调控作用的发挥也必须建立在相应的税收制度的基础之上。

(三) 税收制度是国家处理税收分配关系的主要法律依据

税收是大部分国家筹集财政收入的最主要手段,在税收分配的过程中,必然会涉及各方面的经济利益关系,如国家、企业、个人之间的关系,企业与企业、个人与个人之间的关系,积累与消费之间的关系,等等。再加上国家征税不能是随意性的,这就需要制定相应的税收法律制度,并在这些制度当中将国家处理各项分配关系的政策加以规范，使其具体化。同时，建立相应的税收制度，也使税务机关征税和纳税人履行纳税义务有了法律依据。

总之，税收制度是税收职能作用得以充分实现的基础，没有税收制度，征税机关就缺乏行使征税权力的依据，纳税人也就无法正常履行纳税义务。同时，没有税收制度，国家的经济政策就很难得以实现，国家的财政收入也很难及时足额地筹集上来，税收调节的功能也不可能得到充分的发挥。由此可见，税收制度在现实经济生活中确实不可缺少，健全和完善税收制度具有十分重要的意义。[①]

第二节　税收制度的构成要素

一、纳税人

（一）定义

纳税人是指税法所规定的直接负有纳税义务的单位和个人，纳税义务人可以是法人，也可以是自然人。纳税人作为纳税的主体，指明了"由谁缴税"的问题。例如，《中华人民共和国企业所得税法》规定，在中华人民共和国境内，企业和其他取得收入的组织为企业所得税的纳税人，依法缴纳企业所得税。又如，《中华人民共和国烟叶税法》规定，在中华人民共和国境内，依照《中华人民共和国烟草专卖法》的规定收购烟叶的单位为烟叶税的纳税人。

（二）相关概念

1. 负税人

负税人是最终实际承担税款的人。有些税种，其税收直接由纳税人自己负担，纳税人本身就是负税人；有些税种的纳税人与负税人不一致。如流转环节的增值税、消费税等，纳税人虽是生产、销售的单位和个人，但税款可能会通过商品或劳务的价格转嫁给消费者，使消费者成为最终的负税人。

2. 扣缴义务人

扣缴义务人是指税法规定负有代扣代缴、代收代缴税款义务的单位和个人。

[①] 于海峰，石卫祥，阎学英. 中国税制 [M]. 3 版. 广州：中山大学出版社，2009.

确定扣款义务人，就是采用源泉控制的方法，保证国家的财政收入，防止税款流失，简化纳税手续。例如，《中华人民共和国个人所得税法》规定，以支付纳税人所得的单位和个人为扣缴义务人。

扣缴义务人必须按照法律、行政法规的规定缴纳税款、代扣代缴、代收代缴税款。税务机关按规定付给扣缴义务人代扣手续费，扣缴义务人必须按税法规定代扣税款，并按规定期限缴库。扣缴义务人应扣未扣、应收而不收税款的，除由税务机关向纳税人追缴税款外，应对扣缴义务人处以一定数额的罚款。

二、课税对象

（一）定义

课税对象又称课税客体，指"对什么征税"，即征税的客观目的物，是一个税种区别于另一个税种的标志。在世界各国的税收实践中，课税对象通常包括商品（劳务）、收入（所得）、财产和行为。

（二）相关概念

1. 征税范围

征税范围也称课税范围，体现征税的广度。具体征税范围可由税目进行细化规定。税目是指课税对象的具体项目，国家可以通过对某些税种具体税目的调整达到政策目的。例如，在《中华人民共和国消费税暂行条例》中，以税目税率表的形式规定了目前征收消费税的15种特殊消费品。

2. 计税依据

计税依据是课税对象在数量上的具体化，是计算应纳税额的依据。

三、税率

税率是应纳税额在课税对象中所占的比重，即"征多少"的问题。税率体现征税的深度，是税收制度的核心。在税率的设计上，通常采用比例税率、累进税率和定额税率三种形式。

1. 比例税率

比例税率是指按课税对象的价值额规定一个征收比率的税率形式。如增值税的13%、9%和6%，企业所得税的25%和15%，消费税中对高档化妆品征收比例为15%等。按设置的征收比率额方式，比例税率又分为单一比例税率、差别比例税率和幅度比例税率三种形式。

(1) 单一比例税率。不论征税对象和纳税人的情况如何，均按统一的一个比率计算应纳税额。如车辆购置税的10%和烟叶税的20%等。

(2) 差别比例税率。对不同的征税对象和纳税人，分别按不同的比例计算应纳税额。如产品差别比例税率（关税、消费税）、行业差别比例税率（增值税及"营改增"前的营业税）、地区差别比例税率（城市维护建设税）等。通过设置差别比例税率，可适应不同类别产品或经营项目的生产经营特点和盈利水平，有利于体现不同的税收政策，发挥税收公平税负、调节经济的作用。

(3) 幅度比例税率。在税法规定的最低税率和最高税率幅度内，各地区可以在该范围内根据当地的实际情况确定本地的税率。比如，契税税率为3%～5%，各省份在此幅度内确定具体的适用税率。

比例税率具有设置简单、便于操作、纳税人易于接受等优点，但对于个人所得税、遗产税等税种而言，纳税人对公平的要求较高，比例税率对收入的调节力度则有所欠缺。

2. 累进税率

累进税率是指根据课税对象的数额大小逐级递增的一种税率形式。计税依据的数额越大，税率越高；计税依据的数额越小，税率越低。累进税率一般在所得课税中使用，可以充分体现对纳税人收入多的多征、收入少的少征、无收入的不征的税收原则，从而有效地调节纳税人的收入，正确处理税收负担的纵向公平问题。它有利于调节纳税人的收入和财富，通常多用于所得税和财产税。

具体可以设置全额累进税率、超额累进税率、超率累进税率和超倍累进税率等几种形式。

(1) 全额累进税率。将税率划分若干累进的等级，征税对象的数额越大，对应税率等级越高。在计算应纳税额时，按课税对象的全部数量对应相应等级的税率。实际上，这是一种按照征税对象数额大小、分等级规定的一种差别比例税率，它的名义税率与实际税率一般相等。

全额累进税率在调节收入方面较之比例税率要合理。但是在采用全额累进税率的时候，虽然计算简便，但累进程度急剧，尤其难以避免的是在两个等级的临界部位会出现税负增加不合理的情况。假设按表1-1中的全额累进税率表征收个人所得税：

表1-1　　　　　　　　　个人所得税全额累进税率

级数	全年应纳税所得额	税率（%）
1	不超过36000元	3
2	超过36000元至144000元	10
3	超过144000元至300000元	20
……	……	……

雇员甲和雇员乙的年应纳税所得额恰好在第1级和第2级的临界点上下，分别为36000元和36001元。若以全额累进税率方式计征税款，则甲的应纳税额＝36000×3%＝1080（元），乙的应纳税额＝36001×10%＝3600.1（元）。显然，乙的所得仅比甲多1元，税负却是甲的3倍多，比甲多缴税3600.1－1080＝2520.1（元），这就是通常所说的临界点税负的"不合理跳跃"。类似的情况也同样会出现在第2级和第3级的临界点144000元以及其他各级临界点附近，这样既不利于体现税收的公平原则，也不利于鼓励纳税人增加收入。

（2）超额累进税率。将税率划分若干累进的等级，征税对象的数额越大，对应税率等级越高。与全额累进税率不同的是，在计算应纳税额时，当课税对象数额超过某一等级时，仅就超过部分按高一级税率计算，未超过部分仍按原等级税率计算，如表1-2所示。

表1-2　　　　　　　　　个人所得税超额累进税率

级数	全年应纳税所得额	税率（%）
1	不超过36000元的部分	3
2	超过36000元至144000元的部分	10
3	超过144000元至300000元的部分	20
……	……	……

雇员甲和雇员乙的年应纳税所得额分别为36000元和36001元。若以超额累进税率方式计征税款，则甲的应纳税额＝36000×3%＝1080（元），乙的应纳税额＝36000×3%＋1×10%＝1080.1（元）。乙的所得比甲多1元，税负只比甲多1080.10－1080＝0.10（元）。很明显，在超额累进税率下，随着所得的增加，税负的增加相对更加合理。

在利用计算机技术解决了超额累进税率相对于全额累进税率计算复杂的这一缺陷之后，虽然仍有税收负担透明度不高等不足，但因其累进幅度比较缓和、税收负担较为合理，且有利于鼓励纳税人增加产出获取更高的收入，超额累进税率成为目前现代税收制度中各国普遍采用的一种形式。我国现行个人所得税法中，对个人综合所得采取七级超额累进税率，对个体工商户的生产经营所得和对企业、事业单位承包经营、租赁经营所得，采用五级超额累进税率。

（3）超率累进税率。在超额累进税率的基础上，超率累进税率以课税对象的相对数额为累进依据，划分几个等级，就其超过部分对应相应等级的累进税率征税。我国现行土地增值税采用四级超率累进税率，对转让房地产获得的收入减除法定扣除项目金额后的土地增值额，计算其占扣除项目的比率即增值率，增值率高的多征，增值率低的少征，无增值的不征（见表1-3）。

表1-3　　　　　　　　　　土地增值税四级超率累进税率

级次	增值额占扣除项目金额的比例	税率（%）
1	50%以下	30
2	50%~100%	40
3	100%~200%	50
4	200%以上	60

（4）超倍累进税率。先规定某一基数，按课税对象相对于这个基数的倍数为累进依据，划分若干等级，就其超过倍数部分对应相应等级的累进税率征税。这实际上是一种特殊的超率累进税率，只是将比率用倍数表示。计税基数可以是绝对数（即超额累进税率），也可以是相对数（即超率累进税率）。

我国曾于1987年开征个人收入调节税（已于1994年废止），为了体现国家的分配政策，在按个人综合收入计税的方式中采用过六级超倍累进税率。

3. 定额税率

定额税率也称"固定税额"，是按照课税对象的一定计量单位直接确定征收的数额，而不是按课税对象的价值单位规定征收比率。计量单位可以是其自然单位，也可以是特殊规定的复合单位。如我国现行税制中，对成品油征收的消费税以升作为计量单位计税，对盐征收的资源税以吨作为计量单位计税，对天然气征收的资源税以立方米为计量单位计税，又如城镇土地使用税以平方米为计税单位等。

定额税率一是计算简单，征管方便；二是对于经营这类商品的企业提高产品质量，改进产品包装有促进作用。现代税收制度中，对价格稳定、质量规格标准统一的商品，一般都采用定额税率。但是，固定税额的规定使得应纳税额只与课税对象的实物量有关，而与价格的变化无关，因此，一方面在课税对象价格提高时，不能使政府的税收收入随之同步增长；另一方面，在其价格下降时，税收负担又不会随之下降，从而对纳税人的生产经营带来不利影响。

定额税率通常有四种具体表现形式：地区差别定额税率、分类分级定额税率、幅度定额税率以及地区差别、分类分级和幅度相结合的定额税率。

四、纳税环节

纳税环节是税法规定的课税对象应缴税款的环节。广义的纳税环节指全部课税对象在再生产中的分布，如资源税分布在生产环节，所得税分布在分配环节等。纳税环节的分布制约着税制结构，对取得财政收入和调节经济有重大影响。狭义的纳税环节指课税对象在流转过程中应纳税的环节，即商品（劳务）从生产到最终使用需经过的制造、批发、零售、消费等各个环节。确定合理的纳税环节，关系到税种的布局、税款能否及时足额入库以及地区间税收收入的分配，同时也关系到纳税人的经济核算和是否便利纳税人缴纳税款等问题。

任何税种都要确定纳税环节，有的比较明确、固定，有的则需要在许多流转环节中选择确定。例如，契税是在土地、房屋权属转移行为发生后，领取土地使用权证和房屋产权证之前一次性课征；消费税中对金银制品也选择零售环节一次课征制，对卷烟则选择生产和批发两个环节课征；而增值税则在各个流转环节课征。

纳税环节的多少以及具体环节的选择，不仅关系到国家财政收入水平，而且会影响纳税人的经济行为和纳税积极性，影响商品流通和经济运行的轨迹。

五、纳税期限

纳税期限是纳税义务、扣缴义务发生后，纳税人、扣缴义务人向国家缴纳或者解缴税款的期限。纳税期限一般是根据各税种的不同特点，结合纳税人的生产经营情况、应纳税额的大小等确定，是税收固定性特征的重要体现，有利于保证财政收入的及时、稳定。

纳税期限的确定通常取决于不同的征税对象的特点、纳税人缴纳税款数额的多少和纳税行为发生的特殊情况。具体的纳税期限通常是在办理税务登记以后，由税务机关根据其税务登记的情况，在税收法律、行政法规规定的范围内核定。

纳税期限一旦确定，即具有法律效力，征纳双方都应当遵守。根据《中华人民共和国税收征收管理法》的规定，纳税人因有特殊困难，不能按期缴纳税款的，经省、自治区、直辖市税务局批准，可以延期缴纳税款，但是最长不得超过3个月。

六、纳税地点

纳税地点是指法律、行政法规规定的纳税人申报缴纳税款的地点。纳税地点关系到征税机关的税收管辖权和纳税人是否便利纳税等问题，在税法中明确规定纳税地点有助于防止漏征或重复征税。纳税地点一般实行属地管辖，通常规定为纳税人所在地、经济活动发生地、财产所在地和报关地等。

我国税收制度对纳税地点规定的总原则是纳税人在其所在地就地申报纳税，同时考虑到某些纳税人生产经营和财务核算的不同情况，对纳税地点也进行了不同规定。主要方式有以下几种：

1. 企业所在地纳税

如增值税和企业所得税等，除另有规定外，由纳税人向其所在地主管税务机关申报纳税。

2. 经营行为所在地纳税

主要适用于跨地区经营和临时经营的纳税人。如临时经营者在经营行为发生地缴纳；固定工商业户总、分支机构不设在同一县（市）的，分别在其经营行为所在地纳税；建筑安装企业承包建筑安装工程和修理业务，在承包工程所在地纳税。

3. 集中纳税

对少数中央部、局、企业总部实行统一核算的生产经营单位，由主管部、局或总公司集中纳税。如对铁路运营、金融、保险企业和中国医药管理局直属企业，分别由中央各主管部、行、局、总公司集中纳税。

4. 报关地海关纳税

主要适用于关税。进出口商品的应纳关税，在商品进出口岸地，由收、发货人或其代理人向报关地海关纳税。

七、税收优惠

税收优惠是指国家运用税收政策在税收法律、行政法规中规定对某一部分特定纳税人和课税对象给予鼓励和照顾的一种措施，目的是通过减轻或免除税收负担，配合国家在一定时期的政治、经济和社会发展总目标，补贴相应的纳税人或其某些活动,扶持某些特殊地区、产业、企业和产品的发展,促进产业结构的调整和社会经济的协调发展。税收优惠体现税收制度的弹性,是国家干预经济的重要手段之一。常见的优惠方式有减免税、退税等。

1. 减免税

给予部分纳税人减税、免税。其中,减税指减少计税依据或应纳税额,免税指免征某一税种或某一税目的税款。

(1) 根据效力长短,减免税可分为法定减免、临时减免和特定减免三种类型。

一是法定减免。凡是由各种税的基本法律法规规定的减税、免税都称为法定减免。它体现了该税种减免的基本原则规定,具有长期的适用性。法定减免必须在基本法律法规中明确列举减免税项目、减免税的范围和时间。例如,我国现行《中华人民共和国增值税暂行条例》明确规定,农业生产者销售的自产农业产品、避孕用品等免税。

二是临时减免。又称"困难减免",是指为了照顾纳税人的某些特殊的、暂时的困难而临时批准的一些减税免税项目。它通常是有限期的减免或一次性的减免。如纳税人遇有风、火、水等自然灾害或其他特殊原因,纳税有困难的,经税务机关批准后,可给予定期的或一次性的减税、免税照顾。

三是特定减免。是根据社会经济发展变化情况和发挥税收调节作用的需要而规定的减免税。主要有两种情况:一种是在税收的基本法律法规确定以后,随着国家政治经济情况的发展变化所作出的新的减免税补充规定;另一种是在税收基本法律法规中不能或不宜一一列举,而采用补充规定的减免税形式。以上两种特定减免,通常是由国务院或作为国家业务主管部门的财政部、国家税务总局、海关总署作出规定。

特定减免可分为无限期的和有限期的两种。大多特定减免都是有限期的,减免税到了规定的期限,就应该按规定恢复征税。

(2) 根据应纳税额的计算原理,即计税依据×税率=应纳税额,减免税可分为税基式减免、税率式减免和税额式减免三种类型。

第一,税基式减免。通过直接缩小计税依据的方式实现减免税,包括规定起征点、免征额、加计扣除、加速折旧、项目扣除以及其他形式,等等。

起征点是指税法规定对课税对象开始征税的起点数额,课税对象数额未达到规定起征点的不征税,达到起征点的,按课税对象的全部数额征税。规定起征点是为了照顾应税收入较少的纳税人,其目的是使税收政策符合合理负担的原则,起征点也是税收制度的组成部分。例如，根据我国现行增值税规定，对登记为小规模纳税人的个体工商户和其他个人的起征点为月销售额 5000～20000 元，对销售额未达起征点的，免征增值税，超过部分全额征税。

免征额是指税法规定在课税对象的数额中免予征税的部分，课税对象数额在免征额以内的不征税，超过免征额的，仅就超过的部分征税。例如，我国现行个人所得税规定，对个人工薪收入，按每月 5000 元费用扣除标准计算工资薪金所得余额征税，即每月工资薪金在 5000 元以内的部分免征个人所得税，超过的部分计征个人所得税。

加计扣除是指按照税法规定，在实际发生数额的基础上，再加成一定比例，作为计算应纳税所得额时的扣除数额的一种税收优惠措施。

加速折旧是指为支持技术进步，鼓励特定行业或部门的投资，允许纳税人在固定资产使用年限的初期提取较多的折旧，以尽快收回投资额，使其产品加速更新换代。但是，前期提取较多的折旧固然可以使当期应纳税所得额减少，进而降低应纳所得税额，但必然导致后期所能提取的折旧额相应减少，使后期应纳税所得额增加，应纳所得税额也会增加。所以，加速折旧从总量上并不能减轻纳税人的税负，只是使企业的纳税时间向后推延，效果类似于延期纳税。对于纳税人而言，尽管其总体税负未变，但税负得以递延的结果是相当于从政府那里得到了一笔无息贷款，有利于企业有效利用资金发展生产经营。例如，2015 年 9 月 16 日，国务院第 105 次常务会议决定，对轻工、纺织、机械、汽车四个领域重点行业的小型微利企业同样实行固定资产加速折旧政策，2015 年 1 月 1 日后新购进研发和生产经营共用的仪器、设备，单位价值超过 100 万元的，允许缩短折旧年限或采取加速折旧方法。这对鼓励企业扩大投资，促进传统产业改造升级，增强经济发展后劲，都具有重要意义。政府从加速折旧的角度，增大每年可在税前扣除的成本额度，减轻企业的负担，鼓励企业加快转型升级；也有利于企业降低税负，改善现金流。

项目扣除是指在征税对象中扣除一定项目的数额，按扣除后的余额部分征税。如我国现行企业所得税规定，为激励企业加大研发投入，支持科技创新，开发新技术、新产品、新工艺发生的研究开发费用，可以在计算应纳税所得额时，在据实扣除的基础上加计一定比例扣除；企业安置残疾人员的，也可以在按照支付给残疾职工工资据实扣除的基础上加计一定比例扣除。

其他形式是指除上述以外的其他形式减计税基，以达到减免税的效果。如我国现行企业所得税法规定，创业投资企业从事国家需要重点扶持和鼓励的创业投资，可以按投资额的一定比例抵扣应纳税所得额；企业综合利用资源，生产符合国家产业政策规定的产品所取得的收入，可以在计算应纳税所得额时减计收入；为支持小型微利企业发展，持续推动实体经济降成本增后劲，自2021年1月1日至2022年12月31日，小型微利企业年应纳税所得额不超过100万元、超过100万元但不超过300万元的部分，分别减按12.5%、50%计入应纳税所得额，按20%的税率缴纳企业所得税。自2022年1月1日至2024年12月31日，对小型微利企业年应纳税所得额超过100万元但不超过300万元的部分，减按25%计入应纳税所得额，按20%的税率缴纳企业所得税。

【例1-1】A企业经过判断符合小型微利企业条件。2021年第一季度预缴企业所得税时，相应的应纳税所得额为50万元，那么A企业实际应纳所得税额 = $50 \times 12.5\% \times 20\% = 1.25$（万元）。减免税额 = $50 \times 25\% - 1.25 = 11.25$（万元）。第二季度预缴企业所得税时，相应的累计应纳税所得额为150万元，那么A企业实际应纳所得税额 = $100 \times 12.5\% \times 20\% + (150 - 100) \times 50\% \times 20\% = 2.5 + 5 = 7.5$（万元）。减免税额 = $150 \times 25\% - 7.5 = 30$（万元）。

【思考】如果A企业的该笔应纳税所得额150万元发生在2022年，则该笔所得的应纳所得税额和减免税额分别是多少？

第二，税率式减免。通过直接降低税率的方式实现减免税，包括规定优惠税率和零税率等形式。

规定优惠税率。例如，我国现行企业所得税规定，企业所得税的税率为25%，但对于符合条件的小型微利企业，可减按20%的税率征收企业所得税（如【例1-1】）；对于国家需要重点扶持的高新技术企业，减按15%的税率征收企业所得税。

零税率。实际上是比例税率的一种特殊形式，指对某种课税对象除某个特定环节免税外，还要退还之前环节的税款。从理论上说，零税率与免税是不同的。免税是指对某种课税对象和某种纳税人，免除其本身负担的应纳税额，而外购的货物或劳务仍然是含税的。而我国现行增值税规定对出口产品实行零税率，即纳税人出口产品不仅可以不缴纳本环节增值额的应纳税额，而且可以退还以前各环节增值额的已纳税款。对出口产品实行零税率，目的在于奖励出口，使我国产品在国际市场上以完全不含税的价格参与竞争。

第三，税额式减免。通过直接减少应纳税额的方式实现减免税，包括全部免征、减按一定比例征收等形式。例如，自2019年1月1日至2023年12月31日，对高校学生公寓免征房产税；对与高校学生签订的高校学生公寓租赁合同，免征印花税；自 2021 年 1 月 1 日至 2022 年 12 月 31 日，对购置的新能源汽车免征车辆购置税。又如，我国现行个人所得税规定，稿酬所得的收入额在扣除 20% 的费用基础上再减按 70% 计算。

总之，减免税的规定是为了解决按税制规定的方法征税时所不能解决的具体问题而采取的一种措施，是在一定时期内给予纳税人的一种税收优惠，同时也是税收的统一性和灵活性相结合的具体体现。

2. 退税

退税是指政府为鼓励纳税人从事某种经济活动而将其已纳税款按程序予以部分或全部退还，常见的退税有出口退税、即征即退、先征后返和跨境购物退税等几种方式。

（1）出口退税。为了扩大出口贸易，鼓励产品出口，增强出口货物在国际市场上的竞争力，按国际惯例，我国规定对出口产品中包含的增值税和消费税给予出口企业一定比例的退税。

（2）即征即退。即对按税法规定缴纳的税款，由税务机关先足额征收，再将已征的全部或部分税款退还给纳税人。例如，我国现行增值税政策规定，为发挥税收政策促进残疾人就业的作用，保障残疾人权益，对安置残疾人的单位和个体工商户，由税务机关根据安置残疾人的人数在一定限额内即征即退增值税；又如，增值税一般纳税人销售其自行开发生产的软件产品，按 13% 的税率征收增值税后，对其增值税实际税负超过 3% 的部分实行即征即退政策。即征即退实际上是一种特殊方式的免税，但与免税的根本区别在于，销售方有开具增值税专用发票的资格。其意义在于强化税收征管，规范税收秩序。

（3）先征后返。又称先征后退，即对按税法规定缴纳的税款，由税务机关征收入库后，再由税务机关或财政部门按规定的程序给予部分或全部返还已纳税款。相比之下，采用即征即退的方式可即时退还，时间较短，而先征后返则具有严格的退税程序和管理规定，由税务机关根据规定审查对符合条件的企业办理退税，因此税款返还相对滞后。其意义在于事后控制，保证税收。

（4）跨境购物退税。是指境外游客离境时，对其在退税定点商店购买随身携运出境的退税物品，按规定予以退税。这是国际上征收增值税、消费税国家和地区的通行做法，体现了增值税、消费税消费地征税原则，目的是带动旅游消费而给予外籍消费者的一种福利。

购物退税制度起源于 20 世纪 80 年代初的瑞典，目前包括欧盟主要成员国、澳大利亚、日本、韩国、新加坡、泰国等在内的 50 多个国家和地区都实行了这一制度。自 2011 年起，中国在海南开始试点离境退税政策。2014 年 8 月，国务院发布《关于促进旅游业改革发展的若干意见》，提出扩大旅游购物消费，研究完善境外旅客购物离境退税政策，将实施范围扩大至全国符合条件的地区。2015 年 1 月 16 日，财政部发布《关于实施境外旅客购物离境退税政策的公告》，标志着中国离境退税政策正式在全国范围内启动。目前，该政策已在北京、上海、天津、厦门、辽宁、安徽、福建、海南、山东、湖南等省份实施，符合条件的境外旅客在政策实施地区购买物品，可按规定申请增值税退税。

八、罚则

违章处理是对纳税人、扣缴义务人或关联方违反税法行为所采取的处罚措施，它体现了税收的强制性，是保证税法正确贯彻执行、严肃纳税纪律的重要手段。

（一）偷税

纳税人伪造、变造、隐匿、擅自销毁账簿、记账凭证，或者在账簿上多列支出或者不列、少列收入，或者经税务机关通知申报而拒不申报或者进行虚假的纳税申报，不缴或者少缴应纳税款的，是偷税。

对纳税人偷税的，或扣缴义务人采取以上手段不缴或者少缴已扣、已收税款的，由税务机关追缴其不缴或者少缴的税款、滞纳金，并处不缴或者少缴的税款 50% 以上 5 倍以下的罚款；构成犯罪的，依法追究刑事责任。

纳税人、扣缴义务人编造虚假计税依据的，由税务机关责令限期改正，并处 5 万元以下的罚款。

（二）欠税

欠税是纳税人超过税务机关核定的纳税期限，没有按期缴纳，拖欠税款的行为。纳税人、扣缴义务人不能按期办理纳税申报或者报送代扣代缴、代收代缴税款报告表的，经税务机关核准，可以延期申报。经核准延期办理前款规定的申报、报送事项的，应当在纳税期内按照上期实际缴纳的税额或者税务机关核定的税额预缴税款，并在核准的延期内办理税款结算。

根据《中华人民共和国税收征收管理法》的规定，纳税人未按照规定期限缴纳税款的，扣缴义务人未按照规定期限解缴税款的，税务机关除责令限期缴纳外，从滞纳税款之日起，按日加收滞纳税款万分之五的滞纳金。

纳税人欠缴应纳税款，采取转移或者隐匿财产的手段，妨碍税务机关追缴欠缴的税款的，由税务机关追缴欠缴的税款、滞纳金，并处欠缴税款50%以上5倍以下的罚款；构成犯罪的，依法追究刑事责任。

（三）骗税

骗税是以假报出口或者其他欺骗手段，骗取国家出口退税款。它是伴随着出口退税制度的产生而产生的，骗税不仅干扰了正常的出口退税，造成了国家财政收入的大量流失，而且严重扰乱了正常的经济秩序，滋生腐败，毒化社会风气。

骗税除由税务机关追缴其骗取的退税款，并处骗取税款1倍以上5倍以下的罚款；构成犯罪的，依法追究刑事责任。同时，骗取国家出口退税款的，税务机关可以在规定期间内停止为其办理出口退税。

（四）抗税

抗税是指纳税人以暴力、威胁方法不缴税款的行为。除由税务机关追缴其拒缴的税款、滞纳金外，依法追究刑事责任。抗税情节轻微，未构成犯罪的，由税务机关追缴其拒缴的税款、滞纳金，并处拒缴税款1倍以上5倍以下的罚款。

（五）违反发票管理办法

根据《中华人民共和国税收征收管理法》的规定，税务机关是发票的主管机关，负责发票印制、领购、开具、取得、保管、缴销的管理和监督。单位、个人在购销商品、提供或者接受经营服务以及从事其他经营活动中，应当按照规定开具、使用、取得发票。非法印制发票的，由税务机关销毁非法印制的发票，没收违法所得和作案工具，并处1万元以上5万元以下的罚款；构成犯罪的，依法追究刑事责任。

（六）其他违章处理

（1）纳税人有下列行为之一的，由税务机关责令限期改正，可以处2000元以下的罚款；情节严重的，处2000元以上10000元以下的罚款：

① 未按照规定的期限申报办理税务登记、变更或者注销登记的；逾期不改正的，经税务机关提请，由工商行政管理机关吊销其营业执照；

② 纳税人未按照规定设置、保管账簿或者保管记账凭证和有关资料的；

③ 未按照规定将财务、会计制度或者财务、会计处理办法和会计核算软件报送税务机关备查的；

④ 未按照规定将其全部银行账号向税务机关报告的；

⑤ 未按照规定安装、使用税控装置，或者损毁或擅自改动税控装置的。

（2）纳税人未按照规定使用税务登记证件，或者转借、涂改、损毁、买卖、伪造税务登记证件，情节严重的，处1万元以上5万元以下的罚款。

（3）扣缴义务人未按照规定设置、保管代扣代缴、代收代缴税款账簿或者保管代扣代缴、代收代缴税款记账凭证及有关资料，情节严重的，处2000元以上5000元以下的罚款。

（4）纳税人未按照规定的期限办理纳税申报和报送纳税资料的，或者扣缴义务人未按照规定的期限向税务机关报送代扣代缴、代收代缴税款报告表和有关资料，情节严重的，可以处2000元以上1万元以下的罚款。

（5）纳税人不进行纳税申报，不缴或者少缴应纳税款的，由税务机关追缴其不缴或者少缴的税款、滞纳金，并处不缴或者少缴的税款50%以上5倍以下的罚款。

（6）扣缴义务人应扣未扣、应收而不收税款的，由税务机关向纳税人追缴税款，对扣缴义务人处应扣未扣、应收未收税款50%以上3倍以下的罚款。

（7）纳税人、扣缴义务人逃避、拒绝或者以其他方式阻挠税务机关检查的，由税务机关责令改正，可以处1万元以下的罚款；情节严重的，处1万元以上5万元以下的罚款。

（8）纳税人、扣缴义务人的开户银行或者其他金融机构拒绝接受税务机关依法检查纳税人、扣缴义务人存款账户，或者拒绝执行税务机关作出的冻结存款或者扣缴税款的决定，或者在接到税务机关的书面通知后帮助纳税人、扣缴义务人转移存款，造成税款流失的，由税务机关处10万元以上50万元以下的罚款，对直接负责的主管人员和其他直接责任人员处1000元以上1万元以下的罚款。

第三节　中国现行税制体系分类及结构

一、中国现行税制体系分类

我国目前共有18个税种，包括增值税、消费税、企业所得税、个人所得税、资源税、城镇土地使用税、房产税、城市维护建设税、耕地占用税、土地增值税、车辆购置税、车船税、印花税、契税、烟叶税、关税、船舶吨税、环境保护税。其中16个税种由税务部门负责征收，关税和船舶吨税由海关征收，进口货物的增值税、消费税由海关部门代征。按不同标准，可将税种归为若干类别。

（一）以课税对象为标准

以课税对象为标准，可将现行税种分为货物和劳务税、所得税、财产和行为税四类，具体如图1-1所示。

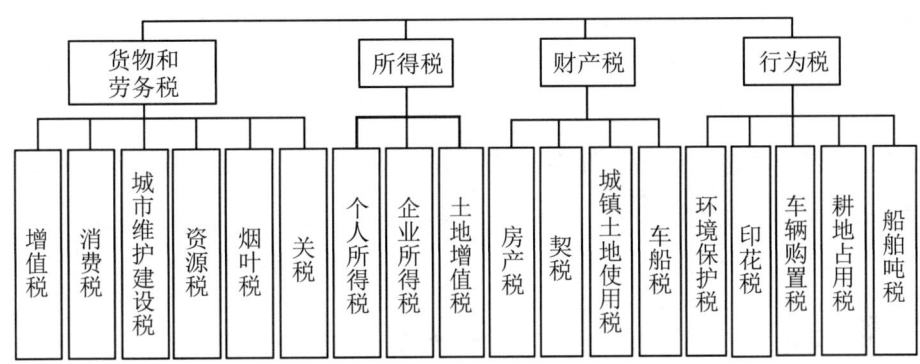

图1-1 我国税制按课税对象分类

1. 货物和劳务税

货物和劳务税是指以货物或劳务的流转额为课税对象的税种。货物的流转额是指在货物买卖过程中发生的交易额。劳务流转额是指企业、事业单位以及个人在有偿提供劳务时获取的收入额。我国现行税制中属于货物和劳务税的税种有增值税、消费税、城市维护建设税及教育费附加、资源税、烟叶税和关税等。

2. 所得税

所得税是指以法人和自然人在一定期间获取的收益或所得额为征税对象的一类税收，纳税人的应税所得可分为经营所得、财产所得、劳动所得、投资所得和其他所得。经营所得是指从事生产经营的企业和个体经营者获取的经营收入扣除为取得该项收入所支付的费用及有关税金后的余额；其他所得是指工资、劳务报酬、股息、利息、租金、转让特许权利等所得。我国现行税制中属于所得税的税种有个人所得税、企业所得税和土地增值税等。土地增值税是对纳税人转让房地产所取得的增值收益征税，在性质上属于所得税范畴，因此纳入所得税计算。

3. 财产税

财产税是指以纳税人拥有或支配的财产为课税对象的税种体系。这里的财产是指经过人类劳动所创造的物质财富，包括动产和不动产两大类。从世界各国税收实践看，税法一般把土地和土地上的各种附属物、设施及室外的车船等都列入征税范围；对室内财产及无形资产则一般不予征税。我国现行税制中属于财产税的税种包括房产税、契税、城镇土地使用税、车船税等。

4. 行为税

行为税是以经济活动中某些特定行为为对象征收的税类总称。行为课税的最大特点是征纳行为的发生具有偶然性或一次性。属于行为课税的税种有印花税、车辆购置税、环境保护税、耕地占用税以及船舶吨税等，其征税目的因不同税种而异。有的出于限制某些行为发展考虑，有的基于对某种经济活动或权益的认可，有的则在于开辟财源以满足某一方面财政支出的需要。行为税大多针对某种特定行为课税，征收对象单一，税源不大，收入零星分散，且大多归入地方财政。

（二）按税收收入在中央与地方间的分配关系为标准

按照税款支配权标准划分，可将现行税种分为中央税、地方税及共享税。凡税款所有权划归中央财政的税种，属于中央税；凡税款所有权划归地方财政的税种，属于地方税；凡税款所有权由中央和地方财政按一定方式分享的税种，属于共享税，如图 1-2 所示。划分中央税与地方税，主要是根据财权与事权相适应的原则进行的。即：把需要由全国统一管理、影响全国性的商品流通和税源集中、收入较大的税种划为中央税；把与地方资源、经济状况联系比较紧密，对全国性商品生产和流通影响小或没有影响，税源比较分散的税种划为地方税；把一些税源具有普遍性，但征管难度较大的税种划为中央和地方共享税。

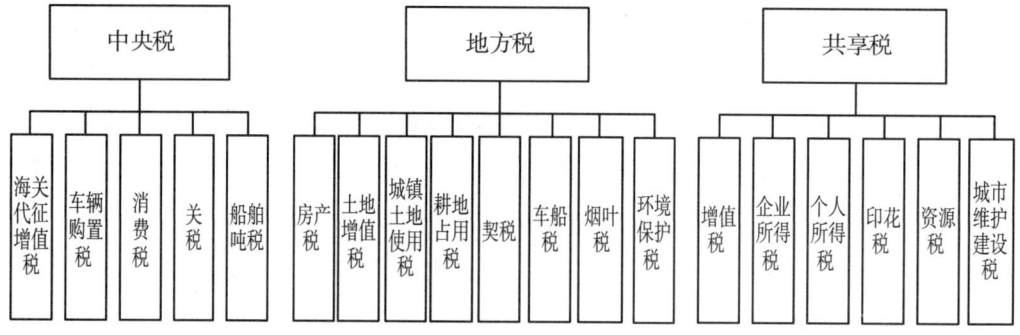

图 1-2 我国税制按税收收入在中央与地方间的分配关系分类

1. 中央政府固定收入

包括消费税（含进口环节由海关代征的部分）、车辆购置税、关税、海关代征增值税、船舶吨税。

2. 地方政府固定收入

包括城镇土地使用税、耕地占用税、土地增值税、房产税、车船税、契税、烟叶税、环境保护税。

3. 中央和地方共享收入

（1）增值税：全面"营改增"后中央分享增值税的50%、地方按税收缴纳地分享增值税的50%。

（2）企业所得税：中国国家铁路集团（原铁道部）、各银行总行及海洋石油企业缴纳的部分归中央政府，其余部分中央与地方政府按60%与40%的比例分享。

（3）个人所得税：除储蓄存款利息所得的个人所得税外，其余部分中央与地方政府按60%与40%的比例分享。

（4）资源税：海洋石油企业缴纳的部分归中央政府，其余部分归地方政府。

（5）城市维护建设税：中国铁路总公司、各银行总行、各保险总公司集中缴纳的部分归中央政府，其余部分归地方政府。

（6）印花税：证券交易印花税收入100%归中央政府，其余印花税收入归地方政府。

二、我国税制结构的现状

税制结构是指税收制度中税种的构成及各税种在其中所占的地位。税制结构是否合理，是税收制度是否健全与完善、税收作用能否充分发挥的前提。当前，世界上的经济发达国家大多实行以所得税（含社会保险税，下同）为主体税种的税制结构。这一税制结构的形成与完善建立在经济的高度商品化、货币化、社会化的基础之上，并经历了一个长期的演变过程。大多数发展中国家（特别是低收入国家）实行以商品税（指国内货物、劳务税和关税等）为主、所得税和其他税为辅的税制结构。同发达国家的税制结构比较，发展中国家的税制结构更突出国内商品税的地位。这种税制结构的形成是与发展中国家的社会经济状况紧密相连的，尤其受到发展中国家较低的人均收入和落后的税收征管水平等因素的制约。

近年来，我国税制结构相对稳定，仍以货物及劳务税作为主体税种，但也出现了一些变化，货物及劳务税的主体地位逐步削弱，所得税及财产税的地位在逐步上升。以 2019 年为例，货物和劳务税占税收收入的 49%，而 2011 年这一数据是 63%；2019 年所得税收入占税收收入的 34%，而 2011 年的比例是 27%；其他税收占税收收入的 17%，2011 年为 10%。在 18 个税种里，在税收总收入中的占比居前三位的分别为国内增值税、企业所得税、进口货物的增值税及消费税，其占比分别为 39%、24%、10%，如表 1-4 和表 1-5 所示。

表 1-4　　　　　　2019 年全国税收收入结构（一）：分税种

项目	各种税种收入（亿元）	占比（%）
税收合计收入	158000.46	100
国内增值税	62347.36	39
国内消费税	12564.44	8
进口货物增值税、消费税	15812.34	10
出口货物退增值税、消费税	-16503.19	-10
企业所得税	37303.77	24
个人所得税	10388.53	7
资源税	1821.64	1
城市维护建设税	4820.57	3
房产税	2988.43	2
印花税	2462.96	1
城镇土地使用税	2195.41	1
土地增值税	6465.14	4
车辆购置税	3498.26	2
关税	2889.13	2
耕地占用税	1389.84	1
契税	6212.86	4
车船税、船舶吨税、环境保护税、烟叶税等	1342.97	1

资料来源：《中国统计年鉴（2020）》、财政部网站。

表1-5　　　　　2019年全国税收收入结构（二）：分税类

项目	税收收入（亿元）	占比（%）
货物和劳务税（增值税、消费税、关税）	77800.93	49
所得税（企业所得税、个人所得税、土地增值税）	54157.44	34
其他税	26042.09	17

资料来源：财政部网站。

虽然我国目前的税制结构格局是与我国生产力发展状况以及经营管理水平基本适应的，但必须指出的是，1994年的税制改革过于强化以商品（货物）及劳务税为主体的税制结构，在税种的设计上过于突出增值税的作用，使得该税所占比重过大，而对经济具有"内在稳定器"功能的所得税则比重较低，尤其是个人所得税、财产税的比重偏低，这使得我国的税制结构在公平与效率的天平中倾向于效率而较少发挥公平的功能。

第四节　中国税收制度的历史沿革

税收制度是根据各个历史时期的政治经济形势的要素制定的。而各个历史时期由于政治经济形势的不同，所制定的税收制度也存在一定的差别。税收制度应该顺应我国政治经济发展的需要，并为巩固我国政治地位和促进我国经济发展服务。自1949年中华人民共和国成立以来，我国税收制度经历了从建立到逐步改革和完善的过程。新中国税制的建立与发展大体经历了如下五个阶段：第一阶段，新中国税制的建立与修正；第二阶段，20世纪50年代末期和"文化大革命"时期的税制简化；第三阶段，改革开放以来，即20世纪70年代末期和80年代税制改革；第四阶段，20世纪90年代的税制改革；第五阶段，1994年新税制改革后的继续完善阶段。

一、新中国税制的建立与修正

（一）1950年统一全国税政，建立新税制

1949年10月1日，新中国成立，财政经济面临巨大的困难。1949年11月，

中央人民政府财政部在北京召开了首届全国税务会议。会议全面研究了统一全国税政、统一制定新税法和统一建立税务机构等问题。1950年1月政务院颁发《关于统一全国税政的决定》，并同时发布《全国税政实施要则》。这两个文件是整理和统一全国税政的综合性法规，明确制定了新中国税收政策、税收制度和税务机构建立的原则。《全国税政实施要则》规定除农业税外，全国统一征收14种中央税和地方税，即货物税、工商业税（包括坐商、行商、摊贩的营业课税及所得课税）、盐税、关税、薪给报酬所得税、存款利息所得税、印花税、遗产税、交易税、屠宰税、地产税、房产税、特殊消费行为税（对筵席、娱乐、冷饮、饭店征收）、使用牌照税。不久，又公布了《中华人民共和国契税暂行条例》，开征了契税。以上各税均在全国统一施行。这标志着新中国税收制度的建立。

（二）1953年修正税制

从1953年起，我国进入了大规模的经济建设时期。当时社会主义经济日益壮大，资本主义经济相对缩小，过分繁杂的复合税制与国家计划管理和社会主义企业加强经济核算不相适应。

为了使税收既能促进经济的发展，又能保证大规模经济建设的资金需要，根据"保证税收，简化税制"的原则，按照工业品从生产、批发到零售一般要征三道税的要求，1953年对税制进行了修正，调整了税负。修正的主要内容包括：将22种产品原来在生产和销售各个环节缴纳的货物税、工商营业税及工商营业税附加和印花税等，合并改征商品流通税，实行从生产到零售一次课征制；将原来的棉纱统销税、交易税并入商品流通税的棉纱税目；修订货物税，简并货物税目为174个，调整货物税率，改变货物税的计税价格，由原来不含税价改为含税价计税；修订工商业税中的营业税，已纳商品流通税的商品，不再缴纳营业税；取消了特种消费行为税，将特种消费行为中的筵席、饮食、舞场税目并入营业税，对电影、戏剧等娱乐税目改征文化娱乐税；对印花税、交易税、屠宰税等也作了调整与修订，停征药材交易税，粮食、土布交易税改征货物税，交易税中只保留牲畜交易税。

1953年8月，又针对执行中的问题，对税制做了补充修订。经过修正税制，在基本保持原税负的基础上，使税收简并为14种，分别为商品流通税、货物税、工商业税、印花税、盐税、关税、牲畜交易税、城市房地产税、文化娱乐税、车船使用牌照税、屠宰税、利息所得税、农牧业税、契税，基本上适应了当时形势

第一章 绪 论

发展的需要。

二、20世纪50年代末期和"文化大革命"时期的税制简化

(一) 1958年试行工商统一税

在生产资料私有制社会主义改造基本完成以后,我国国民经济结构发生了变化,包括国营企业、合作社和公私合营企业在内的社会主义经济占整个国民经济的比重已达90%以上。从1958年起,我国进入第二个五年计划建设时期。当时,各方面要求简化税制的呼声很高,认为原来配合对私有制经济进行改造的多种税、多次征的复合税制已不适应基本上是单一的社会主义公有制经济的新情况。加之受"社会主义税收实质上不是税"的"非税论"的影响,总以为对国营企业征税太烦琐,只从简化税制出发,没有认真研究税收经济杠杆作用,在"保持原税负,简并税制"的方针指导下,简化工商税制,试行工商统一税。1959年1月开始试点税利合一,但税利合一削弱了税收的经济杠杆作用,不利于促进企业加强经营管理,1959年5月即停止了试点。

(二) 1958年统一全国农业税

新中国成立初期,由于老解放区与新解放区的情况不同,采取的农业税制也不同,老解放区是继续沿用解放战争时期的解放区制定的征税制度。至于新解放区,在土地改革以前,是贯彻执行政务院在1950年9月颁布的《新解放区农业税的暂行条例》,实行40级全额累进农业税制。1952年,在基本上完成了土地改革以后,改为实行24级全额累进税制。1956年农业合作化以后,无论是原来的老解放区还是新解放区,由于个体经济都走上合作化道路而变成集体经济,富农经济已经消灭,再实行两种农业税制已无必要。

为了适应农业合作化以后的新情况,1958年6月第一届全国人大常委会第九十六次会议通过了《中华人民共和国农业税条例》,从此废止了原来在新解放区实行的累进税制,并继续采取"稳定负担,增产不增收"的政策,各地的征收额基本上稳定在1958年的征收水平上。

(三) 1963年调整工商所得税

1953~1963年的10年期间,工商所得税都是实行21级的全额累进税制,不

分纳税人的性质和经营业务。在生产资料所有制的社会主义改造基本完成以后,工商所得税纳税人不再以资本主义工商业为重点,而主要是集体企业。1961年以后,国民经济实行调整、巩固、充实、提高的方针,为了适应新的政治经济形势,限制个体经济,巩固集体经济,国务院于1963年4月颁布了《关于调整工商所得税负担和改进征收办法的试行规定》,把全额累进税制改为超额累进税制,按纳税人的不同经济成分和不同行业分别设计税率。

(四) 1973年全面试行工商税

在"文化大革命"中,税收工作受到了严重的冲击,特别是在"四人帮"横行时期,经济规律被当作资本主义或修正主义来批判,税收对全民所有制企业的经济杠杆作用被认为已没有必要。1973年3月20日,国务院批转了财政部拟订的《中华人民共和国工商税条例(草案)》,从1973年1月1日起在全国统一试行工商税。工商税是对一切从事工商业经营的单位和个人就其产品销售或业务经营的流转额征收的一种税。

三、20世纪70年代末期和80年代税制改革

党的十一届三中全会于1978年12月召开,这次大会实现了新中国成立以来党的历史上的伟大转折,决定把全党工作的重点转移到社会主义现代化建设上来。1979年4月,党中央工作会议提出了对整个国民经济实行"调整、改革、整顿、提高"的方针。国家税收制度从1979年起也进行了一系列的调整改革。这次调整改革是吸取历次调整改革的经验教训以后,明确按经济规律办事,强调为经济体制改革服务,重视价值规律的作用,充分发挥中央、地方、企业、职工的积极性、创造性。

(一) 1979~1982年建立涉外税收制度及其他税制调整

为了适应对外经济交往的日益发展,有利于吸收外资和外国技术,维护国家主权和经济利益,1980年9月10日,第五届全国人大第三次会议审议通过并颁布了《中华人民共和国中外合资经营企业所得税法》和《中华人民共和国个人所得税法》,1981年12月13日第五届全国人大第四次会议审议通过并颁布了《中华人民共和国外国企业所得税法》,国务院相继颁布了3部税法的实施细则。1984年,

国务院又公布了经济特区和 14 个沿海城市对外税收的有关法规,并陆续公布了其他一些有关税收法规,初步建立了一套比较完善的涉外税收法律和法规。

在此期间,我国还调整了工商所得税、工商税,并开征了烧油特别税、增值税、国家能源交通重点建设基金和建筑税等新税种。

(二) 利改税和工商税制的全面改革

1. 第一步改革:1983 年利改税

利改税就是把企业上缴利润改为按国家规定的税种及税率缴纳税金。税后利润完全归企业支配,逐步把国营企业的分配关系通过税收形式固定下来。

利改税是正确处理国家同企业关系的一项重要决策。新中国成立 30 多年来,我国对国营企业实行的收入分配体制基本上是"统收统支"的办法。在这种体制下,按照规定纳税以后,企业有盈利的,全部盈利要以上缴利润形式交给国家,企业亏损由国家拨补,这严重影响了企业的积极性和创造性。为了适当扩大企业财权,党的十一届三中全会以后,相继试行了企业基金、利润留成和盈亏包干等办法。这些办法,确实比原来有明显的进步,但由于存在多种因素,在实际中依然存在着某种程度上吃"大锅饭"的现象。针对这种状况,1979 年在湖北光化县,1980 年在四川、上海、柳州等地进行了利改税的第一步改革试点。1982 年 11 月,第五届全国人大第五次会议决定国营企业利改税的改革分两步走,遂从 1983 年开始,对国营企业实行了利改税的第一步改革。改革的具体内容如下:

(1) 凡有盈利的国营大中型企业,均根据实现的利润,按 55% 的税率征收所得税。企业缴纳所得税后的利润,还要在国家与企业之间进行合理分配,一部分上缴国家,一部分按国家核定的留利水平留给企业。

(2) 对于小型国营企业、零售商业等利改税可以两步并为一步走,按照国家政策规定,积极推行由集体和个人承包、租赁等多种经营方式,实行对有盈利的国营小型企业按原 8 级超额累进税率征收所得税。征税以后,由企业自负盈亏,国家不再拨补。

第一步改革较好地处理了国家与企业之间的利益关系,扩大了企业财权,使企业外有压力,内有动力,调动了企业和职工的积极性,把国家与企业的分配关系基本上纳入了固定的轨道。

2. 第二步改革:1984 年利改税

第一步改革后,因未能充分发挥税收的经济杠杆作用,国营大中型企业征收所得税后利润分配方法仍然很复杂,国家与企业的分配关系还没有完全固定下来,企业吃国家"大锅饭"的现象依然普遍存在,并且未设置地方税,不利于充分发挥中央和地方两个积极性。针对这些问题,1984 年 9 月,第六届全国人大常委会第七次会议审议了第二步利改税的方案。主要内容如下:

(1) 将原有的工商税按性质划分为产品税、增值税、营业税和盐税 4 个税种。同时,把产品税的税目划细,适当进行调整,以发挥税收调节生产和流通的经济杠杆作用。

(2) 对某些采掘企业开征资源税,以调节由于自然资源和开发条件的差异而形成的级差收入,促进企业加强经济核算,有效地管理和利用国有资源。

(3) 决定恢复和开征房产税、土地使用税、车船税、城市维护建设税等 4 种地方税,以合理利用、节约使用土地、房产,适当地解决城市建设的资金来源。

(4) 对有盈利的国营大中型企业按 55% 的比例税率征收所得税,税后利润再征收一部分调节税;国营小型企业按新规定的 8 级超额累进税率征收所得税,税后利润完全归企业自行支配,并且放宽了小型国营企业的划分标准。

利改税的第二步改革,不仅基本上解决了企业吃国家"大锅饭"的问题,是财税制度的重大改革,而且也是整个城市经济体制改革的重要组成部分,是搞活经济的关键之一。

(三) 税收制度的进一步改革和完善

为适应经济体制改革不断深入的需要,我国进一步进行了逐步深化和完善税收制度改革的探索。为平衡各种经济性质的企业彼此之间的税收政策待遇和税收负担,先后开征了集体企业所得税、城乡个体工商户所得税和私营企业所得税;为了配合分配体制改革,以便更好地调节个人收入差距和有效调节消费基金的过快增长,贯彻按劳分配和多劳多得的原则,开征了国营企业奖金税、集体企业奖金税、事业单位奖金税、国营企业工资调节税、个人收入调节税;为了公平税负、排除重复征税,逐步扩大了增值税的征税范围;为了增加地方财政收入,维护社会秩序,抑制超前消费和公款吃喝,开征了印花税、筵席税等税种。

我国经过上述一系列税制改革,共开征了 30 多个税种,形成了以流转税和所得税为主体,其他税种相配合的复合税制格局。这种税制格局基本上适应了改革开放以来各个时期经济发展的需要,对于加强宏观调控和保证财政收入的稳定增长发挥了积极的作用,对于正确处理国家同企业的分配关系打下了良好的基础,对于促进对外经济交往的发展和维护国家的经济权益也起到了积极的促进作用。

四、20世纪90年代的税制改革

1987年党的十三大以后，针对原有税制存在的问题，1988年初制定了近期、中期和长期（即3年近期、5年中期、8年长期）的改革设想。但是，税制改革的进程要取决于经济体制改革的总体进程。1988年以后的几年，企业改革、财政体制改革、价格改革等方面仍然难以适应税制改革可能带来的利益分配格局的变化。

1992年春，邓小平同志南方谈话发表后，全国上下出现了进一步解放思想、大胆探索、加快改革步伐的新局面，税收工作适应改革开放新形势，确定了促进和保证改革开放顺利进行的指导思想。1992年7月召开的全国税务工作会议以改革为主题，提出了近期税制改革的基本思路，统一了思想，明确了方向，对于加快税制改革起到了有力的推动作用。1993年4月，中央财经领导小组听取了国家税务总局关于税收工作和税制改革的汇报，原则上同意了税制改革的基本设想。1993年8月，由国务院领导同志亲自主持的北戴河会议形成了税制改革的实施方案。1993年10月3日，第八届全国人民代表大会常务委员会第四次会议审议通过了《关于修改〈中华人民共和国个人所得税法〉的决定》，并颁布了新的《中华人民共和国个人所得税法》；1993年11月26日，国务院第十二次常务会议审议通过了《中华人民共和国增值税暂行条例》《中华人民共和国消费税暂行条例》《中华人民共和国营业税暂行条例》《中华人民共和国企业所得税暂行条例》《中华人民共和国土地增值税暂行条例》《中华人民共和国资源税暂行条例》。上述税收法律法规均从1994年1月1日起实施，至此税制改革已全面铺开。

1994年税制改革的指导思想是四句话、十六个字：统一税法，简化税制，公平税负，合理分权。改革的重点内容包括以下四个方面。

（1）在社会再生产的全过程，从生产、流通、分配、消费，全部实行增值税。增值税顾名思义就是对企业生产等活动的增值部分征税，这就保证了各道环节应征税款一个不漏地征足征齐；按增值的部分征税又可避免重复征税；在操作上实行扣税法即按销项税金抵扣进项税金这种做法比较简便易行。

（2）开征消费税，对某些消费品如烟、酒、汽油、高档化妆品、高档首饰等除征收增值税以外，再征一道消费税。

（3）对第三产业的大部分服务业如建筑安装和交通运输业征收营业税，待条件成熟后纳入增值税。

（4）外资企业和内资企业实行同一个所得税法，外资企业也一律实行增值税，而不再执行工商统一税。

1994年的税制改革是党中央、国务院的重大决策，取得了明显的成功。由于规范了税制，为财政体制的分税制改革提供了明确的税收分项；税制改革调整和规范了国家和企业的分配关系，曾经犬牙交错的分配状况和各种各样的承包制都代之以统一的税制，纠正和避免了分配领域的混乱，税制改革规范了分配关系，优化了税制结构，加强了税收征收管理。在经济发展的基础上，在改革以后的十多年里，税收收入成倍的持续快速增长，为国家积累了大量资金，保证了国家发展经济，巩固国防，发展社会、文化等各方面的需要。

五、1994年新税制改革后的继续完善阶段

（一）"十五"期间税制改革

"十五"（2001～2005年）期间，全国税收收入实现历史性突破。2001年、2003年、2004年税收年收入分别突破15000亿元、20000亿元和25000亿元，2005年超过30000亿元，达到30866亿元。五年共入库税款109217亿元（不包括关税和农业税收，未扣除出口退税），年均增长19.5%，五年翻了一番多。税收增收额2001年、2003年分别超过2500亿元、3400亿元，2004年和2005年连续超过5000亿元。[①] "十五"时期税收收入随着经济发展稳定、较快增长，大大增强了国家财政实力，为各级政府增强公共服务和社会管理职能，全面建成小康社会提供了可靠的财力保证。"十五"期间我国进行了一系列财税体制改革，其中重要改革内容包括：

1. 改革和完善出口退税机制

1994年财税体制改革后，出口退税由中央财政全部负担。这一机制在发挥重要作用的同时，也存在欠退税严重等突出问题。2004年按照"新账不欠，老账要还，完善机制，共同负担，推动改革，促进发展"的原则，对出口退税机制进行了改革，建立了由中央和地方共同负担出口退税的新机制，实现了"老账"还清、

---

① 关于我国税收发展与改革——国家税务总局局长谢旭人在中宣部等六部委联合举办的形势报告会上的报告[N]. 人民日报，2006-03-15.

"新账"不欠的目标,树立了诚信政府的形象,促进了产业结构调整和外贸出口,调动了地方政府参与管理的主动性和积极性。2005年针对口岸城市及部分地区出口退税负担较重等新情况,又进一步完善了出口退税政策及负担机制,即在适时调整部分资源性产品退税政策的同时,自2005年1月1日起,超基数部分中央、地方分担比例由75∶25改为92.5∶7.5。这一改革调整不仅进一步减轻了地方出口退税负担,还有利于更好地促进外贸和经济发展。

2. 加快推进农村税费改革

为减轻农民负担,规范国家和农民的收入分配关系,促进农村经济发展,在2000年农村税费改革试点的基础上,不断加大改革力度,实施了"三减免三补贴"(即减免农业税、牧业税和农业特产税,以及实行粮食直补、农机具补贴和良种补贴)等一系列财政支农政策措施。2004年,中央财政用于"三农"的投入达2626亿元。2005年,包括农村税费改革转移支付在内,中央财政用于"三农"的支出将近3000亿元,28个省份已全面免征了农业税①。

3. 实施增值税转型改革试点

推进增值税转型,将生产型增值税(即对企业新购进固定资产所含税款不予抵扣)改为消费型增值税(即允许企业抵扣新购进机器设备所含税款),不仅有利于增强企业技术创新的积极性和竞争能力,还有利于提高经济自主增长能力。自2004年7月1日起,对东北地区的装备制造业等8大行业实行了增值税转型试点,并通过精心测算分析,科学制订方案,采取投资过快增长行业暂不纳入试点范围和实行增量抵扣等办法,较好化解了推进改革时面临的一部分财政收入减少和在经济局部及部分行业过热状态下刺激投资增长两个突出问题。从试点情况看,改革效果已初步显现。同时,还顺利推进了所得税收入分享等其他财税体制改革。

4. 完善个人所得税制度

2005年10月27日,第十届全国人大常委会第十八次会议审议通过了《关于修改〈中华人民共和国个人所得税法〉的决定》。这次对个人所得税法的修改有两点:一是将执行了25年的800元个税免征额提高到1600元;二是决定实行个税自行申报制度。2006年11月8日,国家税务总局印发了《个人所得税自行纳税申报办法(试行)》,将个税自行申报对象限定为"年所得12万元以上的纳税人"。

---

① 孙勇. 我国"十五"时期财税体制改革工作取得重要进展 [EB/OL]. (2005-11-15). http://www.gov.cn/jrzg/2005-11/15/content_ 98548.htm.

(二)"十一五"期间的税制改革

"十一五"(2006~2010年)期间,全国税收收入稳步增长,每年迈上一个新台阶。"十一五"开局之年的 2006 年,税收收入为 37637 亿元;2007 年突破 4 万亿元,为 49451 亿元;2008 年突破 5 万亿元,为 57862 亿元;2009 年突破 6 万亿元,达到 63104 亿元;2010 年突破 7 万亿元,达到 73202 亿元。"十一五"期间,全国累计税收收入达 281256 亿元,比"十五"期间总收入 109218 亿元增长 1.63 倍。这些税收收入为支持国家经济建设,保证社会稳定,促进文化事业的发展,提高人民生活水平,提供了充足的财力保障。

党的十六届三中全会通过的《关于完善社会主义市场经济体制若干问题的决定》明确提出,今后一个时期,我国要按照简税制、宽税基、低税率、严征管的原则,稳步推进和实施税收制度的改革。改革的主要内容包括以下几个方面:

1. 企业所得税"两法合并"

改革开放以来,我国按内外资企业性质建立了两套所得税制度,其中外商投资企业和外国企业适用《中华人民共和国外商投资企业和外国企业所得税法》,内资企业适用《中华人民共和国企业所得税暂行条例》。2007 年 3 月 16 日,第十届全国人大第五次会议高票表决通过了《中华人民共和国企业所得税法》,新法自 2008 年 1 月 1 日起施行。新法实现了"四个统一":即统一内资企业、外资企业适用的企业所得税法;统一并适当降低企业所得税税率;统一和规范税前扣除办法和标准;统一和规范税收优惠政策。社会各界普遍认为,随着我国市场经济体制的建立完善和经济实力的不断增强,企业所得税"两法"的统一,非但不会对我国吸引外资造成大的负面影响,实际还将在增强企业竞争力、提高利用外资水平方面起到更为积极的作用。企业所得税法的实施,有利于为各类企业创造统一、规范、公平竞争的市场环境,进一步完善市场经济体制。

2. 增值税由生产型全面转为消费型

自 2009 年 1 月 1 日起,在维持现行增值税税率不变的前提下,允许全国范围内的所有增值税一般纳税人抵扣其新购进设备所含的进项税额,未抵扣完的进项税额结转下期继续抵扣。在增值税转型改革全面实施前,我国先后在东北老工业基地、中部 6 省 26 城市和内蒙古 5 市(盟)进行了增值税转型试点。作为我国的第一大税种,增值税转型改革在扩大国内需求,减轻企业设备投资的税收负担,促进企业技术进步、产业结构调整和经济增长方式转变等方面取得了显著的效果,但转型本身绝非增值税改革的终结,而仅仅是铺垫,通过进一步的改革,增值税"全覆盖、全链条、全抵扣"的特有优势将进一步得以发挥,同时税制的完善也为加快增值税立法做好了积极的准备。

3. 消费税政策调整

2006年4月1日,我国对现行消费税的税目、税率及相关政策进行调整。新增高尔夫球及球具、高档手表、游艇、木制一次性筷子、实木地板等税目,同时取消护肤护发品税目,并对白酒、小汽车、摩托车、汽车轮胎几个税目的税率进行调整。此次政策调整是1994年税制改革以来消费税最大规模的一次调整,对于进一步增强消费税调节功能,促进环境保护和资源节约,更好地引导有关产品的生产和消费,全面落实科学发展观和构建节约型社会具有重要意义。2009年7月,我国又对卷烟产品消费税政策作出调整,在提高卷烟产品消费税率的同时,在卷烟批发环节加征一道从价税。

4. 成品油税费改革

2009年1月1日,成品油税费改革正式实施,改革取消了公路养路费等6项收费,逐步有序取消政府还贷二级公路收费,同时相应提高成品油消费税单位税额,改为价内征收。成品油税费改革规范了政府收费行为、公平了税费负担,建立了以税收筹集公路发展资金的长效机制,更好地促进了交通事业的发展,建立了以税收调控能源消费的新机制。

5. 其他税改革

在"十一五"期间的诸多税改举措中,《中华人民共和国城市房地产税暂行条例》废止(改为统一适用《中华人民共和国房产税暂行条例》)和城市维护建设税与教育费附加"扩围"也是需要提及的内容。尽管这两项改革涉及的收入规模不大,但其意义与企业所得税"两法"合并一样,是在统一税制方面迈出的重要一步。经过这两次调整,我国实行多年的内外有别的税收制度已基本结束。此外,《中华人民共和国城镇土地使用税暂行条例》和《中华人民共和国耕地占用税暂行条例》在"十一五"期间的修订,也突出体现了合理利用土地资源、保护耕地、提高土地使用效益和加强土地管理的政策理念。①

(三)"十二五"期间税制改革

1. 全面推行"营改增"

"营改增"是我国"十二五"(2011~2015年)时期最为重要的税收制度变

---

① "十一五"税制改革:减税为主 亮点频出[N].中国税务报,2011-03-02.

革，是继 2009 年全面实施增值税转型之后，货物劳务税收制度的又一次重大改革。这项改革可以通过优化税制结构和减轻税收负担，为深化产业分工和加快现代服务业发展提供良好的制度支持，有利于促进产业结构优化和经济发展方式转变。2012 年 1 月 1 日，"营改增"最初在上海市的交通运输业和部分现代服务业进行试点。到 2012 年 7 月，其试点范围由上海市分批扩大至北京等 8 个省（直辖市）。至 2013 年 8 月 1 日，试点范围扩大至全国。而后，试点的行业也逐渐扩展。2014 年 1 月 1 日，试点行业扩展到铁路运输和邮政业；从 2014 年 6 月 1 日起电信业也正式纳入"营改增"范围。

从"营改增"的减税效果看，截至 2014 年底，国家税务总局的数据显示，全国"营改增"试点纳税人共计 410 万户，全年有超过 95% 的"营改增"试点纳税人的税负不同程度下降，全年共减税 1918 亿元。① "营改增"因其明显的减税效果，对宏观经济产生了积极的影响，不仅消除了重复征税的问题，也减轻了下游工商企业税负，拉动了对服务业的需求，从而起到调整和优化产业结构的目的。"营改增"使得产业层次和技术含量高的现代服务企业受益较大，也有利于服务业在产业层次上从低端走向中高端。

2. 调整部分消费税政策

"十二五"时期，我国消费税改革主要是对成品油和卷烟的税负调整。自 2014 年 11 月底以来，财政部和国家税务总局经国务院批准，连续三次上调成品油消费税，取消汽车轮胎、酒精等四项商品的消费税，停止征收成品油价格调节基金。其中，汽油、石脑油、溶剂油和润滑油的消费税达 1.52 元/升，柴油、航空煤油和燃料油的消费税达 1.30 元/升，上调幅度超过 50%。作为一种普遍使用的能源，成品油消费税改革的增收效果显而易见。这轮成品油消费税上调是在国内油价持续下行的背景下推出的，其目的是合理引导消费需求、促进石油资源节约利用、减少大气污染物排放、加快推进新能源产业发展和消费方式变革。

卷烟消费税的调整始于 2015 年 5 月 10 日，将卷烟批发环节从价税税率由 5% 提高至 11%，同时对每支烟加征 0.005 元从量消费税。此次税率调整迎合了国际上普遍对卷烟产品课以重税的大趋势。根据卷烟商业批发企业纳税申报的情况测算，2015 年 5 月 10 日至 31 日，卷烟商业批发环节销量同比减少 15.9%；从 2015 年 6 月首个税款征收期看，卷烟批发环节从价计征消费税 63.4 亿元，同比增加

---

① 杜涛. 营改增缓进事出有因，5 月起收官一战 [N]. 经济观察报，2015 - 03 - 23.

34.3亿元，增长118.13%；从量计征的消费税5.8亿元，为净增长。两项合计增收40亿元。① 由此可见，通过调整卷烟消费税提高烟草售价是有效的控烟策略，也能增加财政收入。

3. 推进资源税改革

资源税改革是"十二五"时期我国税费改革、完善税制的一项重要举措。从2010年6月1日起，我国率先在新疆进行原油、天然气资源税从价计征的改革试点。这不仅增加了新疆的财政收入，也强化了资源税调节资源级差收入、促进保护和节约资源的功能。据新疆地方税务局统计，2010年上半年，新疆油气资源税收入只有3.71亿元；而实施改革后的下半年，油气资源税收入猛增到21.64亿元，增收效果显著。② 2010年12月，我国进一步将新疆实行的资源税改革方案推广到西部12省（区、市）。此后，国家修订了《中华人民共和国资源税暂行条例》及其实施细则，并于2011年11月1日起实施。

2014年12月1日，煤炭资源税由从量计征改为从价计征，也在全国推行，税率幅度为2%~10%，具体适用税率由省级政府根据本地区具体情况确定。同时，在全国范围内统一将煤炭、原油、天然气矿产资源补偿费费率降为零，停止征收煤炭、原油、天然气价格调节基金等。而后，自2015年5月1日起，实施稀土、钨、钼资源税清费立税、从价计征改革。据国家税务总局统计，2015年上半年，25个产煤省煤炭资源税累计征收181.64亿元，比从量定额方式征收增加125.97亿元。③ 可见，资源税改革对增加资源开采地财政收入、完善资源的价格形成机制、引导资源合理开采和利用、实现经济社会可持续发展具有重要意义。

4. 个人所得税和房产税改革

"十二五"期间，个人所得税改革主要是税率的调整和免征额的提高。自2011年9月1日起，个人所得税免征额提高至3500元/月；工资、薪金所得的超额累进税率由9级改为7级，最低档税率由5%降为3%，并适当扩大高档税率的适用范围，同时相应调整了个体工商户生产经营所得和承包承租经营所得税率级距。这次调整在减轻中低收入者税收负担的同时，相应提高了高收入者的个人所得税负担，进一步发挥了个人所得税调节收入分配的功能。

房产税改革仅在重庆与上海两个城市做了试点。重庆市对独栋商品住房和新

---

① 蔡岩红. 营改增4年累计减税4848亿、全国纳税人509万户［N］. 法制日报，2015-07-28.
② 李丽辉. 资源税改革加速推进对有车家庭影响较大［N］. 人民日报，2011-10-08.
③ 曾金华. 上半年税收收入59373亿元、增速与GDP基本同步［N］. 经济日报，2015-07-28.

购高档住房,以及在重庆无户籍、无工作、无企业的个人购买第二套及以上普通住房征收房产税;上海市对本市居民家庭新购且属于该居民家庭第二套及以上的住房和非本市居民家庭新购住房征收房产税。

总体而言,"十二五"时期,我国税制改革取得一定的进展与成效,但比照"十二五"规划纲要的税制改革目标,还有较大差距。"营改增"平稳推进并基本完成,对减轻企业税负、促进经济发展方式转变发挥了较好的作用。消费税和资源税进行了实质性改革并取得一定成效。个人所得税和房地产税因自身税制的繁杂以及外部条件不完备,没有进行大的变革,但也在做局部的调整和前期准备,为后续的改革做积极努力。地方税体系建设由于种种原因基本没有大的动作。[①]

5. 税收征收管理法征求意见发布

改革开放 40 多年来,中国经济、社会、文化、科技等方面取得了巨大成就,财税体制机制以及理财治税思路发生了重要变革,发挥保驾护航作用的税收征收管理法律制度也经历逐步完善的过程。

《中华人民共和国税收征收管理法》(以下简称《税收征管法》)历经了 1995 年修正、2001 年修订、2013 年修正和 2015 年修订。科技的进步、经济生活的巨大变化以及新的经济交易模式对传统税收征管方式提出了新的挑战,经济全球化也要求我国的税收征管机制和征管模式必须与国际接轨。[②] 同时,随着纳税人的权利保护意识不断增强,《税收征管法》因征纳双方地位的不平等愈发遭受质疑,《税收征管法》的修订工作已屡次纳入全国人大常委会的立法规划之中。2015 年 1 月,国务院法制办公室公布《中华人民共和国税收征收管理法修订草案(征求意见稿)》,并征求社会各界的意见,目前尚未正式出台实施。

(四)"十三五"期间税制改革

2014 年 6 月,中共中央政治局通过的《深化财税体制改革总体方案》要求,2016 年基本完成深化财税体制改革的重点工作和任务,2020 年各项改革基本到位,现代财政制度基本建立。这一改革时间表,恰好贯穿"十三五"时期始终。这期间主要税制改革情况如下。

1. "营改增"实现全覆盖,增值税税率逐步简并

我国自 2012 年开始推行"营改增",覆盖交通运输业、邮政业、电信业和部

---

① 王乔,汪柱旺."十二五"时期税制改革回顾与展望 [J]. 税务研究,2015 (11):3-8.
② 刘剑文. 走向财税法治——信念与追求 [M]. 北京:法律出版社,2009:280-281.

分现代服务业,2016年5月1日起,"营改增"在全国范围全面推开,实现了增值税对货物和服务的全覆盖,营业税退出历史舞台,基本消除了重复征税,在推动产业转型、结构优化和深化供给侧结构性改革等方面发挥了重要促进作用。从前期试点情况看,"营改增"有效减轻了企业税负。截至2015年底,"营改增"累计实现减税6412亿元,无论是试点纳税人还是原增值税纳税人,总体上都实现了较大规模的减税,试点纳税人因税制转换减税3133亿元,原增值税纳税人因增加抵扣减税3279亿元[①]。虽然"营改增"全面实现,但增值税制度还存在税率档次多、抵扣项目不完整、大量临时过渡措施等问题,与规范的消费型增值税制度相比还存在一些差距。

"十三五"期间增值税简并税率已经进行了三步:第一步,自2017年7月1日起,纳税人销售或者进口过去征收13%低税率的货物,税率降为11%,即增值税税率由四档减为17%、11%、6%三档;第二步,从2018年5月1日起,将制造业等行业增值税税率从17%降至16%,将交通运输、建筑、基础电信服务等行业及农产品等货物的增值税税率从11%降至10%;第三步,自2019年4月1日起,增值税一般纳税人发生增值税应税销售行为或者进口货物,原适用16%税率的,税率调整为13%;原适用10%税率的,税率调整为9%。

2. 扩大资源税征收范围,开征环境保护税

2016年7月1日,河北率先实施水资源税改革试点,对超采区取用地下水加倍征税,促使许多企业由抽采地下水转为使用地表水,试点政策在河北取得了较显著的环保效果。2016年河北省用水总量较上年降低2.8%,地下水取用水量较上年降低6.6%,全省100多家城镇公共供水企业由抽采地下水改为使用地表水。对高尔夫球场、洗车、洗浴等特种行业从高征税,增强了税收约束机制,促使特种行业转变取用水方式,减少取用水量,部分地区特种行业月均取用水量较改革前下降30%以上。自2017年12月1日起,我国将水资源税的试点由河北扩大到在北京、天津、山西、内蒙古、山东、河南、四川、陕西、宁夏9个省份。推进水资源税改革试点,正是加强水资源管理和保护、促进水资源节约与合理开发利用的重要举措。

2016年12月25日,第十二届全国人大常委会第二十五次会议表决通过了《中华人民共和国环境保护税法》,取代了过去的排污费,这是中央提出落实"税收法定"原则要求后,全国人大常委会审议通过的第一部单行税法,对于健全税

---

① 营改增试点将全面推开 确保所有行业税负只减不增[EB/OL]. 新华网, 2016-03-18.

收法律体系、提升税收法律层级、建立现代税收制度意义重大。自2018年1月1日起,环境保护税正式开征,同时,施行了近40年的排污收费制度正式退出历史舞台。作为完善绿色税制的重要一步,环保税的开征不仅是我国税制改革的重要一步,也将在倒逼企业治污减排、产业技术升级方面发挥重要作用。

3. 消费税征税范围调整,调节功能日益增强

第一,大幅减免化妆品消费税。自2016年10月1日起我国大幅减免化妆品消费税,普通化妆品不再征收消费税,高档化妆品消费税税率从30%降至15%。

第二,调高超豪华小轿车税负。从2016年12月1日,在零售环节对单价(不含增值税价)大于等于130万元的小汽车(如乘用车、中轻型商用客车)加征一道消费税,税率为10%。

通过这几次的政策调整,不难发现其中有两个重点:一是体现了消费税的调节功能,对保护环境、建设节约型社会方面起到了重要的作用;二是体现了消费税具有引导居民消费观念、同时调节居民收入分配结构、进而减少贫富差距的特点,即使消费税由于自身的特点使得其在功能上存在一些局限和不足,同时消费税调整的范围和力度也存在一些局限,但其仍在多个方面具有重大的意义。

4. 个人所得税实现重大变革,由分类征收转向综合分类征收模式

2018年10月26日,第十三届全国人大常委会第五次会议审议通过了《全国人民代表大会常务委员会关于修改〈中华人民共和国个人所得税法〉的决定》。本次个人所得税重大变革包括以下五个方面:一是从2018年10月1日起,工资性收入按照每月减除费用5000元及专项扣除(包括基本养老保险、基本医疗保险、失业保险等社会保险费和住房公积金,即"三险一金")执行,劳务报酬计税办法按原办法执行暂不做调整;二是调整优化个人所得税税率结构。以原先的3%~45%七级超额累进税率为基础,扩大了较低税率3%、10%、20%的级距,降低了中低收入者的税负;三是自2019年1月1日起,执行专项附加扣除,包括子女教育、继续教育、大病医疗、住房贷款利息、住房租金、赡养老人等六项专项附加;四是自2019年1月1日起,将主要劳动性所得项目纳入综合征税范围,将工资薪金、劳务报酬、稿酬和特许权使用费等4项劳务性所得纳入综合征税范围,实行按月按次分项预缴、按年汇总计算,多退少补;五是开始实行"代扣代缴、自行申报、汇算清缴、多退少补、事后抽查"的征管模式。

我国个人所得税法自1980年出台至今,已进行过七次修改。此前六次修改多是围绕工资、薪金所得的费用扣除标准和税率等问题的小幅修改,2018年进行的修改则旨在推动个人所得税从分类税制向党的十八届三中全会提出的综合与分类相结合的税制转变,改革内容涉及调整优化税率结构和合理提高基本减除费用标准,着力解决个人所得税法实施以来长期想解决而没有解决的难题,是我国健全现代税制体系和加强税收法治建设的重要成果。新法将工资、薪金所得、劳务报酬所得、稿酬所得、特许权使用费所得等劳动性所得归并为"综合所得",适用统一的超额累进税率,而其他各项所得仍采用分类征税方式。此举意味着建立综合与分类相结合的个人所得税制取得了实质性进展,有利于实现收入来源单一与收入来源多元的纳税人之间、拥有不同种类劳动所得的纳税人之间的课税公平,使具有相同支付能力的纳税人承担大体相同的税负。新的个人所得税法统筹考虑城镇居民人均基本消费支出、居民消费价格指数等因素,将综合所得基本费用扣除标准提高至每年 6 万元,降低了中低收入群体税负,能够增强纳税人获得感。同时,优化调整综合所得的税率结构,扩大低档税率的级距,缩小 25% 税率的级距。这可以让新法的减税红利覆盖更广泛的人群,尤其是为中低收入群体减税,使税法的收入调节效果得以增强。在实施原有的个人基本养老保险、基本医疗保险、失业保险、住房公积金等专项扣除项目的同时,还给予子女教育、继续教育、大病医疗、住房贷款利息或者住房租金、赡养老人支出等专项附加扣除。设立专项附加扣除不仅有助于进一步减轻纳税人税负,而且考虑了个人负担的差异性,彰显新法对公平原则的贯彻。①

5. 国地税合并撬动财税体制改革加速推进

2018 年 3 月 13 日,国务院机构改革方案提请第十三届全国人大第一次会议审议。根据方案,改革国税地税征管体制,将省级和省级以下国税地税机构合并,具体承担所辖区域内各项税收、非税收入征管等职责。国税地税机构合并后,实行以国家税务总局为主与省(区、市)人民政府双重领导管理体制。这是继 1994 年实行分税制改革后,省级及省级以下国税地税机构再次合并。省级及省级以下国地税机构合并是我国新时代税收征管体制的一项根本性改革,是税收征管体系发展到新的历史阶段的必然要求,对进一步强化税务机关征管手段、提高征管效率质量、节约税收征管成本、统一税收征管体系具有积极的推动作用。

1994 年分税制改革之后,中央财政和地方财政开始"分灶吃饭",全部税种在中央和地方之间进行了划分,税收征管系统也开始一分为二,国税机构主要负责

---

① 刘剑文. 个人所得税改革迈出坚实一步 [N]. 人民日报,2018 – 12 – 04.

征收中央税、中央与地方共享税，地税机构主要负责征收地方税。

随着我国经济的快速发展和税制改革的不断深入，特别是实行"营改增"后，地方税务部门征收的主体税种营业税消失，地方税务部门的征税职能相对弱化。为了保证"营改增"政策的顺利过渡和实施，部分地税部门和国税部门开始实行合作办公，推进纳税服务深度融合、信息高度聚合、执法适度整合，这在客观上也为国地税机构合并创造了条件。

当前，我国国家治理体系和治理能力现代化问题变得越来越迫切，人们对政府的管理效率、服务质量、公平公正等方面的诉求和期望越来越高，客观上也倒逼政府管理体制改革必须适应时代形势变化发展的需要。国地税部门合并也正是顺应了这个要求，是我国新一轮财税体制改革以来在税收管理体制改革方面的一项重大突破。将国地税组织的税收收入和财政部门组织的非税收入统一纳入合并后的税务部门征管，有利于解决国地税征税人员、任务、责任、压力以及待遇等不平衡问题，有利于解决企业、个人因多头缴纳税费造成税费遵从成本高的问题，同时也利于从根本上解决征税成本偏高、环节偏多、效率偏低、数据统计口径不一等问题，为保证国家清费减税政策措施全面准确落实到位创造了条件，有利于精准减轻企业和个人的税费负担。

关键概念

税收制度　　纳税人　　课税对象　　超额累进税率　　货物和劳务税
所得税　　财产税　　税制结构　　分税制

本章思考题

1. 什么是税收制度？
2. 如何区分纳税人、负税人以及扣缴义务人？
3. 如何辨析课税对象、征税范围及计税依据？
4. 简述累进税率的分类及特点。
5. 简述中国现行税制体系的分类及税制结构的特点。

第二章 货物和劳务税

第一节 增值税

学习目标

1. 了解增值税的沿革、纳税义务人和特殊产品的计算与征管。
2. 熟悉增值税的征收管理、优惠规定和出口货物退（免）税。
3. 掌握增值税的征税范围、税率、计税依据和应纳税额的计算。

引导案例

酒厂的哪些业务应计销项税？为什么？

5月，某酒厂销售粮食白酒和啤酒给副食品公司，其中白酒开具增值税专用发票，收取不含税价款50000元，另外收取包装物押金3000元；啤酒开具普通发票，收取价税合计23400元，另外收取包装物押金1500元。副食品公司按合同规定，于10月再将白酒、啤酒包装物全部退给酒厂，并取回全部押金。就此项业务，该酒厂5月增值税销项税额应为多少元？

一、增值税的概述

（一）增值税的概念

增值税是销售货物、劳务、服务、无形资产、不动产的增值额为课税对象课征的一种税。

所谓增值额，在理论上可以从以下几个方面来理解。

（1）按照马克思的价值构成理论，增值额相当于商品总价值（$c+v+m$）中（$v+m$）的部分。因为社会商品总价值中 c 的部分是物化劳动转移的价值，只有（$v+m$）的部分才是活劳动所创造的价值。因而，从整个社会的角度来看，增值额大体上相当于商品价值（$c+v+m$）扣除生产过程中所消耗掉的生产资料价值 c 以后的余额，即国民收入。

（2）就某一生产经营单位而言，增值额就是该单位商品销售额或经营收入额扣除非增值项目金额以后的余额。一般来说，这个余额大体上相当于这个单位活劳动所创造的价值。因此，就一个单位而言，增值额是这个单位没有纳过税的那部分新价值。

（3）就商品生产销售的全过程而言，某件商品最终实现消费时的最后销售额，相当于该商品从生产到流通各个生产经营环节的增值额之和。

例如，某商品最后销售额为 100 元，其生产和流通环节的售价和增值额如表 2-1 所示。

表 2-1　　　　　　某商品生产和流通环节的售价及增值额　　　　　　单位：元

生产经营环节	销售额	增值额
原材料生产环节	20	20
半成品生产环节	45	25
产成品生产环节	75	30
批发环节	90	15
销售环节	100	10
总计	330	100

从此可以看出，该商品最终销售额 100 元，正好相当于从原材料生产到商品零售各个环节的增值额之和，即：

20 + 25 + 30 + 15 + 10 = 100（元）。

由于各国的政治经济状况不同，作为课税对象的增值额在计税依据的确定上同理论增值额尚有一定的差别。各国均以法定的增值额作为计算征收增值税的依据。所谓法定增值额，指以法律形式确定的增值额，是相对理论增值额而言的。

（二）增值税的类型

由于各国所规定的法定增值额的不同，所以各国所实际执行的增值税也有一定的区别。概括来讲，主要有以下几种类型。

1. "消费型"增值税

即以生产经营单位的销售额，减去购进的各类材料及费用支出，并一次性全部扣除生产用的厂房、机器、设备等固定资产后的余额为法定增值额，就全社会来说，这种法定增值额只限于消费资料，故称为"消费型"增值税。

2. "收入型"增值税

即以生产经营单位的销售额，减去所购进的各类材料及费用支出及固定资产折旧后的余额为法定增值额。这种法定增值额相当于生产经营单位内部成员收入总和，就全社会而言，相当于国民收入，故称为"收入型"增值税。

3. "生产型"增值税

即以生产经营单位的销售额，减去购进的各类材料及费用支出后的余额为法定增值额，对固定资产不允许减除。按这种方法计算的增值额相当于企业工资、利息、利润、地租等各因素之和，而这种增加的价值额恰好与国民生产总值所包括的内容相一致，故此称为"生产型"增值税。

以上三种类型的增值税，其区别之处主要在于确定法定增值额时，对固定资产的处理方法不同。其中，"消费型"的增值税可以减除全部固定资产，"收入型"的增值税只能减除固定资产折旧的部分，而"生产型"的增值税对固定资产部分不作任何扣除。一般来说，发达国家多采取"消费型"或"收入型"增值税。随着我国社会主义市场经济体制的建立和完善，为了更好地根除"生产型"增值税的种种弊端，从2009年1月1日起我国实行"消费型"增值税。

（三）增值税的特点

增值税作为流转税类的一个主要税种，既具有一般流转税的特征，也具有一般流转税不具备的特点。概括地说，增值税的特点主要有以下几点。

1. 根除了重复征税的弊端

增值税只就纳税人销售额中的增值部分征税，对销售额中从其他纳税人那里转移过来的已纳过税的那一部分价值不再征税，这是增值税最本质的特征。因为它排除了对已纳税的销售额重复征税和税负不平的问题，所以能有效地体现税负公平的原则。这是它同其他流转税（如消费税等）的主要区别。

2. 实行普遍征税和道道征税

根据增值税的基本原理，凡纳入增值税征税范围的，征税的多少与各个生产环节的增值额大小相一致,在征收上具有普遍性、连续性和税收负担的合理性。从征收面来说,所有从事货物销售和提供应税劳务的生产经营者,都必须缴纳增值税,从而使它成为对生产经营实行普遍调节的一个中心税种,有利于保证财政收入的稳定、可靠。从征收的连续性来看,一个商品从产制、批发到零售等各个生产经营环节,都要按其增值额征一道税。

3. 同一商品税负一致

增值税不因同一商品的生产、经营环节的变化而影响税收负担。同一商品,不论是由全能单位生产经营还是由几个专业协作单位协作生产经营,不论生产经营环节的多少,只要其最后售价相同,所纳的增值税也应相同。

4. 税率能反映商品的总体税负

从理论上讲,增值税是对商品的增值部分征税,因此,就同一商品来说,它的总体税负是由各个经营环节的税负累积相加而成的。这就是说,增值税对商品各环节征收的税额之和同该商品最后销售环节的销售总额乘增值税税率所算出的应纳税额是一致的。

(四) 增值税的优点

增值税作为一个国际性的税种,是社会经济发展到一定阶段的产物,它的优越性主要表现在以下几个方面。

1. 对经济发展的适应性强

就一个企业来说,增值税的税负不受产品构成中协作件所占比重的影响,有利于企业扩大协作生产。就一件产品而言,增值税的总体税负不受生产结构变化的影响,始终保持平衡,从根本上避免了按全值征税,税负因生产结构变化而波动,使税收既有利于促进工业企业实行专业化生产,又不妨碍工业企业专业化协作基础上实行集团化联合经营。就商品流通而言,增值税税负不受商品流转环节变化的影响,始终保持平衡。因而,它为我国大中型企业转换企业经营机制提供了有利条件。因此,实行增值税,对加速商品流通,扩大商品销售市场,建立社会主义市场经济都将发挥积极的作用。

2. 有利于发展出口贸易,维护国家的经济权益

为使本国产品和服务在国际市场上有较强的竞争能力,多出口,多创汇,各国大多实行了出口产品和服务退税的鼓励政策。由于产品生产结构和流转环节的不同,按销售全额征税会使同一类产品的税负不相一致,一个商品最后出口时,总共缴纳了多少税款，谁也无法弄清楚。因而，一般只能退还该商品最后一个环节的税款。而增值税则不然，通过采用规范化的发票扣税，能够做到环环相扣，从而形成商品生产经营的内在制约机制，已征税额在商品销售发票中明确列出，在商品出口时，可以一次性把该产品在生产经营过程中的全部已纳增值税税额如数退还给企业，使出口商品以不含税价格进入国际市场，有利于彻底实行出口退税政策，发展出口贸易，维护国家的经济权益。

3. 增值税具有财政收入的稳定性

增值税实行价外税，是以增值额为课税对象的，就全社会而言，增值额大体上相当于物质生产部门所创造的国民收入。增值税税率一经确定，随着国民收入的增长，国家财政收入也会相应稳定增长。而且，增值税不受经济结构变化的影响，它既不会因生产集中而减少企业税负，也不会因生产分散而增加企业税负，在生产发展的同时，使国家财政收入能够始终保持稳定增长。

（五）增值税发展

1. 国外增值税的形成、发展、演变

增值税是随着经济发展和财政需要而产生的，是历史发展过程中的必然产物。第一次世界大战不久，德国、美国就有人提出过实行增值税的设想，但未能付诸实施。20世纪50年代，欧洲资本主义国家正处于第二次世界大战之后经济稳定发展时期，需要促进资本主义工业的现代化和专业化，需要建立与资本主义商品生产相适应的商品流通网，也需要寻求使本国商品在国际商业竞争中处于有利地位的方法。这就要求有科学、合理的税收制度与其相适应。而在当时，法国及其他欧洲各国均按销售全额征收营业税，而营业税是对每个环节的销售全额征税，具有"多环节阶梯式"征税的特点，导致重复征税，且环节越多，重复征税就越严重，与当时经济发展矛盾相当突出。针对营业税存在的弊端，法国财政学家莫里斯·劳莱提出了增值税的设想，并于1954年率先在法国实行增值税。

从法国增值税形成的过程来看，它是在营业税的基础上逐步演变过来的，大体经历了两个阶段。第一阶段是从"多环节、阶梯式"征收的营业税，演变成"一次征收制"的生产税阶段，基本上解决了税负不平的问题，但是却出现了新的矛盾，失去了征税的广泛性和连续性，带来了征管的复杂性，同时出现了新的税负不平。这就有必要再次探索新的改革途径。第二阶段是从"生产税"演变为增值税阶段，从而形成了增值税的雏形。1962年，欧洲共同体的财政和金融委员会向所有成员国建议开征增值税,各成员国先后开征了增值税。由于它的适应性很强,在世界范围内很快得到推行和发展。近70年来,已有140多个国家和地区都先后推行了增值税,它已成为一个国际性的重要税种。

2. 我国增值税的建立和发展

我国的增值税是在社会主义建设进入新的历史时期后建立和发展起来的。党的十一届三中全会以后,党的工作重点转移到经济建设上来。在对内搞活、对外开放,大力发展生产力、发展商品经济的形势下,借鉴国外增值税的原理,结合我国的国情,建立了我国的增值税制度。

为了克服我国原有工商税存在的重复征税的弊端,在1978年研究改革工商税收制度时,就对增值税的可行性进行了探讨,1979年在部分地区对机器机械、农业机具两个行业进行了增值税的试点。从1983年1月1日起,对上述两个行业以及自行车、缝纫机、电风扇三项产品在全国统一实行了增值税。1984年9月18日,国务院正式颁布了《中华人民共和国增值税条例(草案)》,从1984年10月1日起施行。它的颁布和实施,标志着增值税在我国正式建立。

增值税制度建立以后,根据经济发展的需要,我国逐步扩大了增值税的征收范围。其中,1986年将纺织品和日用机电、电子产品、搪瓷制品和保温瓶等纳入增值税的征税范围;1987年对服装、化学短纤维、中成药、兽药、部分轻工业产品、玻璃及其制品等也先后改征增值税;1988年对建筑材料、有色金属产品、电线、电缆和部分矿产品等改征增值税。通过扩大征税范围,征收增值税的产品达到31个税目。随着征税范围的扩大,增值税收入成倍增长,增值税收入在产品税、增值税两税中的比重已由1985年的21.5%上升到1989年的44.78%。

多年来的实践证明,增值税是一个比较科学、合理的税种。但是,由于我国增值税是在原来的工商税、产品税的基础上演变过来的,受价格、财政体制和企业既得利益等多种因素的制约,增值税制度还不够完善,存在很多问题,比如征收范围窄,税率档次多,计算方法复杂等,与规范化的增值税相比还有很大的距离。为了适应社会主义市场经济的需要,必须结合我国国情,对原有的增值税进行进一步的改革。1993年11月26日国务院第十二次常务会议审议通过了《中华人民共和国增值税暂行条例》。同年12月25日,财政部颁布了《中华人民共和国增值税暂行条例实施细则》,并从1994年1月1日起施行。

3. 2009年增值税改革

党的十六届三中全会明确提出要适时实施增值税改革,"十一五"规划明确在

"十一五"期间完成增值税改革。自2004年7月1日起,在东北、中部等部分地区先后实行了增值税改革试点,主要是增值税转型,试点工作已初步到达预期目标。2008年国务院政府工作报告提出,要研究制订增值税转型改革方案。在这种情况下,根据国务院常务会议,批准了财政部、国家税务总局提出的增值税转型改革方案,自2009年1月1日起,在全国范围内实施增值税转型改革。

此次增值税转型改革的主要内容是,自2009年1月1日起,在维持增值税税率不变的前提下,允许全面范围内的增值税一般纳税人抵扣其新购设备所含的进项税额,未抵扣完的进项税额结转下期继续抵扣。同时,作为转型改革的配套措施取消进口设备增值税免税政策和外资企业采购国产设备退税政策,将小规模纳税人征收率统一调至3%,将矿产品增值税税率恢复到17%。

4. 营业税改增值税改革

营业税改增值税,简称"营改增",是指以前缴纳营业税的应税项目改成缴纳增值税。"营改增"的最大特点是减少重复征税,可以促使社会形成更好的良性循环,有利于企业降低税负。

为促进第三产业发展,自2012年1月1日起,在部分地区和行业开展深化增值税制度改革试点,到2016年5月1日,征收营业税的行业全部改为征收增值税。营业税和增值税,是我国两大主体税种。"营改增"在全国的推开,大致经历了以下三个阶段:

(1) 2011年,经国务院批准,财政部、国家税务总局联合下发营业税改增值税试点方案。从2012年1月1日起,在上海交通运输业和部分现代服务业开展营业税改增值税试点。自2012年8月1日起至年底,国务院将扩大"营改增"试点至8省市。

(2) 2013年8月1日,"营改增"范围已推广到全国试行,将广播影视服务业纳入试点范围。从2014年1月1日起,将铁路运输和邮政服务业纳入营业税改征增值税试点,至此交通运输业已全部纳入"营改增"范围。

(3) 2016年3月18日召开的国务院常务会议决定,自2016年5月1日起,中国将全面推开"营改增"试点,将建筑业、房地产业、金融业、生活服务业全部纳入"营改增"试点,至此,营业税退出历史舞台,增值税制度将更加规范。这是自1994年分税制改革以来,财税体制的又一次深刻变革。

5. 简并税率

近年来,为完善税制,优惠民生,增值税的税率(除零税率外)经历了一个

2档到4档，4档到3档的历程，而且税率不断下调给纳税人带来了实实在在的红利。

自1994年1月1日起，根据《中华人民共和国增值税暂行条例》的规定，销售或者进口货物、劳务的税率为17%，销售或者进口特定货物税率为13%。2012年，在上海试点营业税改征增值税工作，自2016年5月1日起，在全国范围内全面推开"营改增"试点。根据财政部和国家税务总局《关于全面推开营业税改征增值税试点的通知》的规定，增值税为四档税率：17%、13%、11%、6%。2017年7月1日，根据财政部和国家税务总局《关于简并增值税税率有关政策的通知》的规定，取消13%税率，降低税负，增值税率变为17%、11%、6%三档。2018年5月1日，根据财政部和国家税务总局《关于调整增值税税率的通知》的规定，纳税人发生增值税应税销售行为或者进口货物，原适用17%和11%税率的，税率分别调整为16%、10%。2019年3月5日，政府工作报告明确宣布下调我国的增值税税率，2019年1月1日将制造业等行业现行16%的税率降至13%，将交通运输业、建筑业等行业现行10%的税率降至9%；保持6%一档的税率不变，但通过采取对生产、生活性服务业增加税收抵扣等配套措施，确保所有行业税负只减不增，继续向推进税率三档并两档、税制简化方向迈进。

二、增值税征税范围、纳税义务人

（一）增值税征税范围

1. 基本规定

增值税的征税范围，包括在中华人民共和国境内销售货物、劳务、服务、无形资产和不动产以及进口货物。境内是指销售货物的起运地或所在地在我国境内；所提供的应税劳务发生在我国境内；服务（租赁不动产除外）或者无形资产（自然资源使用权除外）的销售方或者购买方在境内；所销售或者租赁的不动产在境内；所销售自然资源使用权的自然资源在境内；财政部和国家税务总局规定的其他情况。

应税销售行为包括销售货物、销售劳务、销售服务、销售无形资产、销售不动产。货物是指有形动产，包括电力、热力、气体在内。销售货物，是指有偿转让货物的所有权。

劳务是指纳税人提供的加工、修理修配劳务。加工是指受托加工货物，即委托方提供原料及主要材料,受托方按照委托方的要求制造货物并收取加工费的业务;修理修配是指受托对损伤和丧失功能的货物进行修复,使其恢复原状功能的业务。单位或者个体工商户聘用的员工为本单位或者雇主提供加工、修理修配劳务,不包括在内。提供应税劳务,是指有偿提供劳务。

服务包括交通运输服务、邮政服务、电信服务、建筑服务、金融服务、现代服务、生活服务。

无形资产,指不具有实物形态,但能带来经济利益的资产,包括技术、商标、著作权、商誉、自然资源使用权和其他权益性无形资产。销售无形资产,指转让无形资产所有权或者使用权的业务活动。

不动产,是指不能移动或者移动后会引起性质、形状改变的财产,包括建筑物、构筑物等。销售不动产,指转让不动产所有权的业务活动。

2. 视同销售货物或视同发生应税行为的规定

(1) 将货物交付其他单位或者个人代销。

【例2-1】2月份甲公司(甲公司为一般纳税人,以下案例若未说明,均为一般纳税人)将一批货物交付乙公司代销,3月份收到乙公司的代销清单,清单上注明不含税(不含增值税,下同)销售额100万元。则甲公司3月份该笔业务的计税销售额为100万元。

(2) 销售代销货物。

【例2-2】某商业企业为甲公司代销货物,按零售价以5%收取手续费5000元,尚未收到甲公司开来的增值税专用发票,该商业企业代销业务应纳增值税为11504.42元,即代销货物销项税额 $=5000\div 5\%\div(1+13\%)\times 13\% = 11504.42(元)$。

(3) 设有两个以上机构并实行统一核算的纳税人,将货物从一个机构移送其他机构用于销售,但相关机构设在同一县(市)的除外。

【例2-3】甲公司设在A县,实行统一核算的乙公司设在B县。3月份甲公司将一批货物移送至乙公司用于销售,甲公司当月同类货物平均不含税销售价格为50万元。则甲公司该笔业务的计税销售额为50万元。

(4) 将自产、委托加工的货物用于集体福利或个人消费。

(5) 将自产、委托加工或购买的货物作为投资,提供给其他单位或个体经营者。

(6) 将自产、委托加工或购买的货物分配给股东或投资者。

(7) 将自产、委托加工或购买的货物无偿赠送他人。

(8) 单位或者个体工商户向其他单位或者个人无偿销售应税服务，但用于公益事业或者以社会公众为对象的除外。

(9) 单位或者个人向其他单位或者个人无偿转让无形资产或者不动产，但用于公益事业或者以社会公众为对象的除外。

(10) 财政部和国家税务总局规定的其他情形。

对以上自产、委托加工或购买的货物视同销售动产货物的规定进行归纳，不难看出：自产、委托加工的货物用于集体福利或个人消费、投资、分配、赠送均应视同销售，亦即自产、委托加工货物除用于连续生产应税货物、劳务、服务、无形资产、不动产以外，均应作销售处理，计征增值税。

购买的货物用于投资、分配、赠送应视同销售，而用于集体福利和个人消费则不作销售处理，因已进入最终消费领域。

【例 2 – 4】 某客运公司为一般纳税人，购买矿泉水一批，取得增值税专用发票注明价款 2 万元、增值税 0.26 万元，其中 70% 赠送给运送的旅客，30% 用于公司集体福利。则该笔业务的销项税额为 0.18 万元，即 2 × 70% × 13% = 0.18（元）。

3. 混合销售行为征税的确认

一项销售行为既涉及货物又涉及服务，称为混合销售行为。

(1) 从事货物的生产、批发或零售的企业、企业性单位及个体经营者的混合销售行为，视同销售货物，应当征收增值税。

(2) 其他单位和个人的混合销售行为，视为销售服务，征收增值税。

混合销售行为成立的行为标准有两点：一是其销售行为必须是一项；二是该行为必须既涉及货物销售又涉及应税服务。

4. 兼营行为

所谓兼营行为，是指纳税人的经营范围既包括销售货物、提供应税劳务，又包括销售服务、无形资产或者不动产。但销售货物、提供应税劳务与销售服务、无形资产或者不动产不同时发生在同一购买者身上，即不发生在同一销售行为中。纳税人的兼营行为，应分别核算货物或应税劳务和其他应税行为的销售额。未分别核算的，由主管税务机关核定相应的销售额。

【例 2 – 5】 3 月甲公司生产销售电器取得不含税收入 5000 万元；附设宾馆取得不含税收入 234 万元，以上业务需分别核算。则甲公司 3 月销售货物计税销售额为 5000 万元，销售应税服务计税销售额 234 万元。

5. 特殊销售的征税规定

(1) 执法部门和单位查处的商品。执法部门和单位查处的商品，具备拍卖条件的，由执法部门或者单位商同级财政部门同意后公开拍卖。其拍卖收入作为罚没收入如数上缴财政，不予征税。对经营商品购入拍卖物品再销售，应照章征收增值税。

（2）单用途商业预付卡（单用途卡）。①售卡方因发行或者销售单用途卡并办理相关资金收付结算的业务取得的手续费、结算费、服务费、管理费等收入，应按照现行规定缴纳增值税。②持卡人使用单用途卡购买货物或服务时，货物或者服务的销售方应按照现行规定缴纳增值税，且不得向持卡人开具增值税发票。

（3）支付机构预付卡（多用途卡）。①支付机构因发行或者受理多用途卡并办理相关资金收付结算业务取得的手续费、结算费、服务费、管理费等收入，应按照现行规定缴纳增值税。②持卡人使用多用途卡，向与支付机构签署合作协议的特约商户购买货物或服务，特约商户应按照现行规定缴纳增值税，且不得向持卡人开具增值税发票。

6. 不征收增值税的规定

（1）纳税人取得的财政补贴，与其销售货物、劳务、服务、无形资产、不动产的收入或者数量直接挂钩的，按规定计算缴纳增值税。纳税人取得的其他情形财政收入，不征收增值税。

（2）根据国家指令无偿提供的铁路运输服务、航空运输服务，属于用于公益事业服务，不缴纳增值税。

（3）存款利息不征收增值税。

（4）被保险人获得的保险赔付不缴纳增值税。

（5）房地产主管部门或者其指定机构、公积金管理中心、开发企业以及物业管理单位代收的住宅专项维修资金，不征收增值税。

（6）纳税人在资产重组过程中，通过合并、分立、出售、置换等方式，将全部或部分实物资产以及与其相关联的债权、负债和劳动力一并转让给其他单位和个人，不属于增值税的征税范围，其中涉及的货物转让，不征收增值税。

（7）纳税人代有关行政管理部门收取的费用，凡同时符合以下条件的，不属于价外费用，不征收增值税。①经国务院、国务院有关部门或省级政府批准；②开具经财政部门批准使用的行政事业收费专用票据；③所收款项全额上缴财政或虽不上缴财政但由政府部门监管，专款专用。

（8）纳税人销售货物的同时代办保险而向购买方收取的保险费，以及从事汽车销售的纳税人向购买方收取的代购买方缴纳的车辆购置税、牌照费，不作为价外费用征收增值税。

（9）各党派、共青团、工会、妇联、中科协、青联、台联、侨联收取党费、团费、会费，以及政府向国际组织收取会费，属于非经营活动，不征收增值税。

（二）增值税纳税义务人

1. 基本规定

在我国境内销售货物、劳务、服务、无形资产、不动产以及进口货物的单位和个人，为增值税的纳税人。

纳税人具体包括：企业、行政单位、事业单位、军事单位、社会团体、个体经营者及其他单位和其他个人。其他个人，指自然人。

境外的单位或个人，在境内提供应税劳务，在境内未设有经营机构的，其应纳税款以代理人为扣缴义务人；没有代理人的，以购买者为扣缴义务人。在境内销售服务、无形资产和不动产，在境内未设有经营机构的，以购买方为增值税扣缴义务人。

为了严格增值税的征收管理，按纳税人经营规模大小和会计核算是否健全将增值税纳税人划分为一般纳税人和小规模纳税人。

2. 小规模纳税人的认定与管理

（1）小规模纳税人的认定标准。小规模纳税人是指年销售额在规定标准以下，并且会计核算不健全，不能按规定报送有关税务资料的增值税纳税人。所称会计核算不健全是指不能正确核算增值税的销项税额、进项税额和应纳税额。

根据财政部和国家税务总局《关于统一增值税小规模纳税人标准的通知》的规定，从2018年5月1日起，增值税小规模纳税人标准为年应征增值税销售额500万元及以下。年应税销售额超过小规模纳税人标准的其他个人，按小规模纳税人纳税；非企业性单位、不经常发生应税行为的企业，可选择按小规模纳税人纳税。按照国家税务总局《关于小规模纳税人免征增值税政策有关征管问题的公告》，符合条件的已登记为增值税一般纳税人的单位和个人，在2020年12月31日前，可转登记为小规模纳税人，其未抵扣的进项税额作转出处理。

对小规模纳税人的确认，由主管税务机关依税法规定的标准认定。

（2）小规模纳税人的管理。小规模纳税人虽然实行简易征税办法并一般不使用增值税专用发票，但针对增值税征收管理中一般纳税人和小规模纳税人之间客观存在的经济往来情况，符合相应规定的，可以自开增值税专用发票。首先，基层税务机关要加强对小规模生产企业财会人员的培训，帮助建立会计账簿，只要小规模企业有会计、有账册,能够正确计算进项税额、销项税额和应纳税额,并能按规定报送有关税务资料。其次,对没有条件设置专职会计人员的小规模企业,在纳税人自愿并配有本单位兼职会计人员的前提下,可采取以下措施,使兼职人员尽快独立工作,进行会计核算。①由税务机关帮助小规模企业从税务咨询公司,会计师事务所等聘请会计人员建账、核算。②由税务机关组织从事过财会业务,有一定工作经验,遵纪守法的离、退休会计人员,帮助小规模企业建账、核算。③在职会计人员经所在单位同意,主管税务机关批准,也可以到小规模企业兼任会计。

(3)小规模企业可以单独聘请会计人员,也可以几个企业联合聘请会计人员。

3. 一般纳税人的认定及管理

(1)一般纳税人的认定标准。一般纳税人是指年不含增值税的销售额,超过小规模纳税人标准的企业和企业性单位。

下列纳税人不属于一般纳税人:①年应税销售额未超过小规模纳税人标准的企业(以下简称小规模企业)。②个体工商户以外的其他个人。③选择按照小规模纳税人纳税的非企业性单位、不经常发生应税行为的企业。

(2)一般纳税人的登记程序。①信息填报:纳税人向主管税务机关填报《增值税一般纳税人登记表》,并提供税务登记证件。②确认登记:纳税人填报内容与税务登记信息一致的,主管税务机关当场登记。纳税人填报内容与税务登记信息不一致的,或者不符合填列要求的,税务机关应当场告知纳税人需要补正的内容。

(3)申请一般纳税人登记管理时限。纳税人在年应税销售额超过规定标准的月份(或季度)的所属申报期结束后15日内按照规定办理相关手续;未按规定时限办理的,主管税务机关应当在规定时限结束后5日内制作《税务事项通知书》,告知纳税人应当在5日内向主管税务机关办理相关手续;逾期仍不办理的,次月起按销售额依照增值税税率计算应纳税额,不得抵扣进项税额,直至纳税人办理相关手续为止。

三、增值税税率、征收率、计税依据

(一)增值税税率

1. 基本规定

纳税人销售货物、劳务、有形动产租赁服务或者进口服务,除了9%较低税率外，增值税基本税率为13%，另外设置低税率6%，对出口货物实行零税率（国务院另有规定者除外）。

2. 9%低税率

9%的低税率适用于纳税人销售或者进口的下列货物：

（1）粮食等农产品、食用植物油、食用盐。

（2）自来水、暖气、冷气、热气、煤气、石油液化气、天然气、沼气、居民用煤炭制品。

（3）图书、报纸、杂志、音像制品、电子出版物。

（4）饲料、化肥、农药、农机、农膜。

（5）国务院规定的其他货物。

以上适用低税率的货物主要是指一些人民生活必需品、宣传、文化、教育用品，农业用品或用具等民生货物。

纳税人出口货物，境内单位和个人发生符合规定的跨境应税行为，税率为零。

增值税规定，纳税人兼营不同税率的货物或者应税劳务，应当分别核算不同税率货物或者应税劳务的销售额。未分别核算销售额的，从高适用税率。

增值税税率的调整，由国务院决定。

我国现行的增值税税率适用范围如表2-2所示。

表2-2　　我国现行的增值税税率（2019年4月1日起执行）

税率	适用范围
13%	销售或者进口货物、劳务；有形动产租赁服务
9%	销售交通运输服务、邮政服务、基础电信服务、建筑服务、不动产租赁服务、销售不动产、转让土地使用权、销售或进口指定货物
6%	增值电信服务、金融服务、提供现代服务（租赁除外）、生活服务、销售无形资产（转让土地使用权除外）
零税率	纳税人出口货物；列举的跨境服务、无形资产

3. 适用9%低税率货物具体规定

（1）农业产品。指种植业、养殖业、林业、牧业、水产业生产的各种植物、动物的初级产品。

① 植物类。包括人工种植和天然生长的各种植物的初级产品。

② 动物类。包括人工养殖和天然生长的各种动物的初级产品。

(2) 食用植物油。仅指芝麻油、花生油、豆油、菜籽油、米糠油、葵花籽油、棉籽油、玉米胚油、茶油、胡麻油以及以上述油为原料生产的混合油。棕榈油，也属本货物范围。

(3) 自来水。指自来水公司及工矿企业经抽取、过滤、沉淀、消毒等工序加工后，通过供水系统向用户供应的水。农业灌溉用水、引水工程输送的水等，不属于本货物的范围。

(4) 暖气、热水。

(5) 冷气。

(6) 煤气。指由煤、焦炭、半焦和重油等经干馏或气化等生产过程所得气体产物的总称。

(7) 石油液化气。指由石油加工过程中所产生低分子量的烃类炼厂气经压缩而成的液体。主要成分是丙烷、丁烷、丁烯等。

(8) 天然气。蕴藏在地层内的碳氢化合物可燃气体。主要含有甲烷、丁烷等低分子烷烃和丙烷、丁烷、戊烷及其他重质气态烃类。包括气田天然气、油田天然气、煤矿天然气和其他天然气。

(9) 沼气。主要成分为甲烷，由植物残体在与空气隔绝的条件下经自然分解而成，沼气主要作燃料。本货物的范围包括天然沼气和人工生产的沼气。

(10) 居民用煤炭制品。指煤球、煤饼、蜂窝煤和引火炭。

(11) 图书、报纸、杂志。采用印刷工艺，按照文字、图画和线条原稿印刷成的纸制品。

(12) 饲料。用于动物饲养的产品或其加工品。本货物的范围包括：单一大宗饲料、混合饲料、配合饲料、复合预混料、浓缩饲料。直接用于动物饲养的粮食、饲料添加剂不属于本货物的范围。

(13) 化肥。指化学和机械加工制成的各种化学肥料。

(14) 农药。用于农林业防治病虫害、除草及调节植物生产的药剂。农药包括农药原药和农药制剂。如杀虫剂、杀菌剂、除草剂、植物性农药、微生物农药、卫生用药、其他农药原药、制剂等。用于人类日常生活的各种类型包装的日用卫生用药（如卫生杀虫剂、驱虫剂、驱蚊剂、蚊香、清毒剂等），不属农药范围。

(15) 农膜。用于农业生产的各种地膜、大棚膜。

(16) 农机。指用于农业生产（包括林业、牧业、副业、渔业）的各种机器、机械化和半机械化农具以及小农具。

以农副产品为原料加工工业产品的机械，不属于本货物的范围。

农用汽车不属于本货物的范围。

机动渔船不属于本货物的范围。

森林砍伐机械、集材机械不属于本货物征收范围。

农机零部件不属于本货物的征收范围。

（17）食用盐。

（18）音像制品。指正式出版的录有内容的录音带、录像带、唱片、激光唱盘和激光视盘。

（19）电子出版物。指以数字代码方式，使用计算机应用程序，将图文声像等内容信息编辑加工后存储在具有确定的物理形态的磁、光、电等介质上，通过内嵌在计算机、手机、电子阅读设备、电子显示设备、数字音/视频播放设备、电子游戏机、导航仪以及其他具有类似功能的设备上读取使用，具有交互功能，用以表达思想、普及知识和积累文化的大众传播媒体。

（20）二甲醚。指化学分子为 CH_3OCH_3，常温常压下为具有轻微醚香味，易燃、无毒、无腐蚀性的气体。

（二）增值税征收率

增值税征收率是指对特定的货物或特定的纳税人销售货物、提供应税劳务、发生应税行为在某一生产流通环节应纳税额与销售额的比率。

增值税征收率主要是针对小规模纳税人和一般纳税人适用或者选择采用简易计税方法计税的项目。采用征收率计税的，不得抵扣进项税额。

"营改增"后，我国增值税征收率有两档。

1. 适用5%征收率

（1）小规模纳税人销售自建或者取得的不动产。

（2）一般纳税人选择简易计税方法计税的不动产销售、不动产经营租赁。

（3）房地产开发企业中的小规模纳税人，销售自行开发的房地产项目。

（4）其他个人销售其取得（不含自建）的不动产（不含其购买的住房）。

（5）小规模纳税人出租（经营租赁）其取得的不动产（不含个人出租住房）。

（6）其他个人出租（经营租赁）其取得的不动产（不含住房）。

（7）一般纳税人和小规模纳税人提供劳务派遣服务选择差额纳税的。

（8）个人出租住房，应按照5%的征收率减按1.5%计算应纳税额。

（9）一般纳税人2016年4月30日前签订的不动产融资租赁合同，或以2016年4月30日前取得的不动产提供的融资租赁服务，选择适用简易计税方法的。

（10）一般纳税人收取试点前开工的一级公路、二级公路、桥、闸通行费，选择适用简易计税方法的。

（11）纳税人转让2016年4月30日前取得的土地使用权，选择适用简易计税方法的。

（12）一般纳税人提供人力资源外包服务，选择适用简易计税方法的。

2. 适用3%征收率

除上述适用5%征收率以外的纳税人选择简易计税方法销售货物、提供应税劳务、发生应税行为均为3%。销售自己使用过的固定资产和旧货按照简易办法依照3%征收率减按2%征收增值税。

（三）增值税计税依据

增值税以法定增值额为课税对象，由于我国实行增值税专用发票和凭增值税专用发票注明的税款进行抵扣的规范化的购进扣税法，因此，增值税的计税依据是销售货物、劳务、服务、无形资产、不动产的销售额。

1. 基本规定

增值税的销售额，是指纳税人销售货物劳务、服务、无形资产、不动产向购买方收取的全部价款和价外费用。

价外费用（实属价外收入）是指价外向购买方收取的手续费、补贴、基金、集资费、返还利润、奖励费、延期付款利息、包装费、包装物租金、储备费、优质费、运输装卸费、代收款项、代垫款项及其他各种性质的价外收费。

【例2-6】3月甲公司生产销售空调机一批，取得不含税销售额200万元，另开一张普通发票收取包装费3.39万元。则甲公司该批业务的计税销售额为203万元[200+3.39/(1+13%)]。

但下列项目不包括在内：

（1）向购买方收取的销项税额。因为增值税属于价外税，其税款不应包含在销售货物的价款之中。

【例2-7】3月甲公司销售服装一批，防伪税控系统开具的增值税专用发票，销售额为20万元，税额2.6万元，则该笔业务的计税销售额为20万元。

（2）受托加工应征消费税的消费品所代收代缴的消费税。这是因为此种行为只是委托方履行法定义务的一种行为,此项税金与收取的应税加工费没有内在联系。

【例2-8】 3月甲公司受托加工应征消费税的化妆品一批,委托方提货时,甲公司收取加工费10万元,增值税1.3万元,收取代收代缴的消费税15万元。则甲公司该笔业务的计税销售额为10万元。

(3)同时符合以下条件的代垫运费:

① 承运者的运费发票开具给购货方的;

② 纳税人将该项发票转交给购货方的。

这是因为纳税人仅仅是为了购货人代办运输业务,而未从中收取额外费用。

凡随同销售货物或提供应税劳务向购买方收取的价外费用,无论其会计制度如何核算,均应并入销售额计算应纳税额。

税法规定各种性质的价外收费都要并入销售额计算征税,目的是防止以各种名目的收费减少销售额逃避纳税的现象。对增值税一般纳税人(包括纳税人自己或代其他部门)向购买方收取的价外费用和逾期包装物押金,应视为含税收入,在征税时换算成不含税收入再并入销售额。

2. 特殊规定

在销售活动中,为了达到促销的目的,有多种销售方式。不同销售方式下,销售者取得的销售额会有所不同。对不同销售方式如何确定其计征增值税的销售额,既是纳税人关心的问题,也是税法必须分别予以明确规定的事情。税法对以下几种销售方式分别进行了规定。

(1)采取折扣方式销售。

折扣销售,是指销货方在销售货物或应税劳务时,因购货方购货数量较大等原因,而给予购货方的价格优惠。由于折扣是在实现销售时同时发生的,如果销售额和折扣额在同一张发票上分别注明的,可按折扣后余额计算增值税;如果将折扣额另开发票,不论其在财务上如何处理,均不得从销售额中减除折扣额。折扣销售不同于销售折扣。

销售折扣,是指销货方在销售货物或应税劳务后,为了鼓励购货方及早偿还货款,而协议许诺给予购货方的一种折扣优待。销售折扣发生在销货之后,是一种融资性质的理财费用,因此,销售折扣不得从销售额中减除。

企业在确定销售额时应把折扣销售与销售折扣严格区分开。另外,销售折扣又不同于销售折让。

销售折让，是指货物销售后，由于其品种、质量等原因购货方未予退货，但销货方需给予购货方的一种价格折让。销售折让与销售折扣相比较，虽然都是在货物销售后发生的，但因为销售折让是由于货物的品种和质量引起销售额的减少，因此，销售折让应以折让后的货款为销售额。折扣销售仅限于货物价格的折扣，如果销货者将自产、委托加工和购买的货物用于实物折扣的，则该实物款额不能从货物销售额中减除，且该实物应按"视同销售货物"中的"赠送他人"计算征收增值税。

对折扣销售规定销售额与折扣额须在同一张发票上注明，是从保证增值税征税、扣税相一致的角度考虑的。如果允许对销售额开一张销货发票，对折扣额再开一张退款红字发票，就可能造成销货方按减除折扣额后的销售额计算销项税额，而购货方却按未减除折扣额的销售额及其进项税额进行抵扣，造成税款的流失。

【例2-9】3月甲公司为了鼓励购货者多购货，规定凡一次购买100件以上者，均给予5%的折扣。当月乙公司从甲公司购买了120件，不含税销售价格200万元，乙公司获得5%的商业折扣并在发票上进行了注明，实际支付190万元。则甲公司该笔业务的计税销售额为190万元。

【例2-10】3月甲公司销售一批货物给乙公司，不含税销售额100万元，因乙公司提前支付了货款，甲公司给予5%的折扣，实际取得不含税销售额95万元。则甲公司该笔业务的计税销售额为100万元。

（2）采取以旧换新方式销售。

以旧换新是指纳税人在销售自己的货物时，有偿收回旧货物的行为。根据税法规定，采取以旧换新方式销售货物的，应按新货物的同期销售价格确定销售额，不得扣减旧货物的收购价格。

考虑到金银首饰以旧换新业务的特殊情况，对金银首饰以旧换新业务，可以按销售方实际收取的不含增值税的全部价款征收增值税。

【例2-11】3月甲公司采取"以旧换新"方式销售热水器，旧热水器作价2万元，取得现金收入5万元。则甲公司该批业务的计税销售额约为6.19万元[(2+5)/(1+13%)]。

【例2-12】甲公司经央行批准为金银首饰经销单位，3月采取"以旧换新"方式销售金项链，旧项链作价1万元，取得现金收入2万元。则甲公司该批业务的计税销售额约为1.77万元[2/(1+13%)]。

(3) 采取还本销售方式销售。

还本销售是指纳税人在销售货物后,到一定期限由销售方一次或分次还给购货方全部或部分价款。这种方式实际上是一种筹集资金,是以货物换取资金的使用价值,到期还本不付息的方法。税法规定,采取还本销售方式销售货物,其销售额就是货物的销售价格,不得从销售额中减除还本支出。

【例 2-13】 甲公司为小规模纳税人,3 月实行还本销售家具,取得含税收入 10.3 万元,5 年后还本。则甲公司该笔业务的计税销售额为 10 万元[10.3/(1+3%)]。

(4) 采取以物易物方式销售。

以物易物是一种较为特殊的购销活动,是指购销双方不是以货币结算,而是以同等价款的货物相互结算,实现货物购销的一种方式。以物易物双方都应作购销处理,以各自发出的货物核算销售额并计算销项税额,以各自收到的货物按规定核算购货额并计算进项税额。

【例 2-14】 3 月甲公司以自产钢材(当月同类钢材不含税平均销售价格 100 万元)换取乙公司自产水泥(当月同类水泥不含税平均销售价格 90 万元),乙公司另支付甲公司 10 万元。则甲公司该笔业务计税销售额 100 万元,乙公司计税销售额 90 万元。

(5) 包装物押金是否计入销售额。

包装物是指纳税人包装本单位货物的各种物品。纳税人销售货物时另收取包装物押金,目的是促使购货方及早退回包装物以便周转使用。纳税人为销售货物而出租出借包装物收取的押金,单独记账核算的,不并入销售额征税。但对逾期未收回包装物不再退还的押金,应按所包装货物的适用税率计算销项税额。

"逾期"是指按合同约定实际逾期或以一年为期限,对收取一年以上的押金,无论是否退还均并入销售额征税。将包装物押金并入销售额征税时,应先将该押金换算为不含税价,再并入销售额征税。对于个别包装物周转使用期限较长的,报经税务机关确定后,可适当放宽逾期期限。

包装物押金不应混同于包装物租金,包装物租金在销货时应作为价外费用并入销售额计算销项税额。另外,从 1995 年 6 月 1 日起,对销售除啤酒、黄酒外的其他酒类产品而收取的包装物押金,无论是否返还以及会计上如何计算,均应并入当期销售额征税。对销售啤酒、黄酒所收取的押金,按上述一般押金的规定处理。

【例2-15】3月某啤酒厂销售啤酒取得不含税销售额200万元,收取包装物押金1.13万元,没收逾期未退还的包装物押金2.26万元。则啤酒厂3月计税销售额为202万元[200+2.26/(1+13%)]。

假设以上为白酒厂,则3月计税销售额为201万元[200+1.13/(1+13%)]。

(6) 销售自己使用过的固定资产。

① 销售2008年12月31日前("营改增"的为2016年4月30日前)购进或自制的固定资产(未抵扣进项税额),按简易计税办法依3%征收率减按2%征收增值税。

【注】也可放弃减税,依3%纳税,并开增值税专用发票。则:

增值税应纳税额 = 含税售价 ÷ (1 + 3%) × 2%

② 销售2009年1月1日后购进或自制的固定资产(购进当期已抵扣进项税额),按正常销售货物适用税率征收增值税。

增值税应纳税额 = 含税售价 ÷ (1 + 适用税率) × 适用税率

(7) 对视同销售货物行为的销售额的确定。

纳税人销售货物或者应税劳务的价格明显偏低,并无正当理由,不具有合理商业目的;或者视同销售货物行为而无销售额者,主管税务机关可以按下列顺序确定销售额:

① 按纳税人最近时期同类货物的平均销售价格确定;

② 按其他纳税人最近时期同类货物的平均销售价格确定;

③ 按组成计税价格确定。

组成计税价格的公式为:

组成计税价格 = 成本 × (1 + 成本利润率)

属于应征消费税的货物:

组成计税价格 = 成本 × (1 + 成本利润率) + 消费税税额

公式中的成本是指销售自产货物的为实际生产成本,销售外购货物的为实际采购成本。但属于从价定率征收消费税的货物,其组成计税价格公式中的成本利润率,按消费税规定的成本利润率执行。

【例2-16】3月甲公司将自产服装分发给职工,当月同类服装平均不含税销售价格为20万元,则甲公司该笔业务的计税销售额为20万元。若无同类服装价格,已知生产成本为18万元,利润率为10%,则甲公司该笔业务的计税销售额为19.8万元[18×(1+10%)]。

销售额以人民币计算，纳税人以外汇结算销售额的，其销售额的人民币折合率可以选择销售额发生的当日或当月1日的外汇牌价（原则上为中间价）。纳税人应在事先确定采用何种折合率，确定后一年内不变。

四、增值税计算、征收管理

（一）一般纳税人应纳税额计算

应纳税额计算的准确与否关系到增值税负担是否合理。因此，增值税诸要素的规范化最终应体现为税款计算的合理、准确、简明。一般纳税人其应纳税额计算公式为：

应纳税额 = 当期销项税额 - 当期进项税额

1. 销项税额规定

销项税额是按税率计算并向购买方收取的增值税税额。销项税额的计算公式为：

销项税额 = 销售额 × 适用税率

从公式中可以看出，销项税额的计算关键在于销售额的确定，但应强调的是，应纳税的销售额不包括已纳的增值税额，也就是说现行增值税是以不含税价为计税依据的，属于价外税的性质。

但在零售环节出售商品、无形资产、不动产和对消费者提供劳务、服务时，价格和税金不再分开标明。这既符合我国群众的消费心理，又由于是最终环节，不会因为价税合并影响税款抵扣。

一般纳税人销售货物或者应税劳务采用销售额和销项税额合并定价方法的，按下列公式计算销售额：

销售额 = 含税销售额 ÷ (1 + 适用税率)

2. 关于差额征税

因为原营业税的征税范围全行业均纳入了增值税的征收范围，但目前仍有无法通过抵扣机制避免重复征税的情况存在，因此引入了差额征税的办法，解决纳税人税收负担增加问题。以下项目属于按差额确定销售额，然后计算销项税额：

（1）金融商品转让的销售额。

（2）经济代理服务的销售额。

（3）融资租赁和融资性售后回租业务的销售额。

（4）航空运输企业的销售额。

（5）试点纳税人中的一般纳税人提供客运场站服务。

（6）试点纳税人提供旅游服务。

（7）试点纳税人提供建筑服务适用简易计税方法的。

（8）房地产开发企业中的一般纳税人销售其开发的房地产项目（选择简易计税方法的房地产老项目除外）。

（9）财政部和国家税务总局规定的其他情形。

3. 进项税额规定

纳税人购进货物或者接受应税劳务所支付或者负担的增值税额为进项税额。进项税额是与销项税额相对应的另一个概念。在开具增值税专用发票的情况下，它们之间的对应关系是，销售方收取的销项税额，就是购买方支付的进项税额。对于任何一个一般纳税人而言，由于其在经营活动中，既会发生销售货物或提供应税劳务，又会发生购进货物或接受应税劳务，因此，每一个一般纳税人都会有收取的销项税额抵扣其负担的进项税额，其余额为纳税人实际缴纳的增值税额。这样，进项税额作为可抵扣的部分，对于纳税人实际纳税多少就产生了举足轻重的作用。然而，并不是纳税人支付的所有进项税额都可以从销项税额中抵扣。

当纳税人购进的货物或接受的应税劳务不是用于增值税应税项目，而是用于非应税项目、免税项目或用于集体福利、个人消费等情况时，其支付的进项税额就不能从销项税额中抵扣。

（1）准予从销项税额抵扣的进项税额。

准予从销项税额中抵扣的进项税额根据税法的规定，限于下列增值税扣税凭证上注明的增值税额：

① 从销售方取得的增值税专用发票（含机动车销售统一发票，下同）上注明的增值税额。

② 从海关取得的海关进口增值税专用缴款书上注明的增值税额。

没有从销售方或海关取得注明增值税额的法定扣税凭证，就不能抵扣进项税额。

除了上述统一规定外，针对纳税人实际经营和计税中的一些特殊情况，税法还对下列三项业务规定了准予计算进项税额并从销项税额中抵扣的政策。

③ 自境外单位或者个人购进劳务、服务、无形资产或者境内的不动产，从税务机关或者扣缴义务人取得的代扣代缴税款的完税凭证上注明的增值税额。

④ 一般纳税人购买的免税农业产品，自2019年4月1日起，准予按照买价乘以扣除率计算进项税额，从当期销项税额中扣除。其进项税额的计算公式为：

进项税额 = 买价 × 扣除率

关于扣除率的确定：

第一，纳税人购进用于生产或者委托加工13%税率货物的免税农产品，按照10%的扣除率计算进项税额；用于生产销售其他货物服务的，按票金额×9%扣除率抵扣进项税额。

第二，从按照简易计税方法依照3%征收率计算缴纳增值税的小规模纳税人取得增值税专用发票的：用于生产销售或委托受托加工13%税率货物的，以增值税专用发票上注明的金额和10%的扣除率计算进项税额；用于生产销售其他货物服务的，按票金额×9%扣除率抵扣进项税额。

对这项规定需要解释的是：

第一，所谓免税"农业产品"是指直接从事植物的种植、收割和动物的饲养、捕捞的单位和个人销售的自产农业产品，免征增值税。

第二，购买农业产品的买价，仅限于经主管税务机关批准使用的收购发票或者销售发票上注明的价款和按规定缴纳的烟叶税。

第三，对烟叶税纳税人按规定缴纳的烟叶税，准予并入烟叶产品的买价计算增值税的进项税额，并在计算缴纳增值税时予以抵扣。

烟叶税应纳税额 = 收购烟叶实际支付价款总额 × 税率(20%)

准予抵扣的进项税额 = (收购烟叶实付价款总额 + 烟叶税应纳税额) × 扣除率

纳税人收购烟叶实际支付的价款总额，包括纳税人支付给烟叶生产销售单位和个人的烟叶收购价款和价外补贴。其中，价外补贴统一按烟叶收购价款的10%计算。对烟叶收购单位支付给烟叶生产单位和个人的各种形式的补偿，不论实际补偿是多少，也不论价外补贴与烟叶收购价格是否在同一张农产品收购发票或销售发票上分别注明，价外补贴统一按照收购价格的10%并入烟叶税的计税依据，计算缴纳烟叶税。烟叶收购单位，应将价外补贴与烟叶收购价格在同一张农产品收购发票或销售发票上分别注明，否则，价外补贴不得计算抵扣增值税进项税额。

【例2-17】甲卷烟厂3月从烟农手中收购烟叶一批（用来继续加工成卷烟，适用10%扣除率），烟叶收购价格为1000万元，价外补贴为120万元，且价外补贴未在同一张农产品收购发票上注明。则应缴烟叶税为220万元[1000×(1+10%)×20%]，甲卷烟厂该笔业务可抵扣的进项税额为122万元[(1000+220)×10%]。

⑤ 自2012年7月1日起,以购进农产品为原料生产销售液体乳及乳制品、酒及酒精、植物油的增值税一般纳税人,纳入农产品增值税进项税额核定扣除试点范围,其购进农产品无论是否用于生产上述产品,增值税进项税额均按照《农产品增值税进项税额核定扣除试点实施办法》的规定抵扣。

⑥ 增值税一般纳税人在资产重组过程中,将全部资产、负债和劳动力一并转让给其他增值税一般纳税人,并按程序办理注销税务登记的,其在办理注销登记前尚未抵扣的进项税额可结转至新纳税人处继续抵扣。

⑦ 支付的道路通行费,按照收费公路通行费增值税电子普通发票注明的增值税额扣除。支付的桥、闸通行费,按下列公式计算扣除:

进项税额 = 通行费发票上注明的金额 ÷ (1 + 5%) × 5%

⑧ 原增值税一般纳税人自用的应征消费税的摩托车、汽车、游艇,其进项税额准予从销项税额中抵扣。

⑨ 原增值税纳税人从境外单位或者个人购进服务、无形资产或者不动产,按照规定应当扣缴增值税的,准予从销项税额中抵扣的进项税额为自税务机关或者扣缴义务人取得的解缴税款的完税凭证上注明的增值税额。

⑩ 按照《关于全面推开营业税改征增值税试点的通知》规定不得抵扣且未抵扣进项税额的固定资产、无形资产、不动产,发生用途改变,用于允许抵扣进项税额的应税项目,可在用途改变的次月按下列公式计算可以抵扣的进项税额:

可以抵扣的进项税额 = 固定资产、无偿资产、不动产净值 ÷ (1 + 适用税率) × 适用税率

⑪ 自2018年1月1日起,纳税人租入固定资产、不动产,既用于一般计税方法计税项目,又用于简易计税方法计税项目、免征增值税项目、集体福利或者个人消费的,其进项税额准予从销项税额中全额抵扣。

⑫ 纳税人购进国内旅客运输服务,其进项税额允许从销项税额中抵扣。

第一,取得增值税电子普通发票的,为发票上注明的税额。

第二,取得注明旅客身份信息的航空运输电子客票行程单的,按照下列公式计算进项税额:

航空旅客运输进项税额 = (票价 + 燃油附加费) ÷ (1 + 9%) × 9%

第三,取得注明旅客身份信息的铁路车票的,按照下列公式计算的进项税额:

铁路旅客运输进项税额 = 票面金额 ÷ (1 + 9%) × 9%

第四，取得注明旅客身份信息的公路、水路等其他客票的，按照下列公式计算进项税额：

公路、水路等其他旅客运输进项税额 = 票面金额 ÷ (1 + 3%) × 3%

【例2-18】2019年4月，职工孙某出差，电子行程单上的票价1000元和燃油附加费90元，火车票545元，公路票103元，的士票50元。报销后，本月公司就孙某出差可抵扣的进项税额 = 1090 ÷ (1 + 9%) × 9% + 545 ÷ (1 + 9%) × 9% + 103 ÷ (1 + 3%) × 3% = 138(元)。

(2) 关于生产、生活性服务纳税人加计抵减政策。

自2019年4月1日至2021年12月31日，允许生产性服务业纳税人按照当期可抵减进项税额加计10%，抵减应纳税额（生活性服务业加计抵减比例为15%，起止日期为2019年10月1日至2021年12月31日）。

生产性服务业纳税人，是指提供邮政服务、电信服务、现代服务取得的销售额占全部销售额的比重超过50%的纳税人（生活性服务纳税人，则指提供生活服务取得的销售额符合这个比例）。

适用加计抵减政策的设立时间，是指实施这个政策的前一年销售额符合上述占比条件（经营期不满12个月的，按实际经营期的销售额）。如果是新设立的纳税人，自设立起3个月的销售额符合上述占比条件，自登记为一般纳税人之日起适用加计抵减政策。

适用加计抵减的销售额，包括纳税申报销售额、稽查查补销售额、纳税评估调整销售额。适用增值税差额征收政策的，以差额后的销售额确定适用加计抵减政策。

(3) 不能从销项税额中抵扣的进项税额。

① 用于简易计税方法计税项目、免征增值税项目、集体福利或者个人消费购进货物、劳务、服务、无形资产和不动产。其中涉及的固定资产、无形资产、不动产，仅指专用于上述项目的固定资产、无形资产（不包括其他权益性无形资产）、不动产。

【例2-19】甲公司3月购进煤炭一批，取得防伪税控系统专用发票，注明金额100万元，增值税13万元。其中10%分给职工、5%用于职工食堂、6%用于个人消费、4%用于免税项目。则甲公司该笔业务可抵扣的进项税额9.75万元 [13 × (1 - 10% - 5% - 6% - 4%)] 或不能抵扣的进项税额3.25万元 [13 × (10% + 5% + 6% + 4%)]。

② 非正常损失的购进货物以及相关的劳务和交通运输服务。非正常损失是指因管理不善造成货物被盗窃、丢失、霉烂变质,以及违反法律法规造成货物或者不动产被依法没收、销毁、拆除的情形。

【例 2-20】甲公司 3 月购进材料一批,取得防伪税控系统专用发票注明金额 100 万元,增值税 13 万元。由于保管不善,当月 20% 的材料被盗。则甲公司该笔业务可抵扣的进项税额 10.4 万元[$13 \times (1-20\%)$];或不能抵扣的进项税额 2.6 万元($13 \times 20\%$)。

③ 非正常损失的在产品、产成品所耗用的购进货物(不包括固定资产)、劳务和交通运输服务。

【例 2-21】甲公司 3 月购进材料一批,取得防伪税控系统专用发票注明金额 100 万元,增值税 13 万元,因管理不善,10% 霉烂变质。则甲公司该笔业务可抵扣的进项税额为 11.7 万元[$13 \times (1-10\%)$];或不能抵扣的进项税额为 1.3 万元($13 \times 10\%$)。

④ 非正常损失的不动产,以及该不动产所耗用的购进货物、设计服务和建筑服务。

⑤ 非正常损失的不动产在建工程所耗用的购进货物、设计服务和建筑服务。纳税人新建、改建、扩建、修缮、装饰不动产,均属于不动产在建工程。

⑥ 购进的贷款服务、餐饮服务、居民日常服务和娱乐服务。

⑦ 纳税人接受贷款服务向贷款方支付的与该笔贷款直接相关的投融资顾问费、手续费、咨询费等费用,其进项税额不得从销项税额中抵扣。

⑧ 适用一般计税方法的纳税人,兼营简易计税办法计税项目、免征增值税项目而无法准确划分不得抵扣的进项税额的,可按下列公式计算不得抵扣的进项税额。

不得抵扣的进项税额 = 当期全部进项税额 × (当期简易计税方法计税项目销售额 + 免征增值税项目销售额) ÷ 当期全部销售额

⑨ 一般纳税人已抵扣进项税额的固定资产、无形资产或者不动产,发生《营业税改征增值税试点实施办法》第二十七条规定中不得从销项税额中抵扣进项税额情形的,按照下列公式计算不得抵扣的进项税额:

不得抵扣的进项税额 = 固定资产、无形资产或者不动产净值 × 适用税率

⑩ 有下列情形之一的,应当按照销售额和增值税税率计算应纳税额,不得抵扣进项税额,也不得使用增值税专用发票:

一是一般纳税人会计核算不健全，或者不能够提供准确税务资料的。

二是应当办理一般纳税人资格登记而未办理的。

⑪ 财政部和国家税务总局规定的其他情形。

4. 计算应纳税额时间限定

为了保证计算应纳税额的合理性和准确性，纳税人必须严格把握当期进项税额从当期销项税额抵扣这个要点。"当期"是个重要的时间限定，具体是指税务机关依照税法规定对纳税人确定的纳税期限，只有在纳税期限内实际发生的销项税额、进项税额，才是法定的当期销项税额或当期进项税额。目前，有些纳税人为了达到逃避纳税的目的，把当期实现的销售额隐瞒不记账或滞后记账，以减少当期销项税额，或者把不是当期实际发生的进项税额（上期结转的进项税额除外）也当作当期进项税额，以加大进项税额，少纳税甚至不纳税，这是违反税法规定的行为。为了制止这种违法行为，税法首先对销售货物或应税劳务应计入当期销项税额的时间加以限定。同时，对计入当期进项税额的时间也加以严格限定。

自 2019 年 3 月 1 日起，将取消增值税发票认证的纳税人范围扩大至全部一般纳税人。一般纳税人取得增值税发票（包括增值税专用发票、机动车销售统一发票、收费公路通行费增值税电子普通发票，下同）后，可以自愿使用增值税发票选择确认平台查询、选择用于申报抵扣、出口退税或者代办退税的增值税发票信息。

5. 扣减发生期进项税额规定

（1）已经抵扣进项税额的购进货物发生改变用途的税务处理。

由于增值税实行以当期销项税额抵扣当期进项税额的"购进扣税法"，当期购进的货物劳务、服务、无形资产、不动产如果事先并未确定将用于非生产经营项目，其进项税额会在当期销项税额中予以抵扣。但已抵扣进项税额的购进货物或应税劳务如果事后改变用途，即发生用于非应税项目、用于免税项目、用于集体福利或者个人消费、购进货物发生非正常损失、在产品或产成品发生非正常损失、不动产或不动在建工程时，应将该项购进货物劳务、服务、无形资产、不动产的进项税额从当期发生的进项税额中扣减。无法准确确定该项进项税额的，按当期实际成本计算应扣减的进项税额。

这里需要注意的是，所称"从当期发生的进项税额中扣减"，是指已抵扣进项税额的购进在哪一个时期发生上述情况的，就从这个发生期内纳税人的进项税额中扣减，而无须追溯到抵扣进项税额的那个时期。另外，对"无法准确确定该项进项税额的,按当期实际成本计算应扣减的进项税额",是指其扣减进项税额的计算依据不是按该货物劳务、服务、无形资产、不动产的原进价,而是按发生上述情况的当期的实际成本,即进价+运费+保险费+其他有关费用,按征税时适用的税率计算应扣减的进项税额。

【例 2-22】 甲公司 7 月因保管不善被盗损失上月已作进项税额抵扣的材料一批,无法准确确定该材料的进项税额,已知购进这批材料的实际成本为 100 万元。则甲公司可以从 7 月的进项税额中扣减 13 万元(100×13%)。

(2)向供货方收取的返还收入的税务处理。

自 2004 年 7 月 1 日起,对商业企业向供货方收取的与商品销售数量、销售额挂钩的各种返还收入,均按平销返利行为的规定冲减当期增值税进项税额。冲减进项税额的计算公式为:

当期应冲减的进项税额 = 当期取得的返还资金÷(1 + 所购进货物适用税率)× 所购进货物适用税率

【例 2-23】 甲公司属于商贸企业,6 月销售服装一批,取得服装生产企业返还收入 11.3 万元。则甲公司应扣减 6 月进项税额 1.3 万元[11.3÷(1 + 13%)×13%]。

6. 进货退回或折让税务处理

纳税人在购进货物时,因货物重量、规格等原因而发生退回或折让,由于进货退回或折让不仅涉及货款或折让价款的收回,还涉及增值税的收回,因此,购货方应对当期进项税额进行调整。税法规定,一般纳税人因进货退回或折让而从销货方收回的增值税额,应从发生进货退回或折让当期的进项税额中扣减。

7. 销货退回或折让税务处理

纳税人在货物购销活动中,因货物质量、规格等原因常会发生销货退回或销售折让的情况。由于销货退回或折让不仅涉及销货价款或折让价款的退回,还涉及增值税的退回。这样,销货方和购货方应相应对当期的销项税额或进项税额进行调整。为此,税法规定,一般纳税人因销货退回或折让而退还给购买方的增值税额,应从发生销货退回或折让当期的销项税额中扣减。

8. 试行期末留抵税额退税制度

自 2019 年 4 月 1 日起,试行增值税期末留抵税额退税制度。

(1)同时符合以下条件的纳税人,可以向主管税务机关申请退还增量留抵税额。

① 自 2019 年 4 月税款所属期起,连续 6 个月(或连续 2 个季度)增量留抵税

额均大于 0，且 6 个月增量留抵税额不低于 50 万元。

② 纳税信用等级为 A 级或者 B 级。

③ 申请退税前 36 个月未发生骗取留抵退税、出口退税或虚开增值税专用发票情形的。

④ 申请退税前 36 个月未因偷税被税务机关处罚两次及以上的。

⑤ 自 2019 年 4 月 1 日起未享受计征即退、先征后返（退）政策的。

（2）允许退还的增量留抵税额＝增量留抵税额×进项构成比例×60％。

其中，进项构成比例为 2019 年 4 月至申请退税前税款所属期内已抵扣的增值税专用发票、海关进口增值税专用缴款书、解缴税款完税凭证上注明的增值税额占全部已抵扣进项税额的比重。

（3）自 2019 年 6 月起，符合条件的部分先进制造业纳税人，当期允许退还的增量留抵税额，按以下公式计算：

允许退还的增量留抵税额＝增量留抵税额×进项构成比例

先进制造业纳税人，是指按照《国民经济行业分类》，生产并销售非金属矿物制品、通用设备、专用设备、计算机、通用和其他电子设备、医药、化学纤维、铁路、船舶、航空航天和其他运输设备、电子机械和器材、仪器仪表销售额占全部销售额的比重超过 50％ 的纳税人。

（二）小规模纳税人应纳税额计算

小规模纳税人根据征收率计算应纳税额。小规模纳税人不能享有税款抵扣权。小规模纳税人按不含增值税的销售额乘以征收率计算应纳税额。其计算公式为：

应纳税额＝当期销售额×征收率

小规模纳税人销售货物、劳务、服务、无形资产、不动产采用销售额和应纳税额合并定价方法的，按下列公式计算销售额：

销售额＝含税销售额÷（1＋征收率）

小规模纳税人因销货退回或折让退还给购买方的销售额，从发生销货退回或折让当期的销售额中扣减。

小规模纳税人增值税征收率为 3％ 或者 5％；小规模纳税人（除其他个人外）销售自己使用过的固定资产，减按 2％ 征收率征税；小规模纳税人销售自己使用过的其他物品，按 3％ 征收率征税。

【例 2-24】某副食品商店为增值税小规模纳税人，8 月销售副食品取得含税销售额 66950 元，销售自己使用过的固定资产取得含税销售额 17098 元。该商店应缴纳增值税为 2282 元 [66950÷(1+3%)×3%+17098÷(1+3%)×2%]。

自 2004 年 12 月 1 日起，增值税小规模纳税人购置税控收款机经主管税务机关审核批准后，可凭购进税控收款机取得的专用发票，按照发票上注明的增值税额，抵免当期应纳增值税。若取得的是普通发票，依下列公式计算可抵免税额：

抵免税额 = 价款÷(1+税率)×税率

当期不足抵免的，可在下期继续抵免。

（三）一般纳税人采用简易计税的情况

小规模纳税人一律采用简易计税方法计税，但是一般纳税人发生应税销售行为可以选择适用简易计税办法，应该按照销售额和征收率计算应纳增值税税额，并且不得抵扣进项税额。其应纳税额的计算公式为：

应纳税额 = 销售额(不含增值税)×征收率

"营改增"后，一般纳税人可以选择适用简易计税方法的情形有：

（1）一般纳税人选择简易计税方法计税的不动产销售、不动产经营租赁。

（2）一般纳税人和小规模纳税人提供劳务派遣服务选择差额纳税的。

（3）一般纳税人 2016 年 4 月 30 日前签订的不动产融资租赁合同，或以 2016 年 4 月 30 日前取得的不动产提供的融资租赁服务，选择适用简易计税方法的。

（4）一般纳税人收取试点前开工的一级公路、二级公路、桥、闸通行费，选择适用简易计税方法的。

（5）纳税人转让 2016 年 4 月 30 日前取得的土地使用权，选择适用简易计税方法的。

（6）一般纳税人提供人力资源外包服务，选择适用简易计税方法的。

（7）纳税人转让 2016 年 4 月 30 日前取得的土地使用权，选择适用简易计税方法的。

（8）纳税人提供安全保护服务，选择按差额计税的。

（9）中外合作油（气）田开采的原油、天然气按实物征收增值税的。

（10）一般纳税人销售机器设备的同时提供安装服务。

此外，一般纳税人销售自己使用过的属于《增值税暂行条例》第十条规定不得抵扣且未抵扣进项税额的固定资产，按照简易办法依照 3% 征收率减按 2% 征收增值税。

纳税人销售旧货,按照简易办法依照3%征收率减按2%征收增值税。

提供物业管理服务的纳税人,向服务接受方收取的自来水水费,以扣除其对外支付的自来水水费的余额为销售额,按照简易办法依照3%征收率减按2%征收增值税。

非企业性单位中的一般纳税人提供的研发和技术服务、信息技术服务、鉴证咨询服务,以及销售技术、著作权等无形资产,可以选择按照简易办法依照3%征收率减按2%征收增值税。

一般纳税人提供教育辅助服务,可以选择按照简易办法依照3%征收率减按2%征收增值税。

自2018年5月1日起,一般纳税人生产销售和批发、零售抗癌药品,可以选择按照简易办法依照3%征收率减按2%征收增值税。

自2019年3月1日起,一般纳税人生产销售和批发、零售罕见病药品,可以选择按照简易办法依照3%征收率减按2%征收增值税。

一般纳税人生产销售《增值税暂行条例》规定的货物,可以选择适用简易计税方法。包括县级及县级以下小型水力发电单位生产的电力;建筑用和生产建筑材料所用的砂、土、石料;商品混凝土;用微生物等制成的生物制品;自来水;寄售商店代售寄售物品;典当业销售死当物品;单采血浆站销售非临床用人体血液;药品经营企业销售生物制品;兽用药品经营企业销售兽用生物制品等。

(四) 进口货物应纳税额计算

纳税人进口货物,不论该纳税人是一般纳税人还是小规模纳税人,均按照组成计税价格和规定的税率计算应纳税额,并且不得抵扣任何税额。

确定一项货物是否属于进口货物,必须首先看其是否有报关进口手续。只要是报关进口的应税货物,不论其是国外产制还是我国已出口而转销国内的货物,是自行采购还是国外捐赠的货物,是自用还是作为贸易或其他用途的货物,均按规定缴纳进口环节的增值税。组成计税价格和应纳税额计算公式为:

组成计税价格 = 关税完税价格 + 关税 + 消费税

或:

组成计税价格 = (关税完税价格 + 关税)/(1 - 消费税税率)

应纳税额 = 组成计税价格 × 增值税税率

国家在规定对进口货物征税的同时,对某些进口货物制定了减免税特殊规定。

如属于"来料加工""进料加工"贸易方式进口国外的原材料、零部件等在国内加工后复出口的,对进口的料、件按规定给予免税或减税,但这些进口减免税的料、件若不能加工复出口,而是销往国内的,就要予以补税。对进口货物是否减免税由国务院统一规定,地方、行政部门等无权规定减免税项目。

个人携带或邮寄入境自用物品应纳增值税,连同关税一并由海关计征。

【例 2-25】 某企业从日本进口 2 辆汽车,其到岸价格折合人民币为 120000 元,缴纳关税为 40000 元,缴纳消费税 6000 元,其应纳的增值税税额计算如下:

组成计税价格 = 120000 + 40000 + 6000 = 166000(元)

应纳增值税税额 = 166000 × 13% = 21580(元)

【例 2-26】 某公司 3 月进口高级化妆品一批,买价 65 万元,运抵境内第一口岸支付运费、保险费等 5 万元。关税税率 50%,消费税税率 15%。计算该批化妆品进口环节应纳增值税额。

【解析】 关税完税价格 = 65 + 5 = 70(万元)

应纳关税税额 = 70 × 50% = 35(万元)

组成计税价格 = (70 + 35)/(1 - 15%) = 123.53(万元)

应纳消费税税额 = 123.53 × 15% = 18.53(万元)

应纳增值税税额 = (70 + 35 + 18.53) × 13% = 16.06(万元)

【例 2-27】 某公司进口货物一批,关税完税价格 100 万元,缴纳进口关税 20 万元。货物报关后,公司按规定缴纳了进口环节的增值税,并取得了海关开具的完税凭证。该批货物进口后已全部在国内销售,取得不含税销售收入 150 万元。假定完税凭证已报税务机关认证,请计算该公司该笔业务进口环节和国内销售环节各自应纳的增值税(该公司为一般纳税人,计算时不考虑其他因素)。

【解析】 组成计税价格 = 100 + 20 = 120(万元)

进口环节应纳增值税额 = 120 × 13% = 15.6(万元)

国内销售环节销项税额 = 150 × 13% = 19.5(万元)

国内销售环节应纳增值税额 = 19.5 - 15.6 = 3.9(万元)

(五)增值税征收管理

增值税由税务机关征收,进口货物的增值税由海关代征。

1. 纳税义务发生时间

纳税人销售货物或者应税劳务的,其纳税义务发生的时间为收讫销售额或者取得索取销售额凭证的当天。按销售结算方式的不同，具体为：

（1）采取直接收款方式销售货物，不论货物是否发出，均为收到销售额或取得索取销售额的凭据，并将提货单交给买方的当天。

（2）采取托收承付和委托银行收款方式销售货物，为发出货物并办妥托收手续的当天。

（3）采取赊销和分期收款方式销售货物，为书面按合同约定收款日期的当天。无书面合同的或者书面合同没有约定收款日期的，为货物发出的当天。

（4）采取预收货款方式销售货物，为货物发出的当天，但生产销售、生产工期超过12个月的大型机械设备、船舶、飞机等货物，为收到预收款或书面合同约定的收款日期的当天。

（5）委托其他纳税人代销货物，为收到代销单位销售的代销清单的当天；在收到代销清单前已收到全部或部分货款的，其纳税义务发生时间为收到全部或部分货款的当天；对于发出代销商品超过180天仍未收到代销清单及货款的，视同销售实现，一律征收增值税，其纳税义务发生时间为发出代销商品满180天的当天。

（6）销售应税劳务，为提供劳务同时收讫销售额或取得索取销售额凭据的当天。

（7）发生视同货物销售行为（除货物给他人代销外）的，为货物移送的当天。

（8）纳税人提供租赁服务，采取预收款方式的，其纳税义务发生时间为收到预收款的当天。

（9）纳税人从事金融商品转让，为金融商品所有权转移的当天。

（10）纳税人发生视同销售服务、无形资产或者不动产，其纳税义务发生时间为服务、无形资产转让完成的当天或者不动产权属变更的当天。

（11）增值税扣缴义务发生时间为增值税纳税义务发生的当天。

（12）纳税人提供建筑服务，被工程发包方从应支付的工程款中扣押的质押金、保证金、未开具发票的，以纳税人实际收到质押金、保证金的当天未纳税义务发生时间。

纳税人进口货物，其纳税义务发生的时间为报关进口的当天。

目前实行的增值税纳税义务发生时间基本上是按财务制度规定，根据权责发生制的原则，以销售实现时间来确定的。这主要是考虑与现行企业财务制度相衔接，同时加强企业财务管理，确保及时取得税收收入。上述销售货物或应税劳务纳税义务发生时间的确定，明确了企业在计算应纳税额时，对"当期销项税额"

时间的限定，企业必须在上述规定的时限及时、准确地记录销售额和计算当期销项税额（小规模纳税人则为当期应纳的增值税额）。

2. 纳税期限

在明确了增值税纳税义务的发生时间后，还必须规定具体纳税期限，以保证按期足额缴纳税款。增值税的纳税期限分别规定为 1 日、3 日、5 日、10 日、15 日、1 个月或者 1 个季度。纳税人的具体纳税期限，由主管税务机关根据纳税人应纳税额的大小分别核定；不能按照固定期限纳税的，可以按次纳税。

纳税人以 1 个月或者 1 个季度为一期纳税的，自期满之日起 15 日内申报纳税；以其他期限为一期纳税的，自期满之日起 5 日内预缴税款，于次月 1 日起 15 日内申报纳税并结清上月应纳税款。

纳税人进口货物，应当自海关填发税款缴纳证的次日起 15 日内缴纳税款。

纳税人出口适用税率为零的货物，向海关办理出口手续后，凭出口报关单等有关凭证，可以按月向税务机关申报办理该项出口货物的退税，具体办法由国家税务总局规定。

出口货物办理退税后发生退货或者退关的，纳税人应当依法补缴已退的税款。

3. 纳税地点

（1）固定业户应当向其机构所在地主管税务机关申报纳税。总机构和分支机构不在同一县（市）的，应当分别向各自所在地主管税务机关申报纳税；经国务院财政、税务主管部门或其授权的财政、税务机关批准，可以由总机构汇总向总机构所在地主管税务机关申报纳税。

（2）固定业户到外县（市）销售货物的，应当向其机构所在地主管税务机关申请开具外出经营活动税收管理证明，向其机构所在地主管税务机关申报纳税。未持有其机构所在地主管税务机关核发的外出经营活动税务管理证明，到外县（市）销售货物或者应税劳务的，应当向销售地主管税务机关申报纳税；未向销售地税务机关申报纳税的，由其机构所在地主管税务机关补征税款。

（3）非固定业户销售货物、提供劳务和发生应税行为，应当向销售地、劳务发生地和应税行为发生地主管税务机关申报纳税。未申报纳税的，由其机构所在地或者居住地主管税务机关补征税款。

（4）进口货物，应当由进口人或者代理人向报关地海关申报纳税。

4. 增值税专用发票管理

实行增值税专用发票是增值税的改革中很关键的一部分。它与普通发票不同，不仅具有商事凭证的作用，而且由于实行凭发票注明税款扣税，购货方要向销货方支付增值税。因此，它又具有完税凭证的作用。更重要的是，增值税专用发票将一个产品的最初生产到最终消费之间各环节联系起来，形成一条增值税的抵扣链条，可以形成纳税人自我约束和相互牵制的机制，从而起到防止漏缴和少缴税款的作用。因为增值税税率与产品的整体水平是一致的，上一道环节少缴，下一道环节就不能抵扣，必须多缴，商品总体税负不变，保持了税负的完整。因此，增值税同时具有防止偷漏税的机制。以上各点都是建立在凭专用发票抵扣税款基础上的，由此我们必须加强增值税专用发票的管理。

一般纳税人应通过增值税防伪税控系统使用专用发票。使用包括领购、开具、缴销、认证纸质专用发票及其相关的数据电文。防伪税控系统，是指经国务院同意推行的，使用专用设备的计算机管理系统。专用设备是指金税卡、IC卡、读卡器和其他设备。通用设备是指计算机、打印机、扫描器具和其他设备。

（1）专用发票概述。

① 专用发票的构成与限额管理。

a. 专用发票的构成形式。

专用发票由基本联次或者基本联次附加其他联次构成，基本联次为三联：发票联、抵扣联和记账联。发票联，作为购买方核算采购成本和增值税进项税额的记账凭证；抵扣联，作为购买方报送主管税务机关认证和留存备查的凭证；记账联，作为销售方核算销售收入和增值税销项税额的记账凭证。其他联次用途，由一般纳税人自行确定。

b. 专用发票限额管理。

专用发票实行最高开票限额管理。最高开票限额，是指单份专用发票开具的销售额合计数不得达到的上限额度。

一般纳税人申请最高开票限额时，需填报《最高开票限额申请表》。

② 专用发票的初始发行。

一般纳税人领购专用设备后，凭《最高开票限额申请表》《发票领购簿》到主管税务机关办理初始发行。初始发行，是指主管税务机关将一般纳税人的下列信息载入空白金税卡和IC卡的行为。

③ 专用发票的领购开具。

一般纳税人有下列情形之一的不得领购开具专用发票：

a. 会计核算不健全，不能向税务机关准确提供增值税销项税额、进项税额、应纳税额数据及其他有关增值税税务资料的。上列其他有关增值税税务资料的内容，由省、自治区、直辖市和计划单列市国家税务局确定。

b. 有《税收征管法》规定的税收违法行为，拒不接受税务机关处理的。

c. 有下列行为之一，经税务机关责令限期改正而仍未改正的：

第一，虚开增值税专用发票；

第二，私自印制专用发票；

第三，向税务机关以外的单位和个人买取专用发票；

第四，借用他人专用发票；

第五，未按规定开具专用发票；

第六，未按规定保管专用发票和专用设备；

第七，未按规定申请办理防伪税控系统变更发行；

第八，未按规定接受税务机关检查。

有上列情形的，如已领购专用发票，主管税务机关应暂扣其结存的专用发票和 IC 卡。

上述未按规定保管专用发票和专用设备是指：未设专人保管专用发票和专用设备；未按税务机关要求存放专用发票和专用设备；未将认证相符的专用发票抵扣联、《认证结果通知书》和《认证结果清单》装订成册；未经税务机关查验，擅自销毁专用发票基本联次。

（2）专用发票开具。

① 专用发票的开具范围。

一般纳税人销售货物或者提供应税劳务，应向购买方开具专用发票。

商业企业一般纳税人零售的烟、酒、食品、服装、鞋帽（不包括劳保专用部分）、化妆品等消费品不得开具专用发票。

增值税小规模纳税人（以下简称小规模纳税人）需要开具专用发票的，可向主管税务机关申请代开。

销售免税货物不得开具专用发票，法律、法规及国家税务总局另有规定的除外。

② 专用发票的开具要求。

a. 项目齐全，与实际交易相符；

b. 字迹清楚，不得压线、错格；

c. 发票联和抵扣联加盖财务专用章或者发票专用章；

d. 按照增值税纳税义务的发生时间开具。

对不符合上列要求的专用发票，购买方有权拒收。一般纳税人销售货物或者提供应税劳务可汇总开具专用发票。汇总开具专用发票的，同时使用防伪税控系统开具《销售货物或者提供应税劳务清单》，并加盖财务专用章或者发票专用章。

（3）专用发票作废处理。

一般纳税人在开具专用发票当月，发生销货退回、开票有误等情形，收到退回的发票联、抵扣联符合作废条件的，按作废处理；开具时发现有误的，可即时作废。

作废专用发票须在防伪税控系统中将相应的数据电文按"作废"处理，在纸质专用发票（含未打印的专用发票）各联次上注明"作废"字样，全联次留存。

一般纳税人取得专用发票后，发生销货退回、开票有误等情形但不符合作废条件的，或者因销货部分退回及发生销售折让，购买方应向主管税务机关填报《开具红字增值税专用发票申请单》。

（4）红字专用发票开具。

增值税一般纳税人开具增值税专用发票（以下简称专用发票）后，发生销货退回、销售折让以及开票有误等情况需要开具红字专用发票的，视不同情况分别按以下办法处理：

① 因专用发票抵扣联、发票联均无法认证的，由购买方填报《开具红字增值税专用发票申请单》（以下简称申请单），并在申请单上填写具体原因以及相对应蓝字专用发票的信息，主管税务机关审核后出具《开具红字增值税专用发票通知单》（以下简称通知单）。购买方不作进项税额转出处理。

② 购买方所购货物不属于增值税扣税项目范围，取得的专用发票未经认证的，由购买方填报申请单，并在申请单上填写具体原因以及相对应蓝字专用发票的信息，主管税务机关审核后出具通知单。购买方不作进项税额转出处理。

③ 因开票有误购买方拒收专用发票时，销售方须在专用发票认证期限内向主管税务机关填报申请单，并在申请单上填写具体原因以及相对应蓝字专用发票的信息，同时提供由购买方出具的写明拒收理由、错误具体项目以及正确内容的书面材料，主管税务机关审核；确认后出具通知单。销售方凭通知单开具红字专用发票。

④ 因开票有误等原因尚未将专用发票交付购买方的，销售方须在开具有误专

用发票的次月内向主管税务机关填报申请单,并在申请单上填写具体原因以及相对应蓝字专用发票的信息,同时提供由销售方出具的写明具体理由、错误具体项目以及正确内容的书面材料,主管税务机关审核确认后出具通知单。销售方凭通知单开具红字专用发票。

⑤ 发生销货退回或销售折让的,除按照规定进行处理外,销售方还应在开具红字专用发票后将该笔业务的相应记账凭证复印件报送主管税务机关备案。

税务机关为小规模纳税人代开专用发票需要开具红字专用发票的,比照一般纳税人开具红字专用发票的处理办法,通知单第二联交代开税务机关。

(5) 销货退回或销售折让增值税专用发票管理。

销售货物并向购买方开具专用发票后,如发生退货或销售折让,应视不同情况分别按以下规定办理:一般纳税人在开具专用发票当月,发生销货退回、开票有误等情形,收到退回的发票联、抵扣联符合作废条件的,按作废处理。作废条件是指:收到退回的发票联、抵扣联时间未超过销售方开票当月;销售方未抄税并且未记账;购买方未认证或者认证结果为"纳税人识别号码认证不符""专用发票代码,号码认证不符"。不符合作废条件的,或者因销货部分退回及发生销售折让的,购买方应向主管税务机关填报《开具红字增值税专用发票申请单》,一式两联:第一联由购买方留存;第二联由购买方主管税务机关留存。

纳税人销售货物并向购买方开具增值税专用发票后,由于购货方在一定时期内累计购买货物达到一定数量,或者由于市场价格下降等原因,销货方给予购货方相应的价格优惠或补偿等折扣、折让行为,销货方可按现行《增值税专用发票使用规定》的有关规定开具红字增值税专用发票。

(6) 增值税专用发票管理中若干问题处理规定。

① 对代开、虚开增值税专用发票的处理。

代开发票是指为与自己没有发生直接购销关系的他人开具发票的行为,虚开发票是指在没有任何购销事实的前提下,为他人、为自己或让他人为自己或介绍他人开具发票的行为。代开、虚开发票的行为都是严重的违法行为。对代开、虚开专用发票的,一律按票面所列货物的适用税率全额征补税款,并按《税收征管法》的规定按偷税给予处罚。对纳税人取得代开、虚开的增值税专用发票,不得作为增值税合法抵扣凭证抵扣进项税额。代开、虚开发票构成犯罪的,按全国人大常委会发布的《关于惩治虚开、伪造和非法出售增值税专用发票犯罪的决定》处以刑罚。

② 纳税人善意取得虚开的增值税专用发票处理。

a. 依据税法规定，纳税人取得虚开的增值税专用发票的处理：

第一，受票方利用他人虚开的专用发票，向税务机关申报抵扣税款进行偷税的，应当依照《税收征管法》及有关规定追缴税款，处以偷税数额 5 倍以下的罚款；进项税额大于销项税额的，还应当调减其留抵的进项税额。利用虚开的专用发票进行骗取出口退税的，应当依法追缴税款，处以骗税数额 5 倍以下的罚款。

第二，在货物交易中，购货方从销售方取得第三方开具的专用发票，或者从销货地以外的地区取得专用发票，向税务机关申报抵扣税款或者申请出口退税的，应当按偷税、骗取出口退税处理，依照《税收征管法》及有关规定追缴税款，处以偷税、骗税数额 5 倍以下的罚款。

第三，纳税人以上述方式取得专用发票未申报抵扣税款，或者未申请出口退税的，应当依照《发票管理办法》及有关规定，按所取得专用发票的份数，分别处以 1 万元以下的罚款；但知道或者应当知道取得的是虚开的专用发票，或者让他人为自己提供虚开的专用发票的，应当从重处罚。

第四，利用虚开的专用发票进行偷税、骗税，构成犯罪的，税务机关依法进行追缴税款等行政处理，并移送司法机关追究刑事责任。

b. 依据税法规定，有下列情形之一的，无论购货方（受票方）与销售方是否进行了实际的交易，增值税专用发票所注明的数量、金额与实际交易是否相符，购货方向税务机关申请抵扣进项税款或者出口退税的，对其均应按偷税或者骗取出口退税处理。

第一，购货方取得的增值税专用发票所注明的销售方名称、印章与其进行实际交易的销售方不符的，即税法规定的"购货方从销售方取得第三方开具的专用发票"的情况。

第二，购货方取得的增值税专用发票为销售方所在省（自治区、直辖市和计划单列市）以外地区的，即税法规定的"从销货地以外的地区获得专用发票"的情况。

第三，其他有证据表明购货方明知取得的增值税专用发票系销售方以非法手段获得的，即税法规定的"受票方利用他人虚开的专用发票，向税务机关申报抵扣税款进行偷税"的情况。

c. 关于纳税人善意取得虚开的增值税专用发票处理规定。

第一，购货方与销售方存在真实的交易，销售方使用的是其所在省（自治区、直辖市和计划单列市）的专用发票，专用发票注明的销售方名称、印章、货物数量、金额及税额等全部内容与实际相符，且没有证据表明购货方知道销售方提供的专用发票是以非法手段获得的，对购货方不以偷税或者骗取出口退税论处。但应按有关规定不予抵扣进项税额或者不予出口退税；购货方已经抵扣的进项税额或者取得的出口退税，应依法追缴。

第二，购货方能够重新从销售方取得防伪税控系统开出的合法、有效专用发票的，或者取得手工开出的合法、有效专用发票且取得了销售方所在地税务机关已经或者正在依法对销售方虚开专用发票行为进行查处证明的，购货方所在地税务机关应依法准予抵扣进项税额或者出口退税。

第三，如有证据表明购货方在进项税额得到抵扣或者获得出口退税前知道该专用发票是销售方以非法手段获得的，对购货方应按纳税人取得虚开的增值税专用发票处理问题的规定处理。

（7）关于辅导期增值税一般纳税人增购增值税专用发票预缴增值税处理。

① 纳税人在辅导期内增购专用发票，继续实行预缴增值税的办法，预缴的增值税可在本期增值税应纳税额中抵减，抵减后预缴增值税仍有余额的，应于下期增购专用发票时，按次抵减。

② 主管税务机关应加强对纳税人预缴税款抵减的审核工作。

a. 纳税人发生预缴税款抵减的应自行计算需抵减的税款并向主管税务机关提出抵减申请。

b. 主管税务机关接到申请后，经审核，纳税人缴税和专用发票发售情况无误，且纳税人预缴增值税余额大于本次预缴增值税的，不再预缴税款可直接发售专用发票；纳税人本次预缴增值税大于预缴增值税余额的应按差额部分预缴后再发售专用发票。

③ 主管税务机关应在纳税人辅导期结束后的第一个月内，一次性退还纳税人因增购专用发票发生的预缴增值税余额。

（六）增值税优惠规定

1. 增值税起征点规定

纳税人销售额未达到规定的增值税起征点，免予征税；销售额超过规定的增值税起征点，则全额征税。增值税起征点的适应范围只限于个人。

增值税起征点的幅度规定如下：

（1）按期纳税的，为月销售额 5000～20000 元。

（2）按次纳税的，为每次（月）销售额 300～500 元。

这里所说的销售额，是指小规模纳税人不包括应纳增值税额在内的销售额。

2. 小微企业增值税免税政策

自 2020 年 4 月 1 日至 2021 年 12 月 31 日，小规模纳税人发生增值税应税销售行为，合计月销售额未超过 15 万元（以 1 个季度为 1 个纳税期的，季度销售额未超过 45 万元，下同）的，免征增值税。

3. 增值税减免税基本规定

税收法规必须具有统一性、严肃性。由于经济情况和其他情况的复杂性，在税收法规上也必须有一定的灵活性，减免税规定就是税收法规灵活性的具体体现。

（1）减免税规定的特点。

① 减免税范围较小。增值税法规只有 8 项减免税规定。其中涉及从生产到流通环节的只有避孕药品和用具，这完全是为了计划生育这一基本国策服务的。对军队系统和军工企业生产的产品免税问题，法规没有规定，由国务院另行发文。严格减免税管理对于增值税的规范化，具有重要的意义。

② 环节减免税少。除农业生产环节的农业产品和古旧图书、指定范围的进口物品实行环节减免税外，增值税没有再规定环节减免税，并且规定的减免税都限定在最后的消费环节。这是考虑到农业生产环节国际通行的做法是不征税的。原产品税中的农林牧水产品 10 个税目，其中的食用生猪、菜牛、菜羊已改征屠宰税，其余改为征收农林特产税，因此予以免税。否则与一般商品流通企业的税负就会不平。法规规定古旧图书作为免税项目，这是因为经营古旧图书有抢救文化遗产的积极作用。

增值税实行多环节多次征的制度，上一环节缴纳的税款在下一环节抵扣。因此，中间环节的减免税是没有意义的。中间某一环节减免了税款，下一环节就相应减少抵扣，多缴税。否则整个计算商品整体税负的链条也就中断了。增值税之所以很少实行环节减免税，其意义就在这里。

（2）法定免税项目。

① 农业生产者销售的自产农业产品。农业是指种植业、养殖业、林业、牧业、水产业。农业生产者是指从事农业生产的单位和个人。农业产品是指初级农业产品，具体范围由国家税务总局直属分局确定。

② 避孕药品和用具。

③ 古旧图书。古旧图书是指向社会收购的古书和旧书。

④ 直接用于科学研究、科学实验和教学的进口仪器。

⑤ 外国政府、国际组织无偿援助的进口物资和设备。

⑥ 来料加工、来件装配和补偿贸易所需进口的设备。

⑦ 由残疾人组织直接进口供残疾人专用的物品。

⑧ 销售自己使用过的物品。物品是指游艇、摩托车、应征消费税的汽车以外的货物。自己使用过的物品是指个人（不包括个体经营者）自己使用过的物品。

除上面的规定外，增值税的免税、减税项目由国务院规定。任何地区、部门均不得规定免税、减税项目。

4. 增值税减免税具体规定

（1）销售自产农业产品。

农业生产者销售的自产农业产品免征增值税。

农业生产者销售的自产农业产品，是指直接从事植物的种植、收割和动物的饲养、捕捞的单位和个人销售的注释所列的自产农业产品；对上述单位和个人销售的外购的农业产品，以及单位和个人外购农业产品生产、加工后销售的仍然属于注释所列的农业产品，不属于免税的范围，应当按照规定税率征收增值税。

农业生产者用自产的茶青再经筛分、风选、拣剔、碎块、干燥、匀堆等工序精制而成的精制茶，不得按照农业生产者销售的自产农业产品免税的规定执行，应当按照规定的税率征税。

（2）粮食和食用植物油。

粮食和食用植物油具体的征免税规定如下：

① 对承担粮食收储任务的国有粮食购销企业销售的粮食免征增值税。对其他粮食企业经营粮食，除下列项目免征增值税外，一律征收增值税：

a. 军队用粮：指凭军用粮票和军粮供应证按军供价供应中国人民解放军和中国人民武装警察部队的粮食。

b. 救灾救济粮：指经县（含）以上人民政府批准，凭救灾救济粮票（证）按规定的销售价格向需要救助的灾民供应的粮食。

c. 水库移民口粮：指经县（含）以上人民政府批准，凭水库移民口粮票（证）按规定的销售价格供应给水库移民的粮食。

对销售食用植物油业务，除政府储备食用植物油的销售继续免征增值税外，一律照章征收增值税。

② 享受免税优惠的固有粮食购销企业可继续使用增值税专用发票。

自 1999 年 8 月 1 日起，凡国有粮食购销企业销售粮食，一律开具增值税专用发票。

国有粮食购销企业开具增值税专用发票时，应当比照非免税货物开具增值税专用发票，企业记账销售额为"价税合计"数。

属于一般纳税人的生产、经营单位从国有粮食购销企业购进的免税粮食，可依照国有粮食购销企业开具的增值税专用发票注明的税额抵扣进项税额。

③ 凡享受免征增值税的国有粮食购销企业，均按增值税一般纳税人认定，并进行纳税申报、日常检查及有关增值税专用发票的各项管理。

经税务机关认定为增值税一般纳税人的国有粮食购销企业，1999 年内要全部纳入增值税防伪税控系统管理，自 2000 年 1 月 1 日起，其粮食销售业务必须使用防伪税控系统开具增值税专用发票。

④ 对粮食部门经营的退耕还林还草补助粮，凡符合国家规定标准的，比照"救灾救济粮"免征增值税。

⑤ 自 2000 年 6 月 1 日起，对中国储备粮食总公司及各分公司所属的政府储备食用植物油承储企业，按照国家指令计划销售的政府储备食用植物油，可比照国家税务总局《关于国有粮食购销企业开具粮食销售发票有关问题的通知》及国家税务总局《关于加强国有粮食购销企业增值税管理有关问题的通知》的有关规定执行，允许其开具增值税专用发票并纳入增值税防伪税控系统管理。

（3）农业生产资料。

① 饲料。

② 其他农业生产资料。

（4）军队军工系统。

① 军队系统（包括人民武装警察部队）。

② 军工系统（指电子工业部、中国核工业总公司、中国航天工业总公司、中国航空工业总公司、中国兵器工业总公司、中国船舶工业总公司）。

军工系统所属军事工厂（包括科研单位）生产销售的应税货物应当按规定征收增值税，但对列入军工主管部门军品生产计划并按照军品作价原则销售给军队、人民武装警察部队和军事工厂的军品，免征增值税。

军事工厂生产销售给公安系统、司法系统和国家安全系统的武器装备免征增值税；军事工厂之间为了生产军品而相互提供货物以及为了制造军品相互提供的专用非标准设备、工具、模具、量具等免征增值税;对军工系统以外销售的,按规定征收增值税。

③ 除军工、军队系统企业以外的一般工业企业生产的军品只对枪、炮、雷、弹、军用舰艇、飞机、坦克、雷达、电台、舰艇用柴油机、各种炮用瞄准具和瞄准镜一律在总装企业就总装成品免征增值税。

军队、军工系统各单位经总后勤部和国防科工委批准进口的专用设备、仪器仪表及其零配件,免征进口环节增值税;军队、军工系统各单位进口其他货物,应按规定征收进口环节增值税。

军队、军工系统各单位将进口的免税货物转售给军队、军工系统以外的,应按规定征收增值税。

军品以及军队系统各单位出口军需工厂生产或军需部门调拨的货物,在生产环节免征增值税,出口不再退税。

④ 军队系统所属企业生产并按军品作价原则在军队系统内部调拨或销售的钢材、木材、水泥、煤炭、营具、药品、锅炉、缝纫机械免征增值税。对外销售的一律照章征收增值税。

(5) 公安司法部门。

① 公安部门。公安部所属研究所、公安侦察保卫器材厂研制生产的列明代号的侦察保卫器材产品(每年新增部分报国家税务总局审核批准后下发),凡销售给公安、司法以及国家安全系统使用的,免征增值税;销售给其他单位,按规定征收增值税。

② 司法部门。劳改工厂生产的民警服装销售给公安、司法以及国家安全系统使用的,免征增值税;销售给其他单位,按规定征收增值税。

(6) 医疗卫生。

① 避孕药品和用具。

避孕药品和用具免征增值税。

② 医疗卫生机构。

a. 关于非营利性医疗机构的税收政策。

对非营利性医疗机构按照国家规定的价格取得的医疗服务收入,免征各项税收。不按照国家规定价格取得的医疗服务收入不得享受这项政策。

医疗服务是指医疗服务机构对患者进行检查、诊断、治疗、康复和提供预防保健、接生、计划生育方面的服务,以及与这些服务有关的提供药品、医用材料器具、救护车、病房住宿和伙食的业务。

对非营利性医疗机构自产自用的制剂,免征增值税。非营利性医疗机构的药房分离为独立的药品零售企业,应按规定征收各项税收。

b. 关于营利性医疗机构的税收政策。

对营利性医疗机构取得的收入,按规定征收各项税收。但为了支持营利性医疗机构的发展,对营利性医疗机构取得的收入,直接用于改善医疗卫生条件的,自其取得执业登记之日起,3 年内对其自产自用的制剂免征增值税。

对营利性医疗机构的药房分离为独立的药品零售企业,应按规定征收各项税收。

c. 关于疾病控制机构和妇幼保健机构等卫生机构按照国家规定的价格取得的卫生服务收入(含疫苗接种和调拨、销售收入),免征各项税收。不按照国家规定的价格取得的卫生服务收入不得享受这项政策。

③ 血站。

对血站供应给医疗机构的临床用血免征增值税。血站是指根据《中华人民共和国献血法》的规定,由国务院或省级人民政府卫生行政部门批准的,从事采集、提供临床用血,不以营利为目的的公益性组织。本规定自 1999 年 11 月 1 日起执行。

(7) 修理修配。

① 飞机修理。

自 2000 年 1 月 1 日起对飞机维修劳务增值税实际税负超过6%的部分实行即征即退的政策。

② 铁路货车修理。

从 2001 年 1 月 1 日起对铁路系统内部单位为本系统修理货车的业务免征增值税:"铁路系统内部单位"包括中国南方、北方机车车辆工业集团公司所属企业,其为铁路系统修理铁路货车的业务免征增值税。

(8) 煤层气抽采。

对煤层气抽采企业的增值税一般纳税人抽采销售煤层气实行增值税先征后退政策,先征后退税款由企业专项用于煤层气技术的研究和扩大再生产。

煤层气是指赋存于煤层及其围岩中与煤炭资源伴生的非常规天然气,也称煤矿瓦斯。

(9) 外国政府和国际组织无偿援助项目。

① 进口物资。

外国政府、国际组织无偿援助的进口物资和设备免征增值税。

② 在华采购物资。

自 2001 年 8 月 1 日起，对外国政府和国际组织无偿援助项目在国内采购的货物免征增值税，同时允许销售免税货物的单位，将免税货物的进项税额在其他内销货物的销项税额中抵扣。

（10）进口免税品销售业务。

经国务院或国务院授权机关批准的从事免税品销售业务的专业公司，对其所属免税品商店批发、调拨进口免税的货物，暂不征收增值税。

（11）进口仪器、设备。

直接用于科学研究、科学试验和教学的进口仪器、设备，来料加工、来件装配和补偿贸易所需进口的设备，免征增值税。

（12）金融资产管理。

享受税收优惠政策的主体为经国务院批准成立的中国信达资产管理公司、中国华融资产管理公司、中国长城资产管理公司和中国东方资产管理公司，及其经批准分设于各地的分支机构。除另有规定者外，资产公司所属、附属企业，不享受资产公司的税收优惠政策。

对资产公司接受相关国有银行的不良债权，借款方以货物、不动产、无形资产、有价证券和票据等抵充贷款本息的，免征资产公司销售转让该货物、不动产、无形资产、有价证券、票据以及利用该货物、不动产从事融资租赁业务应缴纳的增值税、营业税。

（13）债转股企业。

按债转股企业与金融资产管理公司签订的债转股协议，债转股原企业将货物资产作为投资提供给债转股新公司的，免征增值税。优惠政策从国务院批准债转股企业债转股实施方案之日起执行。

另外，还有许多特定免税项目和临时减免税项目。

五、出口环节增值税政策

（一）出口退（免）税基本政策

世界各国为了鼓励本国货物、劳务、服务等出口，一般都采取优惠的税收政策。有的国家采取对出口前所包含的税额在出口后予以退还的政策（即出口退税），有的国家采取对出口的货物、劳务、服务等在出口前即予以免税的政策。我国则根据本国的实际,采取出口退税与免税相结合的政策。鉴于我国的出口体制尚不成熟,拥有出口经营权的企业还限于少部分须经国家批准的企业,并且我国生产的某些货物,如稀有金属等还不能满足国内的需要,因此,对某些非生产性企业和国家紧缺的货物则采取限制从事出口业务或限制该货物出口,不予出口退(免)税。根据出口企业的不同形式和出口货物的不同种类,我国的出口货物税收政策分为以下三种形式。

1. 出口免税并退税

出口免税是指对货物、劳务、服务等在出口销售环节不征增值税、消费税,这是把货物、劳务、服务等出口环节与出口前的销售环节都同样视为一个征税环节;出口退税是指对货物、劳务、服务等在出口前实际承担的税收负担,按规定的退税率计算后予以退还。在我国享受出口免税并退税的企业主要有:一是经国家商务主管部门及其授权单位备案登记后赋予出口经营资格的外贸企业、自营生产企业和生产型集团公司;二是外商投资企业;三是委托外贸企业代理出口的企业;四是特准退(免)税企业。

2. 出口免税不退税

出口免税与上述第1项含义相同。出口不退税是指适用这个政策的出口货物、劳务、服务等因在前一道生产、销售环节或进口环节是免税的,因此,出口时该货物、劳务、服务等的价格中本身就不含税,也无须退税。

3. 出口不免税也不退税

出口不免税是指对国家限制或禁止出口的某些货物、劳务、服务等的出口环节视同内销环节,照常征税;出口不退税是指对这些货物、劳务、服务等出口不退还出口前其所负担的税款。适用这个政策的是税法列举限制或禁止出口的货物。

(二)出口退税率

出口的退税率反映了退税额与退税依据之间固定的比例关系。退税率是出口退税政策发挥作用的关键因素。除财政部和国家税务总局根据国务院决定而明确的增值税出口退税率,出口的退税率为其适用税率。

退税率的执行时间,以退税物品增值税普通发票的开具日期为准。

(三)生产企业"免、抵、退"税计算

生产企业自营或委托外贸企业代理出口(以下简称生产企业出口)自产货物,

除另有规定外,增值税一律实行免、抵、退税管理办法。

增值税小规模纳税人出口自产货物继续实行免征增值税办法。

实行免、抵、退税办法的"免"税,是指对生产企业出口的自产货物,免征本企业生产销售环节增值税;"抵"税,是指生产企业出口自产货物所耗用的原材料、零部件、燃料、动力等所含应予退还的进项税额,抵顶内销货物的应纳税额;"退"税,是指生产企业出口的自产货物在当月内应抵的进项税额大于应纳税额时,对未抵顶完的部分予以退税。

(1) 当期应纳税额 = 当期内销货物的销项税额 -(当期进项税额 - 当期免抵退税不得免征和抵扣税额)- 上期留抵税额

(2) 免抵退税额 = 出口货物离岸价 × 外汇人民币牌价 × 出口货物退税率 - 免抵退税额抵减额

其中:

① 出口货物离岸价(FOB)以出口发票计算的离岸价为准。出口发票不能如实反映实际离岸价的,企业必须按照实际离岸价向主管国税机关进行申报,同时主管税务机关有权依照《税收征管法》《增值税暂行条例》等予以核定。

② 免抵退税额抵减额 = 免税购进原材料价格 × 出口货物退税率。

免税购进原材料包括从国内购进免税原材料和进料加工免税进口料件,其中进料加工免税进口料件的价格为组成计税价格。

进料加工免税进口料件的组成计税价格 = 货物到岸价 + 海关实征关税和消费税

(3) 当期应退税额和免抵税额的计算。

① 如当期期末留抵税额 ≤ 当期免抵退税额,则:

当期应退税额 = 当期期末留抵税额

当期免抵税额 = 当期免抵退税额 - 当期应退税额

② 如当期期末留抵税额 > 当期免抵退税额,则:

当期应退税额 = 当期免抵退税额

当期免抵税额 = 0

当期期末留抵税额根据当期《增值税纳税申报表》中"期末留抵税额"确定。

(4) 免抵退税不得免征和抵扣税额的计算。

免抵退税不得免征和抵扣税额 = 出口货物离岸价 × 外汇人民牌价 ×(出口货物征税率 - 出口货物退税率)- 免抵退税不得免征和抵扣税额抵减额

免抵退税不得免征和抵扣税额抵减额 = 免税购进原材料价格 ×(出口货物征收率 - 出口货物退税率)

【例 2 – 28】 某自营出口生产企业是增值税一般纳税人,其货物的征税率 13%,退税率 11%。3 月经税务机关认证的进项税额为 50 万元。2 月末留抵税额 10 万元。3 月内销货物不含税销售额 150 万元,出口货物销售额折合人民币 300 万元。试计算该企业本期免、抵、退税额,应退税额,免、抵税额。

【解析】 当月免、抵、退税不得免征和抵扣税额 = 300 × (13% – 11%) = 6(万元)

当月应纳增值税额 = 150 × 13% – (50 – 6) – 10 = – 34.5(万元)

出口货物免、抵、退税额 = 300 × 11% = 33(万元)

因为 33 万元 < 34.5 万元,所以,应退税额 = 33 万元。

当月免抵税额 = 0

若上题中本月进项税额为 30 万元,则:

当月应纳增值税额 = 150 × 13% – (30 – 6) – 10 = – 14.5(万元)

因为 33 > 14.5,所以,应退税额 = 14.5 万元。

当月免抵税额 = 33 – 14.5 = 18.5(万元)

关键概念

增值税　　增值额　　增值税类型　　混合销售行为　　折扣销售
以旧换新　　以物易物　　销项税额　　进项税额　　一般纳税人
小规模纳税人　　加计抵减　　出口货物退(免)税　　平销返利
征收率　　零税率　　视同销售　　组成计税价格　　免抵退税
先征后退

思考题

1. 增值税可划分为哪些类型?
2. 增值税的特点和优点有哪些?
3. 增值税的征税范围具体规定有哪些?
4. 增值税的税率和征收率具体规定有哪些?
5. 增值税销项税额、进项税额的规定有哪些?
6. 增值税优惠政策的具体规定有哪些?
7. 增值税专用发票管理的具体规定有哪些?
8. 增值税适用低税率的规定有哪些?
9. 生产企业免抵退税的具体规定有哪些?

第二节 消费税

学习目标

1. 熟悉消费税纳税人、征税范围和税率。
2. 熟练掌握消费税计税依据和应纳税额的计算。
3. 熟悉消费税减免税优惠。
4. 了解消费税的申报和缴纳。

引导案例

税务机关的核定正确吗？

某卷烟厂是 A 市一家大型国有企业，成立以来一直是 A 市纳税大户。2021年6月销售卷烟厂生产的甲类卷烟 100 万元，其中包括销售卷烟时向购买方收取的手续费 20 万元、集资费 15 万元以及包装押金 5 万元，并将承运部门的运费发票开具给购货方，但该卷烟厂已将该项发票转交给购货方，并作为运输装卸费 5 万元等价外费用。同时，受 B 市卷烟厂委托，为其加工卷烟。利用 B 市卷烟厂提供的烟丝加工出价值总额 60 万元的两类卷烟，该卷烟厂收取加工费 10 万元。A 市税务机关在核定应纳税额时，认为该卷烟厂 6 月生产卷烟应纳消费税的销售额为 100 万元，受委托加工卷烟应纳消费税应以 60 万元作为计算基础。对此，该卷烟厂表示异议，并向上一级 C 市税务机关申请复议，请问 C 市税务机关在审理后，会维持 A 市税务机关的核定吗？为什么？

一、消费税概述

目前国际上对消费税主要有两种解释。一种是指对消费支出课征的税，称为综合消费税，简称支出税（consumption expenditure tax）。此种含义的消费税在西方税制理论中影响较大，它被作为所得税的一种特殊形式，曾经在印度、斯里兰卡等少数几个国家进行过改革试验，但并不成功，目前国际真正实施的并不多。对消费税另一种解释，是指对商品销售课征的一种税收。这一含义的消费税，习惯上称之为"货物税"。货物税认为：对税收，其纳税人一般为产制商，也即商品卖方，对商品销售课征的税收一般包含在商品销售，所以产制商可以通过提高商品销售价格的方式将税收转移给商品购买者。从形式上看税收是由卖方缴纳，实际上却转嫁到最终消费者身上。这一含义的消费税，相当于我国现行税制中消费税的概念。

由于消费税具有目的明确、调节灵活，税负弹性大、政策鲜明，财源集中、征收方便等特点，目前已成为世界各国普遍征收的一种税。特别是发展中国家，大多以商品课税为主体，而消费税又是商品课税类中的一个主要税种，地位尤其重要。19世纪以来，由于以所得税为主体的直接税制的发展，消费税占各国税收收入的比重有所下降，但因其具有特殊的调节作用，仍然受到各国的普遍重视。虽然各国征收范围宽窄不一，征收项目多少、税率高低、征收方式方法，也都根据自己国情确定，随着发展而变化。但大多数国家的共同点都是把非必需品、奢侈品、嗜好品、高档消费品等列入征收范围。现在，消费税不仅成为国家财政收入的一项来源，也是贯彻国家产业政策，调节消费的一种手段。

我国的消费税具有悠久的历史，早在公元前81年，汉昭帝为避免酒的专卖"与商人争市利"，改酒专卖为征税，允许各地的地主、商人自行酿酒、卖酒，每升酒缴税四文，纳税环节在酒销售之后，而不是在出坊（酒坊）时缴纳税款，这可以说是我国最早的消费税。在唐代对鱼、茶、燃料等征收过消费税。1949年以前的国民党政府也曾选择一些货物对某生产、运输和销售等环节加以课税，这种以某些货物作为征税对象的税种，当时被称为货物税。

我国现代消费税制起步较晚，1950年统一全国税制，建立新税制，曾开征了特种消费行为税，当时的政务院公布了《货物税暂行条例》，1951年又根据国家公布和实行的《全国税政实施要则》的规定，颁布了《特种消费行为税暂行条例》，规定对烟、酒等货物在产品制造和进口环节实行从价定率和一次课征的办法。1953年修订税制时，我国取消了特种消费行为税，将电影、戏剧、娱乐三个税目改为征收文化娱乐税，其他税目则并入营业税，特种消费税取消。1958年进行税制改革时，在简化税制的思想指导下，又将货物税、营业税等四个税种合并为工商统一税。1966年，文化娱乐税被停征。1984年进行税制改革时，我国实行了产品税、营业税、盐税等制度，这些税种都带有特种消费税的痕迹。1988年，为了抑制当时出现的不合理消费现象，国务院公布了《中华人民共和国筵席税暂行条例》，但实际上并没有开征。1989年，为了解决国内彩色电视机、小轿车等商品在生产流通领域的供求矛盾、整顿和治理经营混乱的现象，调节消费与生产，又重新开征特别消费税。

我国现行的消费税是在新中国成立初期开征的货物税和特种消费税的基础上，经过半个世纪的逐步发展而形成的。1994年开始实施的《中华人民共和国消费暂行条例》《中华人民共和国消费暂行条例实施细则》，以及国家税务总局发布的《消费税征收范围注释》《消费税若干具体问题的规定》等都是为适应当时我国深化经济体制改革而制定的。它标志着我国的消费税法律制度基本建立起来。而后我国曾对消费税制进行过几次调整，主要涉及卷烟和酒类行业。2006年4月1日财政部和国家税务总局又联合下发通知调整消费税政策，调整内容包括：对我国现行消费税的税目、税率及相关政策的调整。2008年11月5日国务院第34次常务会议修订通过《中华人民共和国消费税暂行条例》，自2009年1月1日起施行，至此正式形成了我国现有的消费税制。

消费税是流转税类中的一个主要税种，学习本节首先要对消费税的原理有一个全面的理解：消费税开征主要的目的在于调节消费结构、引导消费方向、缓解社会分配不公，因此，它主要选取一些非生活必需品、高档消费品、高能耗和不可再生的资源消费品征税，征收范围与增值税的部分征税范围交叉，也就是说，消费税中列举的征税范围，既要征消费税也要征增值税。但消费税的计算相对增值税简单，由于它只在一个或两个环节征收，所以只需要在生产（或批发、零售）环节直接计征即可。

二、消费税的特点

消费税是一种特殊调节税种，具有体现国家政策要求，发挥税收对消费品产销供求的调节作用，作为特殊调节税种，消费税具有以下特点。

（一）消费税类型具有多样性

根据计税依据、纳税环节的不同，消费税可以分为直接消费税和间接消费税。直接消费税针对纳税人的最终消费行为课征，它直接向消费者课税，纳税人和负税人均为消费者。间接消费税对处于最终消费行为前一阶段的商品课征，它以消费品价金或消费佣金为计税依据，随消费品价金转嫁给消费者，纳税义务人为消费品的生产经营者，负税人仍为消费者。我国及世界大多数国家开征的消费税均为间接消费税。

根据课税对象的不同，可分为普通消费税和特别消费税。普通消费税一般是指对大部分消费品征收的一种税，征税只具有一般的财政意义。特别消费税对特定的、限制性消费品（或消费行为）征税，其应税消费品品目的选择范围较窄仅限于特定范围，品目种类也较少，但具有独特的调节生产、消费的作用。因此，判定和划分一般消费税和特别消费税通常只具有政府意义。

按征税范围不同，可分为有限型消费税、中间型消费税、延伸型消费税。有限型消费税课税范围较小，主要限于一些传统的消费品。中间型消费税，除有限型涉及的品目外，还包括一些奢侈品、部分食物制品以及其他一些消费广泛的消费品。延伸型消费税，除上述两种类型所涉及的品目外，还包括更多的消费品和生产资料，它带有一般消费税的性质，而有限型和中间型消费税带有特定消费税的性质，又称为狭义消费税。

按征税领域不同，可分为国内消费税和国境消费税两种类型。国内消费税即对在国内生产并销售的消费品征收的消费税。国境消费税即对从国外报关进口的应税消费品征收的消费税，包括关税在内。目前各国实际征收的消费税并未区别国内与国境单设税种，而仅在税种中区分了消费税的这两大征税领域。

（二）征税范围具有选择性

从概念上，消费税应对全部消费品和消费行为课税，但由于消费税立法的目的通常是对特定的消费品的生产经营或消费行为进行调控，因此，现代消费税不是对所有消费品和消费行为都征收的一般消费税，各国实际上一般只有选择地对部分消费品或消费行为征收消费税，征收范围主要选择消费量大、收入需求弹性充足和税源普遍的非生活必需品、奢侈品、高档消费品、不可再生的稀缺性资源产品以及高能耗产品。当然，由于经济发展阶段和政府政策取向等因素的影响，各国征收消费品所选择的征收范围也不完全相同。比如，1994年，我国护肤护发品类产品价格一般较高，不属于大众消费品，因而对其征收消费税，但这些年来，随着我国经济的不断发展，人们的消费水平和消费结构发生了很大变化，护肤护发品的消费越来越普及，已经逐渐具有了大众消费的特征，成为人民群众的生活必需品，为使消费税政策更加适应消费结构变化的要求，正确引导消费，2006年取消了护肤护发品消费税目。为了促进节能环保，经过国务院批准，自2015年

2月1日起对电池、涂料征收消费税。

(三) 征税税率具有选择性

消费税一般根据应税消费品的不同种类、档次（豪华程度、结构性能）结构或者消费品中某一物质成分的含量，以及消费品的市场供求状况、价格水平、消费者的承受能力、国家的产业政策和消费政策等情况，对消费品制定高低不同的税率。如我国的消费税税率绝大部分实行产品差别比例税率，对少部分消费品实行差别定额税率，对卷烟和白酒实行比例税率和定额税率相结合的复合税率，体现了消费税的正确引导消费方向，调整消费结构等功能。

(四) 征税环节具有单一性

为了保证低廉的课征费用和较高的征收效率，世界各国对消费税普遍在生产（进口）、流通或消费的某一环节一次征收，而不是在消费品生产、流通或消费的每个环节多次征收，即通常所说的一次课征制。如我国规定消费税由生产者在产制环节一次性缴纳（金银首饰规定在零售环节一次性缴纳）或进口者在报关进口环节一次性缴纳，在批发、零售环节不再缴纳消费税。

(五) 税收负担具有转嫁性

凡列入消费税征税范围的消费品，一般都是高价高税产品。而消费税无论在哪个环节征收，也无论实行价内税或价外税，消费品中所含消费税税款最终都由消费者承担。也就是说，消费税无论是在哪个环节征收，也无论是实行价内征收，还是价外征收，税负最终都随商品价值的实现而转移给购买者，由消费者负担。因此，消费税对调节消费结构、抑制超前消费具有一定作用。消费税转嫁性的特征，较其他商品课税形式更为明显。

三、消费税的纳税义务人、征税对象及征税范围

(一) 纳税义务人

1. 基本规定

在中华人民共和国境内生产（或零售）和进口应税消费品的单位和个人，为消费税的纳税人。

在中华人民共和国境内,是指生产、委托加工和进口属于应税消费品的起运地或所在地在境内。

单位,是指国有企业、集体企业、私有企业、股份制企业、其他企业和行政单位、事业单位、军事单位、社会团体及其他单位。自1994年1月1日起,外商投资企业和外国企业从事生产、委托加工和进口应税消费品的,也为消费税纳税义务人。

个人,是指个体经营者及其他个人。

具体来说,消费税纳税人包括:生产应税消费品的单位和个人;进口或代理进口应税消费品的单位和个人;委托加工应税消费品的单位和个人;自产自用的应税消费品的单位和个人;零售金银首饰的单位和个人。

2. 关于委托加工应税消费品的纳税义务人

委托加工应税消费品,是指由委托方提供原料和主要材料,受托方只收取加工费和代垫部分辅助材料加工的应税消费品。在委托加工应税消费品形式中,委托方是消费税纳税人。对于受托方提供原材料生产的消费品,或者受托方将原材料卖给委托方,然后再接受加工的应税消费品,以及由受托方以委托方名义购进原材料生产的应税消费品,不论纳税人在财务上是否作销售处理,都不得作为委托加工应税消费品,而应当按照销售自制应税消费品缴纳消费税。

比如A单位委托B单位加工实木地板一批,由A单位提供实木和其他主要材料,加工过程中B单位代垫了部分辅助材料,并收取加工费,我们称A单位委托B单位加工应税消费品,A单位是消费税纳税人,B单位属于提供加工服务的增值税纳税人。如果是由B单位提供木材或者其他主要材料,并由B单位加工成实木地板后予A单位,或者由A单位将实木销售给B单位,B单位加工成实木地板后予A单位,我们均称B单位自制了实木地板销售给纳税人,B单位是销售实木地板的消费税纳税人。

3. 关于金银首饰纳税义务人

根据税法规定,金、银和金基、银基合金首饰,以及金、银和金基、银基合金的镶嵌首饰(以下简称金银首饰)的消费税由生产销售环节征收改为零售环节征收。不属于此范围的应征消费税的首饰如镀金(银)首饰、包金(银)首饰、镀金(银)和包金(银)的镶嵌首饰及珠宝玉石,仍在生产销售环节征收消费税。因此,在中华人民共和国境内从事金银首饰零售业务的单位和个人为金银首饰消费税的纳税义务人。

为经营单位以外的单位和个人加工金银首饰，包括带料加工、翻新改制、以旧换新，但不包括修理、清洗等业务；经营单位将金银首饰用于馈赠、赞助、集资、广告、样品、职工福利、奖励等方面，均属于视同零售业务，需按照相关规定缴纳消费税。比如某金银首饰店将价值 5 万余元的黄金作为谢礼赠送给为其广告的某明星，按照税法规定，属于金银首饰的视同零售业务，需按照规定缴纳消费税。

（二）征税对象

1. 基本规定

消费税征税主要根据我国经济发展现状和消费政策，人民群众的消费水平和消费结构，以及财政需要，借鉴国外的通行做法确定的。基于多方面考虑，消费税的征税范围主要包括特殊消费品、奢侈品、高能耗消费品、不可再生的稀缺资源消费品等。

现行消费税的征税范围，共选择了 15 类消费品。采用正列举的方法，具体可以划分为以下 5 种类型：

（1）过度消费对人类健康、社会秩序、生态环境等方面造成危害的特殊消费品，包括烟、酒、鞭炮、焰火、木制一次性筷子、实木地板。

（2）奢侈品、非生活必需品，包括化妆品、贵重首饰及珠宝玉石、高档手表、游艇、高尔夫球及球具。

（3）高能耗及高档消费品，包括摩托车、小汽车。

（4）不可再生和替代的石油类消费品，包括成品油。

目前我国消费税范围是选择部分消费品列举品目征收的，其征税范围与增值税的部分范围交叉，也即对于消费税列举的税目，既要征税消费税，又要征收增值税。当然，消费税的范围并不是一成不变的，以后根据经济发展的要求，仍可适时进行调整。

2. 具体规定

我国现行的消费税的征税对象为特定消费品，共 15 类，具体包括：烟；酒及酒精；高档化妆品；贵重首饰及珠宝玉石；鞭炮、焰火；成品油；摩托车；小汽车；高尔夫球及球具；高档手表；游艇；木制一次性筷子；实木地板；电池；涂料。

（1）烟。

凡是以烟叶为原料加工生产的产品，不论使用何种辅料，均属于本税目的征收范围。本税目下设甲类卷烟、乙类卷烟、雪茄烟、烟丝 4 个子目。

甲类卷烟是指每条调拨价格在 70 元（含）以上的卷烟；乙类卷烟是指调拨价格在 70 元（含）以下的卷烟；雪茄烟的征收范围包括各种规格、型号的雪茄烟；烟丝的征收范围包括以烟叶为原料加工生产的不经卷制的散装烟。

（2）酒及酒精。

本税目下设白酒、黄酒、啤酒、其他酒 4 个子目。

其他酒指除白酒、黄酒、啤酒以外，酒度在 1 度以上的各种酒，包括土甜酒、复制酒、果木酒、汽酒、药酒等，根据国家规定，调味料酒不征消费税。

（3）高档化妆品。

自 2016 年 10 月 1 日起，原"化妆品"税目改为"高档化妆品"税目。

本税目征收范围包括高档美容、修饰类化妆品、高档护肤类化妆品和成套化妆品。

高档美容、修饰类化妆品和高档护肤类化妆品是指生产（进口）环节销售（完税）价格（不含增值税）在 10 元/毫升 15 元/片（张）及以上价格的化妆品。

（4）贵重首饰及珠宝玉石。

本税目征收范围包括各种金银珠宝首饰和经采掘、打磨、加工的各种珠宝玉石。对出国人员免税商店销售的金银首饰征收消费税。

金银珠宝首饰包括各种纯金银首饰及镶嵌首饰（含人造金银、合成金银首饰等）；经采掘、打磨、加工的各种珠宝玉石包括钻石、珍珠、松石、青金石、欧泊石、橄榄石、长石、玉、石英、玉髓、石榴石、锆石、尖晶石、黄玉、碧玺、金绿玉、绿柱石、刚玉、琥珀、珊瑚、煤玉、龟甲、合成刚玉、合成宝石、双合石、玻璃仿制品。

（5）鞭炮、焰火。

本税目征收范围包括各种鞭炮、焰火。通常分为 13 类，即喷花类、旋转类、旋转升空类、火箭类、吐珠类、线香类、小礼花类、烟雾类、造型玩具类、炮竹类、摩擦炮类、组合烟花类、礼花弹类。体育上用的发令纸，鞭炮药引线，不按本税目征收。

（6）成品油。

成品油本税目包括汽油、柴油、石脑油、溶剂油、航空煤油、润滑油、燃料油 7 个子目。

（7）摩托车。

包括轻便摩托车和摩托车两种。对最大设计车速不超过 50 公里/小时，发动机气缸总工作容量不超过50毫升的三轮摩托车不征收消费税。

轻便摩托车指最大设计车速不超过50公里/小时、发动机气缸总工作容积不超过50毫升的两轮机动车；摩托车指最大设计车速超过50公里/小时、发动机气缸总工作容积超过50毫升、空车质量不超过400千克（带驾驶室的正三轮车及特种车的空车质量不受此限）的两轮和三轮机动车。

（8）小汽车。

本税目征收范围包括含驾驶员座位在内最多不超过9个座位（含）的，在设计和技术特性上用于载运乘客和货物的各类乘用车和含驾驶员座位在内的座位数在10～23座（含23座）的在设计和技术特性上用于载运乘客和货物的各类中轻型商用客车。车身长度大于7米（含），并且座位在10～23座（含）以下的商用客车，不属于中轻型商用客车征税范围，不征收消费税。

含驾驶员人数（额定载客）为区间值的（如8～10人、17～26人）小汽车，按其区间值下限人数确定征收范围；电动汽车、沙滩车、雪地车、卡丁车、高尔夫车不属于消费税目征收范围，不征收消费税。

（9）高尔夫球及球具。

高尔夫球是指重量不超过45.93克、直径不超过42.67毫米的高尔夫球运动比赛练习用球；高尔夫球杆是指被设计用来打高尔夫球的工具，由杆头、杆身和握把三部分组成；高尔夫球包（袋）是指专用于盛装高尔夫球及球杆的包（袋）。

本税目征收范围包括高尔夫球、高尔夫球杆、高尔夫球包（袋）。高尔夫球杆的杆头、杆身和握把属于本税目的征收范围。

（10）高档手表。

高档手表是指销售价格（不含增值税）每只在10000元（含）以上的各类手表。

本税目征收范围包括符合以上标准的各类手表。

（11）游艇。

本税目征收范围包括艇身长度大于8米（含）小于90米（含），内置发动机，可以在水上移动，一般为私人或团体购置，主要用于水上运动和休闲娱乐等非牟利活动的各类机动艇。

（12）木制一次性筷子。

木制一次性筷子，又称卫生筷子。本税目征收范围包括各种规格的木制一次性筷子。未经打磨、倒角的木制一次性筷子属于本税目征税范围。

（13）实木地板。

本税目征收范围包括各类规格的实木地板、实木指接地板、实木复合地板及用于装饰墙壁、天棚的侧端面为榫、槽的实木装饰板。未经涂饰的素板属于本税目征税范围。其中，实木复合地板是以木材为原料，通过一定的工艺将木材刨切加工成单板（刨切薄木）或旋切加工成单板，然后将多层单板经过胶压复合等工艺生产的实木地板。目前，实木复合地板主要为三层实木复合地板和多层实木复合地板。

（14）电池。

包括原电池、蓄电池、燃料电池、太阳能电池和其他电池5个税目。

原电池又称一次电池，是按不可以充电设计的电池。按照电极所含的活性物质分类，原电池包括锌原电池、锂原电池和其他原电池。锂原电池是以锂做负极的原电池，包括锂二氧化锰原电池、锂亚硫酰氯原电池、锂二硫化铁原电池、锂二氧化硫原电池、锂氧原电池（又称"锂空气原电池"）、锂氟化碳原电池等。其他原电池，指锌原电池、锂原电池以外的原电池。

蓄电池又称二次电池，是按可充电、重复使用设计的电池；包括酸性蓄电池、碱性或其他非酸性蓄电池、氧化还原液流蓄电池和其他蓄电池。燃料电池，指通过一个电化学过程，将连续供应的反应物和氧化剂的化学能直接转换为电能的电化学发电装置。太阳能电池，是将太阳光能转换成电能的装置，包括晶体硅太阳能电池、薄膜太阳能电池、化合物半导体太阳能电池等，但不包括用于太阳能发电储能用的蓄电池。

其他电池税目指除原电池、蓄电池、燃料电池、太阳能电池以外的电池。

（15）涂料。

涂料是指涂于物体表面能形成具有保护、装饰或特殊性能的固态涂膜的一类液体或固体材料之总称。

涂料由主要成膜物质、次要成膜物质等构成。按主要成膜物质涂料可分为油脂类、天然树脂类、酚醛树脂类、沥青类、醇酸树脂类、氨基树脂类、硝基类、过滤乙烯树脂类、烯类树脂类、丙烯酸酯类树脂类、聚酯树脂类、环氧树脂类、聚氨酯树脂类、元素有机类、橡胶类、纤维素类、其他成膜物类等。

（三）征税范围

消费税的征收不区分内外资单位和个人，所有在中华人民共和国境内生产

(或零售）和进口应税消费品的单位和个人，包括外国在华机构，外商投资企业，中国香港、中国澳门、中国台湾地区的公司、企业和其他经济组织或者华侨、香港、澳门、台湾同胞投资开办的企业事业等一切单位和个人，均为消费税的纳税人。

四、税率和应纳税额的计算

（一）税率

1. 税率的基本规定

我国现行的消费税税目税率的基本规定如表 2-3 所示。

表 2-3　　　　　　　　消费税税目税率（税额）

税目		征收范围	计税单位	税率（税额）
一、烟				
1. 卷烟		包括各种进口卷烟		
生产或进口	定额税率		每标准箱（50000 支）	150 元
	比例税率		每标准条（200 支）对外调拨价格在 50 元以上的（含 50 元，不含增值税）	56%
			每标准条对外调拨价格在 50 元以下的	36%
商业批发	定额税率		每标准箱	250 元
	比例税率			11%
2. 雪茄烟				36%
3. 烟丝				30%
二、酒及酒精				
1. 白酒			0.5 元每 500 克	20%
2. 黄酒			吨	240 元
3. 啤酒		甲类啤酒	每吨出厂价格（含包装物及包装物押金）在 3000 元以上的（含 3000 元，不含增值税）	250 元
		乙类啤酒	每吨在 3000 元以下的	220 元

续表

税目		征收范围	计税单位	税率（税额）
4. 其他酒				10%
三、高档化妆品				15%
四、贵重首饰及珠宝玉石		金银首饰、铂金首饰和钻石及钻石饰品		5%
		其他贵重首饰和珠宝玉石		10%
五、鞭炮、焰火				15%
六、成品油		汽油、石脑油、溶剂油、润滑油		1.52元/升
		柴油、航空煤油、燃料油		1.2元/升
七、小汽车			根据排气量的大小，确定不同的税率	
	1. 乘用车	气缸容量（排气量，下同）在1.0升（含1.0升）以下的		1%
		气缸容量在1.0升以上至1.5升（含1.5升）的		3%
		气缸容量在1.5升以上至2.0升（含）的		5%
		气缸容量在2.0升以上至2.5升（含）的		9%
		气缸容量在2.5升以上至3.0升（含）的		12%
		气缸容量在3.0升以上至4.0升（含）的		25%
		气缸容量在4.0升以上的		40%
	2. 中轻型商用客车			5%
	3. 超豪华小汽车（零售价130万以上）			10%
八、摩托车		气缸容量在250毫升（含）以下的		3%
		气缸容量在250毫升以上		10%

续表

税目	征收范围	计税单位	税率（税额）
九、高尔夫球及球具			10%
十、高档手表		10000元及以上的/只	20%
十一、游艇			10%
十二、木制一次性筷子			5%
十三、实木地板			5%
十四、铅蓄电池			4%
十五、涂料			4%

注：1. 卷烟除在生产环节按照上述税率表课征消费税外，2009年5月1日起批发环节须加征从价税，即对在中华人民共和国境内从事卷烟批发业务的单位和个人在批发销售的所有牌号规格的卷烟时统一按照5%的税率加征消费税。

2. 葡萄酒消费税适用"酒及酒精"税目下设的"其他酒"子目。

3. 无醇啤酒，又称无酒精啤酒，依据每吨220元的定额税率征收消费税。

4. 啤乐，指以麦芽、大米、酒花为主要原料，经过酿造配以甜味剂等物料调配而成的含二氧化碳的低酒精饮料。啤乐按"其他酒"这一子目征收10%的消费税。

纳税人兼营（生产、销售）两种税率以上的消费品，应当分别核算不同税率应税消费品的销售额、销售数量。未分别核算销售额、销售数量，从高适用税率。

纳税人生产销售应税消费品，如果不是单一经营某一税率的产品，而是经营多种不同税率的产品，这就是兼营行为。由于《消费税暂行条例》税目税率表列举的各种应税消费品的税率高低不同，因此，纳税人在兼营不同税率应税消费品时，税法就要针对其不同的核算方式分别规定税务处理办法，以加强税收管理，避免因核算方式不同而出现税款流失的现象。

纳税人生产销售高低不同税率的应税消费品，当不能分别核算销售额、销售数量，或者将不同税率的应税消费品组成成套消费品销售的，就以应税消费品中适用的高税率与混合在一起的销售额、销售数量相乘．得出应纳消费税额。例如：某酒厂既生产税率为20%的白酒，又生产税率为10%的药酒，对于这种情况税法规定，该厂应分别核算白酒与其他酒的销售额，然后按各自适用的税率计税；如不分别核算各自的销售额，药酒也按白酒的税率计算纳税。假设该酒厂还生产白酒与其他酒小瓶装礼品套酒，就是税法所指的成套消费品，该礼品套酒应按全部销售额就白酒的税率20%计算应纳消费税额,而不能以其他酒10%的税率计算其中任何一部分的应纳税额。

2. 适用税率的特殊规定

(1) 烟类消费品适用税率的规定。

① 纳税人销售的卷烟因放开销售价格而经常发生价格上下浮动的,应以该牌号卷烟销售当月的加权平均销售价格确定征税类别和适用税率。比如因为放开销售价格某卷烟厂生产的一种卷烟1月发生的价格浮动情况如下:1月1日至1月7日销售价格为每标准条(200支)价格为48元,共销售200条;1月8日至1月20日销售价格为53元/条,共销售500条;1月21日至1月31日销售价格为51元/条,共计销售50条,上述价格均为不含增值税价。则该卷烟生产的这种卷烟销售价格应当为 = $(200 \times 48 + 500 \times 53 + 50 \times 51) \div (200 + 500 + 50) = 51.53$(元/条),因此,该卷烟应该按照甲类卷烟进行征税。

但销售的卷烟有下列情况之一者,不得列入加权平均计算:销售价格明显偏低而又无正当理由者;无销售价格者。

在实际工作中,月初可先按上月或者离销售当月最近月份的征税类别和适用税率预缴税款,月份终了再按实际销售价格确定征税类别和适用税率,并结算应纳税款。

② 卷烟由于接装过滤嘴、改变包装或其他原因提高调拨价格后,应按照新的调拨价格确定征税类别和适用税率。比如某卷烟由一般包装变为精美包装后,售价由原来的40元/条提升至60元/条,则包装改变后其消费税适用税率应该由乙类卷烟的税率调整为甲类卷烟的税率。

③ 纳税人自产自用的卷烟应当按照纳税袋子生产的同牌号规格的卷烟调拨价格确定征税类别和适用税率。没有同牌号规格卷烟调拨价格的,一律按照最高税率征税。

④ 委托加工的卷烟按照受托方同牌号规格的卷烟的征税类别和适用税率征税。没有同牌号规格卷烟的,一律按照最高税率征税。

⑤ 残次品卷烟应当按照同牌号规格正品卷烟的适用税率征税。

⑥ 下列卷烟不分征税类别一律按最高税率征税,并按照定额每标准箱150元计算征税:白包卷烟;手工卷烟;未经国务院批准纳入计划的企业和个人生产的卷烟。

⑦ 卷烟分类计税标准的调整由国家税务总局确定。

(2) 酒类消费品适用税率的规定。

酒及酒精类消费品税目下设置了粮食白酒、薯类白酒、黄酒、啤酒、其他酒、酒精6个子目,其中粮食白酒和薯类白酒统一按照白酒类征税。

对用粮食和薯类、糠麸等多种原料混合生产的白酒,一律按照粮食白酒的税率征税。

(3) 其他消费品适用税率的特殊规定。

① 随着我国经济的不断发展,人们的消费水平和消费结构发生了很大变化,护肤护发品的消费越来越普及,考虑到浴液、洗发水、花露水等护肤护发品已成为人民群众的生活必需品,为使消费税政策更加适应消费结构变化的要求,正确引导消费,从2006年4月1日起,我国取消了护肤护发品税目,将原属于护肤护发品征税范围的高档护肤类化妆品列入化妆品税目。

② 对增值税、消费税实行先征后退、先征后返、即征即退办法的除另有规定外,对随"三税"附征的城市维护建设税和教育费附加,一律不予退(返)还。

(二) 应纳税额的计算

我国消费税对大部分消费品实行从价定率征收,即以应税消费品的销售额为计税依据;对少部分消费品实行从量定额征收,即以应税消费品的销售数量为计税依据。从2001年6月1日开始,对卷烟和粮食白酒、薯类白酒采取从价定率和从量定额相结合的复合计税办法征收消费税。消费税计税依据的确定是否准确,关系到国家的经济政策是否能贯彻实行,纳税人的税收负担是否公平合理,国家税收收入是否能准确稳定的上缴。消费税应纳税额的计算方法如表2-4所示。

表2-4 消费税应纳税额的计算方法

计税方式	计税依据	计税公式
从价定率	销售额	应纳税额 = 销售额 × 适用税率
从量定额	销售数量	应纳税额 = 销售数量 × 单位税额
复合计税	销售额与销售数量	应纳税额 = 销售额 × 适用税率 + 销售数量 × 单位税额

1. 从价计税

从价定率征收应税消费品的计税依据是纳税人销售应税消费品向购买方收取的销售额,包括全部价款和价外费用(金银首饰是指零售价格)。

由于消费税和增值税实行交叉征收,消费税实行价内税,增值税实行价外税。

这就决定了实行从价定率征收的消费品,其消费税税基和增值税税基是一致的,即都是以含消费税而不含增值税的销售额作为计税基数。

销售应税消费品指有偿转让应税消费品所有权的行为。即以从受让方取得货币、货物、劳务或其他经济利益为条件转让应税消费品所有权的行为。具体包括纳税人用应税消费品换取生产资料和消费资料;用应税消费品支付代扣手续费或销售回扣;在销售数量之外另付给购货方或中间人作为奖励和报酬的应税消费品。比如某高档化妆品厂家将价值5万余元的高档化妆品作为奖励另付给其广告代言人,则该商家需要按照有关规定就此行为缴纳消费税。

价外费用是指价外收取的基金、集资费、返还利润、补贴、违约金(延期付款利息)和手续费、包装费、储备费、优质费、运输装卸费、代收款项、代垫款项以及其他性质的价外收费。但承运部门的运费发票开具给购货方的,纳税人将该项发票转交给购货方的以及向购货方收取的增值税税款不包括在内。其他价外费用,无论是否属于纳税人的收入,均应并入销售额计算纳税。

纳税人应税消费品的销售额中未扣除增值税税款或者因不得开具增值税专用发票而发生价款和增值税税款合并收取的,在计算消费税时,应当换算为不含增值税税款的销售额。其换算公式为:

应税消费品的销售额 = 含增值税的销售额 ÷ (1 + 增值税率或征收率)

纳税人销售的应税消费品,以外汇结算销售额的,其销售额的人民币折合率可以选择结算的当天或者当月1日的国家外汇牌价(原则上为中间价),纳税人应在事先确定采取何种折合率,确定后一年内不得变更。

从价计税以应税消费品的销售额为计税依据,并乘以相适用的税率来计算应纳税额。计算公式为:应纳消费税税额 = 应税消费品的销售额 × 适用税率

【例2-29】某筷子生产企业3月销售木制一次性筷子100万元(不含增值税),计算该企业当月应纳消费税。

【解析】应纳消费税税额 = 100 × 5% = 5(万元)

若销售额含增值税,应纳消费税税额 = 100 ÷ (1 + 13%) × 5% = 4.42(万元)

【例2-30】甲汽车制造厂向乙企业销售100万元(不含税)的小汽车(每台汽缸容量2.0升),根据合同约定,10万元的运费由买方乙企业负担。甲企业将小汽车交给运输公司时,应运输公司的要求,甲企业先替乙企业垫付了10万元的运费。运输公司在开具运费发票时,将发票开具给乙企业,同时甲企业将该发票转交给了乙企业。计算甲企业的消费税税款。(汽缸容量2.0升的小汽车适用消费税

税率5%）

【解析】核算消费税时，以含消费税不含增值税的销售额作为计税基础，代垫运费不算在内。A 企业在付款时，应向甲企业支付 123 万元（价款 100 万元、增值税 13 万元、运费 10 万元）。

甲企业应纳增值税的销项税额 = 100 × 13% = 13（万元）（13 万元的增值税不属于价外费用，10 万元的代垫运费不属于价外费用）；

甲企业应纳消费税 = 100 × 5% = 5（万元）。

2. 从量计税

从量定额征收应税消费品以应税消费品的销售数量（通常以重量、容积或数量）为计税依据，并按每单位应税消费品规定固定税额。具体规定为：

（1）销售应税消费品的，为应税消费品的销售数量。

（2）自产自用应税消费品的，为应税消费品的移送使用数量。

（3）委托加工应税消费品的，为纳税人收回的应税消费品数量。

（4）进口的应税消费品，为海关核定的应税销售品进口征税数量。

在实际销售过程中，为了避免一些纳税人将计量单位混用，规范不同产品的计量单位，实行从量定额办法计算应纳税额的应税消费品有计量单位换算标准（见表 2-5）。

表 2-5　　　　　从量定额应税消费品计量单位换算标准

品种	换算标准	品种	换算标准
啤酒	1 吨 = 988 升	黄酒	1 吨 = 962 升
黄酒	1 吨 = 962 升	柴油	1 吨 = 1176 升
石脑油	1 吨 = 1385 升	溶剂油	1 吨 = 1282 升
润滑油	1 吨 = 1126 升	燃料油	1 吨 = 1015 升
航空煤油	1 吨 = 1246 升		

注：粮食白酒、薯类白酒采取复合计税。从量定额税的计量单位按实际销售商品重量确定，如果实际销售商品是按体积标注计量单位的，应按 500 毫升为 1 斤换算，不得按酒度折算。

从量定额以每种应税消费品的外在标准（如重量、容积等）为计税依据，并乘以各单位相适用税额来计算应纳税额。计算公式为：

应纳消费税税额 = 应纳税消费品销售数量 × 适用的单位税额

我国消费税只规定对黄酒、啤酒、成品油 3 种消费品实行从量定额征收，其计税依据是纳税人销售这 3 类消费品的实际数量。

【例 2 – 31】 某黄酒厂当月销售黄酒 100 吨,其消费税的单位税额 240 元/吨,计算该黄酒厂当月应纳消费税税额。

【解析】 应纳消费税税额 = 100 × 240 = 24000(元)

【例 2 – 32】 某生产汽油的企业,当月销售汽油 20 吨,其计量单位换算标准为 1388 升/吨,消费税的单位税额为 1.52 元/升,计算该生产汽油的企业当月应纳消费税。

【解析】 应纳消费税税额 = 20 × 1388 × 1.52 = 42195.2(元)

3. 从价与从量复合计税

从 2001 年 6 月 1 日起,对卷烟和粮食白酒、薯类白酒采取从价和从量复合税率计税方法。即同时在生产销售环节以应税消费品的销售额(同从价定率的销售额)和销售数量(同从量定额的销售量)为计税依据,并乘以相应的比例税率和定额税率计算应纳税额,两个税额相加就是其应纳的消费税税额。计算公式为:

应纳消费税税额 = 应税消费品的销售额 × 适用的比例税率 + 应税消费品的销售数量 × 适用的单位税额

【例 2 – 33】 某酒厂 8 月销售粮食白酒 20 吨,不含税单价 6000 元/吨,款项全部存入银行,计算该酒厂当月应纳消费税税额。

【解析】 该厂应纳消费税 = 20 × 6000 × 20% + 20 × 2000 × 0.5 = 44000(元)

【例 2 – 34】 甲企业销售卷烟给批发企业(丙企业)400 箱,开具的增值税专用发票注明销售额 1200 万元、增值税 156 万元,由于货款收回及时给了批发企业 2% 的现金折扣;丙企业当月售出 280 箱,取得不含增值税的价款 1000 万元。计算甲企业和丙企业当月应纳消费税。(注:卷烟一标准箱 250 条)

【解析】 甲企业应纳消费税:1200 × 56% + 400 × 0.015 = 678(万元)

丙企业应纳消费税:1000 × 11% + 280 × 0.025 = 117(万元)

4. 特殊规定

(1)自产自用。纳税人在生产销售应税消费品中,有一种特殊的形式,即自产自用形式。它通常指的是纳税人生产消费品后,不是用于直接对外销售,而是用于自己连续生产应税消费品,或用于其他方面。例如,有的企业把自己生产的应税消费品,以福利或奖励等形式发给本厂职工。这种自产自用消费形式,在实际经济活动中比较常见,但在是否纳税和如何纳税中最容易出现问题。

按照消费税暂行条例规定,纳税人自产自用的销售品,用于本企业连续生产应税消费品的,不纳税。所谓"纳税人自产自用的应税消费品,用于连续生产应税消费品的"，是指作为生产最终应税消费品的直接材料，并构成最终产品实体的应税消费品。消费税暂行条例中规定对自产自用的应税消费品，用于连续生产应税消费品的，不再征税，体现了税不重征和计税简便的原则，避免了重复征税。例如，卷烟厂生产的烟丝，如果直接对外销售，应缴纳消费税。但如果烟丝用于本厂连续生产卷烟，这样，用于连续生产卷烟的烟丝就不缴纳消费税，只对生产的卷烟征收消费税。

对于纳税人自产自用的应税消费品，不是用于连续生产，而是用于生产非应税消费品和在建工程、管理部门、非生产机构、提供劳务，以及用于馈赠、赞助、集资、广告样品、职工福利、奖励等方面的应税消费品，均视同对外销售，按照纳税人生产的同类消费品的销售价格计算纳税（金银首饰消费税中的同类销售价格是指同类金银首饰的零售价格）。这里所说的自产自用的应税消费品用于生产非应税消费品，是指把自产的应税消费品用于生产表2-3所列产品以外的产品。

纳税人把自产应税消费品用于本企业基本建设、专项工程、生活福利设施等其他方面，从形式上看，并没有取得销售收入，但却要视同对外销售，计征消费税。这是因为：企业如以外购的应税消费品用于本企业基本建设、专项工程、生活福利设施的，其外购价款中包含有消费税税金。如果对自产应税消费品不征税，等于鼓励企业以不含税的应税消费品进行基本建设、专项工程和生活福利设施等项目的建设。对用于基本建设、专项工程和生活福利设施的自产应税消费品征税，可以平衡外购应税消费品与自产应税消费品之间的税负，使企业无论使用外购应税消费品，还是自产应税消费品进行基本建设等项目的生产，其价款中都含有税金，从而有利于公平税负，并保证财政收入。总之，企业自产的应税消费品虽然没有用于销售或连续生产应税消费品，但只要是用于税法所规定的范围都要视同销售，依法缴纳消费税（见表2-6）。

表2-6　　　　　　　　自产自用的应税消费品征税情况

自产自用的情形	增值税	消费税
用于连续生产其他应税消费品	不征	不征
用于连续生产非应税消费品	不征	征收
用于其他方面	征收	征收

自产自用应税消费品用于其他方面，应当纳税。若当期有同类消费品销售价格则比照此价格计算消费税。"同类消费品的销售价格"，是指纳税人当月销售的

同类消费品的销售价格,如果当月同类消费品各期销售价格高低不同,应按销售数量加权平均计算。但销售的应税消费品有下列情况之一的,不得列入加权平均计算:①销售价格明显偏低又无正当理由的;②无销售价格的。如果当月无销售或者当月未完结,应按照同类消费品上月或最近月份的销售价格计算纳税。

没有同类消费品销售价格的,按照组成计税价格计算纳税。组成计税价格计算公式为:

组成计税价格 = 成本 × (1 + 成本利润率) / (1 - 消费税税率)

其中,成本是指应税消费品的产品生产成本;利润是指应税消费品的全国平均成本利润率计算的利润。

应税消费品全国平均成本利润率规定如下:

a. 高档手表为20%;

b. 甲类卷烟、粮食白酒、高尔夫球及球具、游艇为10%;

c. 乘用车为8%;

d. 贵重首饰及珠宝玉石、摩托车6%;

e. 乙类卷烟、雪茄烟、烟丝、薯类白酒、其他酒、高档化妆品、鞭炮焰火、木制一次性筷子、实木地板、中轻型商用客车为5%。

【例2-35】某化妆品有限责任公司是一家经营各种化妆品、护肤护发品的合资企业,11月,该公司共生产高档化妆品价值30万元,但由于产品市场定位欠佳,预计该月仅能销售化妆品共15万元。为了避免产品积压,该公司决定将部分剩余的化妆品馈赠给协作企业,并加大广告宣传的力度。发生如下业务:①用化妆品做成礼品盒馈赠给协作企业,价值3万元;②企业赞助当地电视台举办的大型歌舞晚会用化妆品价值5万元;③广告样品用化妆品,价值1万元;④将化妆品分配给本公司职工共计价值2万元;⑤销售化妆品16万元。(注:化妆品消费税税率为15%)

月末进行纳税申报时,公司财务人员计算应纳消费税为:16×15% = 2.4万元,但是经税务机关审核,实际应纳税额为:3×15% + 5×15% + 1×15% + 2×15% + 16×15% = 4.05(万元)。公司对此不服,认为公司将产品馈赠、赞助或作为广告样品时,并未销售取得收入,不应缴纳消费税,并提出行政复议,但上级税务机关审核后维持原决定。

【解析】我国消费税暂行条例规定,纳税人自产自用的应税消费品,用于连续生产应税消费品的不纳税;纳税人自产自用的应税消费品,除用于连续生产应税消费品外,凡用于其他方面的,应于移交使用时纳税。

因此,该化妆品有限公司为了避免存货积压,将产品馈赠给协作企业,作为福利分给职工以及作为广告样品或赞助文艺演出,虽然是无偿的,没有获得任何形式的收入,但均属于税法视同销售的规定范围,因而必须依法缴纳消费税。

根据我国税法规定,纳税人自产自用的应税消费品,凡用于其他方面应当纳税的,按照纳税人生产的同类消费品的销售价格计算纳税;没有同类消费品销售价格的,按照组成计税价格计算纳税。此例中,公司自产自用的化妆品和护肤护发品有同类消费品的销售价格作为依照,只需用同类消费品的销售价格与相应的税率相乘,即可得出应纳消费税。

(2)委托加工。随着社会分工进一步细化,专业化生产和协作的加强,企业、单位或个人由于设备、技术、人力等方面的局限,常常要委托其他单位代为加工应税消费品,然后,将加工好的应税消费品收回或直接销售或自己使用。这是生产应税消费品的另一种特殊形式,也需要纳入征收消费税的范围。例如,某乡镇企业将购来的小客车底盘和零部件提供给某汽车改装厂,加工组装成小客车供自己使用,则加工、组装成的小客车就需要缴纳消费税。

按照消费税暂行条例实施细则的解释:委托加工的应税消费品,是指由委托方提供原料和主要材料,受托方只收取加工费和代垫部分辅助材料加工的应税消费品。委托加工应税消费品应当按照规定缴纳消费税。

从消费税暂行条例解释的委托加工应税消费品中可以看出,作为委托加工的应税消费品,必须具备两个条件:一是由委托方提供原料和主要材料;二是受托方只收取加工费和代垫部分辅助材料。无论是委托方还是受托方,凡不符合规定条件的,不论纳税人在财务上是否作销售处理,都不能按委托加工应税消费品进行税务处理,只能按照销售自制应税消费品缴纳消费税。这种处理办法体现了税收管理的源泉控制原则,避免了应缴税款的流失。

采用委托加工方式生产的应税消费品,对受托方来说,只有加工业务收入,没有应税消费品销售收入;对委托方来说,只是用原材料换回产成品并向委托方支付加工费,也没有取得应税消费品销售收入,因此从形式上看,似乎不应当征税。但应当明确,用原材料委托加工应税消费品和从外面购进应税消费品,其性质是一样的,只是取得应税消费品的方式不同。采取委托加工方式时,收回的应税消费品中不包含税金,这就使得委托加工的应税消费品同外购的应税消费品税负不平衡,因此,为了平衡税负,必须把委托加工的应税消费品纳入消费税的征收范围。

消费税暂行条例及实施细则对委托加工应税消费品代收代缴税款问题做了明确的规定：受托方是法定的代收代缴义务人，由受托方在向委托方交货时代收代缴消费税。如果受托方没有按有关规定代收代缴消费税，或没有履行代收代缴义务，就要按照税收征管法的有关规定，承担补税或罚款的法律责任。

为了进一步加强对受托方代收代缴税款的管理，1994年5月，国家税务总局对委托个体经营者加工应税消费品纳税问题做了调整，由原定一律由受托方代收代缴税款，改为纳税人委托个体经营者加工应税消费品，一律于委托方收回后在委托方所在地缴纳消费税。受托方没有按规定代收代缴税款，除受到一定的处罚外，还要追究委托方的责任，令其补缴税款，在税收征管中，如果发现委托方委托加工的应税消费品，受托方没有代收代缴税款，委托方要补缴税款，受托方就不再补税了。对委托方补征税款的计税依据是：如果收回的应税消费品已直接销售，按销售额计税补征；如果收回的应税消费品尚未销售或用于连续生产等，按组成计税价格计税补征。

委托加工的应税消费品（不包括个体经营者），按照受托方的同类消费品的销售价格计算纳税（金银首饰消费税中的同类销售价格是指同类金银首饰的零售价格）。

计税价格 = 同类消费品销售单价 × 委托加工数量

没有同类消费品销售价格的，按照组成计税价格计算纳税。组成计税价格计算公式为：

组成计税价格 = （材料成本 + 加工费）/（1 - 消费税税率）

材料成本，是指委托方所提供加工材料的实际成本。委托加工应税消费品的纳税人，必须在委托加工合同上如实证明（或以其他方式提供）材料成本。为了防止假冒委托加工应税消费品或少报材料成本，逃避纳税的现象，凡未提供材料成本的，受委托方所在地主管税务机关有权核定其材料成本。

加工费，是指受托方加工应税消费品向委托方所收取的全部费用（包括代垫辅助材料的实际成本）。受托方必须如实提供向委托方收取的全部费用，这样才能既保证组成计税价格及代收代缴消费税准确地计算出来，也使受托方按加工费得以正确计算其应纳的增值税。

同类消费品的销售价格，是指纳税人或代收代缴义务人当月销售的同类消费品的销售价格，如果当月同类消费品各期销售价格高低不同，应按销售数量加权平均计算。但销售的应税消费品有下列情况之一的，不得列入加权平均计算：①销售价格明显偏低又无正当理由的；②无销售价格的。如果当月无销售或者是当月未完结，应按照同类消费品上月或最近月份的销售价格计算纳税。委托加工的应税消费品，受托方在交货时已代收代缴消费税，委托方收回后直接出售的，不再征收消费税。

【例 2 - 36】 甲企业委托乙企业加工烟叶 30 吨，每吨成本 2300 元，委托加工成烟丝，乙企业在生产过程中代垫辅助材料实际成本 14000 元，双方协议不含税加工费为 15000 元（烟丝适用税率为 30%）。计算乙企业应当代扣代缴的消费税。

【解析】 组成计税价格 =（30 × 2300 + 14000 + 15000）÷（1 - 30%）= 140000（元）

应纳消费税 = 140000 × 30% = 42000（元）

（3）进口货物。进口应税消费品以进口商品总值为课税对象。这是因为应税消费品报关进口后，还没有实现销售，不可能根据实际销售收入征税；如果以到岸价格为课税对象，就会使进口应税消费品与国内生产的同种应税消费品的征税依据不一致，从而使进口应税消费品的税负低于国内生产的同种应税消费品的税负。因此，应以进口商品总值为课税对象。进口商品总值具体包括到岸价格、关税和消费税三部分内容。以进口商品总值为课税对象，可使进口应税消费品与国内生产的同种应税消费品的征税依据一致，税负基本平衡，从而有利于防止盲目进口，保护国内经济的发展。

进口的应税消费品，实行从价定率办法计算应纳税额的，按照组成计税价格计算纳税。组成计税价格计算公式为：

组成计税价格 =（关税完税价格 + 关税）÷（1 - 消费税税率）

如果进口的应税消费品属于使用从价与从量相结合计征的产品，在分子中还应加上"消费税定额税"。

关税完税价格，是指海关核定的关税计税价格。

一般来说进口的应税消费品的适用税率，按具体执行时间以消费税税收（出口货物专用）缴款书开具日期来确定。

【例 2 - 37】 某公司进口成套高档化妆品一批。到岸价格（CIF）为 400000 元，设关税税率 50%，消费税税率 15%。计算该公司应纳消费税款。

【解析】 消费税组成计税价格 =（400000 + 400000 × 50%）÷（1 - 15%）= 705882.353（元）

应纳消费税税额 = 705882.353 × 15% = 105882.353（元）

5. 其他规定

（1）销售带包装物的应税消费品销售额的确定。

实行从价定率办法计算应纳税额的应税消费品连同包装物销售的，无论包装物是否单独计价，也不论在会计上如何核算，包装物的租金应视为价外费用，均应并入应税消费品的销售额征收消费税。如果包装物不作价随同产品销售，而是收取押金，此项押金则不应并入应税消费品的销售额征税。但对因逾期未收回的包装物不再退还的和已收取 1 年以上的押金，应并入应税消费品的销售额，按照应税消费品的适用税率征收消费税。

为了确保国家的财政收入，堵塞税收漏洞，财政部、国家税务总局决定：从 1995 年 6 月 1 日起，对酒类产品生产企业销售酒类产品而收取的包装物押金，无论押金是否返还与会计上如何核算，均应并入酒类产品销售额，依酒类产品适用税率征收消费税。2006 年 1 月 1 日起，啤酒的包装物押金不包括供重复使用的塑料周转箱的押金。

另外，白酒生产企业向商业销售单位收取的"品牌使用费"是随着应税白酒的销售而向购货方收取的，属于应税白酒销售价款的组成部分，因此，不论企业采取何种方式以何种名义收取价款，均应并入白酒的销售额缴纳消费税。

对既作价随同应消费品销售，又另外收取押金的包装物的押金，凡纳税人在规定的期限内不予退还的，均应并入应税消费品的销售额，按照应税消费品的适用税率征收消费税。

（2）准予从应纳消费税税额中扣除外购或委托加工已税消费品已纳消费税税款的规定。

准予从应纳消费税税额中扣除外购或委托加工已税消费品已纳消费税税款的应税消费品的规定有：

① 以外购或委托加工收回的已税烟丝生产的卷烟。

② 为生产出口卷烟而外购的已税烟丝的已纳税款不予扣除。

③ 以外购或委托加工收回的已税化妆品生产的化妆品。

④ 以外购或委托加工收回的已税珠宝玉石生产的贵重首饰及珠宝玉石。

⑤ 以外购或委托加工收回的已税鞭炮焰火生产的鞭炮火焰火。

⑥ 以外购或委托加工收回的汽车轮胎生产的汽车轮胎。

企业用外购或委托加工的已税汽车轮胎生产汽车轮胎，允许扣除外购或委托加工汽车轮胎的已纳消费税。但应当注意，生产小汽车、摩托车的外购轮胎不能计算扣除已纳消费税。

⑦ 以外购或委托加工收回的摩托车生产的摩托车。

⑧ 外购或委托加工已税杆头、杆身和握把为原料生产的高尔夫球杆。

⑨ 外购或委托加工已税木制一次性筷子为原料生产的木制一次性筷子。

⑩ 外购或委托加工已税实木地板为原料生产的实木地板。

⑪ 外购或委托加工已税石脑油为原料生产的应税消费品。

⑫ 外购或委托加工已税润滑油为原料生产的润滑油。

单位和个人外购润滑油大包装经简单加工改成小包装或者外购润滑油不经加工只贴商标的行为，视同应税消费税品的生产行为。单位和个人发生的以上行为应当申报缴纳消费税。准予扣除外购润滑油已纳的消费税税款。

当期准予扣除的外购或委托加工已税消费品已纳消费税税款，应按当期生产领用量计算。计算公式为：

当期准予扣除的外购应税消费品已纳税款 = 当期准予扣除的外购应税消费品买价 × 外购应税消费品适用税率

当期准予扣除的外购应税消费品买价 = 期初库存的外购应税消费品的买价 + 当期购进的应税消费品的买价 − 期末库存的外购应税消费品的买价

外购已税消费品的买价是指外购应税消费品增值税专用发票上注明的销售额（不包括增值税税额）。如果企业购进的已税消费品开具的是普通发票，在换算为不含增值税的销售额时，应一律采取6%的征收率换算。具体计算公式为：不含增值税的外购已税消费品的销售额 = 外购已税消费品的含税销售额 ÷（1 + 6%）。

五、税收优惠

（一）免税

（1）自2011年10月1日起，生产企业自产石脑油、燃料油用于生产乙烯、芳烃类化工产品的，按实际耗用数量暂免征消费税。

（2）从2009年1月1日起，对成品油生产企业在生产成品油过程中，作为燃料、动力及原料消耗掉的自产成品油，免征消费税。对用于其他用途或直接对外销售的成品油照章征收消费税。

（3）对于北京 2022 年冬奥会和冬残奥会免税政策：对中国残奥委会取得的由北京冬奥组委分期支付的收入免征消费税；对国际残奥委会取得的与北京 2022 年冬残奥会有关的收入免征消费税；对中国奥委会取得的由北京冬奥组委支付的收入免征消费税；对北京冬奥组委、北京冬奥会测试赛赛事组委会委托加工生产的高档化妆品免征消费税；对北京冬奥组委、北京冬奥会测试赛赛事组委会赛后再销售物品和出让资产收入免征消费税。

（4）纳税人利用废矿物油生产的润滑油基础油、汽油、柴油等工业油料免征消费税。

（5）从 2009 年 1 月 1 日起，对符合条件的纯生物柴油免征消费税。

（6）节能环保电池、节能环保涂料免税。

（7）横琴、平潭各自的区内企业之间销售其在本区内的货物，免征消费税。

（二）出口退（免）税

1. 出口免税并退税

有出口经营权的外贸企业购进应税消费品直接出口，以及外贸企业受其他外贸企业委托代理出口应税消费品。可以享受出口免税并退税。

2. 出口免税但不退税

有出口经营权的生产性企业自营出口或生产企业委托外贸企业代理出口自产的应税消费品，依据其实际出口数量免征消费税，不予办理退还消费税。不予办理退还消费税，是指因已免征生产环节的消费税，该应税消费品出口时，已不含有消费税，所以也无须再办理退还消费税。

（三）进口免税

（1）外交物品免税。驻华使（领）馆运进的公务用品，外交代表运进的自用物品，使（领）馆行政技术人员到任半年内运进的安家物品，免征进口消费税。

（2）残疾人物品免税。进口的供残疾人专用的物品，免征进口消费税。

（3）科研教学用品免税。对教育部承认学历的大专以上全日制高等院校以及财政部会同国务院有关部门批准的其他学校，不以营利为目的，在合理数量范围内进口国内不能生产的科学研究和教学用品，直接用于科学研究或者教学的，免征进口环节消费税（不包括国家明令不予减免进口税的 20 种商品）。

（4）接受捐赠免税。接受捐赠进口科研、教学用品和残疾人专用品，免征进口消费税。

（5）赠送物资免税。外国政府、国际组织无偿赠送及履行国际条约规定进口的物资，免征进口消费税。

（6）捐赠救灾物资免税。外国团体、企业、个人向中国境内捐赠的食品、药品、生活必需品和抢救工具等救灾物资，免征进口消费税。

（7）保税区进口自用货物免税。保税区、洋浦开发区内企业进口自用货物，免征进口消费税。

（8）转口贸易免税。转口贸易项下的进口货物，存入保税仓库的，免征进口消费税。赠送物资免税。外国政府、国际组织无偿赠送及履行国际条约规定进口的物资，免征进口消费税。

（9）进口文物免税。从 2002 年 6 月 25 日起，由国务院文物管理部门和国有文物收藏单位，以接管外机构、个人捐赠、归还和从境外追索方式获得的中国文物进口，免征进口消费税、增值税和关税。

六、申报和缴纳

（一）纳税义务发生时间

纳税人以 1 个月为一期纳税的，自期满之日起 15 内申报纳税；以其他时间为一期纳税的，自期满之日起 5 日内预缴税款，于次月 1 日起 15 日内申报纳税并结清上月缴纳税款。

（二）纳税期限

纳税人不能按照固定期限纳税，可以按次纳税。

纳税人进口的应税消费品，就应当自海关填发税款缴纳证的次日起 15 日内缴纳税款。

（三）纳税地点

（1）纳税人销售的应税消费品，以及自产自用的应税消费品，除国家另有规定的以外，应当向纳税人核算地主管理税务机关申报纳税。

（2）纳税人委托加工的应税消费品，由受托方向所在地主管税务机关解缴消费税税款。

(3) 进口的应税消费品，由进口人或者其代理人向报关地海关申报纳税。同时，个人携带或者邮寄进境的应税消费品，连同关税由海关一并计征。具体办法由国务院关税税则委员会会同有关部门制定。

(4) 纳税人到外县（市）销售或委托外县（市）代销自产应税消费品的，于应税消费品销售后，回纳税人核算地或所在地缴纳消费税。

(5) 纳税人的总机构与分支机构不在同一县（市），但在同一省（自治区、直辖市）范围内的，经省（自治区、直辖市）财政厅（局）、税务局审批同意，可以由总机构汇总向总机构所在地的主管税务机关申报纳税。省（自治区、直辖市）财政厅（局）、税务局应将审批同意的结果，上报财政部、国家税务总局备案。

关键概念

消费税　　复合计税　　自产自用　　委托加工

思考题

1. 消费税的计税依据有几种？具体是如何规定的？
2. 自产自用与委托加工形式下如何计算消费税？

第三节　城市维护建设税与教育费附加

学习目标

1. 熟悉城市维护建设税和教育费附加的征税范围、纳税人和税率。
2. 掌握城市维护建设税和教育费附加的计税依据和应纳税额的计算。
3. 了解城市维护建设税和教育费附加的申报和缴纳。

引导案例

兴发公司应补缴多少城市维护建设税和教育费附加？

兴发公司地处某市区，5月被税务机关查补增值税45000元、消费税25000元、所得税30000元，并加收滞纳金20000元、罚款50000元。该企业应补缴多少城市维护建设税和教育费附加？

一、概述

为了加强城市的维护建设，为筹集城乡维护建设资金和扩大地方教育经费来源，国务院于1985年和1986年分别颁布了《中华人民共和国城市维护建设税暂行条例》和《征收教育费附加的暂行规定》。

2020年8月11日，第十三届全国人民代表大会常务委员会第二十一次会议通过《中华人民共和国城市维护建设税法》，自2021年9月1日起施行。《征收教育费附加的暂行规定》自颁布以来，也分别在1990年、2005年和2011年进行了三次修订。

城市维护建设税和教育费附加具有一个共同特点，按照"谁受益谁负担"的原则，对在国内从事生产经营且直接或间接地享受城市建设和教育事业成果的企业与个人征收。

二、城市维护建设税

城市维护建设税是我国为了加强城市维护建设，扩大和稳定城市维护建设资金来源而开征的一个税种。

2016年以前，城市维护建设税所征税款被要求保证用于城市公用事业和公共设施的维护和建设，具体安排由地方人民政府确定，通常用于城市住宅、道路、桥梁、防洪、给水、排水、供热、轮渡、园林绿化、环境卫生以及公共消防、交通标志、路灯照明等公共设施的建设和维护。城市维护建设税所征税款为城市环境基础设施建设提供了主要的资金来源，为集中处理城市污水和垃圾、集中供热等开辟了具有法律依据的稳定的专门资金渠道。城市维护建设税的开征，在一定程度上缓解了城市市政公用设施的资金紧张状况，对进一步改善城市基础设施建设和促进地方的经济发展产生了积极的影响，发挥了巨大的作用。

同时，经济飞速发展提高了人们的物质生活水平，但也造成了大量的环境问题。尤其是资源富集的地区，由于资源开发规模大，其资源破坏和环境污染程度也高，沦落为"生态灾民"的居民越来越多，很多资源型城市和地区都面临着转型问题，城市建设资金缺口普遍较大。城市维护建设税曾经是增加城市治理资金的有效途径之一,对保证城市公共设施服务提供了重要的资金支持。

随着预算制度的不断改革,自 2016 年起城市维护建设税收入已由一般公共预算统筹安排,不再指定专项用途。

(一) 城市维护建设税的特点

1. 具有受益税性质

城市基础设施作为公共物品,按照理性的经济人假设,从本质上讲人都是自私的,很少会有人愿意为了享有公共物品而付出代价,尤其是对以盈利为目的的企业来说更是如此。只能依靠政府按照受益者负担的原则征税,为社会提供公共物品,避免市政维护上的"公地悲剧"和"搭便车"行为。从这方面来说,城市维护建设税充分体现了对受益者课税,权利与义务相一致的原则。

2. 具有附加税性质

城市维护建设税是以纳税人实际缴纳的增值税、消费税税额(以下简称两税税额)为计税依据,随两税同时征收,其本身没有特定的课税对象,其征管方法也完全比照两税的有关规定办理。

3. 根据城镇规模设计差别比例税率

城市维护建设税的负担水平不是依据纳税人获取的利润或经营特点而定,而是根据纳税人所在城镇的规模及其资金需要设计的。城镇规模大的,税率高一些;反之,就低一些。这样能够使不同地区获取不同数量的城市维护建设资金,因地制宜地进行城市的维护和建设。

(二) 城市维护建设税的征税制度

1. 纳税义务人

在中华人民共和国境内缴纳消费税、增值税(以下简称两税)的单位和个人,为城市维护建设税的纳税义务人。

城市维护建设税的扣缴义务人为负有两税扣缴义务的单位和个人,在扣缴两税的同时扣缴城市维护建设税。

2. 税率

(1) 一般规定。城市维护建设税按纳税人所在地的不同,设置了三档地区差别比例税率(见表 2-7)。

表 2-7　　　　　　　　　　城市维护建设税税率

档次	纳税人所在地	税率（%）
1	市区	7
2	县城、镇	5
3	不在市区、县城或者镇	1

市区、县城、镇按照行政区划确定。

县政府设在城市市区的，其在市区兴办的企业，应按照7%计算缴纳城市维护建设税。纳税人所在地为工矿区的，应根据行政区划分别按照不同税率缴纳城市维护建设税。

纳税人所在地是纳税人住所地或者与纳税人生产经营活动相关的其他地点，具体地点由省、自治区、直辖市确定。随着城镇化的不断推进、城乡一体化发展以及行政区划的调整，纳税人所在地也随之发生变化，各地实际情况有所不同，无法在全国范围统一明确纳税人所在地。

（2）特殊规定。原则上纳税人一律按所在地的税率缴纳城市维护建设税，在同一地区，只能执行同一档次的税率，不能因企业隶属关系、企业规模和行业性质不同，而执行不同的税率。但对以下几种情况，按特殊规定确定税率：

第一，受托方代征、代扣增值税、消费税的纳税人，其代扣代缴、代收代缴的城市维护建设税按受托方所在地适用税率执行；

第二，流动经营无固定纳税地点的纳税人，在经营地缴纳两税的，其城市维护建设税的缴纳按经营地适用税率执行。

3. 计税依据

城市维护建设税以纳税人实际缴纳的两税税额[①]为计税依据，分别与两税同时缴纳。

（1）城市维护建设税的计税依据应当按照规定扣除期末留抵退税退还的增值税税额。

（2）纳税人因进口货物或境外单位和个人向境内销售劳务、服务、无形资产

---

① 依法实际缴纳的增值税税额，是指纳税人依照增值税相关法律法规和税收政策规定计算应当缴纳的增值税税额，加上增值税免抵税额，扣除直接减免的增值税税额和期末留抵退税退还的增值税税额（以下简称留抵退税额）后的金额。依法实际缴纳的消费税税额，是指纳税人依照消费税相关法律法规和税收政策规定计算应当缴纳的消费税税额，扣除直接减免的消费税税额后的金额。直接减免的两税税额，是指按照增值税、消费税相关法律法规和税收政策规定，直接减征或免征的两税税额，不包括实行先征后返、先征后退、即征即退办法退还的两税税额。

缴纳的两税税额不纳入城市维护建设税计税依据。

（3）预缴增值税的纳税人应在建筑服务发生地、不动产所在地预缴增值税时，以预缴增值税税额为计税依据，并按预缴增值税所在地的城市维护建设税适用税率就地计算缴纳城市维护建设税。在其机构所在地申报缴纳增值税时，以其实际缴纳的增值税税额为计税依据，并按机构所在地的城市维护建设税适用税率就地计算缴纳城市维护建设税。

（4）纳税人违反两税有关税法而加收的滞纳金和罚款，是税务机关对纳税人违法行为的经济制裁，不作为城市维护建设税的计税依据。但纳税人在被查补两税和被处以罚款时，应同时对相应的城市维护建设税进行补缴、征收滞纳金和罚款。

（5）自2005年1月1日起，经国家税务总局正式审核批准的当期免抵的增值税税额应纳入城市维护建设税的计征范围，按规定的税率征收城市维护建设税。

（6）对出口产品退还两税的，不退还已缴纳的城市维护建设税。

（7）因纳税人多缴发生的两税退税，同时退还已缴纳的城市维护建设税。对两税实行先征后返、先征后退、即征即退办法的，除另有规定外，随两税附征的城市维护建设税一律不予退（返）还。

4. 应纳税额的计算

应纳税额 =（实际缴纳的增值税税额 + 消费税税额）× 适用税率

【例2-38】地处某市区的某企业为增值税一般纳税人，主要从事货物的生产与销售。1月按规定缴纳增值税100万元，同时补缴上一年增值税10万元及相应的滞纳金1.595万元、罚款20万元。试计算该企业本月应缴纳的城市维护建设税。

【解析】应纳税额 = 实际缴纳的增值税税额 × 适用税率

$$= (100 + 10) \times 7\%$$

$$= 7.7（万元）$$

【例2-39】某县城的一家服务公司8月餐饮收入600万元，经批准从事代销福利彩票业务，取得手续费3万元。试计算该公司本月应缴纳的城市维护建设税。

【解析】本月实际缴纳增值税税额 = 销售额 × 适用税率

$$= 600 \times 6\% + 3 \times 6\%$$

$$= 36.18（万元）$$

应纳城市维护建设税税额 = 实际缴纳的增值税税额 × 适用税率

$$= 36.18 \times 5\%$$

$$= 1.809（万元）$$

5. 征收与管理

城市维护建设税由税务部门比照两税的有关规定征收管理。

（1）纳税环节：城市维护建设税的纳税环节，就是纳税人缴纳两税的环节。纳税人只要发生两税的纳税义务，就要在同样的环节分别计算缴纳城市维护建设税（进口环节除外）。

（2）纳税地点：纳税人缴纳两税的地点，就是该纳税人缴纳城市维护建设税的地点。

纳税人跨地区提供建筑服务、销售和出租不动产的，应在建筑服务发生地、不动产所在地预缴增值税时，以预缴增值税税额为计税依据，并按预缴增值税所在地的城市维护建设税适用税率就地计算缴纳城市维护建设税。

代扣代缴、代收代缴两税的单位和个人，同时也是城市维护建设税的代扣代缴、代收代缴义务人，纳税地点在代扣代收、代收代缴地。

跨省开采的油田，下属生产单位与核算单位不在一个省内的，其生产的原油在油井所在地缴纳增值税，其应纳税款由核算单位按照各油井的产量和规定税率计算汇拨各油井缴纳。所以，各油井应纳的城市维护建设税应由核算单位计算，随同增值税一并汇拨油井所在地，由油井在缴纳增值税的同时一并缴纳城市维护建设税。

对流动经营等无固定纳税地点的单位和个人，应随同两税在经营地按适用税率缴纳城市维护建设税。

【例2-40】位于某市的卷烟生产企业委托设在县城的烟丝加工厂加工一批烟丝，提货时，加工厂代收代缴的消费税为1600元。卷烟企业应缴城市维护建设税为多少？在哪里缴纳？

【解析】代扣代缴的城市维护建设税税额 = 实际代扣消费税税额 × 适用税率
$$= 1600 \times 5\%$$
$$= 80（元）$$

该项城市维护建设税由受托方（烟丝加工厂）在其所在地税务局缴纳。

（3）纳税期限：城市维护建设税是由纳税人在缴纳两税时同时缴纳的，其纳税期限与两税的纳税期限一致。根据增值税法和消费税法的规定，两税的纳税期限均分别为1日、3日、5日、10日、15日或者1个月，具体纳税期限由主管税务机关根据纳税人应纳两税税额大小分别核定；不能按照固定期限纳税的，可以按次纳税。

6. 税收优惠

城市维护建设税以两税实缴税额为计税依据征收，原则上不单独规定减免税，但因为其附加税的性质，主税发生减免时，城市维护建设税也会相应发生减免。对下列情况可免征城市维护建设税：

（1）为支持国家重大水利工程建设，从2010年5月起，对国家重大水利工程建设基金，免征城市维护建设税。

（2）对黄金交易所会员单位通过黄金交易所销售且发生实物交割的标准黄金，免征城市维护建设税。对纳税人不通过黄金交易所销售标准黄金的，不享受免征城市建设维护税的政策。对上海期货交易所会员和客户通过上海期货交易所销售且发生实物交割并已出库的标准黄金，免征城市维护建设税。

（3）自2019年1月1日至2024年12月31日，对增值税小规模纳税人可以在50%的税额幅度内减征城市维护建设税。

（4）自2019年1月1日至2025年12月31日，实施支持和促进重点群体创业就业城市维护建设税减免。

（5）自2019年1月1日至2023年12月31日，实施扶持自主就业退役士兵创业就业城市维护建设税减免。

（6）自2020年1月1日起，为支持新型冠状病毒感染的肺炎疫情防控工作，单位和个体工商户将自产、委托加工或购买的货物、通过公益性社会组织和县级以上人民政府及其他部门等国家机关，或者直接向承担疫情防治任务的医院无偿捐赠用于应对新型冠状病毒感染的肺炎疫情的，免征城市维护建设税。

（7）经中国人民银行依法决定撤销的金融机构及其分设于各地的分支机构，清算期间自有的或从债务方接收的房地产，免征城镇土地使用税。其财产用来清偿债务时，免征被撤销金融机构转让货物、不动产、无形资产、有价证券、票据等应缴纳的城市维护建设税。

（8）对青藏铁路公司取得的运输收入、其他业务收入免征城市维护建设税。

（9）对因减免税而需进行两税退库的，城市维护建设税也可同时退库。

三、教育费附加

（一）概述

教育费附加是对缴纳增值税、消费税的单位和个人，就其实际缴纳的税额为计算依据征收的一种附加费。

党中央明确指出，要加快教育发展。全面贯彻党的教育方针，保障公民依法享有受教育的权利，办好人民满意的教育。按照优先发展、育人为本、改革创新、促进公平、提高质量的要求，推动教育事业科学发展，提高教育现代化水平。教育费附加正是为加快地方教育事业，扩大地方教育经费的资金而征收的一项专用基金。1984年，国务院颁布了《关于筹措农村学校办学经费的通知》，开征了农村教育事业经费附加。1986年4月28日，国务院颁布了《征收教育费附加的暂行规定》，决定从同年7月1日起开始在全国范围内征收教育费附加。1994年7月，为适应财税体制的改革，国务院又颁布了《关于中国教育改革和发展纲要的实施意见》，进一步改革教育费附加征收办法。

2010年，财政部下发了《关于统一地方教育附加政策有关问题的通知》，各省、自治区、直辖市统一开征地方教育附加，缴费人、征收范围、计费依据与教育费附加规定保持一致。

（二）教育费附加的征收制度

1. 缴费人

凡缴纳两税的单位和个人，均为教育费附加的缴费人，包括在我国境内从事生产经营的外商投资企业、外国企业和外籍个人。

此外，凡代征两税的单位和个人，亦为代征教育费附加的义务人。

对农业、乡镇企业，由乡镇人民政府征收农村教育事业附加，不征收教育费附加。

2. 计征依据

教育费附加对缴纳两税的单位和个人征收，以其实际缴纳的两税为计征依据，分别与两税同时缴纳。

预缴增值税的纳税人应在建筑服务发生地、不动产所在地预缴增值税时，以预缴增值税税额为计税依据，并按预缴增值税所在地的教育费附加征收率就地计算缴纳教育费附加。在其机构所在地申报缴纳增值税时，以其实际缴纳的增值税税额为计税依据，并按机构所在地的教育费附加征收率就地计算缴纳教育费附加。

对海关进口的产品征收的两税，不征收教育费附加；但对出口产品退还两税的，不退还已缴纳的教育费附加。

自2005年1月1日起，经国家税务总局正式审核批准的当期免抵的增值税税额应纳入教育费附加的计征范围，按规定的费率征收教育费附加。

对两税实行先征后返、先征后退、即征即退办法的，除另有规定外，随两税附征的教育费附加一律不予退（返）还。

3. 征收率

教育费附加率为3%。地方教育费附加率为2%。

4. 计算

应纳教育费附加 =（实际缴纳的增值税税额 + 消费税税额）× 征收率

【例2-41】某市区一家企业7月实际缴纳增值税20万元、消费税40万元。计算该企业应缴纳的教育费附加。

【解析】应缴纳教育费附加 =（20 + 40）× 3%
= 1.8（万元）

【例2-42】某市一外商投资房地产企业6月销售市内商品房收入1200万元；转让一块位于县城的土地使用权，取得收入600万元，年初取得该土地使用权时支付金额480万元，转让时发生相关费用5万元。试计算该企业此项业务应缴纳的教育费附加。

【解析】应缴纳增值税税额 =（1200 + 600）× 9%
= 162（万元）

应缴纳教育费附加 = 162 × 3%
= 4.86（万元）

5. 征收管理

教育费附加的具体征收管理，与城市维护建设税相关规定类似。

6. 税收优惠

教育费附加以两税的实缴税额为计税依据征收，一般不规定减免税，但对下列情况可免征：

（1）从2010年5月起，对国家重大水利工程建设基金，免征教育费附加。

（2）对黄金交易所会员单位通过黄金交易所销售且发生实物交割的标准黄金，免征教育费附加。对纳税人不通过黄金交易所销售标准黄金的，不享受免征教育费附加的政策。对上海期货交易所会员和客户通过上海期货交易所销售且发生实物交割并已出库的标准黄金，免征教育费附加。

（3）自2019年1月1日至2024年12月31日，对增值税小规模纳税人可以在50%的税额幅度内减征教育费附加。

（4）自2019年1月1日至2025年12月31日，实施支持和促进重点群体创业就业教育费附加减免。

（5）自 2019 年 1 月 1 日至 2023 年 12 月 31 日，实施扶持自主就业退役士兵创业就业城市维护建设税减免。

（6）自 2020 年 1 月 1 日起，为支持新型冠状病毒感染的肺炎疫情防控工作，单位和个体工商户将自产、委托加工或购买的货物、通过公益性社会组织和县级以上人民政府及其部门等国家机关，或者直接向承担疫情防治任务的医院、无偿捐赠用于应对新型冠状病毒感染的肺炎疫情的，免征教育费附加。

（7）经中国人民银行依法决定撤销的金融机构及其分设于各地的分支机构，用其财产清偿债务时，免征教育费附加。

（8）对青藏铁路公司取得的运输收入、其他业务收入免征教育费附加。

（9）对由于减免两税而发生退税的，可同时退还已征收的教育费附加。

关键概念

城市维护建设税　　教育费附加　　地方教育费附加

思考题

1. 简述城市维护建设税的特点。
2. 简述教育费附加的征收管理规定。

第四节　资源税

学习目标

1. 熟悉资源税的征税范围、纳税人和税率。
2. 掌握资源税的计税依据和应纳税额的计算。
3. 熟悉资源税的减免税优惠。
4. 了解资源税的申报和缴纳。

引导案例

如何计算稀土矿开采企业应纳资源税额？

某稀土矿开采企业为增值税一般纳税人，5 月发生下列业务：

(1) 开采稀土原矿并共生铁矿石，开采总量1000吨，其中稀土原矿550吨，本月对外销售稀土原矿200吨，每吨不含税价格0.5万元。

(2) 将开采的部分稀土原矿连续加工为精矿，本月对外销售稀土精矿100吨，每吨不含税价格1.5万元，向购买方一并收取从矿区到指定运达地客运费1万元，当地政府规定资源税稀土原矿税率5%。

该企业当月应缴纳多少资源税？

一、资源税概述

（一）资源税沿革

资源税是以自然资源为征税对象的税种，其主要目的是调节资源级差收入，体现资源有偿开采，促进资源节约使用。现行资源税的基本规范是2019年8月26日第十三届全国人民代表大会常务委员会第十二次会议通过的《中华人民共和国资源税法》（以下简称《资源税法》），自2020年9月1日起施行。

1984年，为逐步建立健全我国的资源税体系，国务院发布了《中华人民共和国资源税条例（草案）》和《中华人民共和国盐税条例（草案）》。鉴于当时的一些客观原因，资源税只对原油、天然气、煤炭等先行开征，对金属矿产品和其他非金属矿产品暂缓征收。1993年12月25日，国务院颁布了《中华人民共和国资源税暂行条例》，扩大了资源税的征收范围，规定对开采矿产品或者生产盐的单位和个人征收资源税，实行从量计征。

为缓解主要资源品目高价格与低税负之间的矛盾，2010年，中央决定率先在新疆进行石油、天然气资源税改革试点，由从量计征改为从价计征。自2010年12月1日起，改革试点推广到内蒙古等12个西部地区省（区、市）。2011年9月，国务院公布修改后的《中华人民共和国资源税暂行条例》（以下简称《条例》），油气资源税改革推广至全国范围。随后，2014年12月1日，煤炭资源税从价计征改革全面实施；2015年5月1日，从价计征改革进一步覆盖稀土、钨、钼三个品目。从2016年7月1日起，资源税从价计征改革全面推广到所有矿产品，统一规范了资源税征收制度。

《中华人民共和国资源税法》（以下简称《资源税法》）自2020年9月1日起正式实施。与《条例》相比，《资源税法》规范统一了税目，取消了换算率、折算比规定，对部分事项授权地方决定，规范了减免税政策，且调整了纳税期限。为贯彻落实《资源税法》，明确税法有关政策口径和规范征管规定，2020年6月和8月又相继出台了《财政部 税务总局关于继续执行的资源税优惠政策的公告》《财政部 税务总局关于资源税有关问题执行口径的公告》《国家税务总局关于资源税征收管理若干问题的公告》。

《资源税法》是贯彻生态文明思想、落实税收法定原则、完善地方税体系的重要举措，是绿色税制建设的重要组成部分。资源税改革实施以来，运行平稳，成效明显，大幅拉动了地方资源税收入，增强地方财力的效应进一步显现。

（二）资源税的特点

1. 征税范围较窄

自然资源是生产资料或生活资料的天然来源，包括的范围很广，如矿产资源、土地资源、水资源、动植物资源等。但目前我国的资源税征税范围较窄，仅选择了部分级差收入差异较大，资源较为普遍，易于征收管理的矿产品、盐、水等列为征税范围。总的来看，资源税的征收仍主要局限于矿产品，对大部分非矿产品资源都没有征税。

为促进水资源节约、保护和合理利用，2016年7月1日起在河北省率先实施水资源税改革试点，征税对象为地表水和地下水。2017年12月1日起扩大至北京、天津、山西、内蒙古、山东、河南、四川、陕西、宁夏等9个省（自治区、直辖市）。

随着我国经济的快速发展，对自然资源的合理利用和有效保护将越来越重要，因此，资源税的征税范围应逐步扩大，逐步将森林、草场、滩涂等其他自然资源纳入征收范围。

2. 从价计征为主、从量计征为辅

从价计征制度构建了更为合理的资源收益调节机制，弥补了从量定额机制下资源税负与矿价不挂钩的不足。从价计征机制下，资源税负随着矿价的升降而自动增减，充分发挥税收调节机制的作用，规范了资源开发收益分配秩序，有利于促进资源节约高效利用。

资源税164个税目中，有158个税目实行从价计征，其余6个税目可视征管便利度选择实行从价计征或者从量计征，主要是地热、矿泉水、石灰岩、砂石、其他黏土和天然卤水。

3. 实行源泉课征

不论采掘或生产单位是否属于独立核算，资源税均规定在采掘或生产地源泉控制征收，这样既照顾了采掘地的利益，又避免了税款的流失。这与其他税种由独立核算的单位统一缴纳不同。

二、纳税人

在中华人民共和国领域及管辖海域开发应税资源的单位和个人，为资源税的纳税人。国务院根据国民经济和社会发展需要，对取用地表水或者地下水的单位和个人试点征收水资源税，停止征收水资源费。

上述单位是指企业、行政单位、事业单位、军事单位、社会团体及其他单位。个人，是指个体工商户和其他个人。

中外合作开采陆上、海上石油资源的企业依法缴纳资源税。2011年11月1日前已依法订立中外合作开采陆上、海上石油资源合同的，在该合同有效期内，继续依照国家有关规定缴纳矿区使用费，不缴纳资源税；合同期满后，依法缴纳资源税。

三、税目和税率

（一）税目

按照普遍征收的原则，资源税税目包括能源矿产、金属矿产、非金属矿产、水气矿产和盐等五个大类，164个应税资源品目，覆盖了目前已发现的所有矿种。同时，资源税税目的分类、名称与矿产资源主管部门的管理标准基本保持一致，同时也适当兼顾了实际征管需要。

鉴于森林、草场、滩涂等资源在各地区的市场开发利用情况不尽相同，对其全面开征资源税条件尚不成熟，《资源税法》未规定在全国范围统一规定对森林、草场、滩涂等资源征税。各省、自治区、直辖市人民政府可以结合本地实际，根据森林、草场、滩涂等资源开发利用情况提出征收资源税的具体方案建议，报国务院批准后实施。

（二）税率

对因资源贮存状况、开采条件、资源优劣、地理位置等客观存在的差别而产生的资源级差收入,资源税通过实施差别税率进行调节。具体根据矿产资源等级分别确定不同的税率,有效调节资源的级差收入。

为保障国家对战略资源的宏观调控需要,且有利于调动地方加强管理的积极性,健全地方税体系,资源税对原油、天然气、中重稀土、钨、钼等战略资源实行固定税率,在《税目税率表》中直接确定。其他应税资源实行幅度税率,在《税目税率表》中确定幅度,并授权省级人民政府提出本地区的具体适用税率,报同级人大常委会决定。

同时,为公平原矿与选矿①之间的税负,鼓励企业加大创新力度,提升新技术、新工艺水平,促进矿产品的洗选加工,体现矿业产业政策,对同一税目实行原矿和选矿差别税率,一般选矿税率低于原矿。

水资源税根据当地水资源状况、取用水类型和经济发展等情况实行差别税率。

(三) 税目税率表

资源税的税目、税率,依照资源税税目税率执行(见表2-8)。

表2-8　　资源税税目税率(2020年9月1日起执行)

	税目	征税对象	税率
能源矿产	原油	原矿	6%
	天然气、页岩气、天然气水合物	原矿	6%
	煤	原矿或者选矿	2%~10%
	煤成(层)气	原矿	1%~2%
	铀、钍	原矿	4%
	油页岩、油砂、天然沥青、石煤	原矿或者选矿	1%~4%
	地热	原矿	1%~20%或者每立方米1~30元

---

① 原矿是指经过采矿过程采出后未进行选矿或者加工的矿石。选矿是指经过破碎、切割、洗选、筛分、磨矿、分级、提纯、脱水、干燥等过程形成的产品,包括富集的精矿和研磨成粉、粒级成型、切割成型的原矿加工品。

续表

税目			征税对象	税率
金属矿产	黑色金属	铁、锰、铬、钒、钛	原矿或者选矿	1%~9%
	有色金属	铜、铅、锌、锡、镍、锑、镁、钴、铋、汞	原矿或者选矿	2%~10%
		铝土矿	原矿或者选矿	2%~9%
		钨	选矿	6.5%
		钼	选矿	8%
		金、银	原矿或者选矿	2%~6%
		铂、钯、钌、锇、铱、铑	原矿或者选矿	5%~10%
		轻稀土	选矿	7%~12%
		中重稀土	选矿	20%
		铍、锂、锆、锶、铷、铯、铌、钽、锗、镓、铟、铊、铪、铼、镉、硒、碲	原矿或者选矿	2%~10%
非金属矿产	矿物类	高岭土	原矿或者选矿	1%~6%
		石灰岩		1%~6%或者每吨（每立方米）1~10元
		磷		3%~8%
		石墨		3%~12%
		萤石、硫铁矿、自然硫		1%~8%
		天然石英砂、脉石英、粉石英、水晶、工业用金刚石、冰洲石、蓝晶石、硅线石（矽线石）、长石、滑石、刚玉、菱镁矿、颜料矿物、天然碱、芒硝、钠硝石、明矾石、砷、硼、碘、溴、膨润土、硅藻土、陶瓷土、耐火黏土、铁矾土、凹凸棒石黏土、海泡石黏土、伊利石黏土、累托石黏土	原矿或者选矿	1%~12%
		叶蜡石、硅灰石、透辉石、珍珠岩、云母、沸石、重晶石、毒重石、方解石、蛭石、透闪石、工业用电气石、白垩、石棉、蓝石棉、红柱石、石榴子石、石膏	原矿或者选矿	2%~12%
		其他黏土（铸型用黏土、砖瓦用黏土、陶粒用黏土、水泥配料用黏土、水泥配料用红土、水泥配料用黄土、水泥配料用泥岩、保温材料用黏土）		1%~5%或者每吨（每立方米）0.1~5元

续表

税目		征税对象	税率
非金属矿产	岩石类：大理岩、花岗岩、白云岩、石英岩、砂岩、辉绿岩、安山岩、闪长岩、板岩、玄武岩、片麻岩、角闪岩、页岩、浮石、凝灰岩、黑曜岩、霞石正长岩、蛇纹岩、麦饭原石、泥灰岩、含钾岩石、含钾砂页岩、天然油石、橄榄岩、松脂岩、粗面岩、辉长岩、辉石岩、正长岩、火山灰、火山渣、泥炭	原矿或者选矿	1%~10%
	砂石		1%~5% 或者每吨（每立方米）0.1~5元
	宝玉石类：宝石、玉石、宝石级金刚石、玛瑙、黄玉、碧玺	原矿或者选矿	4%~20%
	水气矿产：二氧化碳气、硫化氢气、氦气、氡气	原矿	2%~5%
	矿泉水	原矿	1%~20% 或者每平方米1~30元
盐	钠盐、钾盐、镁盐、锂盐	选矿	3%~15%
	天然卤水	原矿	3%~15% 或者每平方米1~10元
	海盐		2%~5%

表2－8规定幅度税率的应税产品的具体适用税率，由省、自治区、直辖市人民政府统筹考虑本地区应税资源的品位、开采条件以及对生态环境的影响等情况，在规定的税率幅度内提出，报同级人民代表大会常务委员会决定，并报全国人民代表大会常务委员会和国务院备案。税目税率表中规定征税对象为原矿或者选矿的，分别确定具体适用税率。

税目税率表中规定可以选择实行从价计征或从量计征的，具体计征方式由省、自治区、直辖市人民政府提出，报同级人民代表大会常务委员会决定，并报全国人民代表大会常务委员会和国务院备案。

四、应纳税额的计算

资源税的应纳税额,按照从价定率或者从量定额的办法,分别以应税产品的销售额乘以纳税人具体适用的比例税率或者以应税产品的销售数量乘以纳税人具体适用的定额税率计算。

(一) 从价定率计征

应纳税额 = 销售额 × 比例税率

【例2-43】某铜矿2021年9月销售铜原矿4000吨,每吨不含税售价1500元,当地铜矿石资源税原矿税率5%,计算该铜矿当月应纳资源税和增值税。

【解析】应纳资源税 = 1500 × 4000 × 5% = 300000(元)

应纳增值税 = 1500 × 4000 × 13% = 780000(元)

销售额按照纳税人销售应税产品向购买方收取的全部价款确定,不包括增值税税款。

计入销售额中的相关运杂费用,凡取得增值税发票或者其他合法有效凭据的,准予从销售额中扣除。相关运杂费用是指应税产品从坑口或者洗选(加工)地到车站、码头或者购买方指定地点的运输费用、建设基金以及随运销产生的装卸、仓储、港杂费用。

纳税人申报的应税产品销售额明显偏低且无正当理由的,或者有自用应税产品行为而无销售额的,主管税务机关可以按下列方法和顺序确定其应税产品销售额:

(1) 按纳税人最近时期同类产品的平均销售价格确定。

(2) 按其他纳税人最近时期同类产品的平均销售价格确定。

(3) 按后续加工非应税产品销售价格,减去后续加工环节的成本利润后确定。

(4) 按应税产品组成计税价格确定。

组成计税价格 = 成本 × (1 + 成本利润率) ÷ (1 − 资源税税率)

上述公式中的成本利润率由省、自治区、直辖市税务机关确定。

(5) 按其他合理方法确定。

(二) 从量定额计征

应纳税额 = 销售数量 × 单位税额

销售数量,包括纳税人开采或者生产应税产品的实际销售数量和自用于应当缴纳资源税情形的应税产品数量。

【例 2-44】 某砂石厂 8 月开采并销售砂石 3200 立方米,当地砂石资源税税率为每立方米 4 元。计算该砂石厂当月应纳资源税。

【解析】 应纳税额 = 3200 × 4 = 12800(元)

(三) 特殊规定

纳税人外购应税产品与自采应税产品混合销售或者混合加工为应税产品销售的,在计算应税产品销售额或者销售数量时,准予扣减外购应税产品的购进金额或者购进数量;当期不足扣减的,可结转下期扣减。

纳税人以外购原矿与自采原矿混合洗选加工为选矿产品销售的,在计算应税产品销售额或者销售数量时,按照下列方法进行扣减:

准予扣减的外购应税产品购进金额(数量)=外购原矿购进金额(数量)×(本地区原矿适用税率÷本地区选矿产品适用税率)

不能按照上述方法计算扣减的,按照主管税务机关确定的其他合理方法进行扣减。

纳税人应当准确核算外购应税产品的购进金额或者购进数量,未准确核算的,一并计算缴纳资源税。

纳税人核算并扣减当期外购应税产品购进金额、购进数量,应当依据外购应税产品的增值税发票、海关进口增值税专用缴款书或者其他合法有效凭据。

纳税人开采或者生产不同税目应税产品的,应当分别核算不同税目应税产品的销售额或者销售数量;未分别核算或者不能准确提供不同税目应税产品的销售额或者销售数量的,从高适用税率。

纳税人开采或者生产同一税目下适用不同税率应税产品的,应当分别核算不同税率应税产品的销售额或者销售数量;未分别核算或者不能准确提供不同税率应税产品的销售额或者销售数量的,从高适用税率。

纳税人开采或生产应税产品自用的,包括纳税人以应税产品用于非货币性资产交换、捐赠、偿债、赞助、集资、投资、广告、样品、职工福利、利润分配或者连续生产非应税产品等,应当缴纳资源税。但自用于连续生产应税产品的,不缴纳资源税。

纳税人以自采原矿(经过采矿过程采出后未进行选矿或者加工的矿石)直接销售,或者自用于应当缴纳资源税情形的,按照原矿计征资源税。

五、税收优惠

为了更好地发挥资源税促进资源节约利用和加强生态环境保护的作用，根据国民经济和社会发展需要，资源税对有利于促进资源节约集约利用、保护环境等情形规定了免征或减征。

（一）法定减免

（1）为鼓励油气开采和煤炭企业安全生产，有下列情形之一的，免征资源税：
① 开采原油以及在油田范围内运输原油过程中用于加热的原油、天然气；
② 煤炭开采企业因安全生产需要抽采的煤成（层）气。
（2）为鼓励资源充分开采，有下列情形之一的，减征资源税：
① 从低丰度油气田开采的原油、天然气，减征20%；
② 高含硫天然气、三次采油和从深水油气田开采的原油、天然气，减征30%；
③ 稠油、高凝油减征40%；
④ 从衰竭期矿山开采的矿产品，减征30%。

（二）国务院依照税法授权减免

（1）对青藏铁路公司及其所属单位运营期间自采自用的砂石等材料，免征资源税。
（2）自2018年4月1日至2023年12月31日，对页岩气资源税（按6%的规定税率）减征30%。
（3）自2019年1月1日至2024年12月31日，对增值税小规模纳税人可在50%的税额幅度内减征资源税。
（4）自2014年12月1日至2023年8月31日，对充填开采置换出的煤炭，资源税减征50%。

（三）授权地方决定减免

各地资源禀赋、财政承受能力等差异较大，税法授权地方可以决定出台若干减免税政策。

有下列情形之一的，省、自治区、直辖市可以决定免征或者减征资源税：

(1) 纳税人开采或者生产应税产品过程中，因意外事故或者自然灾害等原因遭受重大损失；

(2) 纳税人开采共伴生矿、低品位矿、尾矿。

前款规定的免征或者减征资源税的具体办法，由省、自治区、直辖市人民政府提出，报同级人民代表大会常务委员会决定，并报全国人民代表大会常务委员会和国务院备案。

纳税人的减税、免税项目，应当单独核算销售额或者销售数量；未单独核算或者不能准确提供销售额或者销售数量的，不予减税或者免税。

纳税人开采或者生产同一应税产品，其中既有享受减免税政策的，又有不享受减免税政策的，按照免税、减税项目的产量占比等方法分别核算确定免税、减税项目的销售额或者销售数量。

纳税人开采或者生产同一应税产品同时符合两项或者两项以上减征资源税优惠政策的，除另有规定外，只能选择其中一项执行。

六、征收管理

（一）纳税义务发生时间

纳税人销售应税产品，其纳税义务发生时间为：

(1) 纳税人采取分期收款结算方式的，其纳税义务发生时间，为销售合同规定的收款日期的当日。

(2) 纳税人采取预收货款结算方式的，其纳税义务发生时间，为发出应税产品的当日。

(3) 纳税人采取其他结算方式的，其纳税义务发生时间，为收讫销售款或者取得索取销售款凭据的当日。

纳税人自产自用应税产品的纳税义务发生时间，为移送使用应税产品的当日。

（二）纳税期限

资源税按月或按季申报缴纳。不能按固定期限计算缴纳的，可以按次申报缴纳。

纳税人按月或者按季申报缴纳的，应当自月度或者季度终了之日起15日内，向税务机关办理纳税申报并缴纳税款。纳税人按次申报缴纳的，应当自纳税义务发生之日起15日内，向税务机关办理纳税申报并缴纳税款。

（三）纳税地点

（1）资源税的纳税人应当向应税产品的开采或者生产所在地主管税务机关缴纳税款。

（2）如果纳税人在本省、自治区、直辖市范围内开采或者生产应税产品，其纳税地点需要调整的，由所在地省、自治区、直辖市税务机关决定。

（3）跨省、自治区、直辖市开采或者生产资源税应税产品的纳税人，其下属生产单位与核算单位不在同一省、自治区、直辖市的，对其开采或者生产的应税产品，一律在开采地或者生产地纳税。实行从量计征的应税产品，其应纳税款一律由独立核算的单位按照每个开采地或者生产地的销售量及适用税率计算划拨；实行从价计征的应税产品，其应纳税款一律由独立核算的单位按照每个开采地或者生产地的销售量、单位销售价格及适用税率计算划拨。

关键概念

资源税　　从价计征　　水资源税

思考题

1. 资源税开征的意义有哪些？
2. 资源税的税率形式是什么？

第五节　烟叶税

学习目标

1. 了解烟叶税的概念及征税范围。
2. 掌握烟叶税计税依据和应纳税额的计算。
3. 了解烟叶税的申报和缴纳。

引导案例

甲公司系从事卷烟批发、烟叶收购与销售的烟草商业企业，是增值税一般纳税人，2022年7月从烟农手中收购烤烟叶一批，开具了收购发票，收购发票分别注明收购价款 10000 元和价外补贴 1000 元。请思考谁是烟叶税的纳税义务人以及应缴纳税额是多少。

一、烟叶税概述

(一) 烟叶税的概念

烟叶税是指在中华人民共和国境内收购烟叶的单位按照《中华人民共和国烟叶税暂行条例》的规定缴纳的一种税。

中国烟草税收始于明末。清代初期，政府把烟草视同百货，在常关税（一种过境税。清沿明制，于水、陆交通要道、关隘等地方，均设关卡，向通过货物课税）中征收，税率在 2%～5%，实行低税率政策。中华人民共和国成立后，1950 年 1 月，中央人民政府政务院（国务院）颁发《货物税暂行条例》，对土烟叶和薰烟叶均征收货物税，其中薰烟叶税率为 30%、土烟叶税率为 20%。1984 年，实行第二步"利改税"后，财政部颁布《产品税（草案）》，内设烟叶税目，税率分为晒烟叶税率和烤烟叶税率，均为 38%。后调整为 31%。1994 年 1 月 30 日，国务院发布《关于对农业特产征收农业税的规定》，作为重要农产品之一的烟叶，列在农业特产税中征收，烟叶产品中的晾晒烟叶和烤烟叶税率均为 31%。为了保持政策的连续性，充分兼顾地方利益和有利于烟叶产区可持续发展，国务院于 2006 年 4 月 28 日颁布《中华人民共和国烟叶税暂行条例》，开征烟叶税取代原烟叶特产农业税，税率为 20%。

2017 年 12 月 27 日第十二届全国人民代表大会常务委员会第三十一次会议通过了《中华人民共和国烟叶税法》，自 2018 年 7 月 1 日起实施，《中华人民共和国烟叶税暂行条例》同时废止。

(二) 征税范围

烟叶税的征税范围是指晾晒烟叶、烤烟叶。其中晾晒烟叶包括列入名晾晒烟名录的晾晒烟叶和未列入名晾晒烟名录的其他晾晒烟叶。

(三) 纳税义务人

烟叶税的纳税人是指在中华人民共和国境内收购烟叶的单位。收购烟叶的单位是指依照《中华人民共和国烟草专卖法》的规定有权收购烟叶的烟草公司或者受其委托收购烟叶的单位。

依照《中华人民共和国烟草专卖法》查处没收的违法收购的烟叶，由收购罚没烟叶的单位按照购买金额计算缴纳烟叶税。

二、烟叶税应纳税额计算

（一）计税依据

烟叶税的计税依据为纳税人收购烟叶实际支付的价款总额。

纳税人收购烟叶实际支付的价款总额包括纳税人支付给烟叶生产销售单位和个人的烟叶收购价款和价外补贴。其中，价外补贴统一按烟叶收购价款的10%计算价款总额的计算公式为：

收购烟叶实际支付的价款总额 = 收购价款 × （1 + 10%）

（二）税率及应纳税额的计算

（1）烟叶税实行比例税率，税率为20%。

（2）烟叶税按次征收，纳税人在规定的申报纳税期限内缴纳当次收购烟时的税款。应纳税额的计算公式为：

应纳税额 = 收购烟叶实际支付的价款总额 × 税率

【例2-45】某烟草公司1月向烟叶生产者收购烟叶一批，支付不含价外补贴的收购价款10000元，该烟草公司1月应缴纳烟叶税多少元？

【解析】该烟草公司应纳烟叶税 = 10000 × （1 + 10%） × 20% = 2200（元）

三、征收管理

（一）纳税义务发生时间

烟叶税的纳税义务发生时间，为纳税人收购烟叶的当天。收购烟叶的当天是指纳税人向烟叶销售者付讫收购烟叶款项或者开具收购烟叶凭据的当天。

（二）纳税期限

烟叶税按月计征，纳税人应当于纳税义务发生月终了之日起15日内申报并缴纳税款。

(三) 纳税地点

纳税人收购烟叶,应当向烟叶收购地的主管税务机关申报纳税。

关键概念

烟叶税　　价款总额　　收购价款　　价外补贴

思考题

1. 简述烟叶税政策的沿革历程。
2. 简述烟叶税的征税范围。
3. 简述烟叶税的计税依据。

第六节　关税

学习目标

1. 熟悉关税的征税范围、纳税人和税率。
2. 掌握关税计税依据和应纳税额的计算。
3. 熟悉关税减免税优惠。
4. 了解关税的申报和缴纳。

引导案例

美国西红柿关税趣闻

20世纪90年代,美国商人从西印度群岛运来一批西红柿。按美国当时的税法,输入水果免缴进口关税,而进口蔬菜则应照章缴纳10%的关税。纽约港的海关人员确定西红柿是蔬菜,应照章缴税,而贩运西红柿的商人则认为西红柿属于水果,应免税进口。双方争执不下,最后上诉美国高等法院。经过审理。法院判决,认定西红柿虽是一种蔓生果实,但在人们通常的谈论中,总是把它同甘蓝、胡萝卜一样作为蔬菜,无论生吃熟吃,都具有蔬菜的性质。从此,西红柿被法定为蔬菜,而不是水果。[①] 从这个案例可以看出,在关税征收的实践活动中,由于不

---

① 周防,中宽. 水果乎？蔬菜乎？——美国西红柿税收案趣闻 [J]. 涉外税务,1990 (6):40.

同类别商品的税率不同,因此对某一种商品类别的认定就显得特别重要,这直接关系税负的轻重。

一、关税概述

我国最早的关税与最早的海关起源于春秋时期,当时称作"关市之征"。国家规定货物通过边境的"关"和国内的"市",要进行检查和征收赋税。《周礼·天官》载:"关市之赋以待王之膳服。"当时周代中央征收赋税,关市税是其中的一种,直接归王室使用。虽然关税早在春秋时期就出现了,但我国最早的海关却到清初才出现。康熙二十四年(1685年),当时清政府刚刚解除海禁,为加强对外贸易管理,清政府在广东、福建、浙江、江苏4个贸易口岸设置了4个海关,以管理来往商船,负责征收赋税。其中以广东的海关为重要。但由于西方殖民者多年来屡屡进行违法贸易,到乾隆二十二年(1757年),清政府决定撤销其他口岸及海关,只设粤海关,使之成为100多年来中国唯一的海关,为中国海关制度奠定了基础。关税是海关代表国家,依据国家制定的关税政策和公布实施的税法及进出口税则,对进出关境的货物和商品所征收的一种流转税。关税在取得财政收入和保护国民经济方面发挥了十分重要的作用。

1980年国务院出台了《关于改革海关管理体制的决定》,海关管理局从对外贸易部分设出来,恢复为海关总署,对各地海关实行以中央管理为主的体制,标志着我国关税改革的开始。1982年1月,我国对194个税号、326个子目的税率进行了大幅度的调整,这是新中国成立以来对关税税率最大范围的调整。1987年1月,第六届全国人大常委会第十九次会议通过了《中华人民共和国海关法》(以下简称《海关法》),从当年7月1日起实施。这标志着我国经济管理逐步走向规范化、法制化。1995年1月1日,在GATT乌拉圭回合谈判的基础上,WTO取代GATT正式成立。中国的"复关"也变成了"入世"。同年7月1日,我国将出口退税率由原来的17%、13%、6%下调为14%、10%、3%。1996年4月1日,我国再次降低了4993个税目的关税税率。2001年9月11日到17日召开的WTO中国工作组第18次会议通过了我国加入WTO的所有法律文件,至此,长达近15年的我国"复关"和加入WTO的漫长谈判结束。根据《中华人民共和国加入议定书》减让表规定,我国承诺在入世后所有关税税率以1997年10月的最惠国税率为基础税率,在此基础上所有关税税率将逐年调低,至 2008 年,我国关税总水平将降低到 10%。其中工业品平均将由 13% 降至 9.2%;农产品将由 19.9% 降至 15.1%。关税减让承诺于 2010 年全部完成。

中国认真履行加入世贸组织时的承诺,进一步降低关税水平,不断完善与贸易投资相关的政策和法律法规。目前,中国已全部完成所承诺的关税减让义务,关税总水平已从 2002 年的 15.3% 降至 2010 年的 9.8%。自 2010 年 1 月 1 日起,中国将进一步调整进出口关税税则,主要涉及最惠国税率、年度暂定税率、协定税率、特惠税率以及税则税目等方面。调整后,2010 年进出口税目总数将由 2009 年的 7868 个增至 7923 个,关税总水平为 9.8%。其中,农产品平均税率为 15.2%,工业品平均税率为 8.9%。经过此次降税,我国 2001 年加入世界贸易组织的降税承诺已经全部履行完毕[①]。

二、关税的特点

(一) 关税是间接税且在纳税上具有一次性

关税属于间接税性质,因为它主要是对进出口商品征税,其税负可以由进出口商垫付税款,之后将它作为成本的一部分加在货价上,关税负担最后可能会转嫁给买方或消费者承担。此外,进出口货物按照全国统一的进出口关税条例和税则征收关税,在征收一次性关税后,货物就可在整个关境内流通,不再另行征收关税。这与其他税种如增值税、消费税等流转税是不同的。

(二) 关税是对外贸易政策的重要手段

进出口商品,不仅与国内的经济和生产有着直接关系,而且与世界上其他国家或地区的政治、外交、经济等也都有密切的关系。关税措施体现一国对外贸易政策,关税税率高低影响着一国经济和对外贸易的发展。许多国家通过制定和调整关税税率来调节进出口贸易。在出口方面,通过低税、免税和退税等措施来鼓励商品出口;在进口方面,通过税率的高低、减免来调节商品的进口数量。

---

① 资料来源:财政部网站。

(三) 关税一般由海关统一征收管理

与其他税种不同，关税是由主权国家设在国境或关境的海关机关，根据国家制定的关税税法、税则征收管理，其他任何单位和个人均无权征收关税。在我国，关税税则由海关总署参与制定，关税税则和税率由海关总署拟定修改，关税税则解释权也归属在海关总署，比如2021年版《中华人民共和国进出口税则（2022）》（以下简称新《税则》）于2022年1月1日正式实施，海关总署负责人接受中国政府网采访并解释了相关内容。

三、关税的分类

依据不同的标准，关税有多种分类方法。

（一）按货物的流向，可把关税分为进口关税、出口关税和过境关税

（1）进口关税。对国外进入本国的货物所征收的一种关税。一般是在货物进入国境（关境）时征收，或在货物从海关保税仓库转出，投入国内市场时征收。进口关税是当前世界各国征关税的最主要的一种，在许多国家废除了出口关税与过境关税的情况下，进口关税成为唯一的关税。

（2）出口关税。对本国出口货物在运出国境时征收的一种关税。由于征收出口关税会增加出口货物的成本，降低本国货物在国际市场中的竞争力，目前大部分发达国家都取消了出口税，只有部分发展中国家仍继续征收，主要目的是取得财政收入与调节市场供求关系。我国仅对一小部分关系到国计民生的重要商品征收出口税，其余不征税。

（3）过境关税。即对外国经过一国国境（关境）、运往另一国的货物所征收的关税。在重商主义时代，欧洲各国曾盛行其税。如果一个国家的地理位置处于交通枢纽或交通要道，征收过境税成为该国最方便而又充裕的税源。但过境税增加了外国货物的成本，阻碍了国际贸易的发展。世界交通发达后，征收过境税会迫使其改道运输。因此在19世纪后半期，各国相继取消了过境税。1921年国际联盟在西班牙巴塞罗那召开了关于自由过境的国际会议，会议决定参加国不得对过境货物征收任何捐税，1947年签订的《关税与贸易总协定》第五条也规定了自由过境的原则，其第三款中规定："缔约方对通过其领土的过境运输，可以要求

在适当的海关报关；但是，除了未遵守应适用的海关法律规章的以外，这种来自或前往其他缔约方领土的过境运输，不应受到不必要的拖延或限制，并对它免征关税、过境税或有关过境的其他费用，但运输费用以及相当于因过境而支出的行政费用或提供服务的成本和费用，不在此限。"因此，目前已很少有国家征收过境税。

（二）按征税的目的不同，关税可以分为财政关税和保护关税

（1）财政关税。即以增加财政收入为主要目的的关税。在历史上关税产生以后的一个很长时期内，征收关税主要是为了国家的财政收入或宫廷享受。在交通孔道、关卡、桥梁等处，对往来客商征收关税，就构成了既方便又充裕的税源。17世纪末，欧洲各国的关税收入多占其财政收入的80%以上。美国独立之初，关税是其最主要的财源，1902年关税收入还占其政府税收总额的47.4%。财政关税制度有着自身的局限性，主要表现为进口税率过高，会形成关税壁垒，影响国家间的贸易关系，因此进入20世纪后，一些主要工业国家都先后放弃了财政关税政策。

（2）保护关税。即为保护本国工农业生产而征收的关税。一般说来，其税率较高，因税率越高，越能起到保护作用。在进口方面，对进口商品征收高关税，可提高进口商品的成本和价格，从而削弱其竞争能力，保护本国同类产品的生产和销售；在出口方面，为了鼓励商品出口，一般免征出口税，但对本国生产所需的重要原料等，则征收关税以限制输出。不同国家所实行的保护关税的目的不同，发达国家所要保护的通常是国际竞争性很强的商品，发展中国家则重在保护本国幼稚工业的发展。

（三）按计税标准不同，关税可分为从价关税、从量关税、复合关税和选择关税

（1）从价关税。即以货物的价格为计征标准而计算征收的税。从价关税的优点是税负较为合理，关税收入随货物价格的升降而增减，其不足之处是完税价格必须严格审定，海关估价工作比较复杂。从价关税是关税的主要征收形式。

（2）从量关税。是以货物的计量单位（重量、数量、体积）为计征标准而计算征收的一种关税。从量关税的优点是征税手续简便，只核对货物名称和数据即可计算出税款，因其每单位的税额固定，进口低档商品相对利润较低，对廉价进口商品有较强的抑制作用。其缺点是对同一税目的商品，在规格、质量、价格相差较大的情况下，按同一定额税率计征，税负不够合理，且在物价变动的情况下，税收的收入不能随之增减，尤其在物价上涨时，税负下降使关税的保护作用和财政作用均减弱。

（3）复合关税。即对同一种进口货物采用从价、从量两种标准课征的一种关税。课征时，或以从价税为主，加征从量税；或以从量税为主，加征从价税。缺点是计征手续较为繁杂，但在物价波动时，可以减少对财政收入的影响。

（4）选择关税。即在税则中对同一税目规定从价和从量两种税率，在征税时可由海关选择其中一种计征。选择的基本原则是，在物价上涨时，使用从价税；在物价下跌时，使用从量税。

（四）以对进口货物的转出国的差别待遇为标准，关税可以分为歧视关税和优惠关税

（1）歧视关税。也称加重关税，是指对某些输出国、生产国的进口货物，因某种原因，如歧视、报复、保护和经济方面的需要等，使用比正常税率较高的税率所征收的关税。在歧视关税中，使用较多的是反倾销税和反补贴税。反倾销税是指进口国海关对被认定构成出口倾销并对其国内相关工业构成损害的进口产品所征收的一种临时进口附加税。反补贴税是对于直接或间接接受任何津贴和补贴的外国商品在进口时所征收的附加关税。

（2）优惠关税。即指一国对特定的受惠国给予优惠待遇，使用比普通税率较低的优惠税率。具体形式有互惠关税、特惠关税、普惠关税、最惠国待遇。

互惠关税是两国间相互给予对方比其他国家优惠的税率的一种协定关税。其目的在于发展双方之间的贸易关税，促进双方国家工农业生产的发展。比如2011年前5个月大陆进口台湾优惠关税产品15.61亿美元，关税优惠2.81亿元人民币；同期，台湾进口大陆优惠关税产品3.25亿美元，关税减让0.45亿元人民币。[①]

特惠关税是对有特殊关系的国家，单方面或相互间按协定采用特别低的进口税率，甚至免税的一种关税。其优惠程度高于互惠关税，但只限对有特殊关系的国家适用。

普惠关税是经济发达国家对发展中国家出口货物普遍给予的一种关税优惠制度。普惠制是广大发展中国家长期斗争的结果，它对打破发达国家的关税壁垒，扩大发展中国家货物进入给惠国市场，推动本国经济的发展有积极意义。但在实

---

① 资料来源：http://www.chinanews.com/tw/2011/07-21/3198774.shtml.

施中,普惠制遇到发达国家为了自身的经济利益设置的种种障碍和限制。

最惠国待遇是指缔约国一方现在和将来给予任何第三国的一切特权、优惠和豁免,也同样给予对方的一种优惠待遇。它通常是国际贸易协定中的一项重要内容。它的适用范围,最初限于关税的优惠,以后扩大到其他税收、配额、航运、港口使用、仓储、输出等许多方面,但关税仍是主要的。我国对外贸易条约或协定中,也规定有最惠国待遇条款,以利于在平等互利的基础上扩大贸易往来,促进双方经济发展,以及避免歧视待遇。

四、关税的纳税义务人、征税对象

(一) 纳税义务人

《中华人民共和国进出口关税条例》(以下简称《关税条例》)规定关税的纳税义务人有三类:

(1) 进口货物的收货人。进口货物的收货人是依法取得对外贸易经营权,并进口货物的法人或者其他社会团体。

(2) 出口货物的发货人。出口货物的发货人是依法取得对外贸易经营权,并出口货物的法人或者其他社会团体。

(3) 进境物品的所有人。进出境物品的所有人包括该物品的所有人和推定为所有人的人。

一般情况下,对于携带进境的物品,推定其携带人为所有人;对分离运输的行李,推定相应的进出境旅客为所有人;对以邮递方式进境的物品,推定其收件人为所有人;以邮递或其他运输方式出境的物品,推定其寄件人或托运人为所有人。

(二) 征税对象

《关税条例》规定,关税的征税对象是国家准许进出口的货物和国家准许应税进出口的旅客行李物品、个人邮递物品以及其他个人自用物品。可见,关税征收对象主要属于贸易性的进出口货物和入境旅客、运载工具上的服务人员携带物品,以及进口邮递物品等。

我国现行关税,对准许进口的货物,除另有规定的外,一律征收进口关税;对准许出口的货物,只列举部分货物征收出口关税,对旅客行李物品、个人邮递物品和运输工具服务人员携带的自用物品以及用其他方式进出口的个人自用物品,只对准许应税进口的物品征收进口税,对限量放行出口的部分不征关税。

五、税率

《关税条例》规定:进口关税设置最惠国税率、协定税率、特惠税率、普通税率、关税配额税率等税率。对进口货物在一定期限内可以实行暂定税率;出口关税设置出口税率。对出口货物在一定期限内可以实行暂定税率。适用税率范围的原则如表 2-9 所示。

表 2-9　　　　　　　　　　　关税税率适用原则

税率类别	适用原则
最惠国进口税率	原产于共同适用最惠国待遇条款的世界贸易组织成员的进口货物,原产于与我国签订含有相互给予最惠国待遇条款的双边贸易协定的国家或地区的进口的货物,以及原产于我国境内的进口货物,适用于最惠国税率
普通进口税率	原产于上述国家或地区以外的国家或地区的进口货物,以及原产地不明的进口货物适用于普通税率
进口商品暂定税率	适用最惠国税率的进口货物有暂定税率的,应当适用暂定税率;适用的进口货物有暂定税率的,应当从低适用税率;适用普通税率的进口货物,不适用暂定税率。适用出口税率的出口货物有暂定税率的,应当适用暂定税率。暂定税率仅在当年有效。不含棉花等关税配额产品的进口暂定税率

《中华人民共和国进出口税则》(以下简称《进出口税则》)是《关税条例》的组成部分,税率是由税则规定的。《进出口税则》又称为海关税则,是我国通过一定的立法程序制定和公布实施的进出口货物和物品应税和免税的关税税率表。它是海关征收关税的法律依据,也是我国关税政策的具体体现。海关税则一般由税目和税率两个部分组成。税目部分是税则的技术部分,主要包括税则号列和商品名称,有的还带有解释税号范围的注释和说明商品分类规律的归类规则。税率部分是税则的政策部分,体现国家的关税政策,列出一栏或多栏税率,对不同的商品或不同的国家给予相同或不同的关税待遇。我国现行税则采用八位编码,前六位等采用 HS 编码,第七、第八位为我国根据中国进出口商品的实际情况,在 HS 基础上延伸的两位编码,也称增列税目。由于篇幅所限,表 2-10 仅选取了《2018 年关税调整方案》中部分商品的税率。

表2-10　　　　　　　　　　　部分进出口税则税目调整

调整前				调整后				子目注释	备注
税号	货品名称	最惠国税率（%）	普通税率（%）	税号	货品名称	最惠国税率（%）	普通税率（%）		
07.12	干蔬菜，整个、切块、切片、破碎或制成粉状，但未经进一步加工的			07.12	干蔬菜，整个、切块、切片、破碎或制成粉状，但未经进一步加工的				
	－蘑菇、木耳、银耳及块菌				－蘑菇、木耳、银耳及块菌				
	－其他				－其他				
0712.3910	－香菇	13	100	0712.3910	－香菇	13	100		
0712.3920	－金针菇	13	100	0712.3920	－金针菇	13	100		
0712.3930	－草菇	13	100						删除税目
0712.3940	－口蘑	13	100						删除税目
0712.3950	－牛肝菌	13	100	0712.3950	－牛肝菌	13	100		
	－其他				－其他				
0712.3991	－羊肝菌	13	100	0712.3991	－羊肝菌	13	100		
0712.3999	－其他	13	100	0712.3999	－其他	13	100		
08.02	鲜或干的其他坚果，不论是否去壳或去皮			08.02	鲜或干的其他坚果，不论是否去壳或去皮				
	－扁桃仁				－扁桃核及仁				修改中文译名
0802.1100	－未去壳	24	70	0802.1100	－未去壳	24	70		
0802.1200	－去壳	10	70	0802.1200	－去壳	10	70		
12.13	未经处理的谷类植物的茎、秆及谷壳，不论是否碎、碾磨、挤压或制成团粒			12.13	未经处理的谷类植物的茎、秆及谷壳，不论是否碎、碾磨、挤压或制成团粒				

六、完税价格的确定

由于我国绝大多数进出口货物都是按从价标准征收关税,即以进出口货物的完税价格乘以适用的关税税率,得出应缴纳的进出口关税额,所以确定进出口货物的完税价格十分重要。《海关法》规定,进出口货物的完税价格,由海关以该货物的成交价格为基础审查确定。成交价格不能确定时,完税价格由海关依法估定。我国海关依据2014年2月1日起实施的《中华人民共和国海关审定进出口货物完税价格办法》(以下简称《完税价格办法》),审定进出口货物的完税价格。

(一) 一般进口货物的完税价格

进口货物的价格准则包括两个方面的内容:一是货物的完税价格应当以什么价格作为基础;二是完税价格中应当包括哪些费用。

1. 以成交价格为基础确定

确定完税价格时必须以货物的成交价格为基础,这是《WTO估价协定》的基本宗旨。进口货物的成交价格是指买方为购买该货物,并按《完税价格办法》的有关规定调整后的实付或应付价格。

我国进口货物的成交价格实际应同时符合三方面要求:必须是实付或应付的价格;购买的进口货物必须是指向境内销售使用;必须根据有关规定经过调整的价格。也就是说成交价格定义包括"实付或应付价格""向中华人民共和国境内销售""按有关规定调整"三层含义。

(1) 实付或应付价格。

"实付或应付价格"指买方为购买进口货物直接或间接支付的总额,即作为卖方销售进口货物的条件,由买方向卖方或为履行卖方义务向第三方已经支付或将要支付的全部款项。"间接支付",是指买方根据卖方的要求,将货款全部或者部分支付给第三方,或者冲抵买卖双方之间的其他资金往来的付款方式。所谓"间接支付"通常是指这两种情况:一是由于卖方欠买方债务,因此在实付或应付价格中已经扣减掉上述债务;二是卖方欠第三方债务,买方向第三方清偿卖方所欠的债务。

【例2-46】设在中国北京的京华公司向设在法国的多瑙公司购买一批电源适配器,支付货款20000美元;实际上,多瑙公司本应向京华公司收取22000美元,但由于多瑙公司尚欠京华公司2000美元,因此,在这次交易中伦德公司只收取

20000美元。在本例中，20000美元为直接支付的金额，2000美元为间接支付金额，所以成交价格应是22000美元（不考虑调整因素）。

(2) 向中华人民共和国境内销售。

向中华人民共和国境内销售，是指将进口货物实际运入中华人民共和国境内，货物的所有权和风险由卖方转移给买方，买方为此向卖方支付价款的行为。

根据《完税价格办法》第五十一条的规定："境内"，是指中华人民共和国海关关境内。所以"向我国境内销售"，是指向我国关境内的出口销售。一项需我国海关确认完税价格或判定是否符合成交价格条件的进口，其销售方向必须是指向我国关境内的。

(3) 按有关规定调整。

我国在制定《完税价格办法》时，基本采用了《WTO估价协定》中的有关规定：进口货物的完税价格是以成交价格为基础确定的，但成交价格不完全等同于贸易中实际发生的发票价格，还需要按海关有关规定调整一些费用。我国进口货物成交价格包括加项调整项目（应计入的费用）和减项调整项目（应扣减的费用）。

如下列费用或者价值未包括在进口货物的实付或者应付价格中，应当计入完税价格：

① 由买方负担的除购货佣金以外的佣金和经纪费。"购货佣金"指买方为购买进口货物向自己的采购代理人支付的劳务费用。"经纪费"指买方为购买进口货物向代表买卖双方利益的经纪人支付的劳务费用。

② 由买方负担的与该货物视为一体的容器费用。比如说酒瓶、香水瓶，它与酒或香水构成了一个不可分割的整体，这些费用如果没有包括在酒或者香水的实付或应付价格中，就应该计入完税价格。

③ 由买方负担的包装材料和包装劳务费用。

④ 与该货物的生产和向中华人民共和国境内销售有关的，由买方以免费或者以低于成本的方式提供并可以按适当比例分摊的料件、工具、模具、消耗材料及类似货物的价款，以及在境外开发、设计等相关服务的费用。

⑤ 与该货物有关并作为卖方向我国销售该货物的一项条件，应当由买方直接或间接支付的特许权使用费。"特许权使用费"指买方为获得与进口货物相关的、受著作权保护的作品、专利、商标、专有技术和其他权利的使用许可而支付的费用，但是在估定完税价格时，进口货物在境内的复制权费不得计入该货物的实付或应付价格。

⑥ 卖方直接或间接从买方对该货物进口后转售、处置或使用所得中获得的收益。

上列所述的费用或价值，应当由进口货物的收货人向海关提供客观量化的数据资料。如果没有客观量化的数据资料，完税价格由海关按《完税价格办法》规定的方法进行估定。

下列费用，如能与该货物实付或者应付价格区分，不得计入完税价格：

① 厂房、机械、设备等货物进口后的基建、安装、装配、维修和技术服务的费用；其中"技术培训费用"，是指基于卖方或者与卖方有关的第三方对买方派出的技术人员进行与进口货物有关的技术指导，进口货物的买方支付的培训师资及人员的教学、食宿、交通、医疗保险等其他费用。

② 货物运抵境内输入地点之后的运输费用、保险费和其他相关费用。

③ 进口关税及其他国内税收。

2. 进口货物海关估价方法

一般情况下，进口货物的价格不符合成交价格条件或者成交价格不能确定的，海关应当依次以相同货物成交价格方法、类似货物成交价格方法、倒扣价格方法、计算价格方法及其他合理方法确定的价格为基础，估定完税价格。如果进口货物的收货人提出要求，并提供相关资料，经海关同意，可以选择倒扣价格方法和计算价格方法的适用次序。

（1）相同或类似货物成交价格方法。

相同或类似货物成交价格方法，即以与被估的进口货物同时或大约同时（在海关接受申报进口之日的前后各45天以内）进口的相同或类似货物的成交价格为基础，估定完税价格。

以该方法估定完税价格时，应使用与该货物相同商业水平且进口数量基本一致的相同或类似货物的成交价格，但对因运输距离和运输方式不同，在成本和其他费用方面产生的差异应当进行调整。在没有上述的相同或类似货物的成交价格的情况下，可以使用不同商业水平或不同进口数量的相同或类似货物的成交价格，但对因商业水平、进口数量、运输距离和运输方式不同，在价格、成本和其他费用方面产生的差异应当做出调整。

以该方法估定完税价格时，应当首先使用同一生产商生产的相同或类似货物的成交价格，只有在没有这一成交价格的情况下，才可以使用同一生产国或地区生产的相同或类似货物的成交价格。如果有多个相同或类似货物的成交价格，应当以最低的成交价格为基础，估定进口货物的完税价格。

相同货物指与进口货物在同一国家或地区生产的,在物理性质、质量和信誉等所有方面都相同的货物,但表面的微小差异允许存在;类似货物指与进口货物在同一国家或地区生产的,虽然不是在所有方面都相同,但却具有相似的特征、相似的组成材料、同样的功能,并且在商业中可以互换的货物。

(2)倒扣价格方法。

倒扣价格方法即以被估的进口货物、相同或类似进口货物在境内销售的价格为基础估定完税价格。按该价格销售的货物应当同时符合五个条件:在被估货物进口时或大约同时销售;按照进口时的状态销售;在境内第一环节销售;合计的货物销售总量最大;向境内无特殊关系方的销售。

以该方法估定完税价格时,下列各项应当扣除:

① 该货物的同等级或同种类货物,在境内销售时的利润和一般费用及通常支付的佣金。

② 货物运抵境内输入地点之后的运费、保险费、装卸费及其他相关费用。

③ 进口关税、进口环节税和其他与进口或销售上述货物有关的国内税。

(3)计算价格方法。

计算价格方法即按下列各项的总和计算出的价格估定完税价格。有关项为:

① 生产该货物所使用的原材料价值和进行装配或其他加工的费用;

② 与向境内出口销售同等级或同种类货物的利润、一般费用相符的利润和一般费用;

③ 货物运抵境内输入地点起卸前的运输及相关费用、保险费。

(4)其他合理方法。

使用其他合理方法时,应当根据《完税价格办法》规定的估价原则,以在境内获得的数据资料为基础估定完税价格。但不得使用以下价格:

① 境内生产的货物在境内的销售价格;

② 可供选择的价格中较高的价格;

③ 货物在出口地市场的销售价格;

④ 以计算价格方法规定的有关各项之外的价值或费用计算的价格;

⑤ 出口到第三国或地区的货物的销售价格;

⑥ 最低限价或武断虚构的价格。

(二)特殊进口货物的完税价格

所谓特殊进口货物,是指货物的价值不是一次全部进入我国境内,而是分多次或部分进入我国境内。因此海关不能按货物的全部价值一次估价征税,具体情况如表 2-11 所示。

表 2-11　　　　　　　　　特殊进口货物完税价格的确定

特殊进口方式	完税价格的确定
加工贸易进口料件及其制成品	加工贸易进口料件及其制成品需征税或内销补税的,海关按照一般进口货物的完税价格规定,审定完税价格
保税区、出口加工区货物	从保税区或出口加工区销往区外、从保税仓库出库内销的进口货物(加工贸易进口料件及其制成品除外),以海关审定的价格估定完税价格。对经审核销售价格不能确定的海关应当按照一般进口货物估价办法的规定,估定完税价格。如销售价格中未包括在保税区、出口加工区或保税仓库中发生的仓储、运输及其他相关费用的,应当按照客观量化的数据资料予以计入
运往境外修理的货物	运往境外修理的机械器具、运输工具或其他货物,出境时已向海关报明,并在海关规定期限内复运进境的,应当以海关审定的境外修理费和料件费为完税价格
运往境外加工的货物	运往境外加工的货物,出境时已向海关报明,并在海关规定期限内复运进境的,应当以海关审定的境外加工费和料件费,以及该货物复运进境的运输及其相关费用、保险费估定完税价格
暂时进境货物	对于经海关批准的暂时进境的货物,应当按照一般进口货物估价办法的规定,估定完税价格
租赁方式进口的货物	租赁方式进口的货物中,以租金方式对外支付的租赁货物,在租赁期间以海关审定的租金作为完税价格;留购的租赁货物,以海关审定的留购价格作为完税价格;承租人申请一次性缴纳税款的,经海关同意,按照一般进口货物估价办法的规定估定完税价格
留购的进口货样等	对于境内留购的进口货样、展览品和广告陈列品,以海关审定的留购价格作为完税价格
予以补税的减免税货物	减税或免税进口的货物需予补税时,应当以海关审定的该货物原进口时的价格,扣除折旧部分价值作为完税价格
以其他方式进口的货物	以易货贸易、寄售、捐赠、赠送等其他方式进口的货物,应当按照一般进口货物估价办法的规定,估定完税价格

(三) 出口货物的完税价格

《海关法》第五十五条和《完税价格办法》第三十八条规定,出口货物的完税价格由海关以该货物的成交价格为基础审查确定,并且应当包括货物运至中华人民共和国境内输出地点装载前的运输及其相关费用、保险费。成交价格不能确定时，完税价格由海关依法估定。

1. 以成交价为基础确定完税价格

出口货物的完税价格包括货物的货价、货物运至中华人民共和国境内输出地点装载前的运输及其相关费用、保险费，但是其中包含的出口关税税额，应当予以扣除。

（1）成交价格。

出口货物的成交价格，是指该货物出口销售时，卖方为出口该货物应当向买方直接收取和间接收取的价款总额。

（2）境内段的运输及其相关费用、保险费。

首先，输出地点应当理解为出口货物装载到国际航行的运输工具上的地点。例如，某出口货物从广州起运，经铁路运至连云港转换为海运至日本的横滨港。虽然出口货物是从广州起运，但该货物是在连云港装上国际航行的运输工具，因此，该出口货物的完税价格中应当包括广州至连云港的国内运输和保险费用。

其次，运输及其相关费用是指出口的货物在我国境内运输过程中发生的装载、卸货以及运输中对货物进行处置的费用。

最后，保险费是指与国内运输有关的保险费用，但如果货物的保险包括我国境内与境外的运输，我国境内的运输没有另外保险，则保险费不应计入出口货物的完税价格。

2. 出口货物海关估价方法

出口货物的成交价格不能确定时，完税价格由海关依次使用下列方法估定：

（1）同时或大约同时向同一国家或地区出口的相同货物的成交价格；

（2）同时或大约同时向同一国家或地区出口的类似货物的成交价格；

（3）根据境内生产相同或类似货物的成本、利润和一般费用、境内发生的运输及其相关费用、保险费计算所得的价格；

（4）按照合理方法估定的价格。

七、应纳税额的计算

（一）进出口货物运费及保险费的计算

根据《完税价格办法》第三十五条，进口货物的运输及其相关费用应当按照由买方实际支付或者应当支付的费用计算。如果进口货物的运输及其相关费用无法确定的，海关应当按照该货物进口同期的正常运输成本审查确定。运输工具作为进口货物，利用自身动力进境的，海关在审查确定完税价格时，不再另行计入运输及其相关费用。

1. 运费

如果进口货物的运费无法确定，海关应当按照该货物的实际运输成本或者该货物进口同期运输行业公布的运费率（额）计算运费。

2. 保险费

《完税价格办法》第三十六条规定，进口货物的保险费应当按照实际支付的费用计算。如果进口货物的保险费无法确定或者未实际发生，海关应当按照"货价加运费"两者总额的3‰计算保险费，其计算公式如下：

保险费 =（货价 + 运费）×3‰

此外，邮运的进口货物，应当以邮费作为运输及其相关费用、保险费；以境外边境口岸价格条件成交的铁路或公路运输进口货物，海关应当按照货价的1%计算运输及其相关费用、保险费；作为进口货物的自驾进口的运输工具，海关在审定完税价格时，可以不另行计入运费。出口货物的销售价格如果包括离境口岸至境外口岸之间的运输、保险费的，该运费、保险费应当扣除。

（二）关税额的计算

主要分为从价计税、从量计税、复合计税及滑准计税四种计算方式。

1. 从价应纳税额的计算

关税税额 = 应税进(出)口货物数量 × 单位完税价格 × 税率

进口货物的成交价格，因有不同的成交条件而有不同的价格形式，主要包括FOB、CFR、CIF三种。FOB是"船上交货"的价格术语简称，这一术语是指卖方在合同规定的装运港把货物装上买方指定的船上，并负责货物装上船为止的一切费用和风险，又称"离岸价格"。CFR是"成本加运费"的价格术语的简称，又称"离岸加运费价格"。指卖方负责将合同规定的货物装上买方指定运往目的港的船上，负责货物装上船为止的一切费用和风险，并支付运费。CIF是"成本加运费、保险费"的价格术语的简称，习惯上又称"到岸价格"，指卖方负责将合同规定的货物装上买方指定运往目的港的船上，办理保险手续，并负责支付运费和保险费。

（1）以CIF成交的进口货物，如果申报价格符合规定的"成交价格"条件，

则可直接计算出税款,即:

完税价格 = 成交价格 = 在我国口岸成交的价格

【例 2-47】旭日公司从韩国进口钢材 10 万吨,其成交价格为 CIF 上海新港 100000 美元。计算应征关税税额。

【解析】假设已知海关填发税款缴款书之日的外汇牌价:

100 美元 = 687 元人民币(买入价)

100 美元 = 697 元人民币(卖出价)

税款计算步骤如下:

首先,审核申报价格,符合"成交价格"条件,确定进口关税税率为 15%。

其次,根据填发税款缴款书日的外汇牌价,将货价折算为人民币。

当天外汇汇价为:

外汇买卖中间价 100 美元 = (687 + 697) ÷ 2 = 692 元人民币

即 1 美元 = 6.92 元人民币

完税价格 = 100000 × 6.92 = 692000 元人民币

最后,计算关税税款:692000 × 15% = 103800 元人民币

(2) 如以国外口岸离岸价格(FOB)成交的,应另加从发货口岸或国外交货口岸运到我国口岸的运杂费(包括运费、佣金等费用)、保险费作为进口货物完税价格,即:

完税价格 = 成交价格 + 运费及其相关费用 + 保险费 = 国外口岸离岸价格(FOB) + 运费及相关费用 + 保险费

因为保险费是按完税价格的一定比率来征收的,因而上式只是表明了完税价格的内容,并不能真正计算出进口货物的完税价格。进口货物完税价格的计算公式应为:

完税价格 = (FOB 价格 + 运杂费)/(1 - 保险费率)

(3) 如以国外口岸离岸价格加运费(CFR)成交的,应另加国际运输途中的保险费作为进口货物的完税价格,即:

完税价格 = CFR 价格 + 保险费 = 国外口岸成交价格 + 运费 + 保险费

或

完税价格 = CFR 价格/(1 - 保险费率)

【例 2-48】某进出口公司从德国进口甲胺 15 吨,保险费率为 3‰,进口申报价格为:CFR 价格天津为 300000 美元。计算应纳进口关税税额(假定其适用的汇

率为1美元=8.27元人民币）。

【解析】先将进口申报价格由美元折成人民币：

300000×8.27=2481000（元）

然后计算完税价格：

完税价格=2481000/(1-3‰)=2488465（元）

经查，当年该商品的关税税率为8%，则应纳进口关税税额=2488465×8%=199077.2（元）

2. 从量税应纳税额的计算

应纳关税税额=应税进(出)口货物数量×单位货物税额

【例2-49】广州某贸易公司向日本购进日本产的彩色胶卷30000卷（1卷=0.05775平方米），规定为136/16，经海关审定其成交价格CIF广州30000美元，计算进口关税税款（假定其适用的汇率为1美元=8.27元人民币）。

【解析】原产国日本适用最惠国税率120元/平方米。

换算计税单位：

30000卷×0.05775平方米/卷=1732.5（平方米）

计算应纳税额：

应纳进口关税税额=1732.5×120=207900（元）

3. 复合税应纳税额的计算

我国目前实行的复合税都是先计征从量税，再计征从价税。即：

关税税额=应税进(出)口货物数量×单位货物税额+应税进(出)口货物数量×单位完税价格×税率

【例2-50】某公司进口2台日本产电视摄像机，价格为CIF10000美元，计算应纳关税（假定其适用的汇率为1美元=8.27元人民币；适用优惠税率为：每台完税价格高于5000美元，从量税为每台13280元，再征从价税3%）。

应纳关税税额=2×13280+10000×8.27×3%=29041（元）

八、税收优惠

关税的减免是关税制度中的一项重要制度。国家通过对某些进出口货物给予减免关税的优惠，灵活处理一些特殊问题，体现国家的政策取向。同时对某些进出口货物、进出境物品予以减免税待遇也是我国加入的国际公约、协定应当承担的义务，或者是海关管理的国际惯例。

（一）法定减免的范围

法定减免税是税法中明确列出的减税或免税。符合税法规定可予减免税的进出口货物，纳税义务人无须提出申请，海关可按规定直接予以减免税，一般不进行后续管理。

（1）关税税额在人民币50元以下的一票货物；

（2）无商业价值的广告品和货样；

（3）在海关放行前遭受损坏或者损失的货物；

（4）外国政府、国际组织无偿赠送的物资；

（5）进出境运输工具装载的途中必需的燃料、物料和饮食用品；

（6）规定数额以内的物品；

（7）我国缔结或者参加的国际条约规定减征、免征关税的货物、物品；

（8）法律规定减征、免征关税的其他货物、物品。

（二）暂时不缴纳关税的范围

《海关法》第五十九条和《关税条例》第四十二条规定，以下暂时进出境的货物在货物收发货人向海关缴纳相当于税款的保证金或者提供其他担保后，可以暂时免纳关税：

（1）特准进口的保税货物；

（2）在展览会、交易会、会议及类似活动中展示或者使用的暂时进出境货物；

（3）暂时进出境，在文化、体育交流活动中使用的表演、比赛用品；

（4）暂时进出境，进行新闻报道或者摄制电影、电视节目使用的仪器、设备及用品；

（5）暂时进出境，开展科研、教学、医疗活动使用的仪器、设备及用品；

（6）暂时进出境，在上述第（1）项至第（5）项所列活动中使用的交通工具及特种车辆；

（7）暂时进出境的货样；

（8）暂时进出境，供安装、调试、检测设备时使用的仪器、工具；

（9）暂时进出境，盛装货物的容器；

（10）其他用于非商业目的的暂时进出境货物。

(三) 关税特定减免的范围

特定减免税也称政策性减免税,是关税的主要减免渠道,也是减免税中政策性最强、最为复杂的一类。它一般由国务院作出原则性规定后,由海关总署根据国务院的规定单独或会同其他中央主管部门制定出具体实施办法并加以贯彻执行。特定减免税包括按特定地区实施的关税减免、按特定企业实施的关税减免以及按货物特定用途实施的关税减免三种。

根据我国有关的法律、法规,目前我国正在适用的特定减免关税的进口货物规定多、层次多、减免尺度多、涉及面广,主要包括以下 9 类:

(1) 科教用品;
(2) 残疾人专用品;
(3) 扶贫、慈善性捐赠物资;
(4) 加工贸易产品;
(5) 边境贸易进口物资;
(6) 保税区进出口货物;
(7) 出口加工区进出口货物;
(8) 进口设备;
(9) 特定行业或用途的减免税政策。

九、征收管理

进口货物自运输工具申报进境之日起 14 日内,出口货物在货物运抵海关监管区后装货的 24 小时以前,应由进出口货物的纳税义务人向货物进(出)境地海关申报,海关根据税则归类和完税价格计算应缴纳的关税和进口环节代征税,并填发税款缴款书。纳税义务人应当自海关填发税款缴款书之日起 15 日内,向指定银行缴纳税款。如关税缴纳期限的最后 1 日是周末或法定节假日,则关税缴纳期限顺延至周末或法定节假日过后的第 1 个工作日。为方便纳税义务人,经申请且海关同意,进(出)口货物的纳税义务人可以在设有海关的指运地(启运地)办理海关申报、纳税手续。

关税纳税义务人因不可抗力或者在国家税收政策调整的情形下,不能按期缴纳税款的,经海关总署批准,可以延期缴纳税款,但最长不得超过 6 个月。

关键概念

最惠国税率　　协定税率　　特惠税率　　普通税率　　关税配额税率
暂定税率　　完税价格　　FOB　　CFR　　CIF

思考题

1. 关税的主要分类有哪些？
2. 符合我国海关要求的"成交价格"应计入哪些费用，哪些费用可不计入完税价格？
3. 列示我国进出口货物关税的计算公式。
4. 简述我国关税法定减免和特定减免的适用范围。

第三章 所得税

第一节 企业所得税

学习目标

1. 熟悉企业所得税的征税范围、纳税人和税率。
2. 掌握企业所得税的计税依据和应纳税额的计算。
3. 熟悉企业所得税减免税优惠。
4. 了解企业所得税纳税调整。
5. 了解企业所得税的申报和缴纳。

引导案例

某股份有限公司本年经营业务如下：(1) 取得销售收入2500万元。(2) 销售成本1100万元。(3) 发生销售费用670万元（其中广告费450万元），管理费用480万元（其中业务招待费15万元），财务费用60万元。(4) 销售税金160万元（含增值税120万元）。(5) 营业外收入70万元，营业外支出50万元（含通过公益性社会团体向贫困山区捐款30万元，支付税收滞纳金6万元）。(6) 计入成本、费用中的实发工资总额150万元，拨缴职工工会经费3万元，支出职工福利费和职工教育费29万元。

问：假设该公司上一年度未弥补亏损20万元，则本年度应纳的企业所得税是多少？

一、企业所得税概述

企业所得税是以企业以及其他组织所得为课税对象的税种。现行企业所得税的基本法律规范,是2007年3月16日第十届全国人民代表大会第五次全体会议通过的《中华人民共和国企业所得税法》和2007年11月28日国务院第197次常务会议通过的《中华人民共和国企业所得税实施条例》。

(一) 各国对企业所得税征税的一般性做法

企业所得税是法人所得税,计税依据是利润,因此对法人所得税影响较大的几个因素是纳税义务人、税基、税率和税收优惠。我们可以从以上几个税制要素分析各国征收所得税的一般做法。

1. 纳税义务人

各国在规定纳税义务人上大致是相同的,政府只对具有独立法人资格的公司等法人组织征收公司所得税,不具有独立法人资格的独资和合伙企业则不以企业名义缴纳所得税,而是由业主将其从企业分得的利润连同来自其他方面的所得一起申报缴纳个人所得税。

2. 税基

企业所得税是以调整后的利润即应纳税所得额为计税依据,其中利润包括生产经营利润也包括资本利得。应纳税所得额确定的关键点在于如何准确核算可以扣除的成本和费用,特别是对折旧和损失的处理方式等。因而,各国企业所得税在确定税基上的差异主要表现在不同折旧及损失等的处理上。

3. 税率

各国企业所得税的税率结构分为两类:一是比例税率,如法国、澳大利亚、波兰、新西兰、新加坡等国家。二是累进税率。实行累进税率的国家虽然在级距、税率档次的设计上不相一致,但绝大多数国家采用超额累进税率,如瑞士联邦所得税、美国所得税。

4. 税收优惠

各国普遍注重对税收优惠政策的应用,不仅采用直接的减免税,更注意应用间接的优惠政策。主要方法有:一是税收抵免,主要有投资抵免和国外税收抵免两种形式;二是税收豁免,分为豁免期和豁免税收项目;三是加速折旧。

另外，各国所得优惠的一个共同的特点是淡化区域优惠，突出行业优惠。

（二）企业所得税的概念及沿革

企业所得税是对我国境内企业和其他取得收入的组织的生产经营所得和其他所得所征收的一种税收。它是国家参与企业利润分配取得财政收入的重要手段。

在1949年首届全国税务会议上，通过了统一全国税收政策的基本方案，其中包括对企业所得税和个人所得征税的办法。1950年，政务院发布了《全国税政实施要则》，规定全国设置14种税收，其中涉及对所得征税的有工商业税（所得税部分）、存款利息所得税和薪给报酬所得税等3种税收。

改革开放以后，为适应引进国外资金、技术和人才，开展对外经济技术合作的需要，根据党中央统一部署，税制改革工作在"七五"计划期间逐步推开。1980年9月，第五届全国人民代表大会第三次会议通过了《中华人民共和国中外合资经营企业所得税法》并公布施行。企业所得税税率确定为30%，另按应纳所得税额附征10%的地方所得税。1981年12月，第五届全国人民代表大会第四次会议通过了《中华人民共和国外国企业所得税法》，实行20%~40%的5级超额累进税率，另按应纳税的所得额附征10%的地方所得税。

作为企业改革和城市改革的一项重大措施，1983年国务院决定在全国试行国营企业"利改税"，即将新中国成立后实行了30多年的国营企业向国家上缴利润的制度改为缴纳企业所得税的制度。

1991年4月，第七届全国人民代表大会第四次会议将《中华人民共和国中外合资经营企业所得税法》与《中华人民共和国外国企业所得税法》合并，通过了《中华人民共和国外商投资企业和外国企业所得税法》，并于同年7月1日起施行。

1993年12月13日，国务院将《中华人民共和国国营企业所得税条例（草案）》《国营企业调节税征收办法》《中华人民共和国集体企业所得税暂行条例》《中华人民共和国私营企业所得税暂行条例》进行整合，制定了《中华人民共和国企业所得税暂行条例》，自1994年1月1日起施行。上述改革标志着中国的所得税制度改革向着法制化和规范化的方向迈出了重要的步伐。

2007年3月16日，第十届全国人民代表大会第五次会议通过了《中华人民共和国企业所得税法》，并于2008年1月1日开始施行。从此内外资企业实行统一的企业所得税法。

(三) 企业所得税的立法原则

企业所得税是处理国家和企业分配关系的重要形式。税收制度设计得合理与否，不仅影响企业负担和国家财政收入，更重要的是关系到国家整体经济的持续发展。因此，企业所得税法规在制定过程中，应遵循以下原则：

1. 税负公平原则

公平原则是人类社会的永恒原则，企业所得税是处理政府与企业分配关系的主要税种之一，关系到如何分配企业创造的新价值。税负公平就显得十分重要。从宏观而言，既要保证政府财政收入的必要，又要适应政府利用税收调节经济的必要，也就是说既要保证政府的财政收入，又不影响企业生产经营的积极性。从微观而言，企业与企业要公平，行业与行业要公平，除特殊规定外，所有的企业税负都要相等。因此，新企业所得税法统一了税率、统一了税前扣除标准、统一了税收优惠政策。

2. 持续发展原则

科学发展观关系到人类生存的大计，征收企业所得税不仅要理顺政府与企业的分配关系，更重要的是要有利于国家整体经济长时期地持续发展。因此企业所得税法规的制定要有利于资源的合理运用，有利于生态平衡，有利于环境保护。

3. 发挥调控作用原则

税收是调节经济的重要杠杆之一，如何利用企业所得税的规定来调节经济，是非常值得研究的重要问题。由于我国地域广阔，经济发展很不平衡，地区间差距大，行业间差距大，经济结构不合理，技术进步迟缓等，都需要企业所得税法规给予调节。

4. 参照国际惯例原则

企业所得税是国际上普遍征收的一个税种，虽然各国对该税种的命名有所不同，但本质上没有太大的差别。随着我国对外开放政策的不断扩大和世界经济一体化的快速发展，向我国政府缴纳企业所得税的主体就不仅仅是国内企业，它将涉及诸多外国企业。因此，制定企业所得税法规时，就必须考虑国际上的普遍做法。

5. 有利于征管原则

企业所得税是所有税种中计算最复杂的税种，它涉及企业一个纳税年度内的所有收入、成本和费用，以及除企业缴纳的企业所得税和准许抵扣的增值税以外的所有税金的扣除。在征管过程中,稍有不慎就可能发生错误。因此,在制定企业所得税法规时,要尽量做到简单、易懂、利于操作和执行。

(四)企业所得税的特点

企业所得税是规范和处理国家与企业分配关系的重要方式。具有与商品劳务税不同的性质,其特点主要有以下四个方面:

1. 将企业划分为居民企业和非居民企业

现行企业所得税将纳税人划分为居民企业和非居民企业两大类:居民企业负无限纳税义务,即来源于我国境内、境外的所得都要向中国政府缴纳所得税。非居民企业负有限纳税义务,即中国境内的所得向中国政府缴纳所得税,境外所得与境内机构无直接联系的无须纳税。

2. 征税对象为应纳税所得额

企业所得税以应纳税所得额为课税对象,应纳税所得额是按照企业所得税法规的规定,为企业在一个纳税年度内的应税收入总额扣除各项成本、费用、税金和损失后的余额,而不是依据会计制度的规定计算出来的利润总额。

3. 征税以量能负担为原则

企业所得税以企业的生产、经营所得和其他纯所得为征税对象,所得多的多缴税,所得少的少缴税,没有所得的不缴税,充分体现税收的公平负担原则,而不是像流转税那样只要取得收入就应缴税,不管盈利还是亏损。

4. 实行按年计征、分期预缴的办法

企业所得税以企业一个纳税年度的应纳税所得额为计税依据,平时分月或分季预缴,年度终了后进行汇算清缴,多退少补。

二、企业所得税的纳税义务人

我国企业所得税是法人所得税,企业所得税的纳税义务人是指在中华人民共和国境内的企业和其他取得收入的法人组织,个人独资企业、合伙企业不适用企业所得税法,而是适用个人所得税(境外注册的个人独资企业和合伙制企业在中国分支机构适用企业所得税法)。《中华人民共和国企业所得税法》第一条规定,凡在我国境内,企业和其他取得收入的组织(以下统称企业)为企业所得税的纳税人,依照本法规定缴纳企业所得税。

企业所得税的纳税人分为居民企业和非居民企业，这是根据企业纳税义务范围的宽窄进行的分类方法，不同的企业在向中国政府缴纳所得税时，纳税义务不同。把企业分为居民企业和非居民企业，是为了更好地保障我国税收管辖权的有效行使。税收管辖权是一国政府在征税方面的主权，是国家主权的重要组成部分。根据国际上的通行做法，我国选择了地域管辖权和居民管辖权的双重管辖权标准，最大限度维护我国的税收利益。

（一）居民企业

居民企业是指依法在中国境内成立，或者依照外国（地区）法律成立但实际管理机构在中国境内的企业，既包括公司、企业、事业单位、社会团体、民办非企业单位、基金会、外国商会、农民专业合作社以及取得收入的其他组织，也包括国有企业、集体企业、私营企业、联营企业、股份制企业、外商投资企业、外国企业，以及有生产、经营所得和其他所得的其他组织。其中，有生产、经营所得和其他所得的其他组织，是指经国家有关部门批准，依法注册、登记的事业单位、社会团体等组织。由于我国的一些社会团体组织、事业单位在完成国家事业计划的过程中，开展多种经营和有偿服务活动，取得除财政部门各项拨款、财政部和国家价格主管部门批准的各项规费收入以外的经营收入，具有了经营的特点，应当视同企业纳入征税范围。其中，实际管理机构是指对企业的生产经营、人员、账务、财产等实施实质性全面管理和控制的机构。

我国判定居民企业的标准有两个：登记注册地标准、实际管理机构所在地标准。

依法在中国境内成立的企业，包括依照中国法律、行政法规在中国境内成立的企业、事业单位、社会团体以及其他取得收入的组织。依照外国（地区）法律成立的企业，包括依照外国（地区）法律成立的企业和其他取得收入的组织。

（二）非居民企业

非居民企业是指依照外国（地区）法律成立且实际管理机构不在中国境内，但在中国境内设立机构、场所的，或者在中国境内未设立机构、场所，但有来源于中国境内所得的企业。

上述所称机构、场所是指在中国境内从事生产经营活动的机构、场所，包括：

（1）管理机构、营业机构、办事机构。

(2) 工厂、农场、开采自然资源的场所。

(3) 提供劳务的场所。

(4) 从事建筑、安装、装配、修理、勘探等工程作业的场所。

(5) 其他从事生产经营活动的机构、场所。

非居民企业委托营业代理人在中国境内从事生产经营活动的,包括委托单位或者个人经常代其签订合同,或者储存、交付货物等,该营业代理人视为非居民企业在中国境内设立的机构、场所。

【例3-1】 依据企业所得税法的规定,取得经营所得的股份有限公司、取得所得的外商投资企业、从事经营活动的社会团体以及取得经营收益的个人独资企业是否属于企业所得税的纳税人?

【解析】 前三者均是企业所得税的纳税义务人,取得经营收益的个人独资企业是个人所得税的纳税义务人。

三、征税对象即所得来源

企业所得税的征税对象是指企业具有纳税义务的各种所得,包括生产经营所得、其他所得和清算所得。清算所得,是指企业的全部资产可变现价值或者交易价格减除资产净值、清算费用、相关税费等后的余额。

(一) 征税对象

1. 居民企业的征税对象

居民企业应就来源于中国境内、境外的所得作为征税对象。所得,包括销售货物所得、提供劳务所得、转让财产所得、股息红利等权益性投资所得,以及利息所得、租金所得、特许权使用费所得、接受捐赠所得和其他所得。

2. 非居民企业的征税对象

(1) 非居民企业在中国境内设立机构、场所的,应当就其所设机构、场所取得的来源于中国境内的所得,以及发生在中国境外但与其所设机构、场所有实际联系的所得,缴纳企业所得税。

(2) 非居民企业在中国境内未设立机构、场所的,或者虽设立机构、场所但取得的所得与其所设机构、场所没有实际联系的,应当就其来源于中国境内的所得缴纳企业所得税。

上述所称实际联系,是指非居民企业在中国境内设立的机构、场所拥有的据以取得所得的股权、债权以及拥有、管理、控制据以取得所得的财产。

可以看出,居民企业所得税纳税人纳税义务分成了三种情况。居民企业境内、境外所得都具有纳税义务;非居民企业境内所得、与机构场所有实际联系的境外所得具有纳税义务。

【例3-2】判断以下四种情况,其境内外所得是否需要在中国缴税:在中国境内成立的外资企业;在中国香港成立但实际管理机构在中国内地的企业;依照外国(地区)法律成立且实际管理机构不在中国境内,但在中国境内设立的机构;在中国境内未设立机构、场所,但有来源于中国境内所得的外国企业。

【解析】前两种情况中,企业均为我国的居民企业,因此境内及境外所得都需要在中国缴税;第三种情况,企业属于有机构场所的非居民企业,其符合条件的境内及境外所得需要在中国缴税,比如与机构场所有实际联系的境外所得;第四种情况仅需要就境内所得在中国缴税。

(二) 所得来源的确定

(1) 销售货物所得,按照交易活动发生地确定。

(2) 提供劳务所得,按照劳务发生地确定。

(3) 转让财产所得。①不动产转让所得按照不动产所在地确定。②动产转让所得按照转让动产的企业或者机构、场所所在地确定。③权益性投资资产转让所得按照被投资企业所在地确定。

(4) 股息、红利等权益性投资所得,按照分配所得的企业所在地确定。

(5) 利息所得、租金所得、特许权使用费所得,按照负担、支付所得的企业或者机构、场所所在地确定,或者按照负担、支付所得的个人的住所地确定。

(6) 其他所得,由国务院财政、税务主管部门确定。

四、税率

企业所得税税率是体现国家与企业分配关系的核心要素。税率设计的原则是兼顾国家、企业、职工个人三者利益,既要保证财政收入的稳定增长,又要使企业在发展生产、经营方面有一定的财力保证;既要考虑到企业的实际情况和负担能力,又要维护税率的统一性。

企业所得税实行比例税率。比例税率简便易行，透明度高，不会因征税而改变企业间收入分配比例，有利于促进效率的提高。现行规定如下：

（一）基本税率

现行企业所得税基本税率设定为 25%，适用于居民企业和在中国境内设有机构、场所且所得与机构、场所有实际联系的非居民企业。

我国 25% 的税率与世界各国比较而言还是偏低的。据有关资料介绍，全世界上近 160 个实行企业所得税的国家（地区）平均税率为 28.6%，我国周边 18 个国家（地区）的平均税率为 26.7%。现行税率的确定，既考虑了我国财政承受能力，又考虑了企业负担水平。

（二）优惠税率

（1）低税率为 20%。适用于：

① 在中国境内未设立机构、场所的，或者虽设立机构、场所但取得的所得与其所设机构、场所没有实际联系的非居民企业。但实际征税时适用 10% 的税率。

② 符合条件的小型微利企业。

（2）国家需要重点扶持的高新技术企业，减按 15% 的税率征收企业所得税。

国家需要重点扶持的高新技术企业条件包括以下几个方面：

① 拥有核心自主知识产权；

② 产品（服务）属于《国家重点支持的高新技术领域》规定的范围；

③ 研究开发费用占销售收入不低于规定比例；

④ 高新技术产品（服务）收入占企业总收入不低于规定比例；

⑤ 科技人员占企业职工总数不低于规定比例；

⑥ 高新技术企业认定管理办法规定的其他条件。

五、计税依据

企业所得税的计税依据就是应纳税所得额，按照企业所得税法的规定，应纳税所得额为企业每一个纳税年度的收入总额，减除不征税收入、免税收入、各项扣除，以及允许弥补的以前年度亏损后的余额。基本公式为：

应纳税所得额 = 收入总额 − 不征税收入 − 免税收入 − 各项扣除 − 以前年度亏损

企业应纳税所得额的计算以权责发生制为原则，属于当期的收入和费用，不论款项是否收付，均作为当期的收入和费用；不属于当期的收入和费用，即使款项已经在当期收付，均不作为当期的收入和费用。应纳税所得额的正确计算直接关系到国家财政收入和企业的税收负担，并且同成本、费用核算关系密切。因此，企业所得税法对应纳税所得额计算做了明确规定。主要内容包括收入总额、扣除范围和标准、资产的税务处理、亏损弥补等。

（一）收入总额

企业的收入总额包括以货币形式和非货币形式从各种来源取得的收入，具体有销售货物收入、提供劳务收入、转让财产收入、股息、红利等权益性投资收益，以及利息收入、租金收入、特许权使用费收入、接受捐赠收入、其他收入。

企业取得收入的货币形式，包括现金、存款、应收账款、应收票据、准备持有至到期的债券投资以及债务的豁免等；纳税人以非货币形式取得的收入，包括固定资产、生物资产、无形资产、股权投资、存货、不准备持有至到期的债券投资、劳务以及有关权益等，这些非货币资产应当按照公允价值确定收入额，公允价值是指按照市场价格确定的价值。

1. 一般收入的确认

（1）销售货物收入，是指企业销售商品、产品、原材料、包装物、低值易耗品以及其他存货取得的收入。

一般销售方式包括：①销售商品采用托收承付方式的，在办妥托收手续时确认收入。②销售商品采取预收款方式的，在发出商品时确认收入。③销售商品需要安装和检验的，在购买方接受商品以及安装和检验完毕时确认收入。如果安装程序比较简单，可在发出商品时确认收入。④销售商品采用支付手续费方式委托代销的，在收到代销清单时确认收入。

特殊销售方式包括：①采用售后回购方式销售商品的，销售的商品按售价确认收入，回购的商品作为购进商品处理。有证据表明不符合销售收入确认条件的，如以销售商品方式进行融资，收到的款项应确认为负债，回购价格大于原售价的，差额应在回购期间确认为利息费用。②销售商品以旧换新的，销售商品应当按照销售商品收入确认条件确认收入，回收的商品作为购进商品处理。③商业折扣条件销售，应当按照扣除商业折扣后的金额确定销售商品收入金额。现金折扣条件销售，应当按扣除现金折扣前的金额确定销售商品收入金额，现金折扣在实际发生时作为财务费用扣除。折让方式销售,企业已经确认销售收入的售出商品发生销售折让和销售退回,应当在发生当期冲减当期销售商品收入。④企业以买一赠一等方式组合销售本企业商品的,不属于捐赠,应将总的销售金额按各项商品的公允价值的比例来分摊确认各项的销售收入。⑤以分期收款方式销售货物的,按照合同约定的收款日期确认收入的实现。⑥企业受托加工制造大型机械设备、船舶、飞机,以及从事建筑、安装、装配工程业务或者提供其他劳务等,持续时间超过12个月的,按照纳税年度内完工进度或者完成的工作量确认收入的实现。⑦采取产品分成方式取得收入的,按照企业分得产品的日期确认收入的实现,其收入额按照产品的公允价值确定。⑧企业发生非货币性资产交换,以及将货物、财产、劳务用于捐赠、偿债、赞助、集资、广告、样品、职工福利或者利润分配等用途的,应当视同销售货物、转让财产或者提供劳务,但国务院财政、税务主管部门另有规定的除外。

例如,某服装企业用买一赠一的方式销售本企业商品,规定以每套1500元(不含增值税价,下同)购买A西服的客户可获赠一条B领带,A西服正常出厂价格1500元,B领带正常出厂价格200元,当期该服装企业销售组合西服领带收入150000元。

企业以买一赠一等方式组合销售本企业商品的,不属于捐赠,应将总的销售金额按各项商品的公允价值的比例来分摊确认各项的销售收入:

分摊到A西服上的收入 = 买一赠一整体收入 $\times A/(A+B)$

分摊到B领带上的收入 = 买一赠一整体收入 $\times B/(A+B)$。

(2)提供劳务收入,是指企业从事建筑安装、修理修配、交通运输、仓储租赁、金融保险、邮电通信、咨询经纪、文化体育、科学研究、技术服务、教育培训、餐饮住宿、中介代理、卫生保健、社区服务、旅游、娱乐、加工以及其他劳务服务活动取得的收入。比如安装费应根据安装完工进度确认收入。安装工作是商品销售附带条件的,安装费在确认商品销售实现时确认收入。

(3)财产转让收入,是指企业转让固定资产、生物资产、无形资产、股权、债权等财产取得的收入。企业转让股权收入,应于转让协议生效且完成股权变更手续时,确认收入的实现。转让股权收入扣除为取得该股权所发生的成本后,为股权转让所得。企业在计算股权转让所得时,不得扣除被投资企业未分配利润等股东留存收益中按该项股权所可能分配的金额。

(4)股息、红利等权益性投资收益,是指企业因权益性投资从被投资方取得的收入。股息、红利等权益性投资收益,除国务院财政、税务主管部门另有规定外,按照被投资方做出利润分配决定的日期确认收入的实现。企业权益性投资取得股息、红利等收入,应以被投资企业股东会或股东大会做出利润分配或转股决定的日期,确定收入的实现。被投资企业将股权(票)溢价所形成的资本公积转为股本的,不作为投资方企业的股息、红利收入,投资方企业也不得增加该项长期投资的计税基础。

(5) 利息收入,是指企业将资金提供他人使用但不构成权益性投资,或者因他人占用企业资金取得的收入,包括存款利息、贷款利息、债券利息、欠款利息等收入。利息收入,按照合同约定的债务人应付利息的日期确认收入的实现。

(6) 租金收入,是指企业提供固定资产、包装物或者及其他有形财产人使用权取得的收入。租金收入,按照合同约定的承租人应付租金的日期确认收入的实现。如果交易合同或协议中规定租赁期限跨年度,且租金提前一次性支付的,根据《实施条例》第九条规定的收入与费用配比原则,出租人可对上述已确认的收入,在租赁期内,分期均匀计入相关年度收入。

(7) 特许权使用费收入,是指企业提供专利权、非专利技术、商标权、著作权以及其他特许权的使用权而取得的收入。特许权使用费收入,按照合同约定的特许权使用人应付特许权使用费的日期确认收入的实现。

(8) 接受捐赠收入,是指企业接受的来自其他企业、组织或者个人无偿给予的货币性资产、非货币性资产。接受捐赠收入,按照实际收到的捐赠资产的日期确认收入的实现。企业接受捐赠的货币性、非货币资产:均并入当期的应纳税所得。企业接受捐赠的非货币性资产:按接受捐赠时资产的入账价值确认捐赠收入,并入当期应纳税所得。受赠非货币资产计入应纳税所得额的内容包括:受赠资产价值和由捐赠企业代为支付的增值税,不包括由受赠企业另外支付或应付的相关税费。

(9) 其他收入,是指企业取得的除以上收入外的其他收入,包括企业资产溢余收入、逾期未退包装物押金收入、确实无法偿付的应付款项、已做坏账损失处理后又收回的应收款项、债务重组收入、补贴收入、违约金收入、汇兑收益等。

【例3-3】 2020年初A居民企业以实物资产500万元直接投资于B居民企业,取得B企业30%的股权。2021年11月,A企业将持有B企业的股权全部转让,取得收入600万元,转让时B企业在A企业投资期间形成的未分配利润为400万元,

则股权转让所得 = 600 - 500 = 100（万元）。

【例 3-4】某企业接受某公司捐赠的原材料一批，取得增值税专用发票，注明价款 10 万元、增值税额 1.3 万元，则该项业务应纳税所得额为 11.3 万元。

2. 特殊收入的确认

（1）以分期收款方式销售货物的，按照合同约定的收款日期确认收入的实现。

（2）企业受托加工制造大型机械设备、船舶、飞机，以及从事建筑、安装、装配工程业务或者提供其他劳务等，持续时间超过 12 个月的，按照纳税年度内完工进度或者完成的工作量确认收入的实现。

（3）采取产品分成方式取得收入的，按照企业分得产品的日期确认收入的实现，其收入额按照产品的公允价值确定。

（4）企业发生非货币性资产交换，以及将货物、财产、劳务用于捐赠、偿债、赞助、集资、广告、样品、职工福利或者利润分配等用途的，应当视同销售货物、转让财产或者提供劳务，但国务院财政、税务主管部门另有规定的除外。

（二）不征税收入和免税收入

国家为了扶持和鼓励某些特殊的纳税人和特定的项目，或者避免因征税影响企业的正常经营，对企业取得的某些收入予以不征税或免税的特殊政策，以减轻企业的负担，促进经济的协调发展。或准予抵扣应纳税所得额，或者是对专项用途的资金作为非税收入处理，减轻企业的税负，增加企业可用资金。

1. 不征税收入

（1）财政拨款，是指各级人民政府对纳入预算管理的事业单位、社会团体等组织拨付的财政资金，但国务院和国务院财政、税务主管部门另有规定的除外。

（2）依法收取并纳入财政管理的行政事业性收费、政府性基金，是指依照法律法规等有关规定，按照国务院规定程序批准，在实施社会公共管理，以及在向公民、法人或者其他组织提供特定公共服务过程中，向特定对象收取并纳入财政管理的费用。政府性基金，是指企业依照法律、行政法规等有关规定，代政府收取的具有专项用途的财政资金。具体规定如下：

① 企业按照规定缴纳的、由国务院或财政部批准设立的政府性基金以及由国务院和省、自治区、直辖市人民政府及其财政、价格主管部门批准设立的行政事业性收费，准予在计算应纳税所得额时扣除。

企业缴纳的不符合上述审批管理权限设立的基金、收费，不得在计算应纳税所得额时扣除。

② 企业收取的各种基金、收费，应计入企业当年收入总额。

③ 对企业依照法律、法规及国务院有关规定收取并上缴财政的政府性基金和行政事业性收费，准予作为不征税收入，于上缴财政的当年在计算应纳税所得额时从收入总额中减除；未上缴财政的部分，不得从收入总额中减除。

（3）国务院规定的其他不征税收入，是指企业取得的，由国务院财政、税务主管部门规定专项用途并经国务院批准的财政性资金。

财政性资金，是指企业取得的来源于政府及其有关部门的财政补助、补贴、贷款贴息，以及其他各类财政专项资金，包括直接减免的增值税和即征即退、先征后退、先征后返的各种税收。但不包括企业按规定取得的出口退税款。

值得注意的是，企业的不征税收入用于支出所形成的费用，不得在计算应纳税所得额时扣除；企业的不征税收入用于支出所形成的资产，其计算的折旧、摊销不得在计算应纳税所得额时扣除。

2. 免税收入

（1）国债利息收入。为鼓励企业积极购买国债，支援国家建设项目，税法规定，企业因购买国债所得的利息收入，免征企业所得税。

（2）符合条件的居民企业之间的股息、红利等权益性收益，是指导居民企业直接投资于其他居民企业取得的投资收益。

（3）在中国境内设立机构、场所的非居民企业从居民企业取得与该机构、场所有实际联系的股息、红利等权益性投资收益。该收益都不包括连续持有居民企业公开发行并上市流通的股票不足 12 个月取得的投资收益。

（4）符合条件的非营利组织的收入。符合条件的非营利组织是指：

① 依法履行非营利组织登记手续。

② 从事公益性或者非营利性活动。

③ 取得的收入除用于与该组织有关的、合理的支出外，全部用于登记核定或者章程规定的公益性或者非营利性事业。

④ 财产及其孳生息不用于分配。

⑤ 按照登记核定或者章程规定，该组织注销后的剩余财产用于公益性或者非营利性目的，或者由登记管理机关转赠给与该组织性质、宗旨相同的组织，并向社会公告。

⑥ 投入人对投入该组织的财产不保留或者享有任何财产权利。

⑦ 工作人员工资福利开支控制在规定的比例内，不变相分配该组织的财产。
⑧ 国务院财政、税务主管部门规定的其他条件。

《企业所得税法》第二十六条第4项所称符合条件的非营利组织的收入，不包括非营利组织从事营利性活动取得的收入，但国务院财政、税务主管部门另有规定的除外。

（三）各项扣除

1. 税前扣除项目的原则

企业申报的扣除项目和金额要真实、合法。所谓真实是指能提供证明有关支出确属已经实际发生；合法是指符合国家税法的规定，若其他法规规定与税收法规规定不一致，应以税收法规的规定为标准。除税收法规另有规定外，税前扣除一般应遵循以下原则：

（1）权责发生制原则，是指企业费用应在发生的所属期扣除，而不是在实际支付时确认扣除。

（2）配比原则，是指企业发生的费用应当与收入配比扣除。除特殊规定外，企业发生的费用不得提前或滞后申报扣除。

（3）相关性原则，企业可扣除的费用从性质和根源上必须与取得应税收入直接相关。

（4）确定性原则，即企业可扣除的费用不论何时支付，其金额必须是确定的。

（5）合理性原则，符合生产经营活动常规，应当计入当期损益或者有关资产成本的必要和正常的支出。

2. 扣除项目的范围

企业所得税法规定，企业实际发生的与取得收入有关的、合理的支出，包括成本、费用、税金、损失其他支出，准予在计算应纳税所得额时扣除。在实际中，计算应纳税所得额时还应注意三个方面的内容：①企业发生的支出就当区分收益性支出和资本性支出。收益性支出在发生当期直接扣除；资本性支出应当分期扣除或者计入有关资产成本，不得在发生当期直接扣除。②企业的不征税收入用于支出所形成的费用或者财产，不得扣除或者计算对应的折旧、摊销扣除。③除企业所得税法和本条例另有规定外，企业实际发生的成本、费用、税金、损失和其他支出，不得重复扣除。

（1）成本，是指企业在生产经营活动中发生的销售成本、销货成本、业务支出,以及其他耗费,即企业销售商品(产品、材料、下脚料、废料、废旧物资等)、提供劳务、转让固定资产、无形资产(包括技术转让)的成本。

企业必须将经营活动中发生的成本合理划分为直接成本和间接成本。直接成本是指可直接计入有关成本计算对象或劳务的经营成本中的直接材料、直接人工等。间接成本是指多个部门为同一成本对象提供服务的共同成本,或者同一种投入可以制造、提供两种或两种以上的产品或劳务的联合成本。

直接成本可根据有关会计凭证、记录直接计入有关成本计算对象或劳务的经营成本。间接成本必须根据与成本计算对象之间的因果关系、成本计算对象的产量等,以合理的方法分配计入有关成本计算对象。

(2) 费用,是指企业每一个纳税年度为生产、经营商品和提供劳务等所发生的销售(经营)费用、管理费用和财务费用。已计入成本的有关费用除外。

销售费用是指应由企业负担的为销售商品而发生的费用,包括广告费、运输费、装卸费、包装费、展览费、保险费、销售佣金(能直接认定的进口佣金调整商品进价成本)、代销手续费、经营性租赁费及销售部门发生的差旅费、工资、福利费等费用。

管理费用是指企业的行政管理部门为管理组织经营活动提供各项支援性服务而发生的费用。

财务费用是指企业筹集经营性资金而发生的费用,包括利息净支出、汇兑净损失、金融机构手续费以及其他非资本化支出。

(3) 税金,是指企业发生的除企业所得税和允许抵扣的增值税以外的企业缴纳的各项税金及其附加,即企业按规定缴纳的消费税、城市维护建设税、关税、资源税、土地增值税、房产税、车船税、土地使用税、印花税、教育费附加等产品销售税金及附加。这些已纳税金准予税前扣除。准许扣除的税金有两种方式:一是在发生当期扣除;二是在发生当期计入相关资产的成本,在以后各期分摊扣除(见表3-1)。

表3-1 企业所得税税金扣除方式

扣除方式	可扣除的税金
通过计入税金及附加在当期扣除	消费税、城市维护建设税、关税、资源税、土地增值税、教育费附加、房产税、车船税、土地使用税、印花税等
在发生当期计入相关资产的成本	车辆购置税、进口关税、契税、耕地占用税

(4) 损失，是指企业在生产经营活动中发生的固定资产和存货的盘亏、毁损、报废损失，转让财产损失，呆账损失，坏账损失，自然灾害等不可抗力因素造成的损失以及其他损失。

企业发生的损失减除责任人赔偿和保险赔款后的余额，依照国务院财政、税务主管部门的规定扣除。

企业已经作为损失处理的资产，在以后纳税年度又全部收回或者部分收回时，应当计入当期收入。

(5) 扣除的其他支出，是指除成本、费用、税金、损失外，企业在生产经营活动中发生的与生产经营活动有关的、合理的支出。

【例3-5】某市一家彩电生产企业，为增值税一般纳税人，适用企业所得税税率25%。其生产经营业务如下：

① 全年直接销售彩电取得销售收入8000万元（不含换取原材料的部分），全年购进原材料，取得增值税专用发票，注明税款850万元（已通过主管税务机关认证）。

② 2月，企业将自产的一批彩电换取A公司原材料，市场价值为200万元，成本为130万元，企业已做销售账务处理，换取的原材料价值200万元，双方均开具了专用发票。

③ 5月，企业接受捐赠原材料一批，价值100万元并取得捐赠方开具的增值税专用发票，进项税额13万元，该项捐赠收入企业已计入营业外收入核算。

④ 1月1日，企业将闲置的办公室出租给B公司，全年收取租金105万元（简易计算增值税）。

⑤ 企业全年彩电销售成本4800万元（不含换取原材料的部分）；发生的销售费用为1800万元（其中广告费为1500万元），管理费用为800万元（其中业务招待费为90万元，新产品开发费为120万元）；财务费用为350万元（其中向自然人借款的利息超标10万元）。

⑥ 已计入成本、费用中的全年实发工资总额为400万元（属于合理限度的范围），实际发生的职工工会经费6万元、职工福利费60万元、职工教育经费15万元。

⑦ 对外转让彩电的先进生产技术所有权，取得收入700万元，相配比的成本、费用为100万元（收入、成本、费用均独立核算）。

⑧ 6月，企业为了提高产品性能与安全度，从国内购入2台安全生产设备并于

当月投入使用，增值税专用发票注明价款400万元，进项税52万元，企业采用直线法按5年计提折旧，残值率8%（经税务机构认可），税法规定该设备直线法折旧年限为10年。

⑨ 全年发生的营业外支出包括：通过当地民政局向贫困山区捐款130万元，违反工商管理规定被工商处罚6万元。

要求：计算企业应纳税所得额时可直接扣除的税费（不考虑地方教育费附加）。

【解析】

应纳增值税 =（8000 + 200）× 13% − 850 − 26（换购材料）− 13（受赠材料）− 52（安全设备）+ 105/1.05 × 5% = 130（万元）

税前扣除的税费合计 = 130 ×（7% + 3%）= 13（万元）

3. 扣除项目的标准

在计算应纳税所得额时，下列项目可按照实际发生额或规定的标准扣除。

（1）工资、薪金支出。

企业发生的合理工资、薪金支出准予据实扣除。工资、薪金支出是企业每一纳税年度支付给在本企业任职或与其有雇佣关系的员工的所有现金或非现金形式的劳动报酬，包括基本工资、奖金、津贴、补贴、年终加薪、加班工资，以及与任职或者受雇有关的其他支出。

"合理工资、薪金"，是指企业按照股东大会、董事会、薪酬委员会或相关管理机构制定的工资薪金制度规定实际发放给员工的工资、薪金。税务机关在对工资、薪金进行合理性确认时，可按以下原则掌握：

① 企业制定了较为规范的员工工资、薪金制度。

② 企业所制定的工资、薪金制度符合行业及地区水平。

③ 企业在一定时期所发放的工资、薪金是相对固定的，工资、薪金的调整是有序进行的。

④ 企业对实际发放的工资、薪金，已依法履行了代扣代缴个人所得税义务。

⑤ 有关工资、薪金的安排，不以减少或逃避税款为目的。

（2）职工福利费、工会经费、职工教育经费。

企业发生的职工福利费、工会经费、职工教育经费按标准扣除，未超过标准的按实际数扣除，超过标准的只能按标准扣除。

① 企业发生的职工福利费支出，不超过工资薪金总额14%的部分准予扣除。

企业职工福利费，包括以下内容：

a. 尚未实行分离办社会职能的企业，其内设福利部门所发生的设备、设施和人员费用，包括职工食堂、职工浴室、理发室、医务所、托儿所、疗养院等集体福利部门的设备、设施及维修保养费用和福利部门工作人员的工资、薪金、社会保险费、住房公积金、劳务费等。

b. 为职工卫生保健、生活、住房、交通等所发放的各项补贴和非货币性福利，包括企业向职工发放的因公外地就医费用、未实行医疗统筹企业职工医疗费用、职工供养直系亲属医疗补贴、供暖费补贴、职工防暑降温费、职工困难补贴、救济费、职工食堂经费补贴、职工交通补贴等。

c. 按照其他规定发生的其他职工福利费，包括丧葬补助费、抚恤费、安家费、探亲假路费等。

值得注意的是，企业发生的职工福利费，应该单独设置账册，进行准确核算。没有单独设置账册准确核算的，税务机关应责令企业在规定的期限内进行改正。逾期仍未改正的，税务机关可对企业发生的职工福利费进行合理的核定。

② 企业拨缴的工会经费，不超过工资薪金总额2%的部分准予扣除。

除国务院财政、税务主管部门另有规定外，企业发生的职工教育经费支出，不超过工资薪金总额8%的部分准予扣除，超过部分准予结转以后纳税年度扣除。

计算三项经费的"工资薪金总额"，是指企业实际发放的工资薪金总和，不包括企业的职工福利费、职工教育经费、工会经费以及养老保险费、医疗保险费、失业保险费、工伤保险费、生育保险费等社会保险费和住房公积金。属于国有性质的企业，其工资、薪金，不得超过政府有关部门给予的限定数额；超过部分，不得计入企业工资、薪金总额，也不得在计算企业应纳税所得额时扣除（见表3-2）。

表3-2　　　　　　　　　　三项经费扣除标准

项目	准予扣除的限度	超过规定比例部分的处理
职工福利费	不超过工资、薪金总额14%的部分	不得扣除
工会经费	不超过工资、薪金总额2%的部分	不得扣除
职工教育经费	不超过工资、薪金总额8%的部分	准予在以后纳税年度结转扣除

（3）社会保险费。

企业依照国务院有关主管部门或者省级人民政府规定的范围和标准为职工缴纳的"五险一金"，即基本养老保险费、基本医疗保险费、失业保险费、工伤保险费、生育保险费等基本社会保险费和住房公积金，准予扣除。

企业为投资者或者职工支付的补充养老保险费、补充医疗保险费，在国务院财政、税务主管部门规定的范围和标准内，准予扣除。企业依照国家有关规定为特殊工种职工支付的人身安全保险费和符合国务院财政、税务主管部门规定可以扣除的商业保险费准予扣除。

企业参加财产保险，按照规定缴纳的保险费，准予扣除。企业为投资者或者职工支付的商业保险费，不得扣除。

【例 3-6】 某企业发生了如下保险费：参加运输保险支付的保险费 2 万元；按规定上交劳动保障部门的职工养老保险费 30 万元；企业为投资者支付的商业保险费 4 万元；按国家规定为特殊工种职工支付的法定人身安全保险费 5 万元；按省级人民政府规定的比例为雇员缴纳的补充养老保险和医疗保险费 1 万元，请问依据企业所得税相关规定，准予在税前扣除的保险费为多少？

【解析】 该企业准予在税前扣除的保险费 = 2 + 30 + 5 + 1 = 38（万元）

【例 3-7】 某市一家居民企业主要生产销售彩色电视机，计入成本、费用中的合理的实发工资 540 万元，当年发生的工会经费 15 万元、职工福利费 80 万元、职工教育经费 45 万元，要求计算：职工工会经费、职工福利费、职工教育经费应调整的应纳税所得额。

【解析】 各项应纳税所得额如表 3-3 所示。

表 3-3　　　　　　　　　　各项应纳税所得额　　　　　　　　　　单位：万元

项目	限额	实际发生额	可扣除额	超支额
工会经费	540 × 2% = 10.8	15	10.8	4.2
职工福利费	540 × 14% = 75.6	80	75.6	4.4
职工教育经费	540 × 8% = 43.2	45	43.2	1.8
合计	540 × 18.5% = 99.9	106	97.4	8.6

（4）利息费用。

企业在生产、经营活动中发生的利息费用，按下列规定扣除。

① 非金融企业向金融机构借款的利息支出、金融企业的各项存款利息支出和同业拆借利息支出、企业经批准发生债券的利息支出可据实扣除。

② 非金融企业向非金融机构借款的利息支出，不超过按照金融企业同期同类

贷款利率计算的数额的部分可据实扣除，超过部分不许扣除。

其中，所称金融机构，是指各类银行、保险公司及经中国人民银行批准从事金融业务的非银行金融机构。包括国家专业银行、区域性银行、股份制银行、外资银行、中外合资银行以及其他综合性银行；还包括全国性保险企业、区域性保险企业、股份制保险企业、中外合资保险企业以及其他专业性保险企业；城市、农村信用社、各类财务公司，以及其他从事信托投资、租赁等业务的专业和综合性非银行金融机构。非金融机构，是指除上述金融机构以外的所有企业、事业单位以及社会团体等企业或组织。

（5）借款费用。

企业在生产经营活动中发生的合理的不需要资本化的借款费用，准予扣除。

企业为购置、建造固定资产、无形资产和经过12个月以上的建造才能达到预定可销售状态的存货发生的借款的，在有关资产购置、建造期间发生的合理的借款费用，应予以资本化，作为资本性支出计入有关资产的成本；有关资产交付使用后发生的借款利息，可在发生当期扣除。

【例3-8】某公司本年度实现会计利润总额25万元。经某注册税务师审核，"财务费用"账户中列支有两笔利息费用：向银行借入生产用资金200万元，借用期限6个月，支付借款利息5万元；经过批准向本企业职工借入生产用资金60万元，借用期限10个月，支付借款利息3.5万元。计算该公司本年度的应纳税所得额。

【解析】银行的利率 = (5 × 2) ÷ 200 = 5%

可以税前扣除的职工借款利息 = 60 × 5% ÷ 12 × 10 = 2.5（万元）

超标准 = 3.5 - 2.5 = 1（万元）

应纳税所得额 = 25 + 1 = 26（万元）

（6）汇兑损失。

企业在货币交易中，以及纳税年度终了时将人民币以外的货币性资产、负债按照期末即期人民币汇率中间价折算为人民币时产生的汇兑损失，除已经计入有关资产成本以及与向所有者进行利润分配相关的部分外，准予扣除。

（7）业务招待费。

企业发生的与其生产、经营业务有关的业务招待费支出，按照发生额的60%扣除，但最高不得超过当年销售（营业）收入的5‰。当年销售（营业）收入包括销售货物收入、劳务收入、出租财产收入、转让无形资产使用权收入、视同销售收入等。

【例 3-9】 某企业在缴纳企业所得税时，将转让无形资产使用权的收入 10 万元、因债权人原因确实无法支付的应付款项 5 万元、转让无形资产所有权的收入 100 万元、出售固定资产的收入 20 万元均作为业务招待费税前扣除限额的计提依据，请问这种处理方式正确吗？

【解析】 不正确。因债权人原因确实无法支付的应付款项属于税法上的其他收入，转让无形资产所有权的收入及出售固定资产的收入为转让财产收入，以上三笔收入均不能作为业务招待费税前扣除限额的计提依据。

【例 3-10】 某纳税人当年销售收入 2000 万元，现金折扣 3 万元。实际招待费为 40 万元计算税法可以税前扣除金额。若果实际发生额为 15 万元，又如何扣除？

【解析】

当年业务招待费发生扣除最高限额 $2000 \times 5‰ = 10$（万元）

分两种情况：

① 实际发生业务招待费支出 40 万元：$40 \times 60\% = 24$（万元）；税前可扣除 24 万元。

② 实际发生业务招待费支出 15 万元：$15 \times 60\% = 9$（万元）；税前可扣除 9 万元。

（8）广告费和业务宣传费。

企业发生的符合条件的广告费和业务宣传费支出，除国务院财政、税务主管部门另有规定外，不超过当年销售（营业）收入 15% 的部分，准予扣除；超过部分，准予结转以后纳税年度扣除。销售（营业）收入包括销售货物收入、劳务收入、出租财产收入、特许权使用费收入（这里实质是租赁）、视同销售收入等，即包括"主营业务收入""其他业务收入""视同销售收入"。

对化妆品制造或销售、医药制造和饮料制造（不含酒类制造）企业发生的广告费和业务宣传费支出，不超过当年销售（营业）收入 30% 的部分，准予扣除；超过部分，准予在以后纳税年度结转扣除。

企业申报扣除的广告费支出应与赞助支出严格区分。企业申报扣除的广告费支出，必须符合下列条件：广告是通过工商部门批准的专门机构制作的；已实际支付费用，并已取得相应发票；通过一定的媒体传播。

【例 3-11】 某制药厂年销售收入 2900 万元，设备出租收入 100 万元，转让技术使用权收入 200 万元，广告费支出 900 万元，业务宣传费 80 万元，则计算应纳税所得额时调整所得是多少？

【解析】

广告费和业务宣传费扣除标准 = (2900 + 100 + 200) × 30% = 960（万元）

广告费和业务宣传费实际发生额 = 900 + 80 = 980（万元），超标准 980 - 960 = 20（万元）

调增应纳税所得额 = 20 万元

（9）环境保护专项资金。

企业依照法律、行政法规有关规定提取的用于环境保护、生态恢复等方面的专项资金，准予扣除。上述专项资金提取后改变用途的，不得扣除。

（10）保险费。

企业参加财产保险，按照规定缴纳的保险费，准予扣除。

（11）租赁费。

企业根据生产经营需要租入固定资产支付的租赁费，按照以下方法扣除：

① 以经营租赁方式租入固定资产发生的租赁费支出，按照租赁期限均匀扣除。经营性租赁是指所有权不转移的租赁。

② 以融资租赁方式租入固定资产发生的租赁费支出，按照规定构成融资租入固定资产价值的部分应当提取折旧费用，分期扣除。融资租赁是指在实质上转移与一项资产所有权有关的全部风险和报酬的一种租赁。

【例3-12】某贸易公司3月1日以经营租赁方式租入固定资产使用，租期1年，按独立纳税人交易原则支付租金1.2万元；6月1日以融资租赁方式租入机器设备一台，租期2年，当年支付租金1.5万元。计算当年企业应纳税所得额时应扣除的租赁费用。

【解析】当年企业应纳税所得额时应扣除的租赁费用 = 1.2 ÷ 12 × 10 = 1（万元）

（12）劳动保护费。

企业发生的合理的劳动保护支出，准予扣除。

（13）公益性捐赠支出。

企业或个人通过公益性社会组织、县级以上人民政府及其部门等国家机关，用于符合法律规定的公益慈善事业捐赠支出，准予按税法规定在计算应纳税所得额时扣除。

《中华人民共和国公益事业捐赠法》规定的向公益事业的捐赠支出，具体范围包括：

① 救助灾害、救济贫困、扶助残疾人等困难的社会群体和个人的活动。

② 教育、科学、文化、卫生、体育事业。

③ 环境保护、社会公共设施建设。

④ 促进社会发展和进步的其他社会公共和福利事业。

企事业单位、社会团体以及其他组织捐赠住房作为廉租住房的视同公益性捐赠，按上述规定执行。

企业发生的公益性捐赠支出，不超过年度利润总额12%的部分，准予扣除，超过部分，当年度不能扣除，但可以今后三个纳税年度内结转扣除。年度利润总额，是指企业依照国家统一会计制度的规定计算的年度会计利润。

公益性社会组织，包括依法设立或登记并按规定条件和程序取得公益性捐赠税前扣除资格的慈善组织、其他社会组织和群众团体。

在民政部门依法登记的慈善组织和其他社会组织（以下统称社会组织），取得公益性捐赠税前扣除资格应当同时符合以下规定：

① 符合《企业所得税法实施条例》第五十二条第一项到第八项规定的条件。

② 每年应当在3月31日前按要求向登记管理机关报送经审计的上年度专项信息报告。报告应当包括财务收支和资产负债总体情况、开展募捐和接受捐赠情况、公益慈善事业支出及管理费用情况（包括本条第三项、第四项规定的比例情况）等内容。

首次确认公益性捐赠税前扣除资格的，应当报送经审计的前两个年度的专项信息报告。

③ 具有公开募捐资格的社会组织，前两年度每年用于公益慈善事业的支出占上年总收入的比例均不得低于70%。计算该支出比例时，可以用前三年收入平均数代替上年总收入。

不具有公开募捐资格的社会组织，前两年度每年用于公益慈善事业的支出占上年末净资产的比例均不得低于8%。计算该比例时，可以用前三年年末净资产平均数代替上年末净资产。

④ 具有公开募捐资格的社会组织，前两年度每年支出的管理费用占当年总支出的比例均不得高于10%。

不具有公开募捐资格的社会组织，前两年每年支出的管理费用占当年总支出的比例均不得高于12%。

⑤ 具有非营利组织免税资格，且免税资格在有效期内。

⑥ 前两年度未受到登记管理机关行政处罚（警告除外）。

⑦ 前两年度未被登记管理机关列入严重违法失信名单。

⑧ 社会组织评估等级为3A以上（含3A）且该评估结果在确认公益性捐赠税前扣除资格时仍在有效期内。

【例3-13】 某外商投资企业2021年度利润总额为40万元，未调整捐赠前的所得额为50万元。当年"营业外支出"账户中列支了通过当地教育部门向农村义务教育的捐赠5万元。计算该企业2021年应缴纳的企业所得税。

【解析】 公益捐赠的扣除限额 = 利润总额 × 12% = 40 × 12% = 4.8（万元），实际公益性捐赠为5万元，税前准予扣除的公益捐赠 = 4.8万元，纳税调整额 = 5 - 4.8 = 0.2（万元），0.2万元可以向2021年、2022年、2023年三个纳税年度结转扣除。应纳税额 = (50 + 0.2) × 25% = 12.55（万元）。

公益性社会组织、县级以上人民政府及其部门等国家机关在接受企业或个人捐赠时，按以下原则确认捐赠额：

① 接受的货币性资产捐赠，以实际收到的金额确认捐赠额。

② 接受的非货币性资产捐赠，以其公允价值确认捐赠额。捐赠方在向公益性社会组织、县级以上人民政府及其部门等国家机关捐赠时，应当提供注明捐赠非货币性资产公允价值的证明；不能提供证明的，接受捐赠方不得向其开具捐赠票据。

（14）有关资产的费用。

企业转让各类固定资产发生的费用，允许扣除。企业按规定计算的固定资产折旧费、无形资产和递延资产的摊销费，准予扣除。

（15）总机构分摊的费用。

非居民企业在中国境内设立的机构、场所，就其中国境外总机构发生的与该机构、场所生产经营有关的费用，能够提供总机构出具的费用汇集范围、定额、分配依据和方法等证明文件，并合理分摊的，准予扣除。

（16）资产损失。

企业当期发生的固定资产和流动资产盘亏、毁损净损失，由其提供清查盘存资料经主管理税务机关审核后，准予扣除；企业因存货盘亏、毁损、报废等原因不得从销项税金中抵扣的进项税金，应视同企业财产损失，准予与存货损失一起在所得税前按规定扣除。

【例3-14】 某企业（一般纳税人）因管理不善损失外购材料50万元（不含税）。保险公司审理后同意赔付5万元，计算该企业所得税前可以扣除的损失。

【解析】 税前损失 = 50 × (1 + 13%) - 5 = 51.5（万元）

(17) 手续费及佣金支出。

企业发生与生产经营有关的手续费及佣金支出，不超过以下规定计算限额以内的部分，准予扣除；超过部分，不得扣除。

① 保险企业：财产保险企业按当年全部保费收入扣除退保金等后余额的15%计算限额；人身保险企业按当年全部保费收入扣除退保金等后余额的10%计算限额。

② 其他企业：按与具有合法经营资格中介服务机构或个人（不含交易双方及其雇员、代理人和代表人等）所签订服务协议或合同确认的收入金额的5%计算限额。

关于不得扣除的手续费及佣金支出：

① 除委托个人代理外，企业以现金等非转账方式支付的手续费及佣金不得在税前扣除。

② 企业为发行权益性证券支付给有关证券承销机构的手续费及佣金不得在税前扣除。

③ 企业不得将手续费及佣金支出计入回扣、业务提成、返利、进场费等费用。

④ 企业已计入固定资产、无形资产等相关资产的手续费及佣金支出，应当通过折旧、摊销等方式分期扣除，不得在发生当期直接扣除。

⑤ 企业支付的手续费及佣金不得直接冲减服务协议或合同金额，并如实入账。

(18) 依照有关法律、行政法规和国家有关税法规定准予扣除的其他项目。如会员费、合理的会议费、差旅费、违约金、诉讼费等。

4. 不得扣除的项目

在计算应纳税所得额时，下列支出不得扣除：

(1) 向投资者支付的股息、红利等权益性收益款项。

(2) 企业所得税税款。

(3) 税收滞纳金，是指纳税人违反税收法规，被税务机关处以的滞纳金。

(4) 罚金、罚款和被没收财物的损失，是指纳税人违反国家有关法律、法规规定，被有关部门处以的罚款，以及被司法机关处以的罚金和被没收财物。

(5) 超过规定标准的捐赠支出。

(6) 赞助支出，是指企业发生的与生产经营活动无关的各种非广告性质支出。

(7) 未经核定的准备金支出，是指不符合国务院财政、税务主管部门规定的各项资产减值准备、风险准备等准备金支出。

（8）企业之间支付的管理费、企业内营业机构之间支付的租金和特许权使用费，以及非银行企业内营业机构之间支付的利息，不得扣除。

（9）与取得收入无关的其他支出。

【例 3-15】 某企业在计算应纳税所得额时，将以下项目均从企业所得税税前扣除了：为企业子女入托支付给幼儿园的赞助支出 10 万元、利润分红支出 100 万元、企业违反销售协议被采购方索取的罚款 70 万元、违反食品卫生法被政府处以的罚款 4 万元，请问这种处理方式正确吗？

【解析】 除企业违反销售协议被采购方索取的罚款 70 万元可以扣除外，其他项目均不得从应纳税所得额中扣除。

（四）亏损弥补

亏损是指企业依照企业所得税法和暂行条例的规定，将每一纳税年度的收入总额减除不征税收入、免税收入和各项扣除后小于零的数额。税法规定，企业某一纳税年度发生的亏损可以用下一年度的所得弥补，下一年度的所得不足以弥补的，可以逐年延续弥补，但最长不得超过 5 年。而且，企业在汇总计算缴纳企业所得税时，其境外营业机构的亏损不得抵减境内营业机构的盈利。自 2018 年 1 月 1 日起，当年具备高新技术企业或科技型中小企业资格的企业，其具备资格年度之前 5 个年度发生的尚未弥补完的亏损，准予结转以后年度弥补，最长结转年限由 5 年延长至 10 年。

企业筹办期间不计算亏损年度，开始生产经营的年度，为开始计算企业损益的年度；筹办期的开办费支出，不得计算为当期亏损，可在开始生产经营之日的当年一次性扣除，也可按长期待摊费用处理，方法已经选定不得改变。

【例 3-16】 某生产企业第 1 年至第 8 年的应纳税所得额如表 3-4 所示。

表 3-4　　　　　　　　各年度应纳税所得额　　　　　　　　单位：万元

项目	第 1 年	第 2 年	第 3 年	第 4 年	第 5 年	第 6 年	第 7 年	第 8 年
应纳税所得额	-20	-10	5	8	-5	15	5	10

要求：计算该生产企业第 8 年度应缴纳的企业所得税。

【解析】 第 8 年应纳企业所得税额 = (10 - 2) × 25% = 2（万元）

六、资产的税务处理

资产是由于资本投资而形成的财产,对于资本性支出以及无形资产受让、开办、开发费用,不允许作为成本、费用从纳税人的收入总额中做一次性扣除,只能采取分次计提折旧或分次返销的方式予以扣除。即纳税人经营活动中使用的固定资产的折旧费用、无形资产和长期待摊费用的摊销费用可以扣除。税法规定,纳入税务处理范围的资产形式主要有固定资产、生物资产、无形资产、长期待摊费用、投资资产、存货等,均以历史成本为计税基础。历史成本是指企业取得该项资产时实际发生的支出。企业持有各项资产期间资产增值或者减值,除国务院财政、税务主管部门规定可以确认损益外,不得调整该资产的计税基础。

(一) 固定资产的税务处理

固定资产是指企业为生产产品、提供劳务、出租或者经营管理而持有的、使用期限超过12个月的非货币性资产,包括房屋、建筑物、机器、机械、运输工具,以及其他与生产经营活动有关的设备、器具、工具等。

1. 固定资产计税基础

(1) 外购的固定资产,以购买价款和支付的相关税费以及直接归属于使该资产达到预定用途发生的其他支出为计税基础。

(2) 自行建造的固定资产,以竣工结算前发生的支出为计税基础。

(3) 融资租入的固定资产,以租赁合同约定的付款总额和承租人在签订租赁合同过程中发生的相关费用为计税基础,租赁合同未约定付款总额的,以该资产的公允价值和承租人在签订租赁合同过程中发生的相关费用为计税基础。

(4) 盘盈的固定资产,以同类固定资产的重置完全价值为计税基础。

(5) 通过捐赠、投资、非货币性资产交换、债务重组等方式取得的固定资产,以该资产的公允价值和支付的相关税费为计税基础。

(6) 改建的固定资产,除已足额提取折旧的固定资产和租入的固定资产以外的其他固定资产,以改建过程中发生的改建支出增加计税基础。

2. 固定资产折旧的范围

在计算应纳税所得额时,企业按照规定计算的固定资产折旧,准予扣除。下列固定资产不得计算折旧扣除：

（1）房屋、建筑物以外未投入使用的固定资产。

（2）以经营租赁方式租入的固定资产。

（3）以融资租赁方式租出的固定资产。

（4）已提足折旧继续使用的固定资产。

（5）与经营活动无关的固定资产。

（6）单独估价作为固定资产入账的土地。

（7）其他不得计提折旧扣除的固定资产。

3. 固定资产折旧的计提方法

（1）企业应当自固定资产投入使用月份的次月起计提折旧；停止使用的固定资产，应当从停止使用月份的次月起停止计提折旧。

（2）企业应当根据固定资产的性质和使用情况，合理确定固定资产的预计净残值。固定资产的预计净残值一经确定，不得变更。

（3）固定资产按照直线法计算的折旧，准予扣除。

4. 固定资产折旧的计提年限

除国务院财政、税务主管部门另有规定外，固定资产计算折旧的最低年限如下：

（1）房屋、建筑物，为20年。

（2）飞机、火车、轮船、机器、机械和其他生产设备，为10年。

（3）与生产经营活动有关的器具、工具、家具等，为5年。

（4）飞机、火车、轮船以外的运输工具，为4年。

（5）电子设备，为3年。

从事开采石油、天然气等矿产资源的企业，在开始商业性生产前发生的费用和有关固定资产的折耗、折旧方法，由国务院财政、税务主管部门另行规定。

【例3-17】某企业3月购进机器设备一台并于当月投入使用，取得增值税专用发票，注明价款30万元、增值税3.9万元，企业自己负担的保险费和安装调试费4.9万元，该台设备企业全年计提的折旧费7.6万元已列入产品销售成本中。按照税法规定，该设备应采用直线折旧法，期限为10年，残值率为5%。计算新购机器设备的折旧费用应调增应纳税所得额。

【解析】新购机器设备按税法规定应计提折旧 = $(30+4.9) \times (1-5\%) \div 10 \div 12 \times 9 = 2.48$（万元），企业计提7.6万元，应调增 = $7.6 - 2.48 = 5.12$（万元）。

（二）生物资产的税务处理

生物资产是指有生命的动物和植物。生物资产分为消耗性生物资产、生产性生物资产和公益性生物资产。消耗性生物资产，是指为出售而持有的、或在将来收获为农产品的生物资产，包括生长中的农田作物、蔬菜、用材林以及存栏待售的牲畜等。生产性生物资产，是指为产出农产品、提供劳务或出租等目的而持有的生物资产，包括经济林、薪炭林、产畜和役畜等。公益性生物资产，是指以防护、环境保护为主要目的的生物资产，包括防风固沙林、水土保持林和水源涵养林等。

1. 生产性生物资产的计税基础

生产性生物资产按照以下方法确定计税基础：

（1）外购的生产性生物资产，以购买价款和支付的相关税费为计税基础。

（2）通过捐赠、投资、非货币性资产交换、债务重组等方式取得的生产性生物资产，以该资产的公允价值和支付的相关税费为计税基础。

2. 生产性生物资产的折旧方法和折旧年限

生产性生物资产按照直线法计算的折旧，准予扣除。企业应当自生产性生物资产投入使用月份的次月起计算折旧；停止使用的生产性生物资产应当自停止使用月份的次月起停止计算折旧。

企业应当根据生产性生物资产的性质和使用情况，合理确定生产性生物资产的预计净残值。生产性生物资产的预计净残值一经确定，不得变更。

生产性生物资产计算折旧的最低年限如下：林木类生产性生物资产，为10年；畜类生产性生物资产，为3年。

【例3-18】 某农场外购奶牛支付价款20万元，依据企业所得税相关规定，应如何在税前扣除？

【解析】 按直线法以不低于3年折旧年限计算折旧税前扣除。

（三）无形资产的税务处理

无形资产是指企业长期使用、但没有实物形态的资产，包括专利权、商标权、著作权、土地使用权、非专利技术、商誉等。

1. 无形资产的计税基础

无形资产按照以下方法确定计税基础：

（1）外购的无形资产，以购买价款和支付的相关税费，以及直接归属于使该资产达到预定用途发生的其他支出为计税基础。

（2）自行开发的无形资产，以开发过程中该资产符合资本化条件后至达到预定用途前发生的支出为计税基础。

（3）通过捐赠、投资、非货币性资产交换、债务重组等方式取得的无形资产，以该资产的公允价值和支付的相关税费为计算基础。

2. 无形资产摊销的范围

在计算应纳税所得额时，企业按照规定计算的无形资产摊销费用，准予扣除。

下列无形资产不得计算摊销费用扣除：

（1）自行开发的支出已在计算应纳税所得额时扣除的无形资产。

（2）自创商誉。

（3）与经营活动无关的无形资产。

（4）其他不得计算摊销费用扣除的无形资产。

3. 无形资产的摊销方法及年限

无形资产的摊销采取直线法计算。无形资产的摊销年限不得低于10年。作为投资或者受让的无形资产，有关法律规定或者合同约定了使用年限的，可以按照规定或者约定的使用年限分期摊销。外购商誉的支出，在企业整体转让或者清算时准予扣除。

（四）长期待摊费用的税务处理

长期待摊费用，是指企业发生的应一个年度以上或几个年度进行摊销的费用。在计算应纳税所得额时，企业发生的下列支出作为长期待摊费用，按照规定摊销的，准予扣除。

（1）已足额提取折旧的固定资产的改建支出。

（2）租入固定资产的改建支出。

（3）固定资产的大修理支出。

（4）其他应当作为长期待摊费用的支出。

企业的固定资产修理支出可在发生当期直接扣除。企业的固定资产改良支出，如果有关固定资产尚未提足折旧，可增加固定资产价值；如有关固定资产已提足折旧，可作为长期待摊费用，在规定的期间内平均摊销。

固定资产的改建支出，是指改变房屋或者建筑物结构、延长使用年限等发生的支出。已足额提取折旧的固定资产的改建支出,按照固定资产预计尚可使用年限分期摊销;租入固定资产的改建支出,按照合同约定的剩余租赁期限分期摊销;改建的固定资产延长使用年限的,除已足额提取折旧的固定资产、租入固定资产的改建支出外,其他的固定资产发生改建支出,应当适当延长折旧年限。

大修理支出,按照固定资产尚可使用年限分期摊销。

企业所得税法所指固定资产的大修理支出,是指同时符合下列条件的支出:

(1) 修理支出达到取得固定资产时的计税基础50%以上。

(2) 修理后固定资产的使用年限延长2年以上。

其他应当作为长期待摊费用的支出,自支出发生月份的次月起,分期摊销,摊销年限不得低于3年。

【例3-19】某企业对原价1000万元的机器设备(使用年限10年,不考虑净残值),使用8年时进行改造,取得变价收入30万元,领用自产产品一批,成本350万元,含税售价452万元(增值税率13%),改造工程分摊人工费用100万元,改造后该资产使用年限延长3年。计算改造后该资产的年折旧额(企业按直线法计提折旧)。

【解析】改造后年折旧额 = (200 - 30 + 350 + 452 ÷ 1.13 × 13% + 100) ÷ (2 + 3) = 204(万元)。

注:变价收入应冲减固定资产的计税基础,自产货物用于在动产的在建工程属于增值税的视同销售,按售价计算增值税。另外领用自产产品,在增值税要视同销售,所以在所得税里这样的内部处置不用确认收入,但在所得税中要考虑结转这部分成本,成本为350万元,而增值税视同销售是用售价计算,这就是按成本计算和按售价计算增值税。

(五) 存货的税务处理

存货,是指企业持有以备出售的产品或者商品、处在生产过程中的在产品、在生产或者提供劳务过程中耗用的材料和物料等。

1. 存货的计税基础

存货按照以下方法确定成本:

(1) 通过支付现金方式取得的存货,以购买价款和支付的相关税费为成本。

(2) 通过支付现金以外的方式取得的存货,以该存货的公允价值和支付的相关税费为成本。

（3）生产性生物资产收获的农产品，以产出或者采收过程中发生的材料费、人工费和分摊的间接费用等必要支出为成本。

2. 存货的成本计算方法

企业使用或者销售的存货的成本计算方法，可以在先进先出法、加权平均法、个别计价法中选用一种。计价方法一经选用，不得随意变更。

企业转让以上资产，在计算企业应纳税所得额时，资产的净值允许扣除。其中，资产的净值是指有关资产、财产的计税基础减除已经按照规定扣除的折旧、折耗、摊销、准备金等后的余额。

除国务院财政、税务主管部门另有规定外，企业在重组过程中，应当在交易发生时确认有关资产的转让所得或者损失，相关资产应当按照交易价格重新确定计税基础。

（六）投资资产的税务处理

投资资产，是指企业对外进行权益性投资和债权性投资而形成的资产。

1. 投资资产的成本

投资资产按以下方法确定投资成本：

（1）通过支付现金方式取得的投资资产，以购买价款为成本。

（2）通过支付现金以外的方式取得的投资资产，以该资产的公允价值和支付的相关税费为成本。

2. 投资资产成本的扣除方法

企业对外投资期间，投资资产的成本在计算应纳税所得额时不得扣除，企业在转让或者处置投资资产时，投资资产的成本准予扣除。

（七）税法规定与会计规定差异的处理

税法规定与会计规定差异的处理，是指企业在财务会计核算中与税法规定不一致的，应当依照税法规定予以调整。即企业在平时进行会计核算时，可以按会计制度的有关规定进行账务处理，但在申报纳税时，对税法规定和会计制度规定有差异的，要按税法规定进行纳税调整。

（1）企业不能提供完整、准确的收入及成本、费用凭证，不能正确计算应纳税所得额的，由税务机关核定其应纳税所得额。

（2）企业依法清算时，以其清算终了后的清算所得为应纳税所得额，按规定缴纳企业所得税，所谓清算所得，是指企业清算时的全部资产可变现价值或交易价格减除资产净值、清算费用以及相关税费后的余额。

投资方企业从被投资企业分得的剩余资产，其中相当于从被清算企业累计未分配利润和累计盈余公积中应分得的部分，应当确认为股利所得；剩余资产减除上述股利所得后的余额，超过或者低于投资成本的部分，应当确认为投资资产转让所得或损失。

企业应纳税所得额是根据税收法规计算出来的，它在数额上与依据财务会计制度计算的利润总额往往不一致。因此，税法规定：对企业按照有关财务会计规定计算的利润总额，要按照税法的规定进行必要调整后，才能作为应纳税所得额计算缴纳所得税。

七、税收优惠

税收优惠，是指国家运用税收政策在税收法律、行政法规中规定对某一部分特定企业和课税对象给予减轻或免除税收负担的一种措施。税法规定的企业所得税的税收优惠方式包括免税、减税、加计扣除、加速折旧、减计收入、税额抵免等。

（一）免征与减征优惠

企业的下列所得，可以免征、减征企业所得税。企业如果从事国家限制和禁止发展的项目，不得享受企业所得税优惠。

1. 从事农、林、牧、渔业项目的所得

企业从事农、林、牧、渔业项目的所得，包括免征和减征两部分。

（1）企业从事下列项目的所得，免征企业所得税：

蔬菜、谷物、薯类、油料、豆类、棉花、麻类、糖料、水果、坚果的种植；农作物新品种的选育；中药材的种植；林木的培育和种植；牲畜、家禽的饲养；林产品的采集；灌溉、农产品初加工、兽医、农技推广、农机作业和维修等农、林、牧、渔服务业项目；远洋捕捞。

（2）企业从事下列项目的所得，减半征收企业所得税。

花卉、茶以及其他饮料作物和香料作物的种植；海水养殖、内陆养殖。

2. 从事国家重点扶持的公共基础设施项目投资经营的所得

企业所得税法所称国家重点扶持的公共基础设施项目，是指《公共基础设施项目企业所得税优惠目录》规定的港口码头、机场、铁路、公路、电力、水利等项目。

企业从事国家重点扶持的公共基础设施项目的投资经营的所得，自项目取得第一笔生产经营收入所属纳税年度起，第 1 年至第 3 年免征企业所得税，第 4 年至第 6 年减半征收企业所得税。

企业承包经营、承包建设和内部自建自用本条规定的项目，不得享受本条规定的企业所得税优惠。

3. 从事符合条件的环境保护、节能节水项目的所得

环境保护、节能节水项目的所得，自项目取得第一笔生产经营收入所属纳税年度起，第 1 年至第 3 年免征企业所得税，第 4 年至第 6 年减半征收企业所得税。

符合条件的环境保护、节能节水项目，包括公共污水处理、公共垃圾处理、沼气综合开发利用、节能减排技术改造、海水淡化等。项目的具体条件和范围由国务财政、税务主管部门同国务院有关部门制定，报国务院批准后公布施行。

但是以上规定享受减免税优惠的项目，在减免税期限内转让的，受让方自受让之日起，可以在剩余期限内享受规定的减免税优惠；减免税期限届满后转让的，受让方不得就该项目重复享受减免税优惠。

4. 符合条件的技术转让所得

企业所得税法所称符合条件的技术转让所得免征、减征企业所得税，是指一个纳税年度内，居民企业转让技术所有权所得不超过 500 万元的部分，免征企业所得税；超过 500 万元的部分，减半征收企业所得税。

（二）高新技术企业优惠

1. 国家需要重点扶持的高新技术企业按 15% 的所得税税率征收企业所得税

国家需要重点扶持的高新技术企业，是指拥有核心自主知识产权，并同时符合下列 8 方面条件的企业：

（1）企业申请认定时须注册成立 1 年以上。

（2）企业通过自主研发、受让、受赠、并购等方式，获得对其主要产品（服务）在技术上发挥核心支持作用的知识产权的所有权。

（3）对企业主要产品（服务）发挥核心支持作用的技术属于《国家重点支持的高新技术领域》规定的范围。

（4）企业从事研发和相关技术创新活动的科技人员占企业当年职工总数的比例不低于10%。

（5）企业近三个会计年度（实际经营期不满三年的按实际经营时间计算，下同）的研究开发费用总额占同期销售收入总额的比例符合如下要求。

① 最近一年销售收入小于5000万元（含）的企业，比例不低于5%；

② 最近一年销售收入在5000万元至2亿元（含）的企业，比例不低于4%；

③ 最近一年销售收入在2亿元以上的企业，比例不低于3%。其中，企业在中国境内发生的研究开发费用总额占全部研究开发费用总额的比例不低于60%。

（6）近一年高新技术产品（服务）收入占企业同期总收入的比例不低于60%。

（7）企业创新能力评价应达到相应要求。

（8）企业申请认定前一年内未发生重大安全、重大质量事故或严重环境违法行为。

2. 经济特区和上海浦东新区新设立高新技术企业过渡性税收优惠

对经济特区和上海浦东新区内在2008年1月1日（含）之后完成登记注册的国家需要重点扶持的高新技术企业（以下简称新设高新技术企业），在经济特区和上海浦东新区内取得的所得，自取得第一笔生产经营收入所属纳税年度起，第一年至第二年免征企业所得税，第三年至第五年按照25%的法定税率减半征收企业所得税。

（三）小型微利企业优惠

（1）自2022年1月1日至2024年12月31日，对小型微利企业年应纳税所得额不超过100万元的部分，减按12.5%计入应纳税所得额，按20%的税率缴纳企业所得税。

（2）自2022年1月1日至2024年12月31日，对小型微利企业年应纳税所得额超过100万元但不超过300万元的部分，减按25%计入应纳税所得额，按20%的税率缴纳企业所得税。

小型微利企业，是指从事国家非限制和禁止行业，且同时符合年度应纳税所得额不超过300万元、从业人数不超过300人、资产总额不超过5000万元三个条件的企业。

（四）加计扣除优惠

加计扣除优惠包括以下两项内容。

1. 研究开发费

研究开发费,是指企业为开发新技术、新产品、新工艺发生的研究开发费用,未形成无形资产计入当期损益的,在按照规定据实扣除的基础上,按照研究开发费用的75%加计扣除;形成无形资产的,按照无形资产成本的175%摊销。

自2021年1月1日起,制造业企业开展研发活动中实际发生的研发费用,在按照规定据实扣除的基础上,再按照实际发生额的100%在税前加计扣除;形成无形资产的,自2021年1月1日起,按照无形资产成本的200%在税前摊销。

企业未设立专门的研发机构或企业研发机构同时承担生产经营任务的,应对研发费用和生产经营费用分开进行核算,准确、合理地计算各项研究开发费用支出,对划分不清的,不得实行加计扣除。企业必须对研究开发费用实行专账管理,同时必须按照本办法附表的规定项目,准确归集填写年度可加计扣除的各项研究开发费用实际发生金额。企业应于年度汇算清缴所得税申报时向主管税务机关报送本办法规定的相应资料。申报的研究开发费用不真实或者资料不齐全的,不得享受研究开发费用加计扣除,主管税务机关有权对企业申报的结果进行合理调整。

企业在一个纳税年度内进行多个研究开发活动的,应按照不同开发项目分别归集可加计扣除的研究开发费用额。

2. 企业安置残疾人员所支付的工资

企业安置残疾人员所支付工资费用的加计扣除,是指企业安置残疾人员的,在按照支付给残疾职工工资据实扣除的基础上,按照支付给残疾职工工资的100%加计扣除。残疾人员的范围适用《中华人民共和国残疾人保障法》的有关规定。企业安置国家鼓励安置的其他就业人员所支付的工资的加计扣除办法,由国务院另行规定。

【例3-20】某居民企业收入总额为3000万元(其中不征税收入400万元,符合条件的技术转让收入900万元),各项成本、费用和税金等扣除金额合计1800万元(其中含技术转让准予扣除的金额200万元)。计算该企业应缴纳企业所得税。

【解析】应纳税额 = [(3000 − 900)(收入总额) − 400(不征税收入) − (1800 − 200)(扣除项目)] × 25% + [(900 − 200 − 500)] × 25% ÷ 2(技术转让所得减免的所得税额) = 50(万元)。

(五)创投企业优惠

创投企业从事国家需要重点扶持和鼓励的创业投资,可以按投资额的一定比例抵扣应纳税所得额。

创投企业优惠，是指创业投资企业采取股权投资方式投资于未上市的中小高新技术企业2年以上的，可以按照其投资额的70%在股权持有满2年的当年抵扣该创业投资企业的应纳税所得额，当年不足抵扣的，可以在以后纳税年度结转抵扣。从2018年1月1日起，公司制创业投资企业采取股权投资方式直接投资于种子期、初创期科技型企业（以下简称初创科技型企业）满2年的，可以按照投资额的70%在股权持有满2年的当年抵扣该公司制创业投资企业的应纳税所得额；当年不足抵扣的，可以在以后纳税年度结转抵扣。

【例3–21】 甲企业2020年1月1日向乙企业（未上市的中小高新技术企业）投资100万元、股权持有期至2021年12月31日。甲企业2021年度可抵扣的应纳税所得额为70万元。

（六）加速折旧优惠

企业的固定资产由于技术进步等原因，确需加速折旧的，可以缩短折旧年限或者采取加速折旧的方法。可采用以上折旧方法的固定资产是指：

（1）由于技术进步，产品更新换代较快的固定资产。

（2）常年处于强震动、高腐蚀状态的固定资产。

采取缩短折旧年限方法的，最低折旧年限不得低于规定折旧年限的60%；采取加速折旧方法的，可以采取双倍余额递减法或者年数总和法。

（七）减计收入优惠

减计收入优惠，是企业综合利用资源，生产符合国家产业政策规定的产品所取得的收入，可以在计算应纳税所得额时减计收入。

综合利用资源，是指企业以《资源综合利用企业所得税优惠目录》规定的资源作为主要原材料，生产国家非限制和禁止并符合国家和行业相关标准的产品取得的收入，减按90%计入收入总额。

上述所称原材料占生产产品材料的比例不得低于《资源综合利用企业所得税优惠目录》规定的标准。

（八）税额抵免优惠

税额抵免，是指企业购置并实际使用《环境保护专用设备企业所得税优惠目录》《节能节水专用设备企业所得税优惠目录》《安全生产专用设备企业所得税优惠目录》规定的环境保护、节能节水、安全生产等专用设备的，该专用设备的投资额的10%可以从企业当年的应纳税额中抵免；当年不足抵免的，可以在以后5个纳税年度结转抵免。

享受前款规定的企业所得税优惠的企业，应当实际购置并自身实际投入使用前款规定的专用设备；企业购置上述专用设备在5年内转让、出租的，应当停止享受企业所得税优惠，并补缴已经抵免的企业所得税税款。

企业所得税优惠目录，由国务院财政、税务主管部门同国务院有关部门制定，报国务院批准后公布施行。

企业同时从事适用不同企业所得税待遇的项目的，其优惠项目应当单独计算所得，并合理分摊企业的期间费用；没有单独计算的，不得享受企业所得税优惠。

（九）民族自治地方的优惠

民族自治地方的自治机关对本民族自治地方的企业应缴纳的企业所得税中属于地方分享的部分，可以决定减征或者免征。自治州、自治县决定减征或者免征的，须报省、自治区、直辖市人民政府批准。

企业所得税法所称民族自治地方，是指依照《中华人民共和国民族区域自治法》的规定，实行民族区域自治的自治区、自治州、自治县。

对民族自治地方内国家限制和禁止行业的企业，不得减征或者免征企业所得税。

民族自治地方在新税法实施前已经按照财政部、国家税务总局、海关总署《关于西部大开发税收优惠政策问题的通知》第二条第2款有关减免税规定批准享受减免企业所得税（包括减免中央分享企业所得税的部分）的，自2008年1月1日起计算，对减免税期限在5年以内（含5年）的，继续执行至期满后停止；对减免税期限超过5年的，从第6年起按新税法第二十九条的规定执行。

（十）非居民企业优惠

非居民企业减按10%的所得税税率征收企业所得税。这里的非居民企业，是指在中国境内未设立机构、场所的，或者虽设立机构、场所但取得的所得与其所设机构、场所没有实际联系的企业。该类非居民企业取得下列所得免征企业所得税。

（1）外国政府向中国政府提供贷款取得的利息所得。

（2）国际金融组织向中国政府和居民企业提供优惠贷款取得的利息所得。

（3）经国务院批准的其他所得。

（十一）其他有关行业的优惠

1. 关于鼓励软件产业和集成电路产业发展的优惠政策

（1）软件生产企业实行增值税即征即退政策所退还的税款，由企业用于研究开发软件产品和扩大再生产，不作为企业所得税应税收入，不予征收企业所得税。

（2）我国境内新办软件生产企业经认定后，自获利年度起，第一年和第二年免征企业所得税，第三年至第五年减半征收企业所得税。

（3）软件生产企业的职工培训费用，可按实际发生额在计算应纳税所得额时扣除。

（4）企事业单位购进软件，凡符合固定资产或无形资产确认条件的，可以按照固定资产或无形资产进行核算，经主管税务机关核准，其折旧或摊销年限可以适当缩短．最短可为2年。

（5）集成电路设计企业视同软件企业，享受上述软件企业的有关企业所得税政策。

（6）国家鼓励的集成电路线宽小于130纳米（含），且经营期在10年以上的集成电路生产企业或项目，第一年至第二年免征企业所得税，第三年至第五年按照25%的法定税率减半征收企业所得税。

（7）国家鼓励的集成电路线宽小于65纳米（含），且经营期在15年以上的集成电路生产企业或项目，第一年至第五年免征企业所得税，第六年至第十年按照25%的法定税率减半征收企业所得税。

（8）国家鼓励的集成电路线宽小于28纳米（含），且经营期在15年以上的集成电路生产企业或项目，第一年至第十年免征企业所得税。

（9）国家鼓励的集成电路设计、装备、材料、封装、测试企业和软件企业，自获利年度起，第一年至第二年免征企业所得税，第三年至第五年按照25%的法定税率减半征收企业所得税。

（10）国家鼓励的重点集成电路设计企业和软件企业，自获利年度起，第一年至第五年免征企业所得税，接续年度减按10%的税率征收企业所得税。

2. 关于鼓励证券投资基金发展的优惠政策

（1）对证券投资基金从证券市场中取得的收入，包括买卖股票、债券的差价收入,股权的股息、红利收入,债券的利息收入及其他收入,暂不征收企业所得税。

(2) 对投资者从证券投资基金分配中取得的收入,暂不征收企业所得税。

(3) 对证券投资基金管理人运用基金买卖股票、债券的差价收入,暂不征收企业所得税。

(十二) 西部大开发税收优惠

对设在西部地区的鼓励类产业企业减按15%的税率征收企业所得税。上述鼓励类产业企业是指以《西部地区鼓励类产业目录》中规定的产业项目为主营业务,且其主营业务收入占企业收入总额70%以上的企业。本政策的适用范围包括重庆市、四川省、贵州省、云南省、西藏自治区、陕西省、甘肃省、宁夏回族自治区、青海省、新疆维吾尔自治区、新疆生产建设兵团、内蒙古自治区和广西壮族自治区(上述地区统称"西部地区")。湖南省湘西土家族苗族自治州、湖北省恩施土家族苗族自治州、吉林省延边朝鲜族自治州,可以比照西部地区的税收优惠政策执行。

综上所述,企业所得税主要优惠项目如表3-5所示。

表3-5 企业所得税主要优惠项目一览

优惠环节	优惠形式	优惠项目
收入优惠 (4项)	收入免税 (3项)	国债利息收入
		符合条件的居民企业之间股息红利等权益性投资收益
		符合条件的非营利性组织符合免税规定的收入
	减计收入	综合利用资源取得的收入减计90%
扣除优惠	加速折旧	由于科技进步、产品更新换代较快的固定资产,常年处于强震动、高腐蚀状态的固定资产
	加计扣除 (2项)	新技术、新产品、新工艺的开发费用加计扣除75%;形成无形资产的,按照无形资产成本的175%摊销
		残疾人员工资加计扣除100%
	投资额抵扣 应纳税所得额	创投企业对中小高新技术企业投资额70%且股权持有满两年的当年抵扣应纳税所得额

续表

优惠环节	优惠形式	优惠项目
所得优惠	所得免税（2项）	蔬菜、粮食、农作物、中药、林木等的种植，牲畜、家禽的饲养，林产品的采集，灌溉、农产品初加工、兽医、农、林、牧、渔服务等
		非居民企业取得的符合规定（外国政府或国际金融组织贷款利息）所得的预提所得税
	减半征收	花卉、茶以及其他饮料作物和香料作物的种植，海水内陆养殖
	免征＋减半	技术转让所得500万元以内部分免税；500万元以上部分减半征收
	免征或减半	民族自治地方对属于地方分享所得税部分
	三免三减半（2项）	公共基础设施项目所得
		环境保护、节能节水项目所得
税率优惠	20%税率	小型微利企业
	15%税率	高新技术企业
	10%税率	非居民企业的预提所得税
税额优惠	设备投资的税额抵免10%（3项）	环保专用设备购置
		节能节水设备购置
		安全生产专用设备购置

八、应纳所得税额的计算

企业所得税的计算会根据不同纳税人、不同所得有所不同。

（一）居民企业应纳税额的计算

对于居民企业和与非居民企业机构场所有实际联系的所得适用以下办法。

居民企业应纳税额等于应纳税所得额乘以适用税率，基本计算公式为：

居民企业应纳税额＝应纳税所得额×适用税率－减免税额－抵免税额

根据计算公式可以看出，居民企业应纳税额的多少，取决于应纳税所得额和适用税率两个因素。在实际过程中，应纳税所得额的计算一般有两种方法。

1. 直接计算法

在直接计算法下，居民企业每一纳税年度的收入总额减除不征税收入、免税收入、各项扣除以及允许弥补的以前年度亏损后的余额为应纳税所得额。计算公式与前述相同，即：

应纳税所得额 = 收入总额 − 不征税收入 − 免税收入 − 各项扣除金额 − 弥补亏损

2. 间接计算法

在间接计算法下，是在会计利润总额的基础上加上或减去按照税法规定调整的项目金额后，即为应纳税所得额。计算公式为：

应纳税所得额 = 会计利润总额 ± 纳税调整项目金额

税收调整项目金额包括两方面的内容：一是企业的财务会计处理和税收规定不一致的应予以调整的金额；二是企业按税法规定准予扣除的税收金额。

【例3−22】假定某企业为居民企业，经营业务如下：

（1）取得产品销售收入4000万元。

（2）发生产品销售成本2600万元。

（3）发生销售费用770万元（其中广告费650万元）；管理费用480万元（其中业务招待费25万元）；财务费用60万元。

（4）销售税金160万元（含增值税120万元）。

（5）营业外收入80万元，营业外支出50万元（含通过公益性社会团体向贫困山区捐款30万元，支付税收滞纳金6万元）。

（6）计入成本、费用中的实发工资总额200万元、拨缴职工工会经费5万元、支出职工福利费31万元，发生职工教育经费18万元。

要求：计算该企业本年度实际应纳的企业所得税。

【解析】

（1）会计利润总额 = 4000 + 80 − 2600 − 770 − 480 − 60 − 40 − 50 = 80（万元）

（2）广告费和业务宣传费调增所得额 = 650 − 4000 × 15% = 650 − 600 = 50（万元）

（3）业务招待费调增所得额 = 25 − 25 × 60% = 25 − 15 = 10（万元）

4 000 × 5% = 20(万元) > 25 × 60% = 15（万元）

（4）捐赠支出应调增所得额 = 30 − 80 × 12% = 20.4（万元），可以向以后三个纳税年度结转扣除。

(5) 工会经费应调增所得额 = 5 - 200 × 2% = 1（万元）

(6) 职工福利费应调增所得额 = 31 - 200 × 14% = 3（万元）

(7) 职工教育费应调增所得额 = 18 - 200 × 8% = 2（万元）

(8) 应纳税所得额 = 80 + 50 + 10 + 20.4 + 6 + 1 + 3 + 2 = 172.4（万元）

(9) 由于应纳税所得额小于300万元大于100万元，若该企业从业人数和资产规模符合条件，则可以适用小微企业税收优惠政策，年应缴企业所得税 = 172.4 × 50% × 20% = 17.24（万元）。

【例3-23】某工业制造企业为居民企业，经营业务如下：

产品销售收入为6600万元，产品销售成本4000万元；其他业务收入800万元，其他业务成本660万元；取得购买国债的利息收入40万元；缴纳非增值税销售税金及附加300万元；发生的管理费用760万元，其中新技术的研究开发费用为60万元、业务招待费用70万元；发生财务费用200万元；取得直接投资其他居民企业的权益性收益34万元（已在投资方所在地按15%的税率缴纳了所得税）；取得营业外收入100万元，发生营业外支出250万元（其中含公益性捐赠38万元）。

要求：计算该企业当年应纳的企业所得税。

【解析】

(1) 利润总额 = 6600 + 800 + 40 + 34 + 100 - 4000 - 660 - 300 - 760 - 200 - 250 = 1404（万元）

(2) 国债利息收入免征企业所得税，应调减所得额40万元。

(3) 技术开发费调减所得额 = 60 × 100% = 60（万元）

(4) 按实际发生业务招待费的60%计算 = 70 × 60% = 42（万元）

按销售（营业）收入的5‰计算 = (6600 + 800) × 5‰ = 37（万元）

按照规定税前扣除限额应为37万元，实际应调增应纳税所得额 = 70 - 37 = 33（万元）。

(5) 取得直接投资其他居民企业的权益性收益属于免税收入，应调减应纳税所得额34万元。

(6) 捐赠扣除标准 = 1404 × 12% = 168.48（万元）

实际捐赠额38万元小于扣除标准168.48万元，可按实捐数扣除，不作纳税调整。

(7) 应纳税所得额 = 1404 - 40 - 60 + 33 - 34 = 1303（万元）

(8) 该企业年应缴纳企业所得税 = 1303 × 25% = 325.75（万元）

(二) 境外所得抵扣税额的计算

企业取得的下列所得已在境外缴纳的所得税税额，可以从其当期应纳税额中抵免，抵免限额为该项所得依照本法规定计算的应纳税额；超过抵免限额的部分，可以在以后5个年度内，用每年度抵免限额抵免当年应抵税额后的余额进行抵补：

(1) 居民企业来源于中国境外的应税所得。

(2) 非居民企业在中国境内设立机构、场所，取得发生在中国境外但与该机构、场所有实际联系的应税所得。

居民企业从其直接或者间接控制的外国企业分得的来源于中国境外的股息、红利等权益性投资收益，外国企业在境外实际缴纳的所得税税额中属于该项所得负担的部分，可以作为该居民企业的可抵免境外所得税税额，在企业所得税税法规定的抵免限额内抵免。

上述所称直接控制，是指居民企业直接持有外国企业20%以上股份。

上述所称间接控制，是指居民企业以间接持股方式持有外国企业20%以上股份，具体认定办法由国务院财政、税务主管部门另行制定。

已在境外缴纳的所得税税额，是指企业来源于中国境外的所得依照中国境外税收法律以及相关规定应当缴纳并已经实际缴纳的企业所得税性质的税款。企业依照企业所得税法的规定抵免企业所得税税额时，应当提供中国境外税务机关出具的税款所属年度的有关纳税凭证。

抵免限额，是指企业来源于中国境外的所得，依照企业所得税法和本条例的规定计算的应纳税额。除国务院财政、税务主管部门另有规定外，该抵免限额应当分国（地区）不分项计算，计算公式为：

抵免限额 = 中国境内、境外所得依照企业所得税法和条例规定计算的应纳税总额 × 来源于某国（地区）的应纳税所得额 ÷ 中国境内、境外应纳税所得总额

前述5个年度，是指从企业取得的来源于中国境外的所得，已经在中国境外缴纳的企业所得税性质的税额超过抵免限额的当年的次年起连续5个纳税年度。

企业可以选择按国（地区）别分别计算［即"分国（地区）不分项"］，或者不按国（地区）别汇总计算［即"不分国（地区）不分项"］其来源于境外的应纳税所得额，分别计算其可抵免境外所得税税额和抵免限额。上述方式一经选择，5年内不得改变。

【例3-24】某企业年度境内应纳税所得额为100万元,适用25%的企业所得税税率。另外,该企业分别在A、B两国设有分支机构(我国与A、B两国已经缔结避免双重征税协定),在A国分支机构的应纳税所得额为50万元,A国企业所得税税率为20%;在B国的分支机构的应纳税所得额为30万元,B国企业所得税税率为30%。假设该企业在A、B两国所得按我国税法计算的应纳税所得额和按A、B两国税法计算的应纳税所得额一致,两个分支机构在A、B两国分别缴纳了10万元和9万元的企业所得税。

要求:(1)计算该企业选择"分国(地区)不分项"方法汇总时在我国应缴纳的企业所得税税额。(2)计算该企业选择"不分国(地区)不分项"方法汇总时在我国应缴纳的企业所得税税额。

【解析】

(1)"分国(地区)不分项"方法。

① 该企业按我国税法计算的境内、境外所得的应纳税额。

应纳税额 = (100 + 50 + 30) × 25% = 45(万元)

② A、B两国的扣除限额。

A国扣除限额 = 45 × [50 ÷ (100 + 50 + 30)] = 12.5(万元)

B国扣除限额 = 45 × [30 ÷ (100 + 50 + 30)] = 7.5(万元)

在A国缴纳的所得税为10万元,低于扣除限额12.5万元,可全额扣除。

在B国缴纳的所得税为9万元,高于扣除限额7.5万元,其超过扣除限额的部分1.5万元当年不能扣除。

③ 汇总时在我国应缴纳的所得税 = 45 - 10 - 7.5 = 27.5(万元)

(2)"不分国(地区)不分项"方法。

① 该企业按我国税法计算的境内、境外所得的应纳税额。

应纳税额 = (100 + 50 + 30) × 25% = 45(万元)

② A、B两国的扣除限额。

企业全部境外所得扣除限额 = (50 + 30) × 25% = 20(万元)

在A、B两国已纳税额19万元,小于扣除限额,可以全部在税前扣除。

③ 汇总时在我国应缴纳的所得税 = 45 - 19 = 26(万元)

(三)居民企业核定征收应纳税额的计算

为了加强企业所得税征收管理,规范核定征收企业所得税工作,保障国家税款及时足额入库，维护纳税人合法权益，根据《中华人民共和国企业所得税法》及其实施条例、《中华人民共和国税收征收管理法》及其实施细则的有关规定，核定征收企业所得税的有关规定如下：

1. 核定征收企业所得税的范围

本办法适用于居民企业纳税人，纳税人具有下列情形之一的，核定征收企业所得税：

（1）依照法律、行政法规的规定可以不设置账簿的。

（2）依照法律、行政法规的规定应当设置但未设置账簿的。

（3）擅自销毁账簿或者拒不提供纳税资料的。

（4）虽设置账簿，但账目混乱或者成本资料、收入凭证、费用凭证残缺不全，难以查账的。

（5）发生纳税义务，未按照规定的期限办理纳税申报，经税务机关责令限期申报，逾期仍不申报的。

（6）申报的计税依据明显偏低，又无正当理由的。

特殊行业、特殊类型的纳税人和一定规模以上的纳税人不适用本办法。上述特定纳税人由国家税务总局另行明确。

2. 核定征收的办法

税务机关应根据纳税人具体情况，对核定征收企业所得税的纳税人，核定应税所得率或者核定应纳所得税额。

（1）具有下列情形之一的，核定其应税所得率：

① 能正确核算（查实）收入总额，但不能正确核算（查实）成本费用总额的。

② 能正确核算（查实）成本费用总额，但不能正确核算（查实）收入总额的。

③ 通过合理方法，能计算和推定纳税人收入总额或成本费用总额的。

纳税人不属于以上情形的，核定其应纳所得税额。

（2）税务机关采用下列方法核定征收企业所得税：

① 参照当地同类行业或者类似行业中经营规模和收入水平相近的纳税人的税负水平核定。

② 按照应税收入额或成本费用支出额定率核定。

③ 按照耗用的原材料、燃料、动力等推算或测算核定。

④ 按照其他合理方法核定。

采用前款所列一种方法不足以正确核定应纳税所得额或应纳税额的，可以同时采用两种以上的方法核定。采用两种以上方法测算的应纳税额不一致时，可按测算的应纳税额从高核定。

采用应税所得率方式核定征收企业所得税的，应纳所得税额计算公式如下：

应纳所得税额 = 应纳税所得额 × 适用税率

应纳税所得额 = 应税收入额 × 应税所得率

或：应纳税所得额 = 成本（费用）支出额 ÷ (1 – 应税所得率) × 应税所得率实行应税所得率方式核定征收企业所得税的纳税人，经营多业的，无论其经营

项目是否单独核算，均由税务机关根据其主营项目确定适用的应税所得率。

主营项目应为纳税人所有经营项目中，收入总额或者成本（费用）支出额或者耗用原材料、燃料、动力数量所占比重最大的项目。

应税所得率按表3–6规定的幅度标准确定。

表3–6　　　　　　　　　应税所得率幅度标准

行业	应税所得率（%）
农、林、牧、渔业	3~10
制造业	5~15
批发和零售贸易业	4~15
交通运输业	7~15
建筑业	8~20
饮食业	8~25
娱乐业	15~30
其他行业	10~30

纳税人的生产经营范围、主营业务发生重大变化，或者应纳税所得额或应纳税额增减变化达到20%的，应及时向税务机关申报调整已确定的应纳税额或应税所得率。

【例3–25】某企业不能正确核算收入总额，发生成本费用3800万元，税务机关核定的应税所得率为10%。计算该企业应缴纳企业所得税。

【解析】应纳税所得额

= 成本费用支出额 ÷ (1 – 应税所得率) × 应税所得率

= 3800 ÷ (1 – 10%) × 10% = 422（万元）

应纳所得税额 = 应纳税所得额 × 适用税率 = 422 × 25% = 105.5（万元）

3. 核定征收企业所得税的管理

（1）主管税务机关应及时向纳税人送达《企业所得税核定征收鉴定表》，及时完成对其核定征收企业所得税的鉴定工作。

（2）税务机关应在每年 6 月底前对上年度实行核定征收企业所得税的纳税人进行重新鉴定。重新鉴定工作完成前，纳税人可暂按上年度的核定征收方式预缴企业所得税；重新鉴定工作完成后，按重新鉴定的结果进行调整。

（3）主管税务机关应当分类逐户公示核定的应纳所得税额或应税所得率。主管税务机关应当按照便于纳税人及社会各界了解、监督的原则确定公示地点和方式。

纳税人对税务机关确定的企业所得税征收方式、核定的应纳所得税额或应税所得率有异议的，应当提供合法、有效的相关证据，税务机关经核实认定后调整有异议的事项。

（四）非居民企业应纳税额的计算

对于在中国境内未设立机构、场所的，或者虽设立机构、场所但取得的所得与其所设机构、场所没有实际联系的非居民企业的所得，按照下列方法计算应纳税所得额：

（1）股息、红利等权益性投资收益和利息、租金、特许权使用费所得，以收入全额为应纳税所得额。

（2）转让财产所得，以收入全额减除财产净值后的余额为应纳税所得额。

（3）其他所得，参照前两项规定的方法计算应纳税所得额。

财产净值是指财产的计税基础减除已经按照规定扣除的折旧、折耗、摊销、准备金等后的余额。

具体征收管理规定如下：

① 扣缴义务人在每次向非居民企业支付或者到期应支付所得时，应从支付或者到期应支付的款项中扣缴企业所得税。

到期应支付的款项，是指支付人按照权责发生制原则应当计入相关成本、费用的应付款项。

扣缴义务人每次代扣代缴税款时，应当向其主管税务机关报送《中华人民共和国扣缴企业所得税报告表》（以下简称扣缴表）及相关资料，并自代扣之日起 7 日内缴入国库。

【例3-26】 境外某公司在中国境内未设立机构、场所,本年度取得境内甲公司支付的贷款利息收入100万元,取得境内乙公司支付的财产转让收入80万元,该项财产净值60万元。计算本年度该境外公司在我国应纳企业所得税。

【解析】 应纳企业所得税 = 100 × 10% + (80 - 60) × 10% = 12(万元)

② 扣缴企业所得税应纳税额计算。

扣缴企业所得税应纳税额 = 应纳税所得额 × 实际征收率

应纳税所得额的计算,按上述(1)~(3)项的规定为标准;实际征收率是指企业所得税法及其实施条例等相关法律法规规定的税率,或者税收协定规定的更低的税率。

九、特别纳税调整

(一)调整范围

特别纳税调整范围,是指企业与其关联方之间的业务往来,不符合独立交易原则而减少企业或者其关联方应纳税收入或者所得额的,税务机关有权按照合理方法调整。企业与其关联方共同开发、受让无形资产,或者共同提供、接受劳务发生的成本,在计算应纳税所得额时应当按照独立交易原则进行分摊。

上述所称独立交易原则,是指没有关联关系的交易各方,按照公平成交价格和营业常规进行业务往来遵循的原则。

1. 关联方

关联方是指与企业有下列关联关系之一的企业、其他组织或者个人,具体指:

(1)在资金、经营、购销等方面存在直接或者间接的控制关系。

(2)直接或者间接地同为第三者控制。

(3)在利益上具有相关联的其他关系。

2. 关联企业之间关联业务的税务处理

(1)企业与其关联方共同开发、受让无形资产,或者共同提供、接受劳务发生的成本,在计算应纳税所得额时应当按照独立交易原则进行分摊。

(2)企业与其关联方分摊成本时,应当按照成本与预期收益相配比的原则进行分摊,并在税务机关规定的期限内,按照税务机关的要求报送有关资料。

(3)企业与其关联方分摊成本时违反以上(1)、(2)规定的,其自行分摊的成本不得在计算应纳税所得额时扣除。

（4）企业可以向税务机关提出与其关联方之间业务往来的定价原则和计算方法，税务机关与企业协商、确认后，达成预约定价安排。

预约定价安排，是指企业就其未来年度关联交易的定价原则和计算方法，向税务机关提出申请，与税务机关按照独立交易原则协商、确认后达成的协议。

（5）企业向税务机关报送年度企业所得税纳税申报表时，应当就其与关联方之间的业务往来，附送年度关联业务往来报告表。

税务机关在进行关联业务调查时，企业及其关联方，以及与关联业务调查有关的其他企业，应当按照规定提供相关资料。相关资料是指：

① 与关联业务往来有关的价格、费用的制定标准、计算方法和说明等同期资料。

② 关联业务往来所涉及的财产、财产使用权、劳务等的再销售（转让）价格或者最终销售（转让）价格的相关资料。

③ 与关联业务调查有关的其他企业应当提供的与被调查企业可比的产品价格、定价方式以及利润水平等资料。

④ 其他与关联业务往来有关的资料。

（6）由居民企业，或者由居民企业和中国居民控制的设立在实际税负明显低于25%的税率水平的国家（地区）的企业，并非由于合理的经营需要而对利润不做分配或者减少分配的，上述利润中应归属于该居民企业的部分，应当计入该居民企业的当期收入。所指控制包括：

① 居民企业或者中国居民直接或者间接单一持有外国企业10%以上有表决权股份，且由其共同持有该外国企业50%以上股份。

② 居民企业，或者居民企业和中国居民持股比例没有达到第（1）项规定的标准，但在股份、资金、经营、购销等方面对该外国企业构成实质控制。

③ 上述所指的实际税负明显偏低是指实际税负明显低于企业所得税法规定的25%所得税税率的50%。

（7）企业从其关联方接受的债权性投资与权益性投资的比例超过规定标准而发生的利息支出，不得在计算应纳税所得额时扣除。企业间接从关联方获得的债权性投资，包括：

① 关联方通过无关联第三方提供的债权性投资。

② 无关联第三方提供的、由关联方担保且负有连带责任的债权性投资。

③ 其他间接从关联方获得的具有负债实质的债权性投资。

前述所称权益性投资，是指企业接受的不需要偿还本金和支付利息，投资人对企业净资产拥有所有权的投资。

(8) 母子公司间提供服务支付费用有关企业所得税处理：

① 母公司为其子公司（以下简称子公司）提供各种服务而发生的费用，应按照独立企业之间公平交易原则确定服务的价格，作为企业正常的劳务费用进行税务处理。

母子公司未按照独立企业之间的业务往来收取价款的，税务机关有权予以调整。

② 母公司向其子公司提供各项服务，双方应签订服务合同或协议，明确规定提供服务的内容、收费标准及金额等，凡按上述合同或协议规定所发生的服务费，母公司应作为营业收入申报纳税；子公司作为成本费用在税前扣除。

③ 母公司向其多个子公司提供同类项服务，其收取的服务费可以采取分项签订合同或协议收取；也可以采取服务分摊协议的方式，即由母公司与各子公司签订服务费用分摊合同或协议，以母公司为其子公司提供服务所发生的实际费用并附加一定比例的利润作为向子公司收取的总服务费，在各服务受益子公司（包括盈利企业、亏损企业和享受减免税企业）之间按《中华人民共和国企业所得税法》第四十一条第二款规定合理分摊。

④ 母公司以管理费形式向子公司提取费用，子公司因此支付给母公司的管理费，不得在税前扣除。

⑤ 子公司申报税前扣除向母公司支付的服务费用，应向主管税务机关提供与母公司签订的服务合同或者协议等与税前扣除该项费用相关的材料。不能提供相关材料的，支付的服务费用不得税前扣除。

（二）调整方法

税法规定对关联企业所得不实的，调整方法如下：

（1）可比非受控价格法，是指按照没有关联关系的交易各方进行相同或者类似业务往来的价格进行定价的方法。

（2）再销售价格法，是指按照从关联方购进商品再销售给没有关联关系的交易方的价格，减除相同或者类似业务的销售毛利进行定价的方法。

（3）成本加成法，是指按照成本加合理的费用和利润进行定价的方法。

（4）交易净利润法，是指按照没有关联关系的交易各方进行相同或者类似业务往来取得的净利润水平确定利润的方法。

（5）利润分割法，是指将企业与其关联方的合并利润或者亏损在各方之间采用合理标准进行分配的方法。

（6）其他符合独立交易原则的方法。

【例 3-27】 甲企业销售一批货物给乙企业，该销售行为取得利润 20 万元；乙企业将该批货物销售给丙企业，取得利润 200 万元。税务机关经过调查后认定甲企业和乙企业之间存在关联交易，将 200 万元的利润按照 6:4 的比例在甲和乙之间分配。请问该调整方法是哪一种？

【解析】 由于利润分割法是指根据企业与其关联方对关联交易合并利润的贡献计算各自应该分配的利润额，因此甲、乙企业间的分配调整方法是利润分割法。

（三）核定征收

企业不提供与其关联方之间业务往来资料，或者提供虚假、不完整资料，未能真实反映其关联业务往来情况的，税务机关有权依法核定其应纳税所得额。核定方法有：

（1）参照同类或者类似企业的利润率水平核定。
（2）按照企业成本加合理的费用和利润的方法核定。
（3）按照关联企业集团整体利润的合理比例核定。
（4）按照其他合理方法核定。

企业对税务机关按照前款规定的方法核定的应纳税所得额有异议的，应当提供相关证据，经税务机关认定后，调整核定的应纳税所得额。

（四）加收利息

企业实施其他不具有合理商业目的的安排而减少其应纳税收入或者所得额的，税务机关有权按照合理方法调整。不具有合理商业目的，是指以减少、免除或者推迟缴纳税款为主要目的。

税务机关依照规定进行特别纳税调整后，除了应当补征税款外，还应按照国务院规定加收利息。

应当对补征的税款，自税款所属纳税年度的次年 6 月 1 日起至补缴税款之日止的期间，按日加收利息。加收的利息不得在计算应纳税所得额时扣除。

利息，应当按照税款所属纳税年度中国人民银行公布的与补税期间同期的人民币贷款基准利率加 5 个百分点计算。

企业依照企业所得税法规定，在报送年度企业所得税纳税申报表时，附送了年度关联业务往来报告表的，可以只按规定的人民币贷款基准利率计算利息。

企业与其关联方之间的业务往来，不符合独立交易原则，或者企业实施其他不具有合理商业目的安排的，税务机关有权在该业务发生的纳税年度起 10 年内，进行纳税调整。

【例 3 - 28】 2021 年 5 月 10 日，税务机关在检查某公司的纳税申报情况过程中，发现该公司 2019 年的业务存在关联交易，少缴纳企业所得税 30 万元。该公司于 2021 年 6 月 1 日补缴了该税款，并报送了 2019 年度关联企业业务往来报告表等相关资料（假设中国人民银行公布的同期人民币贷款年利率为 5.5%）。请问应对该公司补缴税款加收多少利息？

【解析】 应加收利息 = 30 × 5.5% ÷ 365 × 365 = 1.65（万元）

十、企业重组的税务处理

重组分为一般性重组和特殊性重组，体现在确定损失和收益的时间上。一般性重组，转让所得或损失应在交易发生时确定；特殊性重组，符合条件时可以选择暂时推迟相关转让所得或损失。

（一）企业重组的定义

企业重组，是指企业在日常经营活动以外发生的法律结构或经济结构重大改变的交易，包括企业法律形式改变、债务重组、股权收购、资产收购、合并、分立等。

（1）企业法律形式改变，是指企业注册名称、住所以及企业组织形式等的简单改变，但符合本通知规定其他重组的类型除外。

（2）债务重组，是指在债务人发生财务困难的情况下，债权人按照其与债务人达成的书面协议或者法院裁定书，就其债务人的债务做出让步的事项。

（3）股权收购，是指一家企业（以下称为收购企业）购买另一家企业（以下称为被收购企业）的股权，以实现对被收购企业控制的交易。收购企业支付对价的形式包括股权支付、非股权支付或两者的组合。

（4）资产收购，是指一家企业（以下称为受让企业）购买另一家企业（以下称为转让企业）实质经营性资产的交易。受让企业支付对价的形式包括股权支付、非股权支付或两者的组合。

（5）合并，是指一家或多家企业（以下称为被合并企业）将其全部资产和负债转让给另一家现存或新设企业（以下称为合并企业），被合并企业股东换取合并企业的股权或非股权支付，实现两个或两个以上企业的依法合并。

（6）分立，是指一家企业（以下称为被分立企业）将部分或全部资产分离转让给现存或新设的企业（以下称为分立企业），被分立企业股东换取分立企业的股权或非股权支付，实现企业的依法分立。

股权支付，是指企业重组中购买、换取资产的一方支付的对价中，以本企业或其控股企业的股权、股份作为支付的形式；

所称非股权支付，是指以本企业的现金、银行存款、应收款项、本企业或其控股企业股权和股份以外的有价证券、存货、固定资产、其他资产以及承担债务等作为支付的形式。

（二）一般重组性税务处理

企业重组，除符合本通知规定适用特殊性税务处理规定的外，按以下规定进行税务处理：

（1）企业由法人转变为个人独资企业、合伙企业等非法人组织，或将登记注册地转移至中华人民共和国境外（包括港澳台地区），应视同企业进行清算、分配，股东重新投资成立新企业。企业的全部资产以及股东投资的计税基础均应以公允价值为基础确定。

企业发生其他法律形式简单改变的，可直接变更税务登记，除另有规定外，有关企业所得税纳税事项（包括亏损结转、税收优惠等权益和义务）由变更后的企业承继，但因住所发生变化而不符合税收优惠条件的除外。

（2）企业债务重组，相关交易应按以下规定处理：

① 以非货币资产清偿债务，应当分解为转让相关非货币性资产、按非货币性资产公允价值清偿债务两项业务，确认相关资产的所得或损失。

② 发生债权转股权的，应当分解为债务清偿和股权投资两项业务，确认有关债务清偿所得或损失。

③ 债务人应当按照支付的债务清偿额低于债务计税基础的差额，确认债务重组所得；债权人应当按照收到的债务清偿额低于债权计税基础的差额，确认债务

重组损失。

④ 债务人的相关所得税纳税事项原则上保持不变。

（3）企业股权收购、资产收购重组交易，相关交易应按以下规定处理：

① 被收购方应确认股权、资产转让所得或损失。

② 收购方取得股权或资产的计税基础应以公允价值为基础确定。

③ 被收购企业的相关所得税事项原则上保持不变。

（4）企业合并，当事各方应按下列规定处理：

① 合并企业应按公允价值确定接受被合并企业各项资产和负债的计税基础。

② 被合并企业及其股东都应按清算进行所得税处理。

③ 被合并企业的亏损不得在合并企业结转弥补。

（5）企业分立，当事各方应按下列规定处理：

① 被分立企业对分立出去的资产应按公允价值确认资产转让所得或损失。

② 分立企业应按公允价值确认接受资产的计税基础。

③ 被分立企业继续存在时，其股东取得的对价应视同被分立企业分配进行处理。

④ 被分立企业不再继续存在时，被分立企业及其股东都应按清算进行所得税处理。

⑤ 企业分立相关企业的亏损不得相互结转弥补。

（三）特殊重组

（1）企业重组同时符合下列条件的，适用特殊性税务处理规定：

① 具有合理的商业目的，且不以减少、免除或者推迟缴纳税款为主要目的。

② 被收购、合并或分立部分的资产或股权比例符合本通知规定的比例。

③ 企业重组后的连续 12 个月内不改变重组资产原来的实质性经营活动。

④ 重组交易对价中涉及股权支付金额符合本通知规定比例。

⑤ 企业重组中取得股权支付的原主要股东，在重组后连续 12 个月内，不得转让所取得的股权。

（2）企业重组符合上述五项条件的，交易各方对其交易中的股权支付部分，可以按以下规定进行特殊性税务处理：

① 企业债务重组确认的应纳税所得额占该企业当年应纳税所得额 50% 以上，可以在 5 个纳税年度的期间内，均匀计入各年度的应纳税所得额。

企业发生债权转股权业务,对债务清偿和股权投资两项业务暂不确认有关债务清偿所得或损失,股权投资的计税基础以原债权的计税基础确定。

企业的其他相关所得税事项保持不变。

② 股权收购,收购企业购买的股权不低于被收购企业全部股权的50%,且收购企业在该股权收购发生时的股权支付金额不低于其交易支付总额的85%,可以选择按以下规定处理:

被收购企业的股东取得收购企业股权的计税基础,以被收购股权的原有计税基础确定。

收购企业取得被收购企业股权的计税基础,以被收购股权的原有计税基础确定。

收购企业、被收购企业的原有各项资产和负债的计税基础和其他相关所得税事项保持不变。

③ 资产收购,受让企业收购的资产不低于转让企业全部资产的50%,且受让企业在该资产收购发生时的股权支付金额不低于其交易支付总额的85%,可以选择按以下规定处理:

转让企业取得受让企业股权的计税基础,以被转让资产的原有计税基础确定。

受让企业取得转让企业资产的计税基础,以被转让资产的原有计税基础确定。

④ 企业合并,企业股东在该企业合并发生时取得的股权支付金额不低于其交易支付总额的85%,以及同一控制下且不需要支付对价的企业合并,可以选择按以下规定处理:

合并企业接受被合并企业资产和负债的计税基础,以被合并企业的原有计税基础确定。

被合并企业合并前的相关所得税事项由合并企业承继。

可由合并企业弥补的被合并企业亏损的限额 = 被合并企业净资产公允价值 × 截至合并业务发生当年年末国家发行的最长期限的国债利率。

被合并企业股东取得合并企业股权的计税基础,以其原持有的被合并企业股权的计税基础确定。

⑤ 企业分立,被分立企业所有股东按原持股比例取得分立企业的股权,分立企业和被分立企业均不改变原来的实质经营活动,且被分立企业股东在该企业分立发生时取得的股权支付金额不低于其交易支付总额的85%,可以选择按以下规定处理:

分立企业接受被分立企业资产和负债的计税基础，以被分立企业的原有计税基础确定。

被分立企业已分立出去资产相应的所得税事项由分立企业承继。

被分立企业未超过法定弥补期限的亏损额可按分立资产占全部资产的比例进行分配，由分立企业继续弥补。

被分立企业的股东取得分立企业的股权（以下简称"新股"），如需部分或全部放弃原持有的被分立企业的股权（以下简称"旧股"），"新股"的计税基础应以放弃"旧股"的计税基础确定。如无须放弃"旧股"，则其取得"新股"的计税基础可从以下两种方法中选择确定：直接将"新股"的计税基础确定为零；或者以被分立企业分立出去的净资产占被分立企业全部净资产的比例先调减原持有的"旧股"的计税基础，再将调减的计税基础平均分配到"新股"上。

十一、征收管理

（一）纳税地点

（1）除税收法律、行政法规另有规定外，居民企业以企业登记注册地为纳税地点；但登记注册地在境外的，以实际管理机构所在地为纳税地点。企业注册登记地，是指企业依照国家有关规定登记注册的住所地。

（2）居民企业在中国境内设立不具有法人资格的营业机构的，应当汇总计算并缴纳企业所得税。企业汇总计算并缴纳企业所得税时，应当统一核算应纳税所得额，具体办法由国务院财政、税务主管部门另行制定。

（3）非居民企业在中国境内设立机构、场所的，应当就其所设机构、场所取得的来源于中国境内的所得，以及发生在中国境外但与其所设机构、场所有实际联系的所得，以机构、场所所在地为纳税地点。非居民企业在中国境内设立两个或者两个以上机构、场所的，可以选择由其主要机构、场所汇总缴纳企业所得税。非居民企业经批准汇总缴纳企业所得税后，需要增设、合并、迁移、关闭机构、场所或者停止机构、场所业务的，应当事先由负责汇总申报缴纳企业所得税的主要机构、场所向其所在地税务机关报告；需要变更汇总缴纳企业所得税的主要机构、场所的，依照前款规定办理。

（4）非居民企业在中国境内未设立机构、场所的，或者虽设立机构、场所但取得的所得与其所设机构、场所没有实际联系的所得，以扣缴义务人所在地为纳税地点。

（5）除国务院另有规定的外，企业之间不得合并缴纳企业所得税。

（二）纳税期限

企业所得税按年计征，分月或者分季预缴，年终汇算清缴，多退少补。

企业所得税的纳税年度，自公历每年1月1日起至12月31日止。企业在一个纳税年度的中间开业，或者由于合并、关闭等原因终止经营活动，使该纳税年度的实际经营期不足12个月的，应当以其实际经营期为一个纳税年度。企业清算时，应当以清算期间作为一个纳税年度。

自年度终了之日起5个月内，向税务机关报送年度企业所得税纳税申报表，并汇算清缴，结清应缴应退税款。

企业在年度中间终止经营活动的，应当自实际经营终止之日起60日内，向税务机关办理当期企业所得税汇算清缴。

（三）纳税申报

按月或按季预缴的，应当自月份或者季度终了之日起15日内，向税务机关报送预缴企业所得税纳税申报表，预缴税款。

企业在报送企业所得税纳税申报表时，应当按照规定附送财务会计报告和其他有关资料。

企业应当在办理注销登记前，就当期清算所得向税务机关申报并依法缴纳企业所得税。

依照企业所得税法缴纳的企业所得税，以人民币计算。所得以人民币以外的货币计算的，应当折合成人民币计算并缴纳税款。

企业在纳税年度内无论盈利或者亏损，都应当依照企业所得税法第五十四条规定的期限，向税务机关报送预缴企业所得税纳税申报表、年度企业所得税纳税申报表、财务会计报告和税务机关规定应当报送的其他有关资料。

（四）跨地区经营汇总纳税企业所得税征收管理

1. 基本原则与适用范围

为加强跨地区经营汇总纳税企业所得税征收管理，根据《中华人民共和国企业所得税法》及其实施条例、《中华人民共和国税收征收管理法》及其实施细则和财政部、国家税务总局、中国人民银行《关于印发〈跨省市总分机构企业所得税分配及预算管理暂行办法〉的通知》（以下简称《暂行办法》）的有关规定，制定本办法。

（1）居民企业在中国境内跨地区（指跨省、自治区、直辖市和计划单列市，下同）设立不具有法人资格的营业机构、场所（以下简称分支机构）的，该居民企业为汇总纳税企业（以下简称企业），除另有规定外，适用本办法。

铁路运输企业（包括广铁集团和大秦铁路公司）、国有邮政企业、中国工商银行股份有限公司、中国农业银行、中国银行股份有限公司、国家开发银行、中国农业发展银行、中国进出口银行、中央汇金投资有限责任公司、中国建设银行股份有限公司、中国建银投资有限责任公司、中国石油天然气股份有限公司、中国石油化工股份有限公司以及海洋石油天然气企业（包括港澳台和外商投资、外国海上石油天然气企业）等缴纳所得税未纳入中央和地方分享范围的企业，不适用本办法。

（2）企业实行"统一计算、分级管理、就地预缴、汇总清算、财政调库"的企业所得税征收管理办法。

统一计算，是指企业总机构统一计算包括企业所属各个不具有法人资格的营业机构、场所在内的全部应纳税所得额、应纳税额。

分级管理，是指总机构、分支机构所在地的主管税务机关都有对当地机构进行企业所得税管理的责任，总机构和分支机构应分别接受机构所在地主管税务机关的管理。

就地预缴，是指总机构、分支机构应按本办法的规定，分月或分季分别向所在地主管税务机关申报预缴企业所得税。

汇总清算，是指在年度终了后，总机构负责进行企业所得税的年度汇算清缴。统一计算企业的年度应纳所得税额，抵减总机构、分支机构当年已就地分期预缴的企业所得税款后，多退少补税款。

财政调库，是指财政部定期将缴入中央国库的跨地区总分机构企业所得税待分配收入，按照核定的系数调整至地方金库。

（3）总机构和具有主体生产经营职能的二级分支机构，就地分期预缴企业所得税。

二级分支机构及其下属机构均由二级分支机构集中就地预缴企业所得税，三级及以上分支机构不就地预缴企业所得税，其经营收入、职工工资和资产总额统一计入二级分支机构。

总机构设立具有独立生产经营职能部门，且具有独立生产经营职能部门的经营收入、职工工资和资产总额与管理职能部门分开核算的，可将具有独立生产经营职能的部门视同一个分支机构，就地预缴企业所得税。具有独立生产经营职能部门与管理职能部门的经营收入、职工工资和资产总额不能分开核算的，具有独立生产经营职能的部门不得视为同一个分支机构，不就地预缴企业所得税。

不具有主体生产经营职能，且在当地不缴纳增值税的产品售后服务、内部研发、仓储等企业内部辅助性的二级及以下分支机构，不就地预缴企业所得税。

上年度认定为小型微利企业的，其分支机构不就地预缴企业所得税。

新设立的分支机构，设立当年不就地预缴企业所得税。

撤销的分支机构，撤销当年剩余期限内应分摊的企业所得税款由总机构缴入中央国库。

企业在中国境外设立的不具有法人资格的营业机构，不就地预缴企业所得税。

（4）企业计算分期预缴的所得税时，其实际利润额、应纳税额及分摊因素数额，均不包括其在中国境外设立的营业机构。

（5）总机构和分支机构处于不同税率地区的，先由总机构统一计算全部应纳税所得额，然后依照本办法第十九条规定的比例和第二十三条规定的三因素及其权重，计算划分不同税率地区机构的应纳税所得额后，再分别按总机构和分支机构所在地的适用税率计算应纳税额。

（6）总机构和分支机构2007年及以前年度按独立纳税人计缴所得税尚未弥补完的亏损，允许在法定剩余年限内继续弥补。

2. 税款预缴和汇算清缴

（1）企业应根据当期实际利润额，按照本办法规定的预缴分摊方法计算总机构和分支机构的企业所得税预缴额，分别由总机构和分支机构分月或者分季就地预缴。

在规定期限内按实际利润额预缴有困难的，经总机构所在地主管税务机关认可，可以按照上一年度应纳税所得额的1/12或1/4，由总机构、分支机构就地预缴企业所得税。

预缴方式一经确定，当年度不得变更。

(2) 总机构和分支机构应分期预缴的企业所得税，50%在各分支机构间分摊预缴，50%由总机构预缴。总机构预缴的部分，其中25%就地入库，25%预缴入中央国库，按照《暂行办法》的有关规定进行分配。

(3) 按照当期实际利润额预缴的税款分摊方法。

分支机构应分摊的预缴数。总机构根据统一计算的企业当期实际应纳所得税额，在每月或季度终了后10日内，按照各分支机构应分摊的比例，将本期企业全部应纳所得税额的50%在各分支机构之间进行分摊并通知到各分支机构；各分支机构应在每月或季度终了之日起15日内，就其分摊的所得税额向所在地主管税务机关申报预缴。

总机构应分摊的预缴数。总机构根据统一计算的企业当期应纳所得税额的25%，在每月或季度终了后15日内自行就地申报预缴。

总机构缴入中央国库分配税款的预缴数。总机构根据统一计算的企业当期应纳所得税额的25%，在每月或季度终了后15日内自行就地申报预缴。

(4) 按照上一年度应纳税所得额的1/12或1/4预缴的税款分摊方法。

分支机构应分摊的预缴数。总机构根据上年汇算清缴统一计算应缴纳所得税额的1/12或1/4，在每月或季度终了之日起10日内，按照各分支机构应分摊的比例，将本期企业全部应纳所得税额的50%在各分支机构之间进行分摊并通知到各分支机构；各分支机构应在每月或季度终了之日起15日内，就其分摊的所得税额向所在地主管税务机关申报预缴。

总机构应分摊的预缴数。总机构根据上年汇算清缴统一计算应缴纳所得税额的1/12或1/4，将企业全部应纳所得税额的25%的部分，在每月或季度终了后15日内自行向所在地主管税务机关申报预缴。

总机构缴入中央国库分配税款的预缴数。总机构根据上年汇算清缴统一计算应缴纳所得税额的1/12或1/4，将企业全部应纳所得税额的25%的部分，在每月或季度终了后15日内，自行向所在地主管税务机关申报预缴。

(5) 总机构在年度终了后5个月内，应依照法律、法规和其他有关规定进行汇总纳税企业的所得税年度汇算清缴。各分支机构不进行企业所得税汇算清缴。

当年应补缴的所得税款，由总机构缴入中央国库。当年多缴的所得税款，由总机构所在地主管税务机关开具"税收收入退还书"等凭证，按规定程序从中央国库办理退库。

3. 分支机构分摊税款比例

（1）总机构应按照以前年度（1～6月按上上年度，7～12月按上年度）分支机构的经营收入、职工工资和资产总额三个因素计算各分支机构应分摊所得税款的比例，三因素的权重依次为0.35、0.35、0.30，计算公式如下：

某分支机构分摊比例 = 0.35 × （该分支机构营业收入 ÷ 各分支机构营业收入之和）+ 0.35 × （该分支机构工资总额 ÷ 各分支机构工资总额之和）+ 0.30 × （该分支机构资产总额 ÷ 各分支机构资产总额之和）

以上公式中分支机构仅指需要就地预缴的分支机构，该税款分摊比例按上述方法一经确定后，当年不做调整。

公式中所称分支机构经营收入，是指分支机构在销售商品或者提供劳务等经营业务中实现的全部营业收入。其中，生产经营企业的经营收入，是指销售商品、提供劳务等取得的全部收入；金融企业的经营收入，是指利息和手续费等全部收入；保险企业的经营收入，是指保费等全部收入。

公式中所称分支机构职工工资，是指分支机构为获得职工提供的服务而给予职工的各种形式的报酬。

公式中所称分支机构资产总额，是指分支机构拥有或者控制的除无形资产外能以货币计量的经济资源总额。

各分支机构的经营收入、职工工资和资产总额的数据均以企业财务会计决算报告数据为准。

（2）分支机构所在地主管税务机关对总机构计算确定的分摊所得税款比例有异议的，应于收到《中华人民共和国企业所得税汇总纳税分支机构分配表》后30日内向企业总机构所在地主管税务机关提出书面复核建议，并附送相关数据资料。总机构所在地主管税务机关必须于收到复核建议后30日内，对分摊税款的比例进行复核，并做出调整或维持原比例的决定。分支机构所在地主管税务机关应执行总机构所在地主管税务机关的复核决定。

分摊所得税款比例复核期间，分支机构应先按总机构确定的分摊比例申报预缴税款。

4. 征收管理

（1）总机构和分支机构均应依法办理税务登记，接受所在地税务机关的监督和管理。

总机构应在每年6月20日前，将依照本办法第二十三条规定方法计算确定的各分支机构当年应分摊税款的比例,填写《中华人民共和国企业所得税汇总纳税分支机构分配表》(见《国家税务总局关于印发〈中华人民共和国企业所得税月(季)度预缴纳税申报表〉等报表的通知》附件4,该附件填报说明第二条第10项"各分支机构分配比例"的计算公式依照该办法第二十三条的规定执行),报送总机构所在地主管税务机关,同时下发各分支机构。

总机构所在地主管税务机关收到总机构报送的《中华人民共和国企业所得税汇总纳税分支机构分配表》后10日内,应通过国家税务总局跨地区经营汇总纳税企业信息交换平台或邮寄等方式,及时传送给各分支机构所在地主管税务机关。

总机构应当将其所有二级分支机构(包括不参与就地预缴分支机构)的信息及二级分支机构主管税务机关的邮编、地址报主管税务机关备案。

(2)分支机构应将总机构信息、上级机构、下属分支机构信息报主管税务机关备案。分支机构注销后15日内,总机构应将分支机构注销情况报主管税务机关备案。

(3)总机构及其分支机构除按纳税申报规定向主管税务机关报送相关资料外,还应报送《中华人民共和国企业所得税汇总纳税分支机构分配表》、财务会计决算报告和职工工资总额情况表。

(4)分支机构的各项财产损失,应由分支机构所在地主管税务机关审核并出具证明后,再由总机构向所在地主管税务机关申报扣除。

(5)各分支机构主管税务机关应根据总机构主管税务机关反馈的《中华人民共和国企业所得税汇总纳税分支机构分配表》,对其主管分支机构应分摊入库的所得税税款和计算分摊税款比例的3项指标进行查验核对。发现计算分摊税款比例的3项指标有问题的,应及时将相关情况通报总机构主管税务机关。分支机构未按税款分配数额预缴所得税造成少缴税款的,主管税务机关应按照《中华人民共和国税收征收管理法》及其实施细则的有关规定对其处罚,并将处罚结果通知总机构主管税务机关。

(五)合伙企业所得税的征收管理

自2008年1月1日起,合伙企业缴纳的所得税按下列规定处理,此前规定与下列规定有抵触的,以下列规定为准:

(1)合伙企业以每一个合伙人为纳税义务人。合伙企业合伙人是自然人的,缴纳个人所得税；合伙人是法人和其他组织的，缴纳企业所得税。

（2）合伙企业生产经营所得和其他所得采取"先分后税"的原则。具体应纳税所得额的计算按照《关于个人独资企业和合伙企业投资者征收个人所得税的规定》及财政部、国家税务总局《关于调整个体工商户个人独资企业和合伙企业个人所得税税前扣除标准有关问题的通知》的有关规定执行。

前款所称生产经营所得和其他所得，包括合伙企业分配给所有合伙人的所得和企业当年留存的所得（利润）。

（3）合伙企业的合伙人按照下列原则确定应纳税所得额：

① 合伙企业的合伙人以合伙企业的生产经营所得和其他所得，按照合伙协议约定的分配比例确定应纳税所得额。

② 合伙协议未约定或者约定不明确的，以全部生产经营所得和其他所得，按照合伙人协商决定的分配比例确定应纳税所得额。

③ 协商不成的，以全部生产经营所得和其他所得，按照合伙人实缴出资比例确定应纳税所得额。

④ 无法确定出资比例的，以全部生产经营所得和其他所得，按照合伙人数量平均计算每个合伙人的应纳税所得额。

合伙协议不得约定将全部利润分配给部分合伙人。

（4）合伙企业的合伙人是法人和其他组织的，合伙人在计算其缴纳企业所得税时，不得用合伙企业的亏损抵减其盈利。

（六）源泉扣缴

1. 扣缴义务人

（1）对非居民企业在中国境内未机构、场所的，或者虽设立机构、场所但取得的所得与其所设机构、场所没有实际联系的所得应缴纳的所得税实行源泉扣缴，以支付人为扣缴义务人。税款由扣缴义务人在每次支付或者到期应支付时，从支付或者到期应支付的款项中扣缴。

上述所称支付人，是指依照有关法律规定或者合同约定对非居民企业直接负有支付相关款项义务的单位或者个人。

上述所称支付，包括现金支付、汇拨支付、转账支付和权益兑价支付等货币支付和非货币支付。

上述所称到期应支付的款项，是指支付人按照权责发生制原则应当计入相关成本、费用的应付款项。

（2）对非居民企业在中国境内取得工程作业和劳务所得应缴纳的所得税，税务机关可以指定工程价款或者劳务费的支付人为扣缴义务人。

2. 扣缴方法

（1）扣缴义务人扣缴税款时，按前述第六节非居民企业计算方法计算税款。

（2）应当扣缴的所得税，扣缴义务人未依法扣缴或者无法履行扣缴义务的，由企业在所得发生地缴纳。企业未依法缴纳的，税务机关可以从该企业在中国境内其他收入项目的支付人应付的款项中，追缴该企业的应纳税款。

上述所称所得发生地，是指依照《实施条例》第七条规定的原则确定的所得发生地。在中国境内存在多处所得发生地的，由企业选择其中之一申报缴纳企业所得税。

上述所称该企业在中国境内其他收入，是指该企业在中国境内取得的其他各种来源的收入。

（3）税务机关在追缴该企业应纳税款时，应当将追缴理由、追缴数额、缴纳期限和缴纳方式等告知该企业。

（4）扣缴义务人每次代扣的税款，应当自代扣之日起 7 日内缴入国库，并向所在地的税务机关报送扣缴企业所得税报告表。

关键概念

居民企业　　非居民企业　　应纳税所得额　　应纳税所得税额　　收入总额
不征税收入　　免税收入　　各项扣除金额　　弥补亏损

思考题

1. 企业所得税有哪些特点？
2. 企业所得税纳税人有哪些？他们各自的征税对象是什么？
3. 如何判断所得来源地？
4. 企业所得税税率是如何规定的？
5. 如何确定收入时间？
6. 所得扣除项目中哪些是有限额的？具体规定如何？

第二节 个人所得税

学习目标

1. 熟悉个人所得税的征税范围、纳税人和税率。
2. 熟练掌握个人所得税的计税依据和应纳税额的计算。
3. 熟悉个人所得税减免税优惠。
4. 了解个人所得税的申报和缴纳。

引导案例

李某的哪些收入需要缴纳个人所得税呢？

中国公民李某为一文工团演员，某年度 1~12 月收入情况如下：（1）每月取得工薪收入 6000 元，12 月取得年终一次性奖金 36000 元；（2）每月参加赴郊县乡村文艺演出一次，每一次收入 3000 元，每次均通过当地教育局向农村义务教育捐款 2000 元；（3）取得定期存款利息 10000 元；（4）在 A 国讲学一次，取得收入 50000 元，已按该国税法规定在该国缴纳了个人所得税 8000 元；（5）在 B 国出版自传作品一部，取得稿酬 160000 元，已按 B 国税法规定在该国缴纳了个人所得税 16000 元。请问李某的哪些收入需要缴纳个人所得税？应缴多少？

一、个人所得税概述

个人所得税是以个人（自然人）取得的各项应税所得为征税对象所征收的一种税。

个人所得，有狭义和广义之分。狭义的个人所得，仅限于每年经常、反复发生的所得。广义的个人所得，是指个人在一定期间内，通过各种来源或方式所获得的一切利益，而不论这种利益是偶然的，还是临时的，是货币、有价证券的，还是实物的。目前，包括我国在内的世界各国所实行的个人所得税，大多以这种广义解释的个人所得概念为基础。现行世界各国实行的个人所得税制有综合所得税制、分类所得税制、综合与分类所得税制三种，我国实行的是综合分类所得税制。

我国计划经济时期对个人基本不征税,"无税论"被作为社会主义优越性广为宣传。党的十一届三中全会以后,我国实行对外开放政策,随着对外经济交往的不断扩大,来华工作、取得收入的外籍人员日益增多。为了维护国家的税收权益,第五届全国人民代表大会根据国际惯例,于1980年9月公布了《中华人民共和国个人所得税法》,开征个人所得税,统一适用于中国公民和在我国取得收入的外籍人员。我国的个人所得税制度至此开始建立。当时的工资薪金税前扣除金额为800元。由于国内居民工资收入很低,1980年职工人均年工资收入762元,人均月收入63.5元,所以绝大多数国内居民不在征税范围之内。1986年和1987年,国务院发布了《中华人民共和国个人收入调节税暂行条例》,规定对本国公民的个人收入统一征收个人收入调节税。随着我国经济体制改革的不断深入,我国个体经济的迅速恢复和发展,为了调节个体工商户的所得,同年开始实施《中华人民共和国城乡个体工商业所得税暂行条例》。这样,我国对个人所得的征税制度就形成了个人所得税、城乡个体工商户所得税和个人收入调节税等三税并存的格局。

我国社会主义市场经济体制改革的目标确定后,要求税法统一、税负公平、税制简化的呼声越来越高。为了统一、规范和完善对个人所得的课税制度,第八届全国人民代表大会常务委员会在对原三部个人所得课税的法律、法规进行修改、合并的基础上,于1993年10月31日公布了修改后的《中华人民共和国个人所得税法》(以下简称《个人所得税法》),自1994年1月1日起施行。国务院于1994年1月28日发布了《中华人民共和国个人所得税法实施条例》(以下简称《个人所得税法实施条例》)。规定不分内、外,所有中国居民和有来源于中国所得的非居民,均应依法缴纳个人所得税。之后,根据我国国民经济和社会发展的情况,全国人大常委会分别于1999年8月30日、2005年10月27日,2007年6月29日、2007年12月29日对《个人所得税法》进行了四次修订,国务院相应地对《个人所得税法实施条例》进行了修订,并于2008年2月18日进行了第二次修订。2011年9月又进行了相应的调整,提升了工薪所得减除费用标准,规定将九级累进税率改为七级累进。2018年8月31日,第十三届全国人民代表大会常务委员会第五次会议决定,从2018年10月1日起,工资薪金扣除标准每月5000元,并明确从2019年1月1日起,居民个人取得工资薪金、劳务报酬、稿酬所得、特许权使用费所得,按纳税年度合并计算个人所得税；非居民个人此四项所得，按月或者按次分项计算个人所得税，税率表也相应进行了调整。

二、个人所得税的特点

（一）实行三种征收模式

目前世界各国的个人所得税制主要分为三种类型：分类所得税制、综合所得税制和混合所得税制。这三种税制各有所长，各国可根据本国具体情况选择、运用。我国现行个人所得税采用的是混合所得税制（也称为分类所得税制），即将个人取得的各种所得划分为9类，其中工资薪金所得、劳务报酬所得、稿酬所得和特许权转让所得综合计算，其他5类分类计算个人所得税。实行分类课征制度，可以广泛采用源泉扣缴办法，加强源泉控管，简化纳税手续，方便征纳双方。同时，还可以对不同所得实行不同的征税方法，便于体现国家的政策。

（二）累进税率与比例税率并用

比例税率计算简便，便于实行源泉扣缴，一般适用于分类所得税制；累进税率可以合理调节收入分配，体现公平，一般适用于综合所得税制。我国现行个人所得税根据各类个人所得的不同性质和特点，将这两种形式的税率综合运用于个人所得税制。综合所得、经营所得采用累进税率，实行量能负担。对其他所得采用比例税率，实行等比负担。

（三）规定了费用扣除额

各国的个人所得税均有费用扣除的规定，只是扣除的方法及额度不尽相同。我国本着费用扣除从宽、从简的原则，采用费用定额扣除和定率扣除两种方法。对工资、薪金所得，每月减除费用从2018年10月起调至5000元；劳务报酬所得、稿酬所得、特许权使用费所得以收入减除20%的费用后的余额为收入额。稿酬所得的收入额再减按70%计算。按照这样的标准减除费用，实际上等于对绝大多数的工资、薪金所得予以免税或只征很少的税款，也使得提供一般劳务、取得中低劳务报酬所得的个人大多不用负担个人所得税，符合量能负担的原则。

（四）采取源泉扣缴和自行申报两种征纳方法

我国《个人所得税法》规定，对纳税人的应纳税额分别采取由支付单位源泉扣缴和纳税人自行申报两种方法。对凡是可以在应税所得的支付环节扣缴个人所得税的，均由扣缴义务人履行代扣代缴义务；对于没有扣缴义务人的，综合所得需要自行申报纳税。此外，对其他不便于扣缴税款的，亦规定由纳税人自行申报纳税。

三、个人所得税的纳税义务人

《中华人民共和国个人所得税法》第一条规定：在中国境内有住所，或者无住所而一个纳税年度内在中国境内居住累计满一百八十三天的个人，为居民个人。居民个人从中国境内和境外取得的所得，依照本法规定缴纳个人所得税。在中国境内无住所又不居住，或者无住所而一个纳税年度内在中国境内居住累计不满一百八十三天的个人，为非居民个人。非居民个人从中国境内取得的所得，依照本法规定缴纳个人所得税。

由此可见，我国个人所得税的纳税人分为居民纳税人和非居民纳税人，包括中国公民、个体工商户、外籍个人、香港、澳门、台湾同胞等。

（一）居民纳税人与非居民纳税人的判定标准

在实际生活中，自然人的情况比较复杂。一个自然人在一国有无住所，是否居住，居住多长时间，情况各异。根据什么样的标准确定其纳税人身份和应当承担的纳税义务，这里涉及一个纳税人身份，尤其是居民纳税人身份如何确定的问题。对此，各国的税收立法和税收政策有所不同。为了有效地行使税收管辖权，我国根据国际惯例，对居民纳税人和非居民纳税人的划分，采用了国际上常用的住所标准和居住时间标准。

1. 住所标准

住所通常指公民长期生活和活动的主要场所。我国《民法通则》明确规定："公民以他的户籍所在地的居住地为住所。"也就是以公民本人户口簿登记的住址为住所，我国的公民一人只有一个住所。一般情况下，公民的住所就是其户籍所在地的居住地。但由于种种原因，公民经常居住地可能与户籍所在地不一致。

住所分为永久性住所和习惯性住所。《民法通则》上规定的住所，通常是指永久性的住所，具有法律意义。经常性居住地则属于习惯性住所，它与永久性住所有时是一致的，有时又是不一致的。根据这种情况，我国税法将在中国境内有住所的个人界定为"因户籍、家庭、经济利益关系而在中国境内习惯性居住的个人"。可见，我国目前采用的住所标准实际是习惯性住所标准。采用这一标准，就把中、外籍人员，以及把港、澳、台同胞与在境内居住的中国公民区别开来。

所谓习惯性居住或住所，是在税收上判断居民和非居民的一个法律意义上的标准，不是指实际居住或在某一特定时期内的居住地，而是指因户籍、家庭、经济利益关系而在中国境内习惯性居住。例如，个人因学习、工作、探亲、旅游等而在中国境外居住的，当其在境外居住的原因消除之后，则必须回到中国境内居住。那么，即使该人并未居住在中国境内，仍应将其判定为在中国习惯性居住。

2. 居住时间标准

居住时间是指个人在一国境内实际居住的日数。在实际生活中有时个人在一国境内并无住所，又没有经常性居住地，但是却在该国内停留的时间较长，从该国取得了收入，应对其行使税收管辖权，甚至视为该国的居民征税。各国在对个人所得征税的实践中，逐渐形成以个人居住时间长短作为衡量居民与非居民的居住时间标准。我国《个人所得税法》也采用了这一标准。

各国判断居民身份的居住时间不尽一致。我国规定的时间是一个纳税年度内在中国境内累计居住满183天，达到这个标准的个人即为居民纳税人。我国税法规定的住所标准和居住时间标准，是判定居民身份的两个并列性标准，个人只要符合或达到其中任何一个标准，就可以被认定为居民纳税人。

（二）居民纳税人和非居民纳税人的纳税义务

1. 居民纳税人的纳税义务范围

根据两个判定标准确定为中国居民的个人，是指在中国境内有住所，或者无住所，而在一个纳税年度内在境内居住满183天的个人，属于我国的居民纳税人，应就其来源于中国境内和境外的所得，向我国政府履行全面纳税义务，依法缴纳个人所得税。

根据个人所得税实施细则规定，在中国境内无住所的个人，在中国境内居住累计满183天的年度连续不满六年的，经向主管税务机关备案，其来源于中国境外且由境外单位或个人支付的所得，免予缴纳个人所得税，在中国境内居住累计满183天的任一年度中有一次离境超过30天的，其在中国境内居住累计满183天的年度的连续年限重新起算。

纳税年度，自公历1月1日起至12月31日止。

2. 非居民纳税人的纳税义务范围

根据两个判定标准被确定为非中国居民的个人，即在中国境内无住所又不居住，或者无住所而在一个纳税年度内在境内居住不满183天的个人，属于我国税法中的非居民纳税人，只就其来源于中国境内的所得向我国政府履行有限纳税义务，依法缴纳个人所得税。

根据个人所得税实施细则规定，在中国境内无住所的个人，在一个纳税年度内在中国境内居住累计不超过90天的，其来源于中国境内的所得，由境外雇主支付并且不由该雇主在中国境内的机构、场所负担的部分，免予缴纳个人所得税。

非居民纳税人的情况比较复杂，涉及的所得来源及其支付形式也比较多。为了兼顾有关国家的财政利益，我国税法根据国际惯例，对于非居民纳税人的纳税义务范围做了规定（见表3–7）。

表3–7　　　　　　居民纳税人和非居民纳税人的纳税义务

类型	居住时间		境内所得		境外所得	
			境内支付	境外支付	境内支付	境外支付
居民纳税人	有住所		√	√	√	√
	累计住满183天	超过6年	√	√	√	√
		未超过6年	√	√	√	
非居民纳税人	累计未住满183天	>90天	√	√		
		≤90天	√			

（三）所得来源的确定

如前所述，居民纳税人和非居民纳税人对我国政府承担着不同的纳税义务。一般而言，居民纳税人应就其来源于中国境内、境外的所得缴纳个人所得税；非居民纳税人仅就其来源于中国境内的所得缴纳个人所得税。对于来源于中国境内的所得，《个人所得税法》及其实施条例对此做了规定。

下列所得，不论支付地点是否在中国境内，均为来源于中国境内的所得：

（1）因任职、受雇、履约等而在中国境内提供劳务取得的所得。

（2）将财产出租给承租人在中国境内使用而取得的所得。

（3）许可各种特许权在中国境内使用而取得的所得。

（4）转让中国境内的不动产等财产或者在中国境内转让其他财产取得的所得。

(5)从中国境内的企业、企业单位、其他组织及居民个人取得的利息、股息、红利所得。例如,美国人约翰持有中国杭州某公司10%的股权,虽没有在中国境内居住任职,但年底按股分红时,约翰应当就从该公司取得的红利所得按照我国税法计算缴纳个人所得税(此处由公司代扣代缴)。

(四)扣缴义务人

我国个人所得税实行代扣代缴和个人申报纳税相结合的征收管理制度。个人所得税采取代扣代缴办法,有利于从源头控制税源,保证税收收入,简化征纳手续,加强个人所得税管理。税法规定,凡支付应纳税所得的单位或个人,都是个人所得税的扣缴义务人。扣缴义务人在向纳税人支付各项应纳税所得(个体工商户的生产、经营所得除外)时,必须履行代扣代缴税款的义务。

四、个人所得税的征税对象

个人所得税的征税对象是个人取得的应税所得,实际中,并不是个人的所有收入项目都要征收个人所得税。从2019年1月1日起,我国主要针对个人所得的9个项目进行征税,《个人所得税法实施条例》及相关法规具体确定了各项个人所得的征税范围。

个人所得的形式,包括现金、实物、有价证券和其他形式的经济利益。若所得为实物的,应当按照取得的凭证上所注明的价格计算应纳税所得额,无凭证的实物或者凭证上所注明的价格明显偏低的参照市场价格核定应纳税所得额。所得为有价证券的,根据票面价格和市场价格核定应纳税所得额。所得为其他形式的经济利益的,参照市场价格核定应纳税所得额。比如过中秋时,公司为每位员工发放月饼一盒,这属于公司员工的实物所得,应该按照发票上注明的月饼价格核定收入并缴纳个人所得税,如果没有发票或其他凭证,则参考同类月饼的市场销售价格确定个人收入并计算缴纳个人所得税。

(一)工资、薪金所得

1. 基本规定

工资、薪金所得,是指个人因任职或者受雇而取得的工资、薪金、奖金、年终加薪、劳动分红、津贴、补贴以及与任职或者受雇有关的其他所得。

通常情况下，把直接从事生产、经营或服务的劳动者（工人）的收入称为工资，即所谓"蓝领阶层"所得；而将从事社会公职或管理活动的劳动者（公职人员）的收入称为薪金，即所谓"白领阶层"所得，不管蓝领阶层还是白领阶层，只要是任职或受雇于单位，属于非独立个人劳动所得，都是工资、薪金所得。所谓非独立个人劳动，是指个人所从事的是由他人指定、安排并接受管理的劳动、工作，或服务于公司、工厂、行政、事业单位（私营企业主除外），非独立劳动者从上述单位取得的劳动报酬，是以工资、薪金的形式体现的。例如某集团公司的总经理由于受雇于该单位每月取得的所得，要按照工资薪金核算个人所得税。

除工资、薪金以外，奖金、年终加薪、劳动分红、津贴、补贴也被确定为工资、薪金范畴。其中，年终加薪、劳动分红不分种类和取得情况，一律按工资、薪金所得课税；津贴、补贴等则有例外。

根据我国目前个人收入的构成情况，规定对于一些不属于工资、薪金性质的补贴、津贴或者不属于纳税人本人工资、薪金所得项目的收入，不予征税。这些项目包括：（1）独生子女补贴，独生子女补贴不属于纳税人本人工资、薪金项目，同时，为了体现我国计划生育政策的优势，此项内容予以免税；（2）执行公务员工资制度未纳入基本工资总额的补贴、津贴差额和家属成员的副食品补贴；（3）符合地方政府标准的五险一金；（4）差旅费津贴、误餐补助。其中，误餐补助是指按照财政部规定，个人因公在城区、郊区工作，不能在工作单位或返回就餐的，根据实际误餐顿数，按规定的标准领取的误餐费，单位以误餐补助名义发给职工的补助、津贴不包括在内。例如某单位员工张某因公在郊区分公司工作三个月，因为无法返回就餐，单位每月根据实际误餐顿数，按规定的标准每餐补贴5元，发放在张某的工资卡中，张某的这部分收入不属于纳税范围。

奖金是指所有具有工资性质的奖金，免税奖金的范围在税法中另有规定。日常发放的奖金（含月奖、季度奖、年终奖等）均需按照个人所得税法计算缴纳个人所得税。

2. 其他规定

公司职工取得的用于购买企业国有股权的劳动分红，按"工资、薪金所得"项目计征个人所得税。

出租汽车经营单位对出租车驾驶员采取单车承包或承租方式运营，出租车驾驶员从事客货营运取得的收入，按工资、薪金所得征税。此种模式不同于挂靠出租，出租车驾驶员采取单车承包的模式，由于出租车所有权归属出租汽车经营单位所有，驾驶员只具有使用权，因此，其从事营运取得的收入按照工资、薪金征税。

自 2004 年 1 月 20 日起，对商品营销活动中，企业和单位对营销业绩突出的雇员以培训班、研讨会、工作考察等名义组织旅游活动，通过免收差旅费、旅游费对个人实行的营销业绩奖励（包括实物、有价证券等），应根据所发生费用的全额并入营销人员当期的工资、薪金所得，按照"工资、薪金所得"项目征收个人所得税，并由提供上述费用的企业和单位代扣代缴。如某化妆品单位组织销售业绩突出的雇员免费旅游一次，则旅游费虽然是由单位负担，但由于属于对雇员非现金形式奖励，因此必须并入雇员当月工资核算个人所得税。

（二）劳务报酬所得

劳务报酬所得，是指个人从事设计、装潢、安装、制图、化验、测试、医疗、法律、会计、咨询、讲学、新闻、广播、翻译、审稿、书画、雕刻、影视、录音、录像、演出、表演、广告、展览、技术服务、介绍服务、经纪服务、代办服务以及其他劳务报酬的所得。劳务报酬共计 29 项。

是否存在雇佣与被雇佣关系，是判断一种收入是属于劳务报酬所得，还是属于工资、薪金所得的重要标准。劳务报酬所得一般属于个人独立从事自由职业取得的所得或属于独立个人劳动所得。劳务报酬所得是个人独立从事某种技艺，独立提供某种劳务而取得的所得；工资、薪金所得则是个人从事非独立劳动，从所在单位领取的报酬。后者存在雇佣与被雇佣的关系，而前者则不存在这种关系。如果从事某项劳务活动取得的报酬是以工资、薪金形式体现的，如演员从剧团领取工资，教师从学校领取工资，就属于工资、薪金所得项目，而不属于劳务报酬所得范围。如果从事某项劳务活动取得的报酬不是来自聘用、雇佣或工作的单位，如演员自己"走穴"或与他人组合"走穴"演出取得的报酬，教师自行举办学习班、培训班取得的办班收入或课酬收入，或个人兼职取得的收入，就属于劳务报酬所得的范围。

在校学生因参与勤工俭学活动（包括参与学校组织的勤工俭学活动）而取得属于《个人所得税法》规定的应税所得项目的所得应依法缴纳个人所得税。

自 2004 年 1 月 20 日起，对商品营销活动中，企业和单位对营销业绩突出的非雇员以培训班、研讨会、工作考察等名义组织旅游活动，通过免收差旅费、旅游费对个人实行的营销业绩奖励（包括实物、有价证券等），应根据所发生费用的全额作为该营销人员当期的劳务收入，按照"劳务报酬所得"项目征收个人所得税，并由提供上述费用的企业和单位代扣代缴。可见，企业和单位对员工组织的旅游活动均应该折算为个人收入计算缴纳个人所得税，若员工是单位雇员，按照工资薪金课税，如为非雇员，按照劳务报酬交税。

（三）稿酬所得

稿酬所得，是指个人因其作品以图书、报刊形式出版、发表而取得的所得。这里所说的作品，包括文学作品、书画作品、摄影作品，以及其他作品。作者去世后财产继承人取得的遗作稿酬，亦应征收个人所得税，由继承人计算缴纳。

稿酬所得具有特许权使用费、劳务报酬等的性质。但为了体现国家的优惠、照顾政策，修订后的《个人所得税法》将稿酬所得单列为一个独立征税项目。

我国规定，对报纸、杂志、出版等单位的职员在本单位的刊物上发表作品、出版图书取得所得征税的问题如下：

（1）任职、受雇于报纸、杂志等单位的记者、编辑等专业人员，因在本单位的报纸、杂志上发表作品取得的所得，属于因任职、受雇而取得的所得，应与其当月工资收入合并，按"工资、薪金所得"项目征收个人所得税。

除上述专业人员以外，其他人员在本单位的报纸、杂志上发表作品取得的所得，应按"稿酬所得"项目征收个人所得税。如南方日报的记者在南方日报发表的评论文取得的所得按照"工资、薪金"项目征税，但如果该记者在其他单位发表文字作品取得的所得，则按照"稿酬所得"计征。

（2）出版社的专业作者撰写、编写或翻译的作品，由本社以图书形式出版而取得的稿费收入，应按"稿酬所得"项目计算缴纳个人所得税。

（四）特许权使用费所得

特许权使用费所得，是指个人提供专利权、商标权、著作权、非专利技术以及其他特许权的使用权取得的所得。特许权主要涉及以下四种权利：

1. 专利权

专利权是指由国家专利主管机关依法授予专利申请人在一定的时期内对某项发明创造享有的专有利用的权利，它是工业产权的一部分，具有专有性（独占性）、地域性、时间性。

2. 商标权

商标权是指商标注册人依法律规定而取得的对其注册商标在核定商品上使用

的独占使用权。商标权也是一种工业产权，可以依法取得、转让、许可使用、继承、丧失、请求排除侵害。

3. 著作权

著作权即版权，是指作者对其创作的文学、科学和艺术作品依法享有的某些特殊权利。著作权是公民的一项民事权利，既具有民法中的人身权性质，也具有民法中的财产权性质。主要包括发表权、署名权、修改权、保护权、使用权和获得报酬权。

4. 非专利技术

非专利技术即专利技术以外的专有技术。这类技术大多尚处于保密状态，仅为特定人知晓并占有。

上述四种权利及其他权利由个人提供或转让给他人使用时，会取得相应的收入。这类收入不同于一般所得，所以单独列为一类征税项目。

根据税法规定，提供著作权的使用权取得的所得，不包括稿酬的所得，对于作者将自己的文字作品手稿原件或复印件公开拍卖（竞价）取得的所得，属于提供著作权的使用所得，故应按特许权使用费所得项目征收个人所得税。

个人取得特许权的经济赔偿收入，应按"特许权使用费所得"应税项目缴纳个人所得税，税款由支付赔款的单位或个人代扣代缴。

从 2002 年 5 月 1 日起，编剧从电视剧的制作单位取得的剧本使用费，不再区分剧本的使用方是否为其任职单位，统一按特许权使用费所得项目计征个人所得税。

（五）经营所得

我国对具有独立法人资格的公司等法人组织征收企业所得税，不具有独立法人资格的个人独资和合伙企业不以企业名义缴纳，而是申报缴纳个人所得税，经营所得主要包括个体工商户所得、个人独资企业所得和合伙企业所得。

个体工商户的生产、经营所得，是指：

（1）个体工商户从事工业、手工业、建筑业、交通运输业、商业、饮食业、服务业、修理业以及其他行业生产、经营取得的所得。

（2）个人经政府有关部门批准，取得营业执照，从事办学、医疗、咨询以及其他有偿服务活动取得的所得。

（3）上述个体工商户和个人取得的与生产、经营有关的各项应税所得。

(4) 其他个人从事个体工商业生产、经营取得的所得。

从事个体出租车运营的出租车驾驶员取得的收入，按个体工商户的生产、经营所得项目缴纳个人所得税。个人因从事彩票代销业务而取得的所得，应按照"个体工商户的生产、经营所得"项目计征个人所得税。

出租车属个人所有，但挂靠出租汽车经营单位或企事业单位，驾驶员向挂靠单位缴纳管理费的，或出租汽车经营单位将出租车所有权转移给驾驶员的，出租车驾驶员从事客货运营取得的收入比照个体工商户的生产、经营所得项目征税。这同工资薪金的挂靠出租有所区别，由于出租车所有权与使用权均属于个人，驾驶员只是需要出租车公司赋予其出租运营的权限，所以其收入比照个体工商户所得征税。

个体工商户和从事生产、经营的个人，取得与生产、经营活动无关的其他各项应税所得，应分别按照有关规定，计算征收个人所得税。如取得银行存款的利息所得、对外投资取得的股息所得，应按"利息、股息、红利所得"税目的规定单独计征个人所得税。例如个体工商户李某从事食品零售业务，3月取得收入5000元，同时，当月取得银行利息收入20元，并且出租房屋取得收入1000元，则李某的三项收入应当分别对应不同的类别进行课税，零售食品5000元按照"个体工商户"项目计税，利息20元按照"股息、利息、红利"项目计税，出租收入1000元按照"财产租赁"项目计税。

（六）利息、股息、红利所得

利息、股息、红利所得，是指个人拥有债权、股权而取得的利息、股息、红利所得。其中：利息一般是指存款、贷款和债券的利息。股息、红利是指个人拥有股权取得的公司、企业分红，按照一定的比率派发的每股息金，称为股息；根据公司、企业应分配的、超过股息部分的利润，按股派发的红股，称为红利。有关具体规定如下：

个人从银行及其他储蓄机构开设的用于支付电话、水、电、煤气等有关费用，或者用于购买股票等方面的投资、生产经营业务往来结算以及其他用途，取得的利息收入，属于储蓄存款利息所得性质，应依法缴纳个人所得税，税款由结付利息的储蓄机构代扣代缴。

个人在个人银行结算账户的存款自2003年9月1日起孳生的利息，应按"利息、股息、红利所得"项目计征个人所得税，税款由办理个人银行结算账户业务的储蓄机构在结付利息时代扣代缴。我国对储蓄存款在1999年10月31日前孳生的利息，不征收个人所得税；储蓄存款在1999年11月1日至2007年8月14日孳生的利息，按照20%的税率征收个人所得税；储蓄存款在2007年8月15日至2008年10月8日孳生的利息，按照5%的税率征收个人所得税；2008年10月9日后，我国储蓄存款暂免征收个人所得税。

（七）财产租赁所得

财产租赁所得，是指个人出租建筑物、土地使用权、机器设备、车船以及其他财产取得的所得。

个人取得的财产转租收入，属于"财产租赁所得"的征税范围。在确定纳税义务人时，应以产权凭证为依据，对无产权凭证的，由主管税务机关根据实际情况确定；产权所有人死亡，在未办理产权继承手续期间，该财产出租而有租金收入的，以领取租金的个人为纳税义务人。

房地产开发企业与商店购买者个人签订协议，以优惠价格出售其开发的商店给购买者个人，购买者个人在一定期限内必须将购买的商店无偿提供给房地产开发企业对外出租使用。该行为实质上是购买者个人以所购商店交由房地产开发企业出租而取得的房屋租赁收入支付了部分购房价款。根据《个人所得税法》的有关规定，对购买者个人少支出的购房价款，应视同个人财产租赁所得，按照"财产租赁所得"项目征收个人所得税。每次财产租赁所得的收入额按照少支出的购房价款和协议规定的租赁月份数平均计算确定。例如某房地产开发企业出售商店给李某，市场价为74万元，合同售价为50万元，但规定出售后的前24个月内李某必须将商店无偿提供给房地产开发企业对外出租使用，则按照规定，李某应当少支付的购房价款缴纳个人所得税，确定的收入额为每月1万元。

（八）财产转让所得

财产转让所得，是指个人转让有价证券、股权、建筑物、土地使用权、机器设备、车船以及其他财产取得的所得。

在现实生活中，个人进行的财产转让主要是个人财产所有权的转让。财产转让实际上是一种买卖行为，当事人双方通过签订、履行财产转让合同，形成财产买卖的法律关系，使出让财产的个人从对方取得价款（收入）或其他经济利益。财产转让所得因其性质的特殊性，需要单独列举项目征税。对个人取得的各项财产转让所得，除股票转让所得外，都要征收个人所得税。

1. 股票转让所得

鉴于我国证券市场发育还不成熟，股份制还处于试点阶段，对股票转让所得的计算、征税办法和纳税期限的确认等都需要做深入的调查研究，因此，经国务院批准，对股票转让所得暂不征收个人所得税。

2. 量化资产股份转让

集体所有制企业在改制为股份合作制企业时，对职工个人以股份形式取得的拥有所有权的企业量化资产，暂缓征收个人所得税；待个人将股份转让时，就其转让收入额，减除个人取得该股份时实际支付的费用支出和合理转让费用后的余额按"财产转让所得"项目计征个人所得税。

3. 个人出售自有住房

根据《个人所得税法》的规定，个人出售自有住房取得的所得应按照"财产转让所得"项目征收个人所得税。

（1）职工以成本价（或标准价）出资的集资合作建房、安居工程住房、经济适用住房以及拆迁安置住房，比照已购公有住房确定应纳税所得额。

（2）对个人转让自用5年以上并且是家庭唯一生活用房取得的所得，继续免征个人所得税。

（九）偶然所得

偶然所得，是指个人得奖、中奖、中彩以及其他偶然性质的所得。其中，得奖，是指参加各种有奖竞赛活动，取得名次获得的奖金；中奖、中彩，是指参加各种有奖活动，如有奖销售、有奖储蓄或购买彩票，经过规定程序，抽中、摇中号码而取得的奖金。

个人因参加企业的有奖销售活动而取得的赠品所得，应按"偶然所得"项目计征个人所得税。赠品所得为实物的，应以《个人所得税法实施条例》第十条规定的方法确定应纳税所得额，计算缴纳个人所得税。税款由举办有奖销售活动的企业（单位）代扣代缴。

根据规定，从2019年1月1日起，居民个人取得上述第一项至第四项所得称综合所得，综合所得包括工资薪金、劳务报酬、稿酬所得、特许权使用费所得四类（下同），该类所得按纳税年度合并计算个人所得税；非居民个人取得综合所得，按月或者按次分项计算个人所得税。纳税人取得上述第五项至第九项所得

（包括经营所得、股息利息红利所得、财产租赁所得、财产转让所得、偶然所得），则分别计算个人所得税。

五、税率

个人所得的形式多种多样，根据收入性质和纳税能力，分为三类：（1）综合所得，这类所得其中的相当部分需要用于生活支出。由于每人基本生计费用大体相同，因此收入越高，扣除基本生计费用后的余额也越多，采取超额累进税率进行调节；（2）经营所得，这类所得涉及生产经营规模及效益问题，本应比照对企业利润征税的办法处理，但由于个体业主的生产经营及获利情况相差悬殊，所以，也采用了超额累进税率进行调节；（3）财产租赁或转让类所得，这类所得多为一次性所得，且涉及的成本、费用与净所得的比例较为均衡，故采取比例调节的办法；利息、股息、红利类所得属于纯投资性所得，偶然所得属于非劳动所得，这类除不应扣除任何费用外，还应实行超额累进调节的办法。但出于简化计税方法考虑，采取了按比例税率征收的办法。

（一）工资、薪金所得

我国个人所得税中的综合所得适用七级超额累进税率（见表3-8）。

表3-8　　　　　　　　　　综合所得适用税率

级数	全年应纳税所得额	税率（%）
1	不超过36000元的	3
2	超过36000元至144000元的部分	10
3	超过144000元至300000元的部分	20
4	超过300000元至420000元的部分	25
5	超过420000元至660000元的部分	30
6	超过660000元至960000元的部分	35
7	超过960000元的部分	45

注 1. 本表所称全年应纳税所得额是指依照本法第六条的规定居民个人取得综合所得以每一纳税年度收入额减除费用60000元以及专项扣除、专项附加扣除和依法确定的其他扣除后的余额。

2. 非居民个人取得工资、薪金所得，劳务报酬所得，稿酬所得和特许权使用费所得，依照本表按月换算后计算应纳税额。

（二）经营所得

个体工商户的生产、经营所得、个人独资企业和合伙企业的生产经营所得适用5%~35%的五级超额累进税率（见表3-9）。

表3-9　　　　　　　　　　　经营所得适用税率

级数	全年应纳税所得额	税率（%）
1	不超过30000元的	5
2	超过30000元至90000元的部分	10
3	超过90000元至300000元的部分	20
4	超过300000元至500000元的部分	30
5	超过500000元的部分	35

注：本表所称全年应纳税所得额是指依照本法第六条的规定，以每一纳税年度的收入总额减除成本、费用以及损失后的余额。

（三）其他所得

财产租赁所得、财产转让所得、利息、股息、红利所得、偶然所得和其他所得适用20%的比例税率。对储蓄存款利息，自2008年10月9日（含）起，暂免征收储蓄存款利息所得税。

六、应纳税额的计算

个人所得税的计税依据是纳税人取得的应纳税所得额。应纳税所得额是个人取得的各项收入减去税法规定的扣除项目或扣除金额之后的余额。其中，个人取得的收入一般是货币，除现金外，纳税人的所得为实物的，应当按照所取得的凭证上注明的价格计算应纳税所得额；无凭证的实物或者凭证上所注明的价格明显偏低的，参照市场价格核定应纳税所得额；纳税人的所得为有价证券的，根据票面价格和市场价格核定应纳税所得额。在计算应纳税所得额时，除特殊项目外，一般允许从个人的应税收入中减去税法规定的扣除项目或扣除金额，包括为取得收入所支出的必要的成本或费用。因为个人在取得收入过程中，大多需要支付一些必要的成本或费用。

（一）综合所得的计算

1. 应纳税所得额

综合所得包括工资薪金所得、劳务报酬所得、稿酬所得和特许权使用费所得。其中，居民个人的综合所得，以每一纳税年度的收入额减除费用60000元以及专项扣除、专项附加扣除和依法确定的其他扣除后的余额，为应纳税所得额。我国个人所得税税前扣除项目除包括居民个人按照国家规定的范围和标准缴纳的基本养老保险、基本医疗保险、失业保险等社会保险费和住房公积金等外，还增加了专项附加扣除，包括子女教育、婴幼儿照护、继续教育、大病医疗、住房贷款利息或者住房租金、赡养老人等支出。

（1）子女教育：指纳税人的子女接受全日制学历教育的相关支出，按照每个子女每月1000元的标准定额扣除。学历教育包括义务教育（小学、初中教育）、高中阶段教育（普通高中、中等职业、技工教育）、高等教育（大学专科、大学本科、硕士研究生、博士研究生教育）。父母可以选择由其中一方按扣除标准的100%扣除，也可以选择由双方分别按扣除标准的50%扣除，具体扣除方式在一个纳税年度内不能变更。

（2）婴幼儿照护：有3岁以下婴幼儿的纳税人，可以按照每个婴幼儿每月1000元的标准定额扣除。既允许父母双方均摊扣除，也允许父母中一人扣除，同时还允许指定的监护人扣除。

（3）继续教育：指纳税人在中国境内接受学历（学位）继续教育的支出，在学历（学位）教育期间按照每月400元定额扣除。同一学历（学位）继续教育的扣除期限不能超过48个月。纳税人接受技能人员职业资格继续教育、专业技术人员职业资格继续教育的支出，在取得相关证书的当年，按照3600元定额扣除。个人接受本科及以下学历（学位）继续教育，可以选择由其父母扣除，也可以选择由本人扣除。

（4）大病医疗：在一个纳税年度内，纳税人发生的与基本医保相关的医药费用支出，扣除医保报销后个人负担（指医保目录范围内的自付部分）累计超过15000元的部分，由纳税人在办理年度汇算清缴时，在80000元限额内据实扣除。纳税人发生的医药费用支出可以选择由本人或者其配偶扣除；未成年子女发生的医药费用支出可以选择由其父母一方扣除。

（5）住房贷款利息：纳税人本人或者配偶单独或者共同使用商业银行或者住

房公积金个人住房贷款为本人或者其配偶购买中国境内住房，发生的首套住房贷款利息支出，在实际发生贷款利息的年度，按照每月1000元的标准定额扣除，扣除期限最长不超过240个月。纳税人只能享受一次首套住房贷款的利息扣除。经夫妻双方约定，可以选择由其中一方扣除，具体扣除方式在一个纳税年度内不能变更。

（6）住房租金：纳税人在主要工作城市没有自有住房而发生的住房租金支出，可以按照标准定额扣除。直辖市、省会（首府）城市、计划单列市以及国务院确定的其他城市，扣除标准为每月1500元；前述城市以外，市辖区户籍人口超过100万的城市，扣除标准为每月1100元；市辖区户籍人口不超过100万的城市，扣除标准为每月800元。纳税人的配偶在纳税人的主要工作城市有自有住房的，视同纳税人在主要工作城市有自有住房。

（7）赡养老人：纳税人赡养一位及以上被赡养人的赡养支出，统一按照标准定额扣除。纳税人为独生子女的，按照每月2000元的标准定额扣除；纳税人为非独生子女的，由其与兄弟姐妹分摊每月2000元的扣除额度，每人分摊的额度不能超过每月1000元。可以由赡养人均摊或者约定分摊，也可以由被赡养人指定分摊。约定或者指定分摊的须签订书面分摊协议，指定分摊优先于约定分摊。具体分摊方式和额度在一个纳税年度内不能变更。

居民个人的综合所得实行按年计征。计算公式为：

居民个人年应纳税所得额 =（年工资、薪金收入 − 60000元）+（劳务报酬 + 特许权使用费）×（1 − 20%）+ 稿酬所得 ×（1 − 20%）× 70% − 有关社会保险费 − 住房公积金 − 专项附加扣除及其他扣除

非居民个人的工资、薪金所得，以每月收入额减除费用5000元后的余额为应纳税所得额；劳务报酬所得、稿酬所得、特许权使用费所得，以每次收入额为应纳税所得额。非居民个人的所得按月或按次计征。

未经全国人大及其常委会授权，任何地区、部门和单位均不得擅自提高个人所得税费用扣除标准，不得随意变通或超越权限扩大不征税项目的适用范围。根据《税收征管法》，对于一些地方违反统一政策，擅自提高个人所得税费用扣除标准和扩大不征税项目适用范围的规定，各级税务机关一律不得执行，已执行的必须予以纠正。

2. 计算的具体规定

（1）综合所得应纳个人所得税的核算。

综合所得适用七级超额累进税率，由于个人所得税适用税率中的各级距均为

扣除费用后的应纳税所得额,因此,在确定适用税率时,不能以全部所得为依据,而只能以扣除规定费用后的余额为依据,找出对应级次的税率。

【例 3-29】 李某为中国公民,扣除社会保险、住房公积金和专项附加扣除费用外,共取得工资收入 100000 元。计算李某全年应缴纳的个人所得税。

【解析】 全年应纳税额 =(100000-60000)×10% =4000(元)

(2)劳务报酬、特许权使用费的计算标准。

劳务报酬所得、特许权使用费所得以个人每年取得的收入,定率减除规定的 20% 的余额为收入额,计入综合所得计算税款。

劳务报酬所得因其一般具有不固定、不经常性,所以,规定凡属于一次性收入的,以取得该项收入为一次,按次确定应纳税所得额;凡属于同一项目连续性收入的,以一个年度内取得的收入为一次,据以确定应纳税所得额。考虑属地管辖与时间划定有交叉的特殊情况,统一规定以县(含县级市、区)为一地,其管辖内的一个月内同一项目的劳务服务为一次;当月跨县地域的,则应分别计算。

(3)稿酬所得的计算标准。

稿酬所得以个人每次取得的收入,定率减除 20% 费用后,再减除 30% 的余额为应纳税所得额。

所谓"每次取得的收入",是指以每次出版、发表作品取得的收入为一次,确定应纳税所得额。为了便于合理确定不同形式、不同情况、不同条件下稿酬的税收负担,对稿酬收入特殊规定如下:

① 个人每次以图书、报刊方式出版、发表同一作品,不论出版单位是预付还是分笔支付稿酬,或者加印该作品后再付稿酬,均应合并为一次征税。

② 在两处或两处以上出版、发表或再版同一作品而取得的稿酬,则可以分别各处取得的所得或再版所得分次征税。

③ 个人的同一作品在报刊上连载,应合并其因连载而取得的所得为一次。连载之后又出书取得稿酬的,或先出书后连载取得稿酬的,应视同再版稿酬分次征税。

④ 作者去世后,对取得其遗作稿酬的个人,按稿酬所得征税。

【例 3-30】 李某年度收入情况为:取得工资收入共 100000 元,为外单位设计图纸取得劳务报酬 20000 元,在杂志上发表作品取得稿酬所得 10000 元。李某年度应缴纳个人所得税多少元?

【解析】 李某年度应纳税所得额 =(100000-60000)+20000×(1-20%)+ 10000×(1-20%)×(1-30%)=61600(元)

李某年度应纳税额 = 36000 × 3% + 25600 × 10% = 3640（元）

(4) 对个人取得全年一次性奖金等计算征收个人所得税方法。

全年一次性奖金是指行政机关、企事业单位等扣缴义务人根据其全年经济效益和对雇员全年工作业绩的综合考核情况，向雇员发放的一次性奖金。一次性奖金也包括年终加薪、实行年薪制和绩效工资办法的单位根据考核情况兑现的年薪和绩效工资。

雇员取得除全年一次性奖金以外的其他各种名目奖金，如半年奖、季度奖、加班奖、先进奖、考勤奖等，一律与当月工资、薪金收入合并，按税法规定缴纳个人所得税。但纳税人取得全年一次性奖金，单独作为一个月工资、薪金所得计算纳税，在 2021 年 12 月 31 日前，不并入当年综合所得，以全年一次性奖金收入除以 12 个月得到的数额，按照按月换算后的综合所得税率表（见表 3 - 10）确定适用税率和速算扣除数，单独计算纳税。

表 3 - 10　　　　　　　　按月换算后的综合所得税率

级数	全月应纳税所得额	税率（%）	速算扣除数
1	不超过 3000 元的	3	0
2	超过 3000 元至 12000 元的部分	10	210
3	超过 12000 元至 25000 元的部分	20	1410
4	超过 25000 元至 35000 元的部分	25	2660
5	超过 35000 元至 55000 元的部分	30	4410
6	超过 55000 元至 80000 元的部分	35	7160
7	超过 80000 元的部分	45	15160

【例 3 - 31】中国公民李某 2021 年在我国 12 月 31 日一次性领取年终奖金 24000 元。则其个人所得税计算方法为：先将 24000 元除以 12 个月，将得到的 2000 元确定税率级次为第一级，适用税率 3%，速算扣除数为 0，则李某 2021 年全年一次性奖金应缴纳税款为 24000 × 3% - 0 = 720（元）。

(5) 对个人因解除劳动合同、办理提前退休、内部退养取得一次性补偿金的计税方法。

① 个人与用人单位解除劳动关系取得一次性补偿收入（包括用人单位发放的经济补偿金、生活补助费和其他补助费），在当地上年职工平均工资 3 倍数额以内的部分，免征个人所得税；超过 3 倍数额的部分，不并入当年综合所得，单独适用

综合所得税率表,计算纳税。

【例3-32】2021年6月1日,任职8年的甲某与公司解除了聘用合同,取得了一次性补偿金80000元(该公司所在地上年度职工平均工资为20000元)。个人所得税应当如何缴纳?甲某取得的一次性经济补偿金是80000元,高于上年职工平均工资(20000元)的3倍,对于超过的部分20000元,应计算缴纳个人所得税.

【解析】应缴纳的个人所得税 = 20000×3% = 600(元)

② 个人办理提前退休手续而取得的一次性补贴收入,应按照办理提前退休手续至法定离退休年龄之间实际年度数平均分摊,确定适用税率和速算扣除数,单独适用综合所得税率表,计算纳税。计算公式为:

应纳税额 = {[(一次性补贴收入÷办理提前退休手续至法定退休年龄的实际年度数) - 费用扣除标准]×适用税率 - 速算扣除数}×办理提前退休手续至法定退休年龄的实际年度数

③ 个人在办理内部退养手续后从原任职单位取得的一次性收入,应按办理内部退养手续后至法定离退休年龄之间的所属月份进行平均,并与领取当月的"工资、薪金"所得合并后减除当月费用扣除标准,以余额为基数确定适用税率,再将当月工资、薪金加上取得的一次性收入,减去费用扣除标准,按适用税率计征个人所得税。

个人在办理内部退养手续后至法定离退休年龄之间重新就业取得的"工资、薪金"所得,应与其从原任职单位取得的同一月份的"工资、薪金"所得合并,并依法自行向主管税务机关申报缴纳个人所得税。

【例3-33】甲某2021年7月1日办理内部退养手续,领取一次性收入60000元,当月领取工资6000元,按有关规定其法定退休时间应为2026年7月1日。计算2021年7月1日甲某应缴纳的个人所得税款。

【解析】内退一次性收入税率确定:60000÷(5年×12个月/年)=1000(元)。1000 + 6000 - 5000 = 2000(元),税率为3%。

应纳税款 = (6000 + 60000 - 5000)×3% = 1830(元)

(二)经营所得的计算

1. 应纳税所得额

对于实行查账征收的个体工商户、个人独资企业和合伙企业,其生产、经营所得或应纳税所得额是每一纳税年度的收入总额,减除成本、费用以及损失后的余额。这是采用会计核算办法归集或计算得出的应纳税所得额。计算公式为：

应纳税所得额 = 收入总额 - (成本 + 费用 + 损失 + 准予扣除的税金)

(1) 收入总额。

个体工商户的收入总额应当按照权责发生制原则确定，是指个体工商户从事生产、经营以及与生产、经营有关的活动所取得的各项收入，包括商品（产品）销售收入、营运收入、劳务服务收入、工程价款收入、财产出租或转让收入、利息收入、其他收入和营业外收入。

(2) 准予扣除的项目。

在计算应纳税所得额时，准予从收入总额中扣除的项目包括成本、费用、损失和准予扣除的税金。

成本、费用，是指个体工商户从事生产、经营所发生的各项直接支出和分配计入成本的间接费用以及销售费用、管理费用、财务费用。对个体工商户业主的工资费用，扣除标准每月5000元，全年为60000元。取得经营所得的个人，没有综合所得的，计算其每一纳税年度的应纳税所得额时，应当减除费用6万元、专项扣除、专项附加扣除以及依法确定的其他扣除。专项附加扣除在办理汇算清缴时减除。

损失，是指个体工商户在生产、经营过程中发生的各项营业外支出。包括固定资产盘亏、报废、毁损和出售的净损失、自然灾害或意外事故损失、公益救济性捐赠、赔偿金、违约金等。

税金，是指个体工商户按规定缴纳的消费税、营业税、城市维护建设税、资源税、土地使用税、土地增值税、房产税、车船税、印花税、耕地占用税，以及教育费附加。

纳税人不能提供有关的收入、成本、费用、损失等的完整、准确的纳税资料，不能正确计算应纳税所得额的，应由主管税务机关核定其应纳税所得额。

(3) 准予在所得税前列支的其他项目及列支标准。

① 个体工商户在生产经营中的借款利息支出，未超过中国人民银行规定的同类、同期贷款利率计算的数额部分，准予扣除。

② 个体工商户发生的与生产经营有关的财产保险、运输保险以及从业人员的养老、医疗保险及其他保险费用支出，按国家规定的标准计算扣除。

③ 个体工商户发生的与生产经营有关的修理费用，可以据实扣除。修理费用发生不均衡或数额较大的，应分期扣除。

④ 个体工商户按规定缴纳的工商管理费、个体劳动者协会会费、摊位费，按实际发生数扣除。缴纳的其他规费，其扣除项目和扣除标准，由省、自治区、直辖市地方税务局根据当地实际情况确定。

⑤ 个体工商户在生产经营中租入固定资产而支付的费用，其扣除分两种情况处理：以融资租赁方式（即出租人和承租人事先约定，在承租人付清最后一笔租金后，该固定资产即归承租人所有）租入固定资产而发生的租赁费，应计入固定资产价值，不得直接扣除；如果是以经营租赁方式（即因生产经营需要临时租入固定资产，租赁期满后，该固定资产应归还出租人）租入固定资产的租赁费，可以据实扣除。

⑥ 个体工商户研究开发新产品、新技术、新工艺所发生的开发费用，以及研究开发新产品、新技术而购置的单台价值在5万元以下的测试仪器和试验性装置的购置费，准予扣除。超出上述标准和范围的，按固定资产管理，不得在当期扣除。

⑦ 个体工商户在生产经营过程中发生的固定资产和流动资产盘亏，即毁损净损失，由个体工商户提供清查盘存资料，经主管税务机关审核后，可以在当期扣除。

⑧ 个体工商户在生产经营过程中发生的以外币结算的往来款项增减变动时，由于汇率变动而发生的人民币的差额，作为汇兑损益，计入当期所得或在当期扣除。

⑨ 个体工商户发生的与生产经营有关的无法收回的账款（包括因债务人破产或死亡，以其破产财产或者遗产清偿后，仍然不能收回的应收账款，或者因债务人逾期未履行还债义务超过3年仍然不能收回的应收账款），应由其提供有效证明，报经主管税务机关审核后，按实际发生数扣除。

⑩ 个体工商户向其从业人员实际支付的合理的工资、薪金支出，允许在税前据实扣除。个体工商户拨缴的工会经费、发生的职工福利费、职工教育经费支出分别在工资、薪金总额2%、14%、8%的标准内据实扣除。

⑪ 个体工商户每一纳税年度发生的广告费和业务宣传费用不超过当年销售（营业）收入15%的部分，可据实扣除；超过部分，准予在以后纳税年度结转扣除。个体工商户每一纳税年度发生的与其生产经营业务直接相关的业务招待费支出，按照发生额的60%扣除，但最高不得超过当年销售（营业）收入的5‰。

⑫ 个体工商户将其所得通过中国境内的社会团体、国家机关向教育和其他社会公益事业以及遭受严重自然灾害地区、贫困地区的捐赠额不超过其应纳税所得额30%的部分可以据实扣除。纳税人直接给受益人的捐赠不得扣除。

⑬ 个体工商户在生产经营过程中发生的与家庭生活混用的费用，由主管税务机关核定分摊比例，据此计算确定的属于生产经营过程中发生的费用，准予扣除。

⑭ 个体工商户的年度经营亏损，经申报主管税务机关审核后，允许用下一年度的经营所得弥补。下一年度所得不足弥补的，允许逐年延续弥补，但最长不得超过5年。

⑮ 个体工商户购入低值易耗品的支出，原则上一次摊销，但一次性购入价值较大的，应分期摊销。分期摊销的价值标准和期限由各省、自治区、直辖市地方税务局确定。

（4）不得在所得税前列支的项目。

① 资本性支出，包括：为购置和建造固定资产、无形资产以及其他资产的支出，对外投资的支出；

② 被没收的财物、支付的罚款；

③ 缴纳的个人所得税、税收滞纳金、罚金和罚款；

④ 各种赞助支出；

⑤ 自然灾害或者意外事故损失有赔偿的部分；

⑥ 分配给投资者的股利；

⑦ 用于个人和家庭的支出；

⑧ 个体工商户业主的工资支出；

⑨ 与生产经营无关的其他支出；

⑩ 国家税务总局规定不准扣除的其他支出。

2. 资产的税务处理

（1）固定资产的税务处理。

个体工商户的固定资产是指在生产经营中使用的、期限超过1年且单位价值在1000元以上的房屋、建筑物、机器、设备、运输工具及其他与生产经营有关的设备、工器具等。

① 固定资产的折旧范围。

允许计提折旧的固定资产包括：房屋和建筑物；在用的机械设备、仪器仪表和各种工器具；季节性停用和修理停用的设备，以及以经营方式租出和以融资租赁方式租入的固定资产。

② 不得计提折旧的固定资产。

不得计提折旧的固定资产包括：房屋、建筑物以外的未使用、不需用的固定资产；以经营方式租入和以融资租赁方式租出的固定资产；已提足折旧继续使用的固定资产。

个体工商户应当按照税法规定的资产计价方式所确定的资产价值和规定的资产折旧年限，计提固定资产折旧。固定资产在计提折旧前，应当估计残值（按固定资产原价的5%确定），从固定资产原价中减除。

③ 固定资产的折旧年限。

固定资产折旧按平均年限法和工作计量法计算提取。

税法规定的固定资产折旧最短年限分别为：房屋、建筑物为20年；轮船、机器、机械和其他生产设备为10年；电子设备和轮船以外的运输工具，以及与生产经营有关的器具、工具、家具等为5年。个体工商户由于特殊原因需要缩短固定资产折旧年限的须报经省级税务机关审核批准。

（2）无形资产的税务处理。

无形资产是指在生产经营过程中长期使用但没有实物形态的资产，包括专利权、非专利技术、商标权、商誉、著作权、场地使用权等。

无形资产的计价应当按照取得的实际成本为准。具体是：作为投资的无形资产，以协议、合同规定的合理价格为原价；购入的无形资产，按实际支付的价款为原价；接受捐赠的无形资产，按所附单据或参照同类无形资产市场价格确定原价；非专利技术和商誉的计价，应经法定评估机构评估后确认。

无形资产从开始使用之日起，在有效使用期内分期均额扣除。作为投资或受让的无形资产，在法律、合同或协议中规定了使用年限的，可按该使用年限分期扣除；没有规定使用年限或是自行开发的无形资产，扣除期限不得少于10年。

（3）递延资产的税务处理。

个体工商户自申请营业执照之日起至开始生产经营之日止所发生的符合税法规定的费用，除为取得固定资产、无形资产的支出，以及应计入资产价值的汇兑损益、利息支出之外，可作为递延资产中的开办费，并自开始生产经营之日起不短于5年的期限内分期均额扣除。

（4）流动资产的税务处理及存货计价。

流动资产是指可以在1年内或者超过1年的一个营业周期内变现或者运用的资产，包括现金、应收及预付款项和存货。所谓存货，是指在生产经营过程中为销售或者耗用而储备的物资，包括各种原材料、辅助材料、燃料、低值易耗品、包装物、在产品、外购商品、自制半成品、产成品等。存货应按实际成本计价，领用或发出存货的核算，原则上采用加权平均法。

3. 应纳税额的计算方法

个体工商户的生产、经营所得适用五级超额累进税率，以其应纳税所得额按适用税率计算应纳税额。其计算公式为：

应纳税额 = 应纳税所得额 × 适用税率 − 速算扣除数

由于个体工商户生产、经营所得的应纳税额实行按年计算、分月或分季预缴、年终汇算清缴、多退少补的方法，因此，在实际工作中，需要分别计算按月预缴税额和年终汇算清缴税额。其计算公式为：

本月应预缴税额 = 本月累计应纳税所得额 × 适用税率 − 速算扣除数 − 上月累计已预缴税额

全年应纳税额 = 全年应纳税所得额 × 适用税率 − 速算扣除数汇算清缴税额 = 全年应纳税额 − 全年累计已预缴税额

公式中的适用税率，是指与计算应纳税额的月份累计应纳税所得对应的税率，该税率从《五级超额累进所得税税率表》（年换算月）中查找确定。

2021年1月1日至2022年12月31日，对个体工商户年应纳税所得额不超过100万元的部分，在现行优惠政策基础上，减半征收个人所得税。

【例3-34】 某市中华零售批发部系个体经营户，账证比较齐全，2021年1~12月取得营业额为250000元，购进原料费为100000元，缴纳电费、水费、房租、煤气费等20000元，缴纳其他各项税费合计为10000元。当月支付给3名雇员工资共50000元。截至11月累计已预缴个人所得税为10000元。计算该个体业户12月份应缴纳的个人所得税。

【解析】

（1）12月份应纳税所得额 = 350000 − 100000 − 20000 − 10000 − 50000 − 60000 = 110000（元）

（2）全年累计应纳税额 = 30000 × 5% + 60000 × 10% + 20000 × 20% = 11500（元）

（3）12月份应补交个人所得税 = 11500 − 10000 = 500（元）

（三）利息、股息、红利所得的计算

1. 应纳税所得额

（1）利息、股息、红利所得以个人每次取得的收入额为应纳税所得额，不得从收入额中扣除任何费用。

(2) 对个人投资者从上市公司取得的股息红利所得，自 2005 年 6 月 13 日起暂减按 50% 计入个人应纳税所得额，依照现行税法规定计征个人所得税。

(3) 对证券投资基金从上市公司分配取得的股息红利所得，扣缴义务人在代扣代缴个人所得税时，减按 50% 计算应纳税所得额。

2. 应纳税额的计算方法

利息、股息、红利所得适用 20% 的比例税率。其应纳税额的计算公式为：

应纳税额 = 应纳税所得额（每次收入额）× 适用税率

（四）财产租赁所得的计算

1. 应纳税所得额

财产租赁所得一般以个人每次取得的收入，定额或定率减除规定费用后的余额为应纳税所得额。每次收入不超过 4000 元，定额减除费用 800 元；每次收入在 4000 元以上，定率减除 20% 的费用。财产租赁所得以一个月内取得的收入为一次。

准予扣除的项目除了规定费用和有关税、费外，还准予扣除能够提供有效、准确凭证，证明由纳税人负担的该出租财产实际开支的修缮费用。允许扣除的修缮费用，以每次 800 元为限。一次扣除不完的，准予在下一次继续扣除，直到扣完为止。

个人出租财产取得的财产租赁收入，在计算缴纳个人所得税时，应依次扣除以下费用：(1) 财产租赁过程中缴纳的税费；(2) 由纳税人负担的该出租财产实际开支的修缮费用；(3) 税法规定的费用扣除标准。

应纳税所得额的计算公式为：

(1) 每次（月）收入不超过 4000 元的：

应纳税所得额 = 每次(月)收入额 − 准予扣除项目 − 修缮费用(800 元为限) − 800 元每次(月)

(2) 收入超过 4000 元的：

应纳税所得额 = [每次(月)收入额 − 准予扣除项目 − 修缮费用(800 元为限)] × (1 − 20%)

2. 应纳税额的计算方法

财产租赁所得适用 20% 的比例税率。但对个人按市场价格出租的居民住房取得的所得，自 2001 年 1 月 1 日起暂减按 10% 的税率征收个人所得税。其应纳税额

的计算公式为

应纳税额 = 应纳税所得额 × 适用税率

(五) 财产转让所得的计算

财产转让所得以个人每次转让财产取得的收入额减除财产原值和相关税、费后的余额为应纳税所得额。其中,"每次"是指以一件财产的所有权一次转让取得的收入为一次。

财产转让所得中允许减除的财产原值是指:

(1) 有价证券。其原值为买入价以及买入时按规定缴纳的有关费用。

【例 3-35】 某人本期购入债券 1000 份,每份买入价 10 元,支付购进买入债券的税费共计 150 元。本期内将买入的债券一次卖出 600 份,每份卖出价 12 元,支付卖出债券的税费共计 110 元。计算该个人售出债券应缴纳的个人所得税。

【解析】

一次卖出债券应扣除的买价及费用 = (10000 + 150) ÷ 1000 × 600 + 110 = 6200 (元)

应缴纳的个人所得税 = (600 × 12 - 6200) × 20% = 200 (元)

(2) 建筑物。其原值为建造费或者购进价格以及其他有关税费。

(3) 土地使用权。其原值为取得土地使用权所支付的金额、开发土地的费用以及其他有关税费。

(4) 机器设备、车船。其原值为购进价格、运输费、安装费,以及其他有关费用。

(5) 其他财产。其原值参照以上方法确定。如果纳税人未提供完整、准确的财产原值凭证,不能正确计算财产原值,由主管税务机关核定其财产原值。

财产转让所得中允许减除的合理费用,是指卖出财产时按照规定支付的有关费用。财产转让所得应纳税所得额的计算公式为:

应纳税所得额 = 每次收入额 - 财产原值 - 合理税费

【例 3-36】 刘某于 2 月转让私有住房一套取得转让收入 220000 元。该套住房购进时的原价为 180000 元,转让时支付有关税费 15000 元。计算刘某转让私房应缴纳的个人所得税。

【解析】

(1) 应纳税所得额 = 220000 - 180000 - 15000 = 25000 (元)

（2）应纳税额 = 25000 × 20% = 5000（元）

(六) 偶然所得的计算

1. 应纳税所得额

偶然所得以个人每次取得的收入额为应纳税所得额，不扣除任何费用。除有特殊规定外，每次收入额就是应纳税所得额，以每次取得该项收入为一次。

2. 应纳税额的计算方法

偶然所得适用20%的比例税率，其应纳税额的计算公式为：

应纳税额 = 应纳税所得额（每次收入额）× 适用税率

【例3-37】李某购买体育彩票中奖20000元，计算其应该缴纳的个人所得税。

【解析】应纳税额 = 20000 × 20% = 4000（元）

(七) 个人所得税的特殊计算

1. 扣除捐赠款的计算

税法规定，个人将其所得对教育事业和其他公益事业捐赠的部分，允许从应纳税所得额中扣除。上述捐赠是指个人将其所得通过中国境内的社会团体、国家机关向教育和其他社会公益事业以及遭受严重自然灾害地区、贫困地区的捐赠。我国的个人所得税在政策上鼓励个人向公益事业及灾区、贫困地区捐赠，以推动公益事业的发展。规定对教育和公益事业的捐赠给予扣除，不仅体现了国家的政策，也符合国际惯例。

一般捐赠额的扣除以不超过纳税人申报应纳税所得额的30%为限。计算公式为：

捐赠扣除限额 = 申报的应纳税所得额 × 30%

允许扣除的捐赠额 = 实际捐赠额 ≤ 捐赠扣除限额的部分；实际捐赠额大于捐赠扣除限额时，只能按捐赠扣除限额扣除。

应纳税额 =（应纳税所得额 - 允许扣除的捐赠额）× 适用税率 - 速算扣除数

2. 境外缴纳税额抵免的计税方法

在中国境内有住所，或者虽无住所，但在中国境内居住满1年以上的个人，从中国境内和境外取得的所得，都应缴纳个人所得税。为了避免发生国家间对同一所得的重复征税同时维护我国的税收权益，税法规定，纳税人从中国境外取得的所得，准予其在应纳税额中扣除已在境外实缴的个人所得税税款但扣除额不得超过该纳税人境外所得依照税法规定计算的应纳税额。

(1) 实缴境外税款。

即实际已在境外缴纳的税额，是指纳税人从中国境外取得的所得，依照所得来源国或地区的法律应当缴纳并且实际已经缴纳的税额。

(2) 抵免限额。

准予抵免（扣除）的实缴境外税款最多不能超过境外所得按我国税法计算的抵免限额（应纳税额或扣除限额）。我国个人所得税的抵免限额采用分国限额法。即分别来自不同国家或地区和不同应税项目，依照税法规定的费用减除标准和适用税率计算抵免限额。对于同一国家或地区的不同应税项目，以其各项的抵免限额之和作为来自该国或该地区所得的抵免限额。其计算公式为：

来自某国或地区的抵免限额 = Σ（来自某国或地区的某一应税项目的所得 − 费用减除标准）× 适用税率 − 速算扣除数

= Σ（来自某国或地区的某一种应税项目的净所得 + 境外实缴税款 − 费用减除标准）× 适用税率 − 速算扣除数

上式中的费用减除标准和适用税率，均指我国《个人所得税法》及其实施条例规定的有关费用减除标准和适用税率。不同的应税项目减除不同的费用标准，计算出的单项抵免限额相加后，求得来自一国或地区所得的抵免限额，即分国的抵免限额。分国抵免限额不能相加。

(3) 允许抵免额。

允许在纳税人应纳我国个人所得税税额中扣除的税额，即允许抵免额要分国确定，即在计算出的来自一国或地区所得的抵免限额与实缴该国或地区的税款之间相比较，以数额较小者作为允许抵免额。

(4) 超限额与不足限额结转。

在某一纳税年度，如发生实缴境外税款超过抵免限额，即发生超限额时，超限额部分不允许在应纳税额中抵扣，但可以在以后纳税年度仍来自该国家或地区的不足限额，即实缴境外税款低于抵免限额的部分中补扣。这一做法称为限额的结转。下一年度结转后仍有超限额的，可继续结转，但结转期最长不得超过5年。

(5) 应纳税额的计算。

在计算出抵免限额和确定了允许抵免额之后，便可对纳税人的境外所得计算应纳税额。其计算公式为：

应纳税额 = Σ（来自某国或地区的所得 − 费用减除标准）× 适用税率 − 速算扣除数 允许抵免额

【例3-38】 某纳税人从A国取得应税收入,在A国公司任职,取得工资、薪金收入70000元,因提供一项专利技术使用权,一次取得特许权使用费收入30000元,该两项收入在A国缴纳个人所得税800元。计算其应纳税额。

【解析】 A国所纳个人所得税的抵免限额:

该纳税义务人从A国取得的工资薪金、特许权使用费收入,在不考虑专项附加扣除及其他扣除的条件下,应按年减除费用60000元,其余额按超额累进税率表的适用税率计算应纳税额。

全年应纳税额为 = [70000 - 60000 + 30000 × (1 - 20%)] × 3% = 1020(元)

从A国取得的收入回国后应补交 = 1020 - 800 = 220(元)

七、税收优惠

(一)免税项目

根据《个人所得税法》和相关法规、政策,下列各项个人所得,免征个人所得税:

(1)省级人民政府、国务院部委和中国人民解放军军以上单位,以及外国组织、国际组织颁发的科学、教育、技术、文化、卫生、体育、环境保护等方面的奖金;

(2)国债和国家发行的金融债券利息;

(3)按照国家统一规定发给的补贴、津贴;

(4)福利费、抚恤金、救济金;

(5)保险赔款;

(6)军人的转业费、复员费、退役金;

(7)按照国家统一规定发给干部、职工的安家费、退职费、基本养老金或者退休费、离休费、离休生活补助费;

(8)依照有关法律规定应予免税的各国驻华使馆、领事馆的外交代表、领事官员和其他人员的所得;

(9)中国政府参加的国际公约、签订的协议中规定免税的所得;

(10)国务院规定的其他免税所得。

前款第十项免税规定,由国务院报全国人民代表大会常务委员会备案。

（二）减税项目

有下列情形之一的，可以减征个人所得税，具体幅度和期限，由省、自治区、直辖市人民政府规定，并报同级人民代表大会常务委员会备案：

（1）残疾、孤老人员和烈属的所得；

（2）因自然灾害遭受重大损失的。

国务院可以规定其他减税情形，报全国人民代表大会常务委员会备案。

（三）其他减免税项目

根据财政部、国家税务总局的若干规定，对个人下列所得免征或暂免征收个人所得税：

（1）外籍个人以非现金形式或实报实销形式取得的住房补贴、伙食补贴、搬迁费、洗衣费。

外籍个人按合理标准取得的境内、境外出差补贴。

外籍个人取得的探亲费、语言训练费、子女教育费等，经当地税务机关审核批准为合理的部分。

2019年1月1日至2021年12月31日，外籍个人符合居民个人条件的，可以选择享受个人所得税专项附加扣除，也可以选择按照相关规定，享受住房补贴、语言训练费、子女教育费等津补贴免税优惠政策，但不得同时享受。外籍个人一经选择，在一个纳税年度内不得变更。

自2022年1月1日起，外籍个人不再享受住房补贴、语言训练费、子女教育费津补贴免税优惠政策，应按规定享受专项附加扣除。

（2）符合条件的外籍专家取得的工资、薪金所得，可免征个人所得税。

（3）个人举报、协查各种违法、犯罪行为而获得的奖金。

（4）个人办理代扣代缴税款手续按规定取得的扣缴手续费。

（5）个人转让自用达5年以上、并且是唯一的家庭生活用房取得的所得。

（6）对个人购买社会福利有奖募捐奖券、体育彩票，一次中奖收入在1万元以下的（含1万元）暂免征收个人所得税，超过1万元的，全额征收个人所得税。

（7）达到离休、退休年龄，但确因工作需要，适当延长离休、退休年龄的高级专家，其在延长离休、退休期间的工资、薪金所得，视同离休、退休费，免征个人所得税。

（8）对居民个人储蓄存款利息，对证券市场个人投资者取得的证券交易结算资金利息所得，暂免征收个人所得税。

（9）居民个人按照国家规定的范围和标准缴纳的基本养老保险金、基本医疗保险金、住房公积金、失业保险金，允许在个人应纳税所得额中扣除。

（10）个人实际领（支）取原提存的住房公积金、基本医疗保险金、基本养老保险金、失业保险金，免予征收个人所得税。

（11）生育妇女按照县级以上人民政府根据国家有关规定制定的生育保险办法，取得的生育津贴、生育医疗费或其他属于生育保险性质的津贴、补贴，免征个人所得税。

（12）对工伤职工及其近亲属按照《工伤保险条例》的规定取得的一次性伤残保险待遇，免征个人所得税。

（13）对退役士兵按照《退役士兵安置条例》（国务院中央军委令第608号）规定，取得的一次性退役金以及地方政府发放的一次性经济补助，免征个人所得税。

（14）对个人取得的2012年及以后年度发行的地方政府债券利息收入，免征个人所得税。

地方政府债券，是指经国务院批准同意，以省、自治区、直辖市、计划单列市政府为发行和偿还主体的债券。

（15）对个人投资者持有2019～2023年发行的铁路债券取得的利息收入，减按50%计入应纳税所得额计算征收个人所得税。税款由兑付机构在向个人投资者兑付利息时代扣代缴。

铁路债券，是指以中国铁路总公司为发行和偿还主体的债券，包括中国铁路建设债券、中期票据、短期融资券等债务融资工具。

（16）职工从依照国家有关法律规定宣告破产的企业取得的一次性安置费收入，免征个人所得税。

（17）沪港通、深港通和内地与香港基金互认优惠

对内地个人投资者通过沪港通、深港通投资香港联交所上市股票取得的转让差价所得和通过基金互认买卖香港基金份额取得的转让差价所得，自2019年12月5日起至2022年12月31日止，继续暂免征收个人所得税。

对香港市场投资者（包括企业和个人）投资上海证券交易所（简称上交所）上市A股取得的转让差价所得，暂免征收所得税。

（18）个人转让全国中小企业股份转让系统挂牌公司股票的税收优惠。

自 2018 年 11 月 1 日（含）起，对个人转让全国中小企业股份转让系统（简称新三板）挂牌公司非原始股取得的所得，暂免征收个人所得税。

（19）创新企业境内发行存托凭证试点阶段的税收优惠。自 2019 年 4 月 3 日起，实施如下政策：

自试点开始之日起，对个人投资者转让创新企业 CDR 取得的差价所得，三年（36 个月）内暂免征收个人所得税。

自试点开始之日起，对个人投资者持有创新企业 CDR 取得的股息红利所得，三年内实施股息红利差别化个人所得税政策，由创新企业在其境内的存托机构代扣代缴税款，并向存托机构所在地税务机关办理全员全额明细申报。对于个人投资者取得的股息红利在境外已缴纳的税款，可按照个人所得税法以及双边税收协定（安排）的相关规定予以抵免。

（20）对国际奥委会及其相关实体的外籍雇员、官员、教练员、训练员以及其他代表在 2019 年 6 月 1 日至 2022 年 12 月 31 日期间临时来华，从事与北京冬奥会相关的工作，取得由北京冬奥组委支付或认定的收入，免征增值税和个人所得税。该类人员的身份及收入由北京冬奥组委出具证明文件，北京冬奥组委定期将该类人员名单及免税收入相关信息报送税务部门。

（21）支持新型冠状病毒感染的肺炎疫情防控的税收优惠

自 2020 年 1 月 1 日至 2021 年 12 月 31 日，下列所得免征个人所得税：

对参加疫情防治工作的医务人员和防疫工作者按照政府规定标准取得的临时性工作补助和奖金，免征个人所得税。政府规定标准包括各级政府规定的补助和奖金标准。

对省级及省级以上人民政府规定的对参与疫情防控人员的临时性工作补助和奖金，比照执行。

单位发给个人用于预防新型冠状病毒感染的肺炎的药品、医疗用品和防护用品等实物（不包括现金），不计入工资、薪金收入，免征个人所得税。

八、申报和缴纳

（一）纳税方式

1. 源泉扣缴

税法规定，个人所得税以取得应税所得的个人为纳税义务人，以支付所得的单位或者个人为扣缴义务人，包括企业（公司）、事业单位、财政部门、机关事务管理部门、人事管理部门、社会团体、军队、驻华机构（不包括外国驻华使领馆和联合国及其他依法享有外交特权和豁免权的国际组织驻华机构）、个体工商户等单位或个人。按照税法规定代扣代缴个人所得税，是扣缴义务人的法定义务，必须依法履行。

纳税人有中国公民身份号码的，以中国公民身份号码为纳税人识别号；纳税人没有中国公民身份号码的，由税务机关赋予其纳税人识别号。扣缴义务人扣缴税款时，纳税人应当向扣缴义务人提供纳税人识别号。扣缴义务人在向个人支付应纳税所得（包括现金支付、汇拨支付、转账支付和以有价证券、实物以及其他形式支付）时，不论纳税人是否属于本单位人员，均应代扣代缴其应纳的个人所得税税款。扣缴义务人依法履行代扣代缴税款义务，纳税人不得拒绝。税务机关应根据扣缴义务人所扣缴的税款，付给2%的手续费，由扣缴义务人用于代扣代缴费用开支和奖励代扣代缴工作做得较好的办税人员。

扣缴义务人应当按照国家规定办理全员全额扣缴申报，并向纳税人提供其个人所得和已扣缴税款等信息。居民个人向扣缴义务人提供专项附加扣除信息的，扣缴义务人按月预扣预缴税款时应当按照规定予以扣除，不得拒绝。非居民个人取得工资、薪金所得，劳务报酬所得，稿酬所得和特许权使用费所得，有扣缴义务人的，由扣缴义务人按月或者按次代扣代缴税款，不办理汇算清缴。

扣缴义务人每月或者每次预扣、代扣的税款，应当在次月十五日内缴入国库，并向税务机关报送扣缴个人所得税申报表。根据《税收征管法》的规定：扣缴义务人应扣未扣、应收而不收税款的由税务机关向纳税人追缴税款，对扣缴义务人处应扣未扣、应收未收税款50%以上3倍以下的罚款；纳税人、扣缴义务人逃避、拒绝或者以其他方式阻挠税务机关检查的，由税务机关责令改正，可以处1万元以下的罚款；情节严重的，处1万元以上5万元以下的罚款。

2. 自行申报纳税

税法规定，凡有下列情形之一的，纳税人必须自行向税务机关申报所得并缴纳税款：

（1）取得综合所得需要办理汇算清缴；

（2）取得应税所得没有扣缴义务人；

（3）取得应税所得，扣缴义务人未扣缴税款；

（4）取得境外所得；

(5) 因移居境外注销中国户籍；

(6) 非居民个人在中国境内从两处以上取得工资、薪金所得；

(7) 国务院规定的其他情形。

根据规定居民个人取得综合所得，按年计算个人所得税；有扣缴义务人的，由扣缴义务人按月或者按次预扣预缴税款；需要办理汇算清缴的，应当在取得所得的次年3月1日至6月30日内办理汇算清缴。预扣预缴办法由国务院税务主管部门制定。

纳税人取得经营所得，按年计算个人所得税，由纳税人在月度或者季度终了后十五日内向税务机关报送纳税申报表，并预缴税款；在取得所得的次年3月31日前办理汇算清缴。纳税人取得利息、股息、红利所得，财产租赁所得，财产转让所得和偶然所得，按月或者按次计算个人所得税，有扣缴义务人的，由扣缴义务人按月或者按次代扣代缴税款。纳税人取得应税所得没有扣缴义务人的，应当在取得所得的次月15日内向税务机关报送纳税申报表，并缴纳税款。纳税人取得应税所得，扣缴义务人未扣缴税款的，纳税人应当在取得所得的次年6月30日前，缴纳税款；税务机关通知限期缴纳的，纳税人应当按照期限缴纳税款。居民个人从中国境外取得所得的，应当在取得所得的次年3月1日至6月30日内申报纳税。非居民个人在中国境内从两处以上取得工资、薪金所得的，应当在取得所得的次月十五日内申报纳税。纳税人因移居境外注销中国户籍的，应当在注销中国户籍前办理税款清算。

纳税人办理汇算清缴退税或者扣缴义务人为纳税人办理汇算清缴退税的，税务机关审核后，按照国库管理的有关规定办理退税。

（二）纳税地点

申报纳税地点一般应为收入来源地的税务机关。但是，纳税人在两处或两处以上取得工资、薪金所得的，可选择并固定在一地税务机关申报纳税；从境外取得所得的，应向境内户籍所在地或经常居住地税务机关申报纳税。

对在中国境内多地工作或提供劳务的临时来华人员，应以税法所规定的申报纳税日期为准，在某一地区达到申报纳税的日期，即应在该地申报纳税。但为了方便纳税，也可准予个人提出申请，经批准后固定在一地申报纳税。对由在华企业或办事机构发放工资、薪金的外籍纳税人，由在华企业或办事机构集中向当地税务机关申报纳税。

纳税人要求变更申报纳税地点的，须向原主管税务机关备案。

关键概念

个人所得税　　超额累进　　综合所得　　专项附加扣除　　专项扣除

自行申报　　依法确定的其他扣除项目　　累计预扣　　预扣预缴　　汇算清缴

思考题

1. 个人所得税的特点有哪些？
2. 个人所得税的计税依据有哪些内容？具体应怎样计算各种个人所得税？

第三节　土地增值税

学习目标

1. 熟悉土地增值税的征税范围、纳税人和税率。
2. 掌握土地增值税的计税依据和应纳税额的计算。
3. 熟悉土地增值税的减免税优惠。
4. 了解土地增值税的申报和缴纳。

引导案例

某建筑开发公司以2亿元土地出让金从广州市政府处取得一处黄金地段的国有土地，2个月后，以2.5亿元的价格转让给另外一家建筑公司，该建筑公司建造商品房一批，12月全部售罄，取得销售款10亿元。请问哪几种行为需要征收土地增值税？谁是土地增值税的纳税义务人？

一、土地增值税概述

土地增值税是指转让国有土地使用权、地上的建筑物及其附着物产权并取得收入的单位和个人，以转让所取得的收入包括货币收入、实物收入和其他收入为计税依据向国家缴纳的一种税。

1993年前后，我国房地产开发过热，炒买炒卖房地产的投机行为盛行，房地产价格上涨过快，基本建设投资规模过大，土地资源浪费严重。国家为了规范土地、房地产市场交易秩序，增强调控力度，抑制炒买炒卖房地产行为，合理调节土地增值收益，规范国家参与国有土地增值收益的分配方式，增加国家财政收入，决定发挥税收经济杠杆的调控作用，从1994年起征收土地增值税。

1993年12月13日，国务院颁布了《中华人民共和国土地增值税暂行条例》（以下简称《暂行条例》），财政部于1995年1月25日颁布了《中华人民共和国土地增值税暂行条例实施细则》（以下简称《实施细则》）。为了贯彻落实税收法定原则，2019年7月16日，财政部、国家税务总局发布《中华人民共和国土地增值税法》（征求意见稿）。

二、土地增值税的特点

与其他税种相比，土地增值税具有以下四个特点：

（1）以转让房地产的增值额为计税依据。土地增值税的增值额是以征税对象的全部销售收入额扣除与其相关的成本、费用、税金及其他项目金额后的余额，与增值税的增值额有所不同。

（2）征税面比较广。凡在我国境内转让房地产并取得收入的单位和个人，除税法规定免税的外，均应依照土地增值税条例规定缴纳土地增值税。换言之，凡发生应税行为的单位和个人，不论其经济性质，也不分内、外资企业或中、外籍人员，无论专营或兼营房地产业务，均有缴纳增值税的义务。

（3）实行超率累进税率。土地增值税的税率是以转让房地产增值率的高低为依据来确认，按照累进原则设计，实行分级计税，增值率高的，税率高，多纳税；增值率低的，税率低，少纳税。

（4）实行按次征收。土地增值税在房地产发生转让的环节，实行按次征收，每发生一次转让行为，就应根据每次取得的增值额征一次税。

土地增值税的开征，具有极其重要的作用：有利于增强国家对房地产开发商和房地产交易市场的调控；有利于国家抑制炒买炒卖土地获取暴利的行为；有利于增加国家财政收入为经济建设积累资金。

三、纳税义务人、征税对象及征税范围

（一）纳税义务人

转让国有土地使用权、地上的建筑物及其附着物（以下简称转让房地产）并

取得收入的单位和个人，为土地增值税的纳税义务人。

单位，是指各类企业单位、事业单位、国家机关和社会团体及其他组织；个人，包括个体经营者。

（二）征税范围

1. 一般规定

（1）土地增值税是对转让国有土地使用权及其地上建筑物和附着物的行为征税。土地增值税只对转让国有土地使用权的行为征税，对转让非国有土地使用权的行为不征税。

国有土地，是指按国家法律规定属于国家所有的土地。城市的土地属于国家所有。农村和城市郊区的土地除由法律规定属于国家所有的以外，属于集体所有。国家为了公共利益，可以依照法律规定对集体土地实行征用，依法被征用后的土地属于国家所有。对属于集体所有的土地，按现行规定须先由国家征用后才能转让。转让的土地，其使用权是否为国家所有，是判定是否属于土地增值税征税范围的标准之一。

（2）土地增值税是对国有土地使用权及其地上建筑物和附着物的转让行为征税。这里有两层含义：

① 土地增值税的征税范围不包括国有土地使用权出让所取得的收入。国有土地使用权出让，是指国家以土地所有人的身份将土地使用权在一定年限内让与土地使用人，并由土地使用人向国家支付土地出让金的行为。由于土地使用权的出让方是国家，出让收入在性质上属于政府凭借所有权在土地一级市场上收取的租金，故政府出让土地的行为及取得的收入也不在土地增值税的征税之列。

② 土地增值税的征税范围不包括未转让国有土地使用权、房产产权的行为。是否发生房地产权属（土地使用权和房产产权）的变更，是确定是否纳入征税范围的一个标准。凡土地使用权、房产产权未转让的（如房地产的出租、自建自用房产），不征收土地增值税。

（3）土地增值税是对转让房地产并取得收入的行为征税。转让国有土地使用权、地上的建筑物及其附着物并取得收入，是指以出售或者其他方式有偿转让房地产的行为。

土地增值税的征税范围不包括以继承、赠与方式无偿转让房地产的行为。以上行为发生了房地产的权属转让，但未取得收入，不征收土地增值税。

赠与是指如下情况：

① 房产所有人、土地使用权所有人将房屋产权、土地使用权赠与直系亲属或承担直接赡养义务人的。

② 房产所有人、土地使用权所有人通过中国境内非营利的社会团体、国家机关将房屋产权、土地使用权赠与教育、民政和其他社会福利、公益事业的。

上述社会团体是指中国青少年发展基金会、希望工程基金会、宋庆龄基金会、减灾委员会、中国红十字会、中国残疾人联合会、全国老年基金会、老区促进会以及经民政部门批准成立的其他非营利性公益性组织。

2. 特殊规定

（1）以房地产进行投资联营。以房地产进行投资联营一方以土地作价入股进行投资或者作为联营条件，免征收土地增值税。

（2）房地产开发企业将开发的房产转为自用或者用于出租等商业用途，如果产权没有发生转移，不征收土地增值税。

（3）房地产的互换，由于发生了房产转移，因此属于土地增值税的征税范围。但是对于个人之间互换自有居住用房的行为，经过当地税务机关审核，可以免征土地增值税。

（4）房产的抵押。对房地产的抵押，在抵押期间不征收土地增值税。抵押期满后，视该房地产是否转移占有而确定是否征收土地增值税。对于以房地产抵债而发生房地产权属转让的，应列入土地增值税的征税范围。

（5）房地产出租、房地产开发公司的代建房行为以及房地产的重新评估均不属于土地增值税的征税范围。

四、税率和应纳税额的计算

（一）计税依据

1. 一般规定

土地增值税的计税依据是有偿转让国有土地使用权及地上建筑物和其他附着物产权所取得的增值额，即纳税人转让房地产所取得的收入减除规定的扣除项目金额后的余额。

纳税人转让房地产所取得的收入，是指转让房地产的全部价款及有关的经济收益，包括货币收入、实物收入和其他收入。"营改增"后，纳税人转让房地产的土地增值税应税收入不含增值税。

（1）货币收入。货币收入是指纳税人转让房地产而取得的现金、银行存款、银行支票、银行本票、汇票等各种信用票据和国库券、金融债券、企业债券、股票等有价证券。

对取得的外币收入，应按取得收入当天或当月1日国家公布的外汇汇率折合人民币计算应税收入。

（2）实物收入。实物收入是指纳税人转让房地产而取得的各种实物形态的收入，如钢材、水泥等建材，房屋、土地等不动产。实物收入的价值不太容易确定，一般要对这些实物形态的财产按公允价进行估价确认。

（3）其他收入。其他收入是指纳税人转让房地产而取得的无形资产收入或具有财产价值的权利，如专利权、商标权、著作权、专有技术使用权、土地使用权、商誉权等。这种类型的收入比较少见，对其价值需要进行专门的评估。

对于县级及县级以上人民政府要求房地产开发企业在售房时代收的各项费用，如果代收费用是计入房价中向购买方一并收取的，可作为转让房地产所取得的收入计税；如果代收费用未计入房价中，而是在房价之外单独收取的，可以不作为转让房地产的收入。

2. 视同销售和自用房地产的收入确定

（1）房地产开发企业将开发产品用于职工福利、奖励、对外投资、分配给股东或投资人、债务重组、非货币性资产交换等，发生土地使用权及地上建筑物转移的，应视同销售房地产，缴纳土地增值税。其收入额按下列方法和顺序确认：

① 按本企业在同一地区、同一年度销售的同类房地产的平均价格确定；

② 由主管税务机关参照当地、当年、同类房地产的市场价格或评估价值确定。

应注意的是，对于开发产品的视同销售，企业所得税与土地增值税的规定有所区别，开发产品转作企业自用或对外捐赠赞助不属于视同销售。这是因为，企业把开发产品转作自用，没有发生土地使用权和地上建筑物的转让行为，不征土地增值税。企业把开发产品对外捐赠或赞助，虽然发生了土地使用权和地上建筑物的转让，但是，开发企业并没有取得收入，也不属于土地增值税的征收范围。

房地产开发企业将开发产品用于职工福利列为视同销售，征收土地增值税。因为开发产品用于职工福利之后，已经不再是企业生产经营所使用的资产，脱离了企业这个会计主体，不是企业会计核算的范围。同时，开发产品用于职工福利，如用于托儿所、职工浴池等，资产的管理权属于工会，费用应由职工福利费来支付，所以应视同销售处理。

（2）房地产开发企业将开发的部分房地产用于出租等商业用途时，如果产权未发生转移，不征收土地增值税，在税款清算时不列收入，也不扣除相应的成本和费用。

按照《暂行条例》和《实施细则》的规定，土地增值税是对转让国有土地使用权、地上建筑物及其附着物并取得的收入征税。企业将开发产品出租，没发生出售或者其他方式有偿转让房地产的行为，不征税。这项规定明确了企业出租开发产品在征收土地增值税时不作为视同销售处理，在土地增值税的税款清算时不列收入，也不扣除相应的成本和费用，即不需要填报《土地增值税纳税申报表》。

3. 计算增值额的扣除项目

（1）取得土地使用权所支付的金额。指纳税人为取得土地使用权所支付的地价款和按国家统一规定交纳的有关费用。

取得土地使用权所支付的金额包括两方面的内容：

① 纳税人为取得土地使用权所支付的地价款。以协议、招标、拍卖等出让方式取得土地使用权的，地价款为纳税人所支付的土地出让金；以行政划拨方式取得土地使用权的，地价款为按照国家有关规定补交的土地出让金；以转让方式取得土地使用权的，地价款为向原土地使用权人实际支付的地价款。

② 纳税人在取得土地使用权时按国家统一规定缴纳的有关费用，即指纳税人在取得土地使用权过程中为办理有关手续，按国家统一规定缴纳的有关登记、过户手续费、契税等。

（2）开发土地的成本、费用。指纳税人房地产开发项目实际发生的成本（简称房地产开发成本），包括土地征用及拆迁补偿费、前期工程费、建筑安装工程费、基础设施费、公共配套设施费、开发间接费用。

① 土地征用及拆迁补偿费，包括土地征用费、耕地占用税、劳动力安置费及有关地上、地下附着物拆迁补偿的净支出、安置动迁用房支出等。

② 前期工程费，包括规划、设计、项目可行性研究和水文、地质、勘察、测绘、"三通一平"等支出。

③ 建筑安装工程费，是指以出包方式支付给承包单位的建筑安装工程费，以自营方式发生的建筑安装工程费。

房地产开发企业销售已装修的房屋，其装修费用可以计入房地产开发成本。房地产开发企业的预提费用，除另有规定外，不得扣除。

属于多个房地产项目共同的成本费用,应按清算项目可售建筑面积占多个项目可售总建筑面积的比例或其他合理的方法,计算确定清算项目的扣除金额。

清算项目可扣除金额＝(多个项目共同成本费用÷多个项目可售总面积)
×清算项目可售面积

④ 基础设施费,包括开发小区内道路、供水、供电、供气、排污、排洪、通信、照明、环卫、绿化等工程发生的支出。

⑤ 公共配套设施费,包括不能有偿转让的开发小区内公共配套设施发生的支出。

房地产开发企业开发建造的与清算项目配套的居委会和派出所用房、会所、停车场(库)、物业管理场所、变电站、热力站、水厂、文体场馆、学校、幼儿园、托儿所、医院、邮电通信等公共设施,按以下原则处理:

建成后产权属于全体业主所有的,其成本、费用可以扣除;

建成后无偿移交给政府、公用事业单位,用于非营利性社会公共事业的,其成本、费用可以扣除;

建成后有偿转让的,应计算收入,并准予扣除成本、费用。

⑥ 开发间接费用,是指直接组织、管理开发项目发生的费用,包括工资、职工福利费、折旧费、修理费、办公费、水电费、劳动保护费、周转房摊销等。

(3) 开发土地和新建房及配套设施的成本、费用(简称房地产开发费用)。是指与房地产开发项目有关的销售费用、管理费用、财务费用。据现行会计制度的规定,成本核算的方法采用制造成本法。管理费用等三项费用作为期间费用,直接计入当期损益,不按成本核算对象进行分摊。需要强调的是,作为土地增值税扣除项目的房地产开发费用,不按纳税人房地产开发项目实际发生的费用进行扣除,而是依据《实施细则》的规定标准,按照取得土地使用权所支付的金额和房地产开发成本之和的一定比例扣除。

① 财务中的利息支出,凡能够按转让房地产项目计算分摊并提供金融机构证明的,允许据实扣除,但最高不能超过按商业银行同类同期贷款利率计算的金额。

纳税人发生向城市信用社和农村信用社的贷款利息,由于国家对这两种金融机构的贷款利率仍实行上限管理,最大上浮系数为贷款基准利率的2.3倍,因此在计算土地增值扣除项目时,超过上浮幅度的部分不允许扣除;

对于超过贷款期限的利息部分和加罚的利息不允许扣除;全部使用自有资金,没有利息支出的,按照上述方法扣除。

其他房地产开发费用,按(1)和(2)项规定计算的金额之和的5%以内计算扣除；

② 不能按转让房地产项目计算分摊利息支出或不能提供金融机构证明的，利息不单独扣除，房地产开发费用按（1）和（2）项规定计算的金额之和的10%以内计算扣除；

计算扣除的具体比例，由各省、自治区、直辖市人民政府规定。

③ 房地产开发企业既向金融机构借款，又有其他借款的，其房地产开发费用计算扣除时不能同时适用①和②项所述两种办法。

④ 土地增值税清算时，已经计入房地产开发成本的利息支出，应调整至财务费用中计算扣除。

【例3-39】某房地产开发公司（一般纳税人）转让一幢写字楼取得不含增值税收入1000万元。已知该公司为取得土地使用权所支付的金额为50万元，房地产开发成本为200万元，房地产开发费用为40万元，其中利息费用10万元，不能按房地产项目分摊。该公司应缴纳的土地增值税是多少？

【解析】由于利息不能分摊，则利息费应与其他开发费用一并计算扣除比例。

开发费用 = (50 + 200) × 10% = 25（万元），虽然实际支出了40万元，但只能扣除25万元。

增值额 = 1000 − 1000 × 10% × (7% + 3%) − (50 + 200) × (1 + 20%) − 25 = 665（万元）

增值率 = 665 ÷ 335 = 198%

应缴纳的土地增值税 = 665 × 50% − 335 × 15% = 282.25（万元）

（4）旧房及建筑物的评估价格。指在转让已使用的房屋及建筑物时，由政府批准设立的房地产评估机构评定的重置成本价乘以成新度折扣率后的价格。评估价格须经当地税务机关确认。

新建房是指建成后未使用的房产。凡是已使用一定时间或达到一定磨损程度的房产均属旧房。使用时间和磨损程度标准可由各省，自治区，直辖市财政厅（局）和税务局具体规定。

重置成本价的含义是对旧房及建筑物，按转让时的建材价格及人工费用计算，建造同样面积、同样层次、同样结构、同样建设标准的新房及建筑物所需花费的成本费用。

成新度折扣率的含义是按旧房的新旧程度作一定比例的折扣。

【例3-40】一栋房屋已使用近8年，建造时的造价为1000万元，按转让时的建材及人工费用计算，建造同样的新房需要花费2000万元，该房有六成新，则该房的评估价格为 $2000 \times 60\% = 1200$（万元）。

纳税人转让旧房及建筑物，凡不能取得评估价格，但能提供购房发票的，经当地税务部门确认，计算增值额时，扣除项目中（1）和（3）项规定的金额，可按发票所载金额并从购买年度起至转让年度止每年加计5%计算。"每年"按购房发票所载日期起至售房发票开具之日止，每满12个月计1年；超过1年，未满12个月但超过6个月的，可以视同1年。

对取得土地使用权时未支付地价款或不能提供已支付的地价款凭据的，不允许扣除取得土地使用权所支付的金额。

（5）转让房地产有关的税金，指在转让房地产时缴纳的城市维护建设税、印花税。因转让房地产交纳的教育费附加，也可视同税金予以扣除。

这里的印花税，是指在转让房地产时缴纳的印花税。房地产开发企业按照《施工、房地产开发企业财务制度》的有关规定，其缴纳的印花税列入管理费用，已相应予以扣除。其他的土地增值税纳税义务人在计算土地增值税时允许扣除在转让时缴纳的印花税。

房地产开发企业为取得土地使用权所支付的契税，应视同"按国家统一规定交纳的有关费用"，计入"取得土地使用权所支付的金额"中扣除。

一般情况下，对纳税人个人购房后再转让的，购房时缴纳的契税，凡能提供契税完税凭证的，准予作为"与转让房地产有关的税金"予以扣除，但不作为扣除时加计5%的基数。如果在旧房及建筑物的评估价中已包括了已纳契税的因素，那么在计征土地增值税时，则不再另作为"与转让房地产有关的税金"予以扣除。

（6）对从事房地产开发的纳税人可按（1）和（2）项规定计算的金额之和，加计20%的扣除。从事房地产开发的纳税人，除此之外的其他纳税人不适用此项规定。这样规定是为了抑制炒买炒卖房地产的投机行为，保护正常开发投资者的积极性。

纳税人成片受让土地使用权后，分期分批开发、转让房地产的，其扣除项目金额的确定，可按转让土地使用权的面积占总面积的比例计算分摊，或按建筑面积计算分摊，也可按税务机关确认的其他方式计算分摊。

房地产开发企业逾期开发缴纳的土地闲置费不得扣除。

房地产开发企业代收费用作为转让收入计税的，在计算扣除项目金额时，可予以扣除，但不允许作为加计20%扣除的基数；对于代收费用未作为转让房地产的收入计税的，在计算增值额时不允许扣除代收费用。

4. 纳税人有下列情形之一的,按照房地产评估价格计算征收:

(1) 隐瞒、虚报房地产成交价格的:指纳税人发生不报或有意低报转让土地使用权、地上建筑物及其附着物价款的行为。纳税人发生以上行为,应由评估机构参照同类房地产的市场交易价格进行评估,再由税务机关应根据评估价格确定转让房地产的收入。

(2) 提供扣除项目金额不实的:指纳税人在纳税申报时不据实提供扣除项目金额。纳税人发生以上行为,应由评估机构按照房屋重置成本价乘以成新度折扣率计算的房屋成本价和取得土地使用权时的基准地价进行评估,再由税务机关根据评估价格确定扣除项目金额。

(3) 转让房地产的成交价格低于房地产评估价格,又无正当理由的:纳税人申报的转让房地产的实际成交价低于房地产评估机构评定的交易价,纳税人又不能提供凭据或无正当理由的,由税务机关参照房地产评估价格确定转让房地产的收入。

在实际房地产交易活动中,有些纳税人由于不能准确提供房地产转让价格或扣除项目金额,致使增值额不准确,会直接影响土地增值税纳税额的计算和缴纳。因此,在征收土地增值税时,需要根据房地产的评估价格计税的,可委托经政府批准设立的资产评估机构对有关房地产进行评估。房地产评估价格,是指由政府批准设立的房地产评估机构根据相同地段、同类房地产进行综合评定的价格。评估价格须经当地税务机关确认。

(二) 税率

土地增值税税率设计的基本原则是增值多的多征、增值少的少征、无增值的不征,对建造普通标准住房的要适当照顾。土地增值税实行四级超率累进税率(见表3-11)。

表3-11　　　　　　　　土地增值税税率

档次	级距	税率(%)	速算扣除率(%)
1	增值额未超过扣除项目金额50%的部分	30	0
2	增值额超过扣除项目金额50%,未超过100%的部分	40	5
3	增值额超过扣除项目金额100%,未超过200%的部分	50	15
4	增值额超过扣除项目金额200%的部分	60	35

【例 3-41】某房地产公司转让商品楼收入 5000 万元（不含增值税），计算土地增值额准予扣除项目金额 4200 万元，则适用税率是多少？

【解析】增值税扣除项目金额比例 = (5000 - 4200) ÷ 4200 × 100% = 19%，适用第一级税率，即 30%。

（三）应纳税额的计算

1. 一般方法

土地增值税以纳税人房地产成本核算的最基本的核算项目或核算对象为单位，按照纳税人转让房地产所取得的增值额和规定的税率计算征收。

《房地产开发企业会计制度》规定，企业应根据本企业的经营特点，选择本企业的成本核算对象。房地产开发企业一般以每一独立编制设计概算和施工图预算的单位工程作为成本核算对象，即以每栋独立的房屋作为成本核算对象。对同一开发地点、结构类型相同、开竣工时间相近，并由同一施工队伍施工的群体开发项目，也可合并作为一个成本对象。

【例 3-42】某房地产开发企业 1 月将其开发的写字楼一幢出售，共取得不含增值税收入 3800 万元。企业为开发该项目支付土地出让金 600 万元，房地产开发本为 1400 万元，专门为开发该项目支付的贷款利息 120 万元。为转让该项目应当缴纳市维护建设税、教育费附加共 38 万元，印花税 1.9 万元。

【解析】

第一步，先计算可扣除项目。

可扣除项目包括：

(1) 取得土地使用权所支付的金额 = 600 万元

(2) 房地产开发成本 = 1400 万元

(3) 房地产开发费用 = 120 + (600 + 1400) × 5%
  = 220（万元）

(4) 与转让房地产有关的税金 = 38 万元

(5) 加计扣除额 = (600 + 1400) × 20%
  = 400（万元）

扣除项目金额 = 600 + 1400 + 220 + 38 + 400
  = 2658（万元）

第二步,计算增值额和增值率。

增值额 = 3800 - 2658 = 1142(万元)

增值额占扣除项目比例 = 1142 ÷ 2658 × 100% = 42.96%

第三步,计算土地增值税税额。

应纳税额 = 1142 × 40% - 2658 × 5% = 456.8 - 132.9 = 323.9(万元)

2. 简易方法

计算土地增值税税额,可按增值额乘以适用的税率减去扣除项目金额乘以速算扣除系数的简便方法计算,具体公式如下:

应纳税额 = 增值额 × 税率 - 扣除项目金额 × 速算扣除系数

【例 3 - 43】 某纳税人转让房地产所取得的不含增值税收入为 400 万元,其扣除项目金额为 100 万元,请计算其应交土地增值税的税额。

【解析】

第一步,先计算增值额:

增值额 = 400 - 100 = 300(万元)

第二步,再计算增值额与扣除项目金额之比。

增值 = 300 ÷ 100 = 300%

第三步,计算土地增值税税额。

土地增值税税额 = 300 × 60% - 100 × 35% = 145(万元)

土地增值税以人民币为计算单位。转让房地产所取得的收入为外国货币的,以取得收入当天或当月 1 日国家公布的市场汇价折合成人民币,据以计算应纳土地增值税税额。

五、税收优惠

由于土地增值税的开征是为了遏制房地产市场的投机暴利行为,因此没有太多的税收优惠政策。

有下列情形之一的,免征土地增值税:

(1)纳税人建造普通标准住宅出售,增值额未超过扣除项目金额 20% 的,免征土地增值税。

普通标准住宅,是指按所在地一般民用住宅标准建造的居住用住宅。高级公寓、别墅、度假村等不属于普通标准住宅。

2005年，国务院进一步加强了对房地产市场的引导和调控，发布了《国务院办公厅转发建设部等部门关于做好稳定住房价格工作的意见》，明确了普通标准住宅原则上应同时满足以下条件：

① 住宅小区建筑容积率在1.0以上；

② 单套建筑面积在120平方米以下；

③ 实际成交价格低于同级别土地上住房平均交易价格1.2倍以下。

各省、自治区、直辖市要根据实际情况，制定本地区享受优惠政策普通住房的具体标准。允许单套建筑面积和价格标准适当浮动，但向上浮动的比例不得超过上述标准的20%。

普通标准住宅与其他住宅的具体划分界限，由各省、自治区、直辖市人民政府根据国家制定的普通住房标准范围内从严掌握。

纳税人建造普通标准住宅出售，增值额未超过扣除项目金额之和（不包括旧房及建筑物的评估价格）20%的，免征土地增值税；增值额超过扣除项目金额之和20%的，应就其全部增值额按规定计税。

纳税人既建造普通住宅，又建造其他商品房的，应分别核算土地增值额。

如果房地产企业以每栋独立的房屋作为成本核算对象，开发项目中同时包含普通住宅和非普通住宅的，应分别计算增值额。如果房地产企业以开发小区作为成本核算对象，同样也可以将普通标准住宅和非普通标准住宅分别计算增值额。

【例3-44】8月某房地产开发公司转让新建普通标准住宅一幢，取得转让收入4000万元，转让环节缴纳税款以及有关费用合计220万元（不含印花税）。已知该公司为取得土地使用权而支付的地价款和有关费用为1600万元，房地产开发成本为900万元，利息支出210万元（能够按房地产项目计算分摊并提供金融机构证明，但其中有30万元属于超过贷款期限的利息）。另知，该单位所在地政府规定的其他房地产开发费用的计算扣除比例为5%。则该单位应缴纳土地增值税是多少？

【解析】增值额 = 4000 - (1600 + 900) × (1 + 5% + 20%) - (210 - 30) - 220 = 475（万元）

增值率 = 475 ÷ 3525 = 13.48%，故免税。

（2）转让旧房作为保障性住房且增值额未超过扣除项目金额20%的免税。

（3）转让旧房作为公共租赁住房房源、且增值额未超过扣除项目金额20%的免税。

(4) 因国家建设需要免征土地增值税。

① 因国家建设需要而被政府征收、收回的房地产，免税。

② 因城市实施规划、国家建设需要而搬迁，纳税人自行转让房地产免税。

因城市实施规划而搬迁，是指因旧城改造或因企业污染、扰民（指产生过量废气、废水、废渣和噪音，使城市居民生活受到一定危害），而由政府或政府有关主管部门根据已审批通过的城市规划确定进行搬迁的情况。

因国家建设的需要而搬迁，是指因实施国务院、省级人民政府、国务院有关部委批准的建设项目而进行搬迁的情况。

一些城市在旧城改造过程中，将一些工业企业迁出市区，安排在工业园区、高新技术开发区或者城市郊区，都属于因"城市实施规划"需要而搬迁，可以免征土地增值税。企业搬迁是否符合"国家建设需要"，应当注意建设项目的级次，除因实施省级、部级和国务院批准的建设项目需要而搬迁可以享受免税外，因其他建设项目需要而搬迁的，一律不得享受土地增值税的免税政策。

(5) 对个人销售住房暂免征收土地增值税。

(6) 对企业改制、资产整合过程中涉及的土地增值税，予以免征。

六、征收管理

土地增值税由税务机关征收。

土地管理部门、房产管理部门应当向房地产所在地主管税务机关提供有关房屋及建筑物产权、土地使用权、土地出让金数额、土地基准地价、房地产市场交易价格及权属变更等方面的资料，并协助税务机关依法征收土地增值税。

纳税人未依法缴纳土地增值税的，土地管理部门、房产管理部门不得办理有关的权属变更手续。

（一）土地增值税的申报

纳税人应自转让房地产合同签订之日起7日内向房地产所在地主管税务机关办理纳税申报，并在税务机关核定的期限内缴纳土地增值税。

申报时，纳税人应向税务机关提交房屋及建筑物产权、土地使用权证书，土地转让、房产买卖合同，房地产评估报告及其他与转让房地产有关的资料。

纳税人应按照税务机关核定的税额及规定的期限缴纳土地增值税。

1. 一次性付款转让房地产的

土地增值税的纳税人应在转让房地产合同签订后的 7 日内，到房地产所在地主管税务机关办理纳税申报，并向税务机关提交房屋及建筑物产权、土地使用权证书，土地转让、房产买卖合同，房地产评估报告及其他与转让房地产有关的资料。

2. 以分期收款方式转让房地产的

对于以分期收款方式转让房地产的，主管税务机关可以根据合同规定的收款日期来确定具体的纳税期限。纳税人按照合同约定的收款日期和当地规定的预征率先预交，全部售房款收完后进行清算，多退少补。

3. 项目全部竣工结算前转让房地产的

纳税人在项目全部竣工结算前转让房地产取得的收入，由于涉及成本核算或其他原因，无法据实计算土地增值税的，可以预征土地增值税。该项目全部竣工、办理结算后再进行结算，多退少补。这里主要涉及以下两种情况：

（1）预售。纳税人以预售方式转让房地产的，对在办理结算和转交手续前就取得的收入，税务机关也可以预征土地增值税。具体办法由省级税务局根据当地情况制定。

对纳税人预售房地产所取得的收入，当地税务机关规定预征土地增值税的，纳税人应当到主管税务机关办理纳税申报，并按规定预征率预交土地增值税，待办理决算后，进行清算，多退少补。当地税务机关规定不预征土地增值税的，也应在取得预售收入时先到税务机关登记或备案。

（2）部分转让。纳税人进行小区开发建设的，其中一部分房地产项目因先行开发并已转让出去，但小区内的部分配套设施往往在转让后才建成。在这种情况下，税务机关可以对先行转让的项目，在取得收入时预征土地增值税。

4. 房地产开发企业因经常发生房地产转让而难以在每次转让后申报的

为了简化行政审批手续，进一步方便纳税人和加强税收管理，对土地增值税纳税人定期进行纳税申报的问题规定如下：

纳税人因经常发生房地产转让而难以在每次转让后申报，是指房地产开发企业开发建造的房地产，因分次转让而频繁发生纳税义务难以在每次转让后申报纳税的情况，土地增值税可按月或按各省、自治区、直辖市和计划单列市税务局规定的期限申报缴纳。

纳税人选择定期申报方式的，应向纳税人所在地的税务机关备案。定期申报方式确定后，一年之内不得变更。

(二) 纳税地点

纳税人在房地产所在地主管税务机关办理土地增值税纳税申报。

房地产所在地指房地产的坐落地。

在实际工作中，纳税地点的确定又可分为以下两种情况：

1. 纳税人是法人

如果转让的房地产坐落地与其机构所在地或经营所在地一致，则在办理税务登记的原管辖税务机关申报纳税即可；如果转让的房地产坐落地与其机构所在地或经营所在地不一致，则应在房地产坐落地所管辖的税务机关申报纳税。

2. 纳税人是自然人

如果转让的房地产坐落地与其居住所在地一致，则在居住所在地税务机关申报纳税；如果转让的房地产坐落地与其居住所在地不一致，则在办理过户手续所在地的税务机关申报纳税。

房产不在同一地方的纳税人，应按房产的坐落地点分别向房产所在地的税务机关纳税。

纳税人转让房地产坐落在两个或两个以上地区的，应按房地产所在地分别申报纳税。

(三) 土地增值税的预征

由于房地产项目开发周期较长，成本与费用的确认与收入难以及时配比，土地增值税采用的是先预征后清算的征收模式。

纳税人在项目全部竣工结算前转让房地产取得的收入，由于涉及成本确定或其他原因，而无法据以计算土地增值税的，可以预征土地增值税，待该项目全部竣工、办理结算后再进行清算，多退少补。纳税人按规定预缴土地增值税后，清算补缴的土地增值税，在主管税务机关规定的期限内补缴的，不加收滞纳金。

1994年开征土地增值税后，我国对房地产开发企业的土地增值税一直采取"预征制"。各地根据本地区房地产业增值水平和市场发展情况，区别普通住房、非普通住房和商用房等不同类型，科学合理地确定预征率，并适时调整。工程项目竣工结算后，应及时进行清算，多退少补。

各地预征率一般在1%~3%之间，具体办法由各省、自治区、直辖市税务局根据当地情况制定。

对未按预征规定期限预缴税款的，从限定的缴纳税款期限届满的次日起，加收滞纳金。

（四）土地增值税的清算

土地增值税是保障收入分配公平，促进房地产市场健康发展的有力工具。但由于各地预征率普遍偏低，与房价的快速上涨不匹配。同时，土地增值税开征以来，由于种种原因，多数房地产企业长期不进行土地增值税的清算。长期以来，由于土地增值税只预征不清算，使得房地产开发企业误认为土地增值税是一个税负较轻的小税种。

为加强土地增值税的征收管理，做好已完工项目的清算工作，财政部、国家税务总局于2006年3月2日下发了《关于土地增值税若干问题的通知》，规定各地要进一步完善土地增值税预征办法，根据本地区房地产业增值水平和市场发展情况，区别普通住房、非普通住房和商用房等不同类型，科学合理地确定预征率，并适时调整。工程项目竣工结算后，应及时进行清算，多退少补。

但是，文件下发之后，仍然没有引起房地产企业的足够重视。2006年12月28日，国家税务总局再次发出《关于房地产开发企业土地增值税清算管理有关问题的通知》，规定对已竣工验收的房地产项目，凡转让的房地产的建筑面积占整个项目可售建筑面积的比例在85%以上的，税务机关可以要求纳税人按照转让房地产的收入与扣除项目金额配比的原则，对已转让的房地产进行土地增值税的清算。具体清算办法由各省、自治区、直辖市和计划单列市税务局规定。

自2007年2月1日起在全国范围内对房地产开发企业的土地增值税开展全面清算工作，并将对房地产企业的纳税情况适时开展税收专项检查。这意味着没有贯彻执行到位的《土地增值税暂行条例》将予以严格执行。

1. 土地增值税的清算单位

（1）以国家有关部门审批的房地产开发项目为单位进行清算。

（2）对分期开发的项目，以分期项目为单位清算。

（3）开发项目中同时包含普通标准住宅和非普通标准住宅的，应分别计算增值额。

2. 土地增值税的清算条件

（1）应当进行土地增值税清算的项目。

① 房地产开发项目全部竣工、完成销售的。

② 整体转让未竣工决算房地产开发项目的。本项规定适用于房地产企业转让在建项目的情况，转让已进入建筑物施工阶段的"在建项目"，应当按"销售不动产"计算缴纳土地增值税。

③ 直接转让土地使用权的。转让土地使用权包括转让已完成土地前期开发或正在进行土地前期开发，但尚未进入施工阶段的在建项目，都要进行土地增值税的清算。

④ 纳税人申请注销税务登记但未办理土地增值税清算手续的。这是一项常规政策，企业在向工商行政管理机关办理注销登记之前，应当先与税务机关结清所涉及的所有税款，注销税务登记。

凡符合应办理土地增值税清算条件的纳税人，应当在满足条件之日起90日内到主管税务机关办理清算手续。纳税人应向主管税务机关提出清算税款申请，并据实填写《土地增值税清算申请表》，经主管税务机关核准后，即可办理税款清算手续。

纳税人清算土地增值税申请不符合受理条件的，税务机关不予核准，将有关资料退回纳税人，并说明理由。

（2）可要求纳税人进行土地增值税清算的项目。

① 已竣工验收的房地产开发项目，已转让的房地产建筑面积占整个项目可售建筑面积的比例在85%以上，或该比例虽未超过85%，但剩余的可售建筑面积已经出租或自用的。

开发项目达到上述标准的，税务机关可以要求纳税人按照转让房地产的收入与扣除项目金额配比的原则，对已转让的房地产进行土地增值税的清算，未转让的部分在实际转让时再进行土地增值税的清算。

② 取得销售（预售）许可证满三年仍未销售完毕的。此项规定主要是针对有的房地产企业借口整个项目未销售完毕而不进行土地增值税清算的情况，当取得销售（预售）许可证满三年时，税务机关可以要求企业对已经销售的部分进行土地增值税清算。

③ 纳税人申请注销税务登记但未办理土地增值税清算手续的，应在办理注销登记前进行土地增值税清算。

④ 省级税务机关规定的其他情况。

以上情况由主管税务机关确定是否进行清算。对于确定需要进行清算的项目，由主管税务机关签发《土地增值税清算通知书》并送达纳税人。纳税人在接到《土地增值税清算通知书》之后,纳税人应当在收到清算通知之日起 90 日内办理清算手续,填写《土地增值税清算申请表》报送主管税务机关,进入清算程序。

3. 土地增值税清算应报送的资料

(1) 房地产开发企业清算土地增值税书面申请、土地增值税纳税申报表。

(2) 辅助及证明材料。

① 项目竣工决算报表;

② 取得土地使用权所支付的地价款凭证;

③ 国有土地使用权出让合同;

④ 银行贷款利息结算通知单;

⑤ 项目工程合同结算单;

⑥ 商品房购销合同统计表等与转让房地产的收入、成本和费用有关的证明资料。

(3) 纳税人委托税务中介机构审核鉴证的清算项目,还应报送中介机构出具的《土地增值税清算税款鉴证报告》。

(4) 主管税务机关要求报送的其他与土地增值税清算有关的证明资料等。

4. 清算后再转让房地产的处理

在土地增值税清算时未转让的房地产,清算后销售或有偿转让的,纳税人应按规定进行土地增值税的纳税申报,扣除项目金额按清算时的单位建筑面积成本费用乘以销售或转让面积计算。

单位建筑面积成本费用 = 清算时的扣除项目总金额 ÷ 清算的总建筑面积

5. 其他规定

纳税人按规定预缴土地增值税后,清算补缴的土地增值税,在主管税务机关规定的期限内补缴的,不加收滞纳金。

(五) 核定征收

核定应纳税额是针对纳税人的一部分违法行为导致税务机关难以查账征收税款而采取的一种补救措施。它也是一种征收税款的方式,是在正常的税款征收方式难以准确合理征收税款的前提下而采取的一种征税方法,对于保证国家税收及时足额入库、促使纳税人遵守税法规定正确纳税,具有一定的作用。

房地产开发企业有下列情形之一的,税务机关按不低于预征率的征收率核定征收土地增值税:

（1）依照法律、行政法规的规定应当设置但未设置账簿的；

（2）擅自销毁账簿或者拒不提供纳税资料的；

（3）虽设置账簿，但账目混乱或者成本资料、收入凭证、费用凭证残缺不全，难以确定转让收入或扣除项目金额的；

（4）符合土地增值税清算条件，未按照规定的期限办理清算手续，经税务机关责令限期清算，逾期仍不清算的；

（5）申报的计税依据明显偏低，又无正当理由的；

企业出现上述情况之一的，税务机关按不低于预征率的征收率核定征收土地增值税。

对于转让旧房及建筑物，既没有评估价格，又不能提供购房发票的，税务机关可以按照转让二手房交易价格全额的1%征收率，实行核定征收。

【例3-45】张先生于2016年以50万元购买了一套房产，2022年12月将以70万元出售。计算张先生应缴纳多少土地增值税。

【解析】张先生不能提供购房发票证明，又不能提供房屋及建筑物价格评估报告的，其以核定方式缴纳土地增值税。

应缴纳土地增值税 = 70 × 1% = 0.7（万元）

关键概念

土地增值税　　超率累进税率　　成新折扣率　　重置成本　　开发成本

开发费用　　普通标准住宅　　清算

思考题

1. 简述土地增值税与企业所得税、个人所得税的异同点。
2. 简述土地增值税的概念和特点。
3. 试述土地增值税的征税范围。
4. 简述土地增值税清算的内容。

第四章 财产税

第一节 房产税

学习目标

1. 熟悉房产税的征税范围、纳税人和税率。
2. 掌握房产税的计税依据和应纳税额的计算。
3. 熟悉房产税的减免税优惠。
4. 了解房产税的申报和缴纳。

引导案例

张先生的哪些房产需要缴纳房产税?

张先生是一家私营服装加工企业的老板。设在某市区内的工厂有两间厂房,原值300万元;一栋办公楼,原值200万元。他在市区内拥有三套住宅,其中一套为某小区的商品房A,面积150平方米,2011年以200万元的价格购入;两套别墅B和C分别于2009年、2010年以130万元和150万元的价格购入。张先生及其家人一直住在别墅B中,2021年,他以980万元将别墅C出售,并将商品房A出租,每月租金收入4500元。

张先生拥有的上述房产中,哪些需要缴纳房产税?具体应如何缴纳呢?

一、房产税概述

房产税是以房屋为征税对象,按房屋的计税余值或租金收入为计税依据,向产权所有人征收的一种财产税。

房产税是一个古老的税种,欧洲中世纪时,房产税就成为封建君主敛财的一项重要手段,且名目繁多,如"窗户税""灶税""烟囱税"等,这类房产税大多以房屋的某种外部标志作为确定负担的标准。中国古籍《周礼》上所称"廛布"即为最初的房产税,至唐代的间架税、清代和中华民国时期的房捐,均属房产税性质。

1949年新中国成立后,政务院发布《全国税政实施要则》(1950年)将房产税列为开征的14个税种之一。1951年8月政务院发布《中华人民共和国城市房地产税暂行条例》,将房产税与地产税合并为房地产税。1973年简化税制,把对国营企业和集体企业征收的城市房地产税并入工商税,保留税种只对房管部门、个人、外国侨民、外国企业和外商投资企业征收。1984年改革工商税制,国家决定恢复征收房地产税,将房地产税分为房产税和城镇土地使用税两个税种。1986年9月15日国务院发布《中华人民共和国房产税暂行条例》,同年10月1日起施行,适用于国内单位和个人。至此,对内资企业和个人统一征收房产税,城市房产税仅对外资企业和外籍个人征收,在房产征税上形成了内外两套税制的二元格局。

自2009年1月1日起,《城市房地产税暂行条例》废止,外商投资企业、外国企业和组织以及外籍个人(以下简称外资企业和外籍个人)依照《中华人民共和国房产税暂行条例》缴纳房产税。取消城市房地产税,是我国税制改革的必然要求,标志着我国房产税制度实现了内外统一,也彻底结束了我国对内外资分设房地产税种的历史。

二、房产税的特点

(一)税收收入较稳定且具有自然增长特性

首先,由于房产存量的稳定性,房产税的税源也就比较稳定。其次,由于房产价值一般比较稳定,房产税税基比较稳定。二者的共同作用,使得房产税收入与其他各税种相比较为稳定。

随着城镇规模的扩大和城镇居民居住条件的改善,房产总量会持续增长。随着经济的发展,房产的价值会提高。二者的共同作用,使得房产税收入一般会保持增长趋势。

(二) 兼具直接税和间接税双重属性

房产具有生产资料和生活资料的双重属性,以房产为课税对象的房产税自然也具有直接税和间接税的双重属性。课征于个人住房的房产税,由于个人很难将其税负转嫁,因此属于直接税;而课征于个人出租性房产和企业经营性房产的房产税,个人和企业可以通过各种方式将税负转嫁,因此应当归为间接税。

房产税的双重属性,使得其具有比较广泛的调节作用。首先,作为课征于个人的直接税,房产税可以起到调节个人财富分配的作用;其次,作为课征于出租性房产、经营性房产的间接税,房产税可以起到调节资源配置的作用。

(三) 对不同房屋经营用途实行差异计税办法

拥有房屋的单位和个人,既可以自己使用房屋,又可以把房屋用于出租、出典。房产税根据纳税人经营形式不同,确定对房屋征税可以按房产计税余值征收,又可以按租金收入征收,使其符合纳税人的经营特点,便于平衡税收负担和征收管理。

三、房产税的纳税义务人、征税对象及征税范围

(一) 纳税义务人

房产税由产权所有人缴纳。产权所有人、经营管理单位、承典人、房产代管人或者使用人,统称为纳税义务人。

(1) 产权属国家所有的,由经营管理单位纳税;产权属集体和个人所有的,由集体单位和个人纳税。

(2) 产权出典的,由承典人依照房产余值缴纳房产税。

例如,李某因急需用款,将其自有的房屋典当给某典当行,而取得10万元资金的融资行为即为产权出典。该典当行向李某支付了10万元后,在质典期内即获房屋的支配权,并可转典。李某在规定期间内须归还全部本金和利息,方可赎回

出典房屋等的产权。由于在房屋出典期间，产权所有人已无权支配房屋，因此，税法规定由对房屋具有支配权的承典人为纳税人。

（3）产权所有人、承典人不在房屋所在地的，或者产权未确定及租典纠纷未解决的，由房产代管人或者使用人纳税。

（4）产权未确定及租典纠纷未解决的，亦由房产代管人或者使用人纳税。

（5）居民住宅区内业主共有的经营性房产，由实际经营（包括自营和出租）的代管人或使用人缴纳房产税。

（6）无租使用其他单位房产的应税单位和个人，依照房产余值代缴纳房产税。

例如，A 和 B 为关联公司，A 公司开发一栋大厦，将其中 1~10 层出租给 B 公司用于酒店经营，并与其签订了无租使用协议。则 B 公司为房产税的纳税义务人，应按房产的计税余值申报缴税。

（二）征税对象

房产税的征税对象是房产，即以房屋形态表现的财产。

（1）房屋。是指有屋面和围护结构（有墙或两边有柱），能够遮风避雨，可供人们在其中生产、学习、工作、娱乐、居住或贮藏物资的场所。

（2）与房屋不可分离的附属设备。是指为了维持和增加房屋的使用功能或使房屋满足设计要求，凡以房屋为载体，不可随意移动的附属设备和配套设施。如给排水、采暖、消防、中央空调、电气及智能化楼宇设备等，无论在会计核算中是否单独记账与核算，都应计入房产原值，计征房产税。

水管、下水道、暖气管、煤气管等从最近的探视井或三通管算起。电灯网、照明线从进线盒连接管算起。

（3）具备房屋功能的地下建筑。是指有屋面和维护结构，能够遮风避雨，可供人们在其中生产、经营、工作、学习、娱乐、居住或储藏物资的场所，包括与地上房屋相连的地下建筑以及完全建在地面以下的建筑、地下人防设施等，均应当依照有关规定征收房产税。

独立于房屋之外的建筑物，如围墙、烟囱、水塔、变电塔、油池油柜、酒窖菜窖、酒精池、糖蜜池、室外游泳池、玻璃暖房、砖瓦石灰窑以及各种油气罐等不属于房产。

鉴于房地产开发企业开发的商品房在出售前，对房地产开发企业而言是一种产品，因此，对房地产开发企业建造的商品房，在售出前，不征收房产税；但对售出前房地产开发企业已使用或出租、出借的商品房应按规定征收房产税。

（三）征税范围

房产税在城市、县城、建制镇和工矿区征收。

城市是指经国务院批准设立的市，城市的征税范围为市区、郊区和市辖县县城，不包括农村。县城是指未设立建制镇的县人民政府所在地。

建制镇是指经省、自治区、直辖市人民政府批准设立的建制镇。建制镇的征税范围为镇人民政府所在地，不包括所辖的行政村。关于建制镇具体征税范围，由各省、自治区、直辖市税务局提出方案，经省、自治区、直辖市人民政府确定批准后执行，并报国家税务总局备案。

工矿区是指工商业比较发达，人口比较集中，符合国务院规定的建制镇标准，但尚未设立镇建制的大中型工矿企业所在地。开征房产税的工矿区须经省、自治区、直辖市人民政府批准。

对农林牧渔业用地和农民居住用房屋及土地，不征收房产税。

四、税率和应纳税额的计算

目前我国主要对经营性房产征收房产税，而对非经营性房产（如个人拥有的自住房屋）实行免税。

（一）税率

（1）按房产余值计征：1.2%。
（2）按房产租金计征：12%。
① 个人出租住房，不区分用途，按4%的税率征收房产税。
② 对企事业单位、社会团体以及其他组织按市场价格向个人出租用于居住的住房，减按4%的税率征收房产税。

（二）应纳税额的计算

应纳税额 = 计税依据 × 税率
计税依据包括余值计征和租金计征两种。具体计算方法如表4-1所示。

第四章 财产税

表 4-1 房产税应纳税额的计算方法

计税方式	计税依据	计税公式
余值计征	房产余值	应纳税额 = 应税房产原值 × (1 - 原值减除比例) × 1.2%
从租计征	租金收入	应纳税额 = 租金收入 × 12%（或 4%）

（1）对经营自用的房屋，以房产的计税余值作为计税依据。

所谓计税余值，是指依照税法规定按房产原值一次减除 10%~30% 的损耗价值以后的余额。具体减除比例由省、自治区、直辖市人民政府在税法规定的幅度内自行确定。这样规定既有利于各地区根据本地情况因地制宜地确定计税余值，又有利于平衡各地区的税收负担，同时可以简化计算手续，提高征管效率。

对依照房产原值计税的房产，不论是否记载在会计账簿固定资产科目中，均应按照房屋原价计算缴纳房产税。房屋原价应根据国家有关会计制度规定进行核算。对纳税人未按国家会计制度规定核算并记载的，应按规定予以调整或重新评估。

自用的地下建筑，按以下方式计税：

① 工业用途房产，以房屋原价的 50%~60% 作为应税房产原值。

应纳房产税的税额 = 应税房产原值 × [1 - (10%~30%)] × 1.2%

② 商业和其他用途房产，以房屋原价的 70%~80% 作为应税房产原值。

应纳房产税的税额 = 应税房产原值 × [1 - (10%~30%)] × 1.2%

房屋原价折算为应税房产原值的具体比例，由各省、自治区、直辖市和计划单列市财政和地方税务部门在上述幅度内自行确定。

对于与地上房屋相连的地下建筑，如房屋的地下室、地下停车场、商场的地下部分等，应将地下部分与地上房屋视为一个整体，按照地上房屋建筑的有关规定计算征收房产税。

【例 4-1】2021 年初，王某购买了一栋临街的二层商铺，原值 100 万元。其中，一楼用于经营影楼，二楼自住，其价值占原值的 30%，地下室经改造作为影棚使用。

王某该年度是否应缴纳房产税？应纳税额是多少？（注：该省规定按房产原值一次扣除 20% 后的余值计税）

【解析】一楼商铺和地下室属于用于经营的部分，应缴纳房产税。地下室与地上二层楼建筑连为一体，应按地上建筑物计算方法一并计税。

应纳税额 = [100 × 70% × (1 - 20%)] × 1.2% = 0.672（万元）

对于出租的房屋，以租金收入为计税依据，包括货币收入和实物收入。

房产的租金收入是房屋产权所有人出租房产使用权取得的报酬，包括货币收入和实物收入。

【例4-2】某省化工企业甲自有房屋8栋，其中6栋用于经营生产，房产原值1000万元；2栋租给乙公司用作仓库，年租金收入50万元（不含增值税）。试计算该企业本年应缴纳的房产税。（注：该省规定按房产原值一次扣除20%后的余值计税）

【解析】自用房产应纳税额 = [1000 × (1 - 20%)] × 1.2% = 9.6（万元）

租金收入应纳税额 = 50 × 12% = 6（万元）

本年度应纳房产税额 = 9.6 + 6 = 15.6（万元）

（2）对投资联营的房产，应予区别对待。

① 对于以房产投资联营，投资者参与投资利润分红，共担风险的情况，按房产余值作为计税依据。

② 对于以房产投资，收取固定收入，不承担联营风险的情况，实际上是以联营名义取得房产的租金，应由出租方按租金收入作为计税依据。

【例4-3】某企业房产原值为1000万元，2021年7月1日将其中的60%用于对外投资，不承担经营风险，投资期限3年，当年取得固定利润分红30万元；其余房产自用。已知当地政府规定的减除比例为20%，请计算该企业本年度应缴纳的房产税。

【解析】该企业房产的60%应分两个阶段计征房产税：1月至6月为自营，按余值计税；7月1日后对外投资，且取得固定分红，按租金收入计税。即：

应纳税额 = [1000 × 60% × (1 - 20%)] × 1.2% ÷ 12 × 6 + 30 × 12%
　　　　= 6.48（万元）

剩余40%的房产均为自用，按余值计税。

应纳税额 = [1000 × 40% × (1 - 20%)] × 1.2% = 3.84（万元）

本年合计应纳房产税额 = 6.48 + 3.84 = 10.32（万元）

（3）对融资租赁的房产，实际上是一种分期付款购买房产的行为，因此由承租人依照房产余值缴纳房产税。

（4）居民住宅区内业主共有的经营性房产中，自营的，依照房产原值减除10%~30%后的余值计征，没有房产原值或不能将业主共有房产与其他房产的原值准确划分开的，由房产所在地税务机关参照同类房产核定房产原值；出租的，以租金收入为计税依据。

（5）更换房屋附属设备和配套设施的，在将其价值计入房产原值时，可扣减原来相应设备和设施的价值；对附属设备和配套设施中易损坏、需要经常更换的零配件，更新后不再计入房产原值。

（6）对出租房产，租赁双方签订的租赁合同约定有免收租金期限的，免收租金期间由产权所有人按照房产原值缴纳房产税。

（7）对按照房产原值计税的房产，无论会计上如何核算，房产原值均应包含地价，包括为取得土地使用权支付的价款、开发土地发生的成本费用等。宗地容积率低于0.5的，按房产建筑面积的2倍计算土地面积并据此确定计入房产原值的地价。

五、税收优惠

目前，免征房产税的税收优惠政策主要有：

（1）国家机关、人民团体、军队自用的房产。
（2）国家财政部门拨付事业经费的单位自用的房产。
（3）宗教寺庙、公园、名胜古迹自用的房产。
（4）个人拥有的非营业用的房产。
（5）经财政部批准免税的其他房产：

① 企业办的各类学校、医院、托儿所、幼儿园自用的房产，以及由主管工会拨付或差额补贴工会经费的全额预算或差额预算单位自用的房产，可以比照由国家财政部门拨付事业经费的单位办理，免征房产税。

② 经有关部门鉴定，对毁损不堪居住的房屋和危险房屋，在停止使用后，可免征房产税。

③ 对军队空余房产租赁收入暂免征收房产税。

④ 凡是在基建工地为基建工地服务的各种工棚、材料棚和办公室、食堂等临时性措施在施工期间一律免征房产税。但是如果在基建工程结束以后，施工企业将这种临时性房屋交还或者估价转让给基建单位的，应当征收房产税。

⑤ 纳税人因房屋大修导致连续停用半年以上的，在房屋大修期间免征房产税。

⑥ 纳税单位与免税单位共同使用的房屋，按各自使用的部分划分，分别征收或免征房产税。

⑦ 工商行政管理部门的集贸市场用房,不属于工商部门自用的房产,按规定应征收房产税。但为了促进集贸市场的发展,省、自治区、直辖市可根据具体情况暂给予减税或免税照顾。

⑧ 老年服务机构自用的房产暂免征税。

⑨ 对房管部门经租的居民住房,在房租调整改革之前收取租金偏低的,可暂缓征收房产税;对房管部门经租的其他非营业用房,是否给予照顾,可由各省、自治区、直辖市根据当地具体情况按税收管理体制的规定办理。

⑩ 自2019年1月1日至2023年12月31日,对高校学生公寓免征房产税。

⑪ 对按政府规定价格出租的公有住房,包括企业和自收自支事业单位向职工出租的单位自有住房、房管部门向居民出租的公有住房、落实私房政策中带户发还产权并以政府规定租金标准向居民出租的私有住房等,暂免征税。其中,企业和自收自支事业单位向职工出租的单位自有住房是指按照公有住房管理的单位自有住房。

对公共租赁住房(以下称公租房)免征房产税。公租房经营管理单位应单独核算公租房租金收入,未单独核算的,不得享受免征房产税优惠政策。

⑫ 铁道部所属铁路运输企业自用的房产免征房产税。享受免税政策的铁道部所属铁路运输企业是指铁路局及国有铁路运输控股公司(含广铁<集团>公司、青藏铁路公司、大秦铁路股份有限公司、广深铁路股份有限公司等,具体包括客货、编组站,车务、机务、工务、电务、水电、供电、列车、客运、车辆段)、铁路办事处、中铁集装箱运输有限责任公司、中铁特货运输有限责任公司、中铁快运股份有限公司。铁道部所属其他企业、单位的房产和土地,按税法规定征收房产税。地方铁路运输企业自用的房产、土地应缴纳的房产税比照铁道部所属铁路运输企业的政策执行。

⑬ 对防排水抢救站使用的房产,凡产权属于煤炭工业部所有并专门用于抢险救灾工作的,免征房产税;产权属于代管单位或改变房产使用性质的,仍要照章征收房产税。

⑭ 天然林的保护工程相关的房产免税。

⑮ 国家直属储备粮、棉、糖、肉、盐库免税。

⑯ 自2019年1月1日至2023年供暖期结束,对向居民供热而收取采暖费的供热企业,为居民供热所使用的厂房免征房产税;对供热企业其他厂房,应当按规定征收房产税。

对专业供热企业，按其向居民供热取得的采暖费收入占全部采暖费收入的比例，计算免征的房产税。

对兼营供热企业，视其供热所使用的厂房与其他生产经营活动所使用的厂房是否可以区分，按照不同方法计算免征的房产税。可以区分的，对其供热所使用厂房，按向居民供热取得的采暖费收入占全部采暖费收入的比例，计算免征的房产税。难以区分的，对其全部厂房，按向居民供热取得的采暖费收入占其营业收入的比例计算免征的房产税。

对自供热单位，按向居民供热建筑面积占总供热建筑面积的比例，计算免征供热所使用厂房的房产税。

⑰ 对用于运动训练、运动竞赛及身体锻炼的专业性体育场馆的优惠。

a. 国家机关、军队、人民团体、财政补助事业单位、居民委员会、村民委员会拥有的体育场馆，用于体育活动的房产、土地，免征房产税。

b. 经费自理事业单位、体育社会团体、体育基金会、体育类民办非企业单位拥有并运营管理的体育场馆，同时符合一定条件的，其用于体育活动的房产、土地，免征房产税。

c. 企业拥有并运营管理的大型体育场馆，其用于体育活动的房产、土地，减半征收房产税。

大型体育场馆，是指由各级人民政府或社会力量投资建设、向公众开放、达到《体育建筑设计规范》（JGJ 31—2003）有关规模规定的体育场（观众座位数20000座及以上），体育馆（观众座位数3000座及以上）、游泳馆、跳水馆（观众座位数1500座及以上）等体育建筑。

用于体育活动的房产、土地，是指运动场地，看台、辅助用房（包括观众用房、运动员用房、竞赛管理用房、新闻媒介用房、广播电视用房、技术设备用房和场馆运营用房等）及占地，以及场馆配套设施（包括通道、道路、广场、绿化等）。

上述税收优惠体育场馆的运动场地用于体育活动的天数不得低于全年自然天数的70%。体育场馆辅助用房及配套设施用于非体育活动的部分，不得享受上述优惠。

高尔夫球、马术、汽车、卡丁车、摩托车的比赛场、训练场、练习场，除另有规定外，不得享受上述优惠政策。各省、自治区、直辖市财政、税务部门可根据本地区情况适时增加不得享受优惠体育场馆的类型。

⑱ 自2019年1月1日至2023年12月31日，对农产品批发市场、农贸市场（包括自有和承租，下同）专门用于经营农产品的房产，暂免征收房产税。对同时经营其他产品的农产品批发市场和农贸市场使用的房产，按其他产品与农产品交易场地面积的比例确定免征房产税。

享受税收优惠的房产，是指农产品批发市场、农贸市场直接为农产品交易提供服务的房产。农产品批发市场、农贸市场的行政办公区、生活区，以及商业餐饮娱乐等非直接为农产品交易提供服务的房产，不属于优惠范围，应按规定征收房产税。

⑲ 为支持铁路股份制改革和合资铁路发展，对股改铁路运输企业及合资铁路运输公司自用的房产暂免征收房产税。

⑳ 自2016年1月1日至2023年12月31日，对国家级、省级科技企业孵化器、大学科技园和国家备案众创空间自用以及无偿或通过出租等方式提供给在孵对象使用的房产，免征房产税。

㉑ 自2019年1月1日至2023年12月31日，对饮水工程运营管理单位自用的生产、办公用房产，免征房产税。对于既向城镇居民供水，又向农村居民供水的饮水工程运营管理单位，依据向农村居民供水量占总供水量的比例免征房产税。无法提供具体比例或所提供数据不实的，不得享受上述税收优惠政策。

㉒ 经中国人民银行依法决定撤销的金融机构及其分设于各地的分支机构清算期间自有的或从债务方接收的房地产，免征房产税。除另有规定者外，被撤销的金融机构所属、附属企业，不享受该项税收优惠政策。

6. 住房租赁有关税收政策

（1）对企事业单位、社会团体以及其他组织向个人、专业化规模化住房租赁企业出租住房的，减按4%的税率征收房产税。

（2）对利用非居住存量土地和非居住存量房屋（含商业办公用房、工业厂房改造后出租用于居住的房屋）建设的保障性租赁住房，企事业单位、社会团体以及其他组织向个人、专业化规模化住房租赁企业出租上述住房的，减按4%的税率征收房产税。

（3）对个人出租住房，不区分用途，按4%的税率征收房产税。

除以上情形外，纳税人纳税确有困难的，可由省、自治区、直辖市人民政府确定，定期减征或者免征房产税。

六、申报和缴纳

（一）纳税义务发生时间

房产税纳税义务发生时间如表4-2所示。

表4-2　　　　　　　　　　房产税纳税义务发生时间

房产用途	纳税义务发生时间
1. 自建房屋	
（1）自建的房屋	从建成之次月起
（2）委托施工企业建设的房屋	①从办理验收手续之次月起； ②验收前已使用或出租、出借的，从使用或出租、出借的当月起
（3）在基建工地为基建工地服务的各种工棚、材料棚、休息棚和办公室、食堂、茶炉房、汽车房等临时性房屋，在基建工程结束以后，施工单位将这种临时性房屋交还或者估价转让给基建单位的	从基建单位接收的次日起
2. 新购置房屋	
（1）购置新建商品房	自房屋交付使用之次月起
（2）购置存量房	自办理房屋权属转移、变更登记手续，房地产权属登记机关签发房屋权属证书之次月起
（3）出租、出借房产	自交付出租、出借房产之次月起
（4）房地产开发企业自用、出租、出借本企业建造的商品房	自房屋使用或交付之次月起
3. 融资租赁房屋	①由承租人自融资租赁合同约定开始日的次月起； ②合同未约定开始日的，由承租人自合同签订的次月起
4. 改变房屋用途	
纳税人将原有房产用于生产经营	从生产经营之月起

纳税人购置新建（在建）商品房或存量房（已建成的商品房）：

（1）如果在没办理"房屋权属证书"前进行装修的，要根据签订合同的交付使用时间为准。如果合同中未明确交付时间的，应以纳税人实际使用（开始装修）时间为准。

（2）如果开发商未交付使用或未办理"房屋权属证书"前纳税人委托开发商进行装修则属于实物或权利状态未发生变化，对购置人不缴纳房产税，待装修完成交付使用时确定纳税义务发生。

（3）如果合同中约定了交付使用时间，开发商未能如期履行的，应以实际交付时间为准。

纳税人因房产的实物或权利状态发生变化而依法终止房产税纳税义务的，其应纳税款的计算应截止到房产的实物或权利状态发生变化的当月末。

【例4-4】 甲企业委托施工企业建造物资仓库，8月末办理验收手续，入账原值为300万元；6月以融资租赁的方式租入一处房产，原值1000万元，租赁期5年，租入当月投入使用，每月支付租赁费10万元，税务机关确定甲企业为该房产的纳税人。请计算甲企业本年应缴纳的房产税（注：该省规定按房产原值一次扣除30%后的余值计税）。

【解析】

（1）委托施工企业建造的物资仓库，从办理验收手续之日的次月起，即9月起计征房产税。

房产税应纳税额$1 = 300 \times (1 - 30\%) \times 1.2\% \times 4 \div 12 = 0.84$（万元）

（2）融资租入的房产，未约定开始日，由承租人自合同签订的次月起，即7月起以房产余值计征房产税。

房产税应纳税额$2 = 1000 \times (1 - 30\%) \times 1.2\% \times 6 \div 12 = 4.2$（万元）

因此，甲企业本年房产税应纳税额$= 4.2 + 0.84 = 5.04$（万元）。

（二）纳税期限

房产税实行按年计算、分期缴纳的征收方法，具体纳税期限由省、自治区、直辖市人民政府确定。

（三）纳税地点

房产税在房产所在地缴纳。房产不在同一地方的纳税人，应按房产的坐落地点分别向房产所在地的税务机关纳税。

（四）纳税申报

房产税的纳税人应按照《房产税暂行条例》的有关规定，及时办理纳税申报，并如实填写《房产税纳税申报表》。

关键概念

房产税　　房产原值　　房产余值

思考题

1. 征收房产税的目的是什么？
2. 房产税的计税依据有几种？具体是如何规定的？
3. 房产税改革的方向是什么？

第二节　契税

学习目标

1. 了解契税的概念及纳税人特点。
2. 掌握契税的计税依据和应纳税额的计算。
3. 熟悉契税的减免税优惠政策。
4. 了解契税的申报和缴纳。

引导案例

李先生向赵先生购入面积100平方米的二手商品房一套，单价30000元/平方米，总价300万元，6月4日签订购房合同。

黄先生看中了广州市某新开盘的小区，并于11月3日购入一套房产，面积为90平方米，单价50000元/平方米，总价450万元，这是黄先生个人的第一套房产。

在李先生、赵先生和黄先生的各自交易活动中，谁是契税的纳税义务人？应如何缴纳契税？

一、契税概述

契税是以所有权发生转移的不动产为征税对象，向产权承受人征收的一种财产税。

我国契税起源于东晋时期的"估税",至今已有1600多年的历史。当时规定,凡买卖田宅、奴婢、牛马,立有契据者,每一万钱交易额官府征收四百钱即税率为4%,其中卖方缴纳3%,买方缴纳1%。北宋开宝二年(公元969年),开始征收印契钱。这时不再由买卖双方分摊,而是由买方缴纳了,并规定缴纳期限为两个月。从此,开始以保障产权为由征收契税。以后历代封建王朝对土地、房屋的买卖、典当等产权变动都征收契税,但税率和征收范围不完全相同。由于契税是以保障产权的名义征收的,长期以来都是纳税人自觉向政府申报投税,请求验印或发给契证。因此,契税在群众中影响较深,素有"地凭文契官凭印""买地不税契,诉讼没凭据"的谚语。

新中国成立后,政务院于1950年发布《契税暂行条例》,规定对土地、房屋的买卖、典当、赠与和交换征收契税。1954年财政部经政务院批准,对《契税暂行条例》的个别条款进行了修改,规定对公有制单位承受土地、房屋权属转移免征契税。社会主义改造完成以后,土地禁止买卖和转让,征收土地契税也就自然停止了。这样使得契税征收范围大大缩小,收入额很小。到"文化大革命"后期,全国契税征收工作基本处于停顿状态。

改革开放后,国家重新调整了土地、房屋管理方面的有关政策,房地产市场逐步得到了恢复和发展。为适应形势的要求,从1990年开始,全国契税征管工作全面恢复。恢复征收后,契税收入连年大幅度增加,从1990年的1.34亿元增加到1997年的36亿元,成为地方税收中最具增长潜力的税种。但由于《契税暂行条例》立法年代久远,很多规定与当前的实际情况相脱节,实际工作中难以操作和执行。为了适应建立和发展社会主义市场经济形势的需要,充分发挥契税筹集财政收入和调控房地产市场的功能,从1990年起,就着手开始了《契税暂行条例》的修订工作。1997年7月7日,《中华人民共和国契税暂行条例》发布,并于同年10月1日起开始实施。

近年来,各级征收机关在国土部门、房管部门的协作配合下,积极探索契税征收方式,不断加强征收管理,促进了契税收入的持续快速增长,契税已经成为地方税收体系中的重要税种。

2020年8月11日第十三届全国人民代表大会常务委员会第二十一次会议通过了《中华人民共和国契税法》,自2021年9月1日起施行。1997年7月7日国务院发布的《中华人民共和国契税暂行条例》同时废止。

二、契税的特点

(1) 契税是在房地产的转让环节征收,每转让一次就征收一次契税,这一点有别于耕地占用税等行为税。

(2) 契税由取得土地、房屋权属的一方缴纳。对买方征税的主要目的在于承认不动产转移生效,承受人纳税以后,便可拥有转移过来的不动产的产权或使用权,法律保护纳税人的合法权益。这一点与其他税种有着明显的区别,例如,土地增值税是由取得收入的一方缴纳。

三、契税的纳税人、税率及征税范围

(一) 纳税人

在中华人民共和国境内转移土地、房屋权属,承受的单位和个人是契税的纳税人。华侨、港澳台同胞、外商投资企业和外国企业、外国人和国有经济单位,都可以是契税的纳税人。比如出让土地使用权的国土资源管理局不必缴纳契税、销售别墅的房地产公司也不必缴纳契税,应当是取得土地使用权和别墅产权的单位(或个人)是契税的纳税义务人。

(二) 税率

契税实行幅度比例税率,税率幅度为3%~5%。

契税的具体适用税率,由省、自治区、直辖市人民政府在前款规定的税率幅度内提出,报同级人民代表大会常务委员会决定,并报全国人民代表大会常务委员会和国务院备案。

省、自治区、直辖市可以依照前款规定的程序对不同主体、不同地区、不同类型的住房的权属转移确定差别税率。

(三) 征税范围

契税的征税范围为转移土地、房屋权属,即土地使用权、房屋所有权。具体是指下列行为:

(1) 土地使用权出让。

（2）土地使用权转让，包括出售、赠与、互换，土地使用权转让，不包括土地承包经营权和土地经营权的转移。

（3）房屋买卖、赠与、互换。

视同买卖房屋的情况包括三种：以房产抵债或实物交换房屋；以房产作投资或作股权转让；买房拆料或翻建新房，应照章征收契税。以自有房产作股投入本人经营企业，免纳契税。

以获奖方式取得房屋产权的，其实质是接受赠与房产，应缴纳契税。

【例4-5】某举重运动员受赠一栋房屋市场价值100万元，由于该运动员在重大国际赛事中获得冠军，单位奖励其住宅一套，市场价值60万元。当地契税税率为4%。该运动员是否需要缴纳契税？

【解析】无论是由于受赠还是奖励而获得的房屋，该运动员均需按规定缴纳契税。

房屋产权相互交换，双方交换价值相等，免纳契税，办理免征契税手续。其价值不相等的，按超出部分由支付差价方缴纳契税。

（4）以作价投资（入股）、偿还债务、划转、奖励等方式转移土地、房屋权属的，应当依法征收契税。

（5）下列情形发生土地、房屋权属转移的，承受方应当依法缴纳契税：

① 因共有不动产份额变化的；

② 因共有人增加或者减少的；

③ 因人民法院、仲裁委员会的生效法律文书或者监察机关出具的监察文书等因素，发生土地、房屋权属转移的。

四、计税依据和应纳税额的计算

（一）计税依据

（1）土地使用权出让、出售，房屋买卖，为土地、房屋权属转移合同确定的成交价格，包括应交付的货币以及实物、其他经济利益对应的价款。

以作价投资（入股）、偿还债务等应交付经济利益的方式转移土地、房屋权属的，参照土地使用权出让、出售或房屋买卖确定契税适用税率、计税依据等。

【例4-6】为支持合理住房需求，某省依法规定本地区住房买卖契税适用税率为3%。若纳税人A作为债权人承受某债务人抵偿债务的一套住房，A应参照住房买卖的适用税率3%，以及抵债合同（协议）确定的成交价格申报契税。

（2）土地使用权赠与、房屋赠与以及其他没有价格的转移土地、房屋权属行为，为税务机关参照土地使用权出售、房屋买卖的市场价格依法核定的价格。

以划转、奖励等没有价格的方式转移土地、房屋权属的，参照土地使用权或房屋赠与确定契税适用税率、计税依据等。

① 以划拨方式取得的土地使用权，经批准改为出让方式重新取得该土地使用权的，应由该土地使用权人以补缴的土地出让价款为计税依据缴纳契税。

② 先以划拨方式取得土地使用权，后经批准转让房地产，划拨土地性质改为出让的，承受方应分别以补缴的土地出让价款和房地产权属转移合同确定的成交价格为计税依据缴纳契税。

③ 先以划拨方式取得土地使用权，后经批准转让房地产，划拨土地性质未发生改变的，承受方应以房地产权属转移合同确定的成交价格为计税依据缴纳契税。

（3）土地使用权互换、房屋互换，互换价格相等的，互换双方计税依据为零；互换价格不相等的，以其差额为计税依据，由支付差额的一方缴纳契税。

【例4-7】阳光公司和彩虹公司互换经营性用房，阳光公司的房屋价格为400万元，彩虹的房屋价格为500万元，房屋价格不足的部分由阳光公司用自产产品补足。当地政府规定的契税税率为3%。

谁是契税的纳税义务人，应缴纳多少契税？

【解析】谁支付差价谁交契税，因此本例中阳光公司应是契税的纳税义务人，其应缴纳契税=（500-400）×3%=3（万元）。

（4）上述价格中，凡涉及增值税的，契税的计税依据均为不含增值税的价格。

① 土地使用权出售、房屋买卖，承受方计征契税的成交价格不含增值税；实际取得增值税发票的，成交价格以发票上注明的不含税价格确定。

【例4-8】某一般纳税人A公司销售其自建的房屋，含税价为328万元，并适用一般计税方法，2019年1月，A公司向纳税人B开具第1张增值税发票，注明的增值税额为10万元、不含税价格为100万元；2021年9月，A公司向纳税人开具第2张发票，注明的增值税额为18万元、不含税价格为200万元。则B申报契税的计税依据=100+200=300（万元）。

② 土地使用权互换、房屋互换，应分别确定互换土地使用权、房屋的不含税价格，再确定互换价格的差额作为契税的计税依据。

【例4-9】自然人A与自然人B互换房屋，A的房屋不含税销售价格为145万元，B 的房屋不含税销售价格为 100 万元。则 A 申报契税的计税依据为 0；B 申报契税的计税依据 = 145 - 100 = 45（万元）。

③ 土地使用权赠与、房屋赠与以及其他没有价格的转移土地、房屋权属行为的，税务机关核定的契税计税价格为不含增值税价格。

【例 4 - 10】 自然人 A 将一套购买满 2 年的住房销售给自然人 B，合同确定的交易含税价为 210 万元，A 符合免征增值税条件，向税务机关申请代开增值税发票上注明增值税额为 0，不含税价格为 210 万元。则 B 申报缴纳契税的计税依据为 210 万元。

④ 土地、房屋权属转让方免征增值税的，承受方计征契税的成交价格不扣减增值税额。

（5）土地使用权及所附建筑物、构筑物等（包括在建的房屋、其他建筑物、构筑物和其他附着物）转让的，计税依据为承受方应交付的总价款。

承受已装修房屋的，应将包括装修费用在内的费用计入承受方应交付的总价款。

土地使用权出让的，计税依据包括土地出让金、土地补偿费、安置补助费、地上附着物和青苗补偿费、征收补偿费、城市基础设施配套费、实物配建房屋等应交付的货币以及实物、其他经济利益对应的价款。

（6）房屋附属设施（包括停车位、机动车库、非机动车库、顶层阁楼、储藏室及其他房屋附属设施）与房屋为同一不动产单元的，计税依据为承受方应交付的总价款，并适用与房屋相同的税率；房屋附属设施与房屋为不同不动产单元的，计税依据为转移合同确定的成交价格，并按当地确定的适用税率计税。

（7）纳税人申报的成交价格、互换价格差额明显偏低且无正当理由的，由税务机关依照《中华人民共和国税收征收管理法》的规定，参照市场价格，采用房地产价格评估等合理方法核定计税价格。

（二）应纳税额的计算

当计税依据确定以后，应纳税额的计算比较简单。应纳税额的计算公式为

应纳税额 = 计税依据 × 税率

房屋买卖的契税计税价格为房屋买卖合同的总价款，买卖装修的房屋，装修费用应包括在内。

【例 4 - 11】 李某 3 月首次购买 90 平方米的普通商品房一处，价款 60 万元

(未含装修费 10 万元），采用分期付款方式，分 10 年支付，假定当年支付 7.5 万元，李某购房应缴纳的契税是多少？

【解析】 采取分期付款方式购买房屋附属设施土地使用权、房屋所有权的，应按合同规定的总价款计征契税，买卖装修的房屋，装修费用应包括在内。因此，李某应缴纳契税。

应纳税额 = (60 + 10) × 1% = 0.7（万元）

【例 4-12】 某外商投资企业接受某国有企业以房产投资入股，房产的市场价格为 50 万元，该企业还以自有房产与另一企业交换一处房产，支付差价款 100 万元，同年政府有关部门批准向该企业出让土地一块，该企业缴纳土地出让金 200 万元。按当地规定契税税率为 3%，本年该外商投资企业共计应缴纳的契税是多少？

【解析】 应纳税额 = (50 + 100 + 200) × 3% = 10.5（万元）

【例 4-13】 某商业银行以债权人身份承受甲破产企业房屋所有权，总价 750 万元，又以债权人身份承受乙企业抵债的土地使用权，总价 400 万元；随后以承受的甲企业的房屋和乙企业的土地使用权转让给其债权人丙企业，共作价 900 万元。依据契税的相关规定，谁是契税的纳税义务人，分别应缴纳多少契税？（当地省级人民政府规定的契税税率为 4%）

【解析】 契税的纳税人是承受土地、房屋权属的单位和个人，银行承受抵债房产，应缴纳契税，应纳税额 = 400 × 4% = 16（万元）；丙企业承受了甲企业的房屋和乙企业的土地使用权，因而也需缴纳契税，应纳税额 = 900 × 4% = 36（万元）。

五、减免税优惠

（一）免税基本规定

（1）国家机关、事业单位、社会团体、军事单位承受土地、房屋权属用于办公、教学、医疗、科研和军事设施的，免征契税。

（2）非营利性的学校、医疗机构、社会福利机构承受土地、房屋权属用于办公、教学、医疗、科研、养老、救助的，免征契税。

享受契税免税优惠的非营利性的学校、医疗机构、社会福利机构，限于上述三类单位中依法登记为事业单位、社会团体、基金会、社会服务机构等的非营利法人和非营利组织。

① 学校的具体范围为经县级以上人民政府或者其教育行政部门批准成立的大学、

中学、小学、幼儿园,实施学历教育的职业教育学校、特殊教育学校、专门学校,以及经省级人民政府或者其人力资源社会保障行政部门批准成立的技工院校。

② 医疗机构的具体范围为经县级以上人民政府卫生健康行政部门批准或者备案设立的医疗机构。

③ 社会福利机构的具体范围为依法登记的养老服务机构、残疾人服务机构、儿童福利机构、救助管理机构、未成年人救助保护机构。

享受契税免税优惠的土地、房屋用途具体如下:

用于办公的,限于办公室(楼)以及其他直接用于办公的土地、房屋;

用于教学的,限于教室(教学楼)以及其他直接用于教学的土地、房屋;

用于医疗的,限于门诊部以及其他直接用于医疗的土地、房屋;

用于科研的,限于科学试验的场所以及其他直接用于科研的土地、房屋;

用于军事设施的,限于直接用于《中华人民共和国军事设施保护法》规定的军事设施的土地、房屋;

用于养老的,限于直接用于为老年人提供养护、康复、托管等服务的土地、房屋;

用于救助的,限于直接为残疾人、未成年人、生活无着的流浪乞讨人员提供养护、康复、托管等服务的土地、房屋。

(3) 承受荒山、荒沟、荒丘、荒滩土地使用权用于农、林、牧、渔业生产的,免征契税。

【例4-14】某军队承受一荒山的土地使用权,取得该荒山后进行了重新开发,并用于研制新型武器装备,请问能否免征契税?

【解析】不能,该军队承受荒山但未用于农、林、牧、渔业用途,因而不能免征契税。

(4) 婚姻关系存续期间夫妻之间变更土地、房屋权属,免征契税。

(5) 法定继承人通过继承承受土地、房屋权属。

(6) 依照我国有关法律规定以及我国缔结或参加的双边和多边条约或协定的规定应当予以免税的外国驻华使馆、领事馆、国际组织驻华机构承受土地、房屋权属的,免征契税。

根据国民经济和社会发展的需要,国务院对居民住房需求保障、企业改制重组、灾后重建等情形可以规定免征或者减征契税,报全国人民代表大会常务委员会备案。

(二)省、自治区、直辖市可以决定对下列情形免征或者减征契税

(1)因土地、房屋被县级以上人民政府征收、征用,重新承受土地、房屋权属;
(2)因不可抗力灭失住房,重新承受住房权属。

具体办法由省、自治区、直辖市人民政府提出,报同级人民代表大会常务委员会决定,并报全国人民代表大会常务委员会和国务院备案。

(三)企业、事业单位改制重组

1. 企业改制

依照我国有关法律法规设立并在中国境内注册的企业按照《中华人民共和国公司法》的有关规定整体改制,包括非公司制企业改制为有限责任公司或股份有限公司,有限责任公司变更为股份有限公司,股份有限公司变更为有限责任公司,原企业投资主体存续并在改制(变更)后的公司中所持股权(股份)比例超过75%,且改制(变更)后公司承继原企业权利、义务的,对改制(变更)后公司承受原企业土地、房屋权属,免征契税。

2. 事业单位改制

事业单位按照国家有关规定改制为企业,原投资主体存续并在改制后企业中出资(股权、股份)比例超过50%的,对改制后企业承受原事业单位土地、房屋权属,免征契税。

3. 公司合并

两个或两个以上的公司,依照法律规定、合同约定,合并为一个公司,且原投资主体存续的,对合并后公司承受原合并各方土地、房屋权属,免征契税。

4. 公司分立

公司依照法律规定、合同约定分立为两个或两个以上与原公司投资主体相同的公司,对分立后公司承受原公司土地、房屋权属,免征契税。

5. 企业破产

企业依照有关法律法规规定实施破产,债权人(包括破产企业职工)承受破产企业抵偿债务的土地、房屋权属,免征契税;对非债权人承受破产企业土地、房屋权属,凡按照《中华人民共和国劳动法》等国家有关法律法规政策妥善安置原企业全部职工规定,与原企业全部职工签订服务年限不少于三年的劳动用工合同的,对其承受所购企业土地、房屋权属,免征契税;与原企业超过30%的职工

签订服务年限不少于三年的劳动用工合同的，减半征收契税。

6. 资产划转

对承受县级以上人民政府或国有资产管理部门按规定进行行政性调整、划转国有土地、房屋权属的单位，免征契税。

同一投资主体内部所属企业之间土地、房屋权属的划转，包括母公司与其全资子公司之间，同一公司所属全资子公司之间，同一自然人与其设立的个人独资企业、一人有限公司之间土地、房屋权属的划转，免征契税。

母公司以土地、房屋权属向其全资子公司增资，视同划转，免征契税。

自然人与其个人独资企业、一人有限责任公司之间土地、房屋权属的无偿划转属于同一投资主体内部土地、房屋权属的无偿划转，不征收契税。

7. 债权转股权

经国务院批准实施债权转股权的企业，对债权转股权后新设立的公司承受原企业的土地、房屋权属，免征契税。

8. 划拨用地出让或作价出资

以出让方式或国家作价出资（入股）方式承受原改制重组企业、事业单位划拨用地的，不属上述规定的免税范围，对承受方应按规定征收契税。

9. 公司股权（股份）转让

在股权（股份）转让中，单位、个人承受公司股权（股份），公司土地、房屋权属不发生转移，不征收契税。

【例4-15】某企业经批准改制成全体职工持股的有限责任公司，承受原企业价值540万元的房产所有权；以债权人身份接受破产企业价值300万元的房产抵偿债务，随后将此批房产投资于另一企业。该有限责任公司上述业务应缴纳的契税是多少？

【解析】对国有、集体企业经批准改建成全体职工持股的有限责任公司或股份公司承受原企业土地、房屋权属的，免征契税；破产后，债权人承受关闭、破产企业、房屋权属以抵偿债务的，免征契税，因此应缴纳契税为0元。

（四）调整房地产交易环节

（1）对个人购买家庭唯一住房（家庭成员范围包括购房人、配偶以及未成年子女，下同），面积为90平方米及以下的，减按1%的税率征收契税；面积为90平方米以上的，减按1.5%的税率征收契税。

（2）除北京市、上海市、广州市、深圳市之外，对个人购买家庭第二套改善性住房，面积为90平方米及以下的，减按1%的税率征收契税；面积为90平方米以上的，减按2%的税率征收契税。

家庭第二套改善性住房是指已拥有一套住房的家庭，购买的家庭第二套住房。

（五）支持农村集体产权制度改革

（1）对进行股份合作制改革后的农村集体经济组织承受原集体经济组织的土地、房屋权属，免征契税。

（2）对农村集体经济组织以及代行集体经济组织职能的村民委员会、村民小组进行清产核资收回集体资产而承受土地、房屋权属，免征契税。

（3）对农村集体土地所有权、宅基地和集体建设用地使用权及地上房屋确权登记，不征收契税。

（六）支持脱贫攻坚

（1）建设农村饮水安全工程承受土地使用权免征契税。

（2）农村集体经济组织股份合作制改革、清产核资免征契税。

（3）农村土地、房屋确权登记不征收契税。

（4）对易地扶贫搬迁贫困人口取得的安置住房、易地扶贫搬迁项目实施主体取得用于建设安置住房的土地、购买商品住房或者回购保障性住房作为安置住房房源的，免征契税。

在商品住房等开发项目中配套建设安置住房的，按安置住房建筑面积占总建筑面积的比例，计算应予免征的安置住房用地相关的契税。

（七）棚户区改造

棚户区是指简易结构房屋较多、建筑密度较大、房屋使用年限较长、使用功能不全、基础设施简陋的区域。棚户区改造是指列入省级人民政府批准的棚户区改造规划或年度改造计划的改造项目；改造安置住房是指相关部门和单位与棚户区被征收人签订的房屋征收（拆迁）补偿协议或棚户区改造合同（协议）中明确用于安置被征收人的住房或通过改建、扩建、翻建等方式实施改造的住房。

（1）经营管理单位回购已分配的改造安置住房继续作为改造安置房源的，免征契税。

（2）个人首次购买90平方米以下改造安置住房，按1%的税率计征契税；购买超过90平方米，但符合普通住房标准的改造安置住房，按法定税率减半计征契税。

（3）个人因房屋被征收而取得货币补偿并用于购买改造安置住房，或因房屋被征收而进行房屋产权调换并取得改造安置住房，按有关规定减免契税。

（八）其他

（1）夫妻因离婚分割共同财产发生土地、房屋权属变更的，免征契税。

（2）城镇职工按规定第一次购买公有住房的，免征契税。

公有制单位为解决职工住房而采取集资建房方式建成的普通住房或由单位购买的普通商品住房，经县级以上地方人民政府房改部门批准、按照国家房改政策出售给本单位职工的，如属职工首次购买住房，比照公有住房免征契税。

已购公有住房经补缴土地出让价款成为完全产权住房的，免征契税。

（3）对金融租赁公司开展售后回租业务，承受承租人房屋、土地权属的，照章征税。对售后回租合同期满，承租人回购原房屋、土地权属的，免征契税。

【例4-16】A房地产公司为融资需要，将写字楼销售给B金融租赁公司，销售款10000万元，然后租回使用，每年支付租金1500万元，十年后该写字楼产权由A公司以1元购回。谁交契税？

【解析】B公司要交契税，按10000×3%万元计算。A公司购回时不交契税。

（4）单位、个人以房屋、土地以外的资产增资，相应扩大其在被投资公司的股权持有比例，无论被投资公司是否变更工商登记，其房屋、土地权属不发生转移，不征收契税。

（5）个体工商户的经营者将其个人名下的房屋、土地权属转移至个体工商户名下，或个体工商户将其名下的房屋、土地权属转回原经营者个人名下，免征契税。

合伙企业的合伙人将其名下的房屋、土地权属转移至合伙企业名下，或合伙企业将其名下的房屋、土地权属转回原合伙人名下，免征契税。

【例4-17】A将自家商铺转移至自家开的老A快餐店，都是自家的，免征契税，如果是B将他的商铺转移至老A快餐店，不是自家的，征税。三年后老A快餐店倒闭注销，房子转移给老A，老A免征契税。

（6）对中国邮政速递物流公司、中国邮政速递物流股份有限公司及其子公司在邮政速递物流业务重组改制过程中承受中国邮政集团公司及所属邮政企业的土地、房屋权属，免征契税。对中国邮政集团公司及其所属企业以出让或国家作价出资（入股）方式取得原国有划拨土地使用权的，应征收契税。

（7）外国银行分行按照《中华人民共和国外资银行管理条例》等相关规定改制为外商独资银行（或其分行），改制后的外商独资银行（或其分行）承受原外国银行分行的房屋权属的，免征契税。

（8）对拆迁居民因拆迁重新购置住房的，对购房成交价格中相当于拆迁补偿款的部分免征契税，成交价格超过拆迁补偿款的，对超过部分征收契税。

【例4-18】 家住北京海淀区四合院的赵女士因拆迁得到拆迁补偿款60万元，她在市郊以70万元重新购置住房155平方米，当地契税税率为3%。赵女士需要缴纳多少契税？

【解析】 居民因拆迁重新购置住房的，对购房成交价格中相当于拆迁补偿款的部分免征契税，成交价格超过拆迁补偿款的，对超过部分征收契税。应纳契税 = (700000 - 600000) × 3% = 3000（元）。

（9）对国家石油储备基地第一期项目建设过程中涉及的契税予以免征。

（10）对经济适用住房经营管理单位回购经济适用住房继续作为经济适用住房房源的，免征契税。对个人购买经济适用住房，在法定税率基础上减半征收契税。

（11）对公租房经营管理单位购买住房作为公租房，免征契税。

（12）为社区提供养老、托育、家政等服务的机构，承受房屋、土地用于提供社区养老、托育、家政服务的，免征契税。

（13）对饮水工程运营管理单位为建设饮水工程而承受土地使用权，免征契税。对于既向城镇居民供水，又向农村居民供水的饮水工程运营管理单位，依据向农村居民供水量占总供水量的比例免征契税，无法提供具体比例或所提供数据不实的，不得享受上述税收优惠政策。

（14）军建离退休干部住房移交地方政府管理是军队离退休干部住房保障和管理方式的调整，是军队住房制度改革的重要措施之一。为配合国务院、中央军委决策的顺利实施，免征军建离退休干部住房及附属用房移交地方政府管理所涉及的契税。

（15）经中国人民银行依法决定撤销的金融机构及其分设于各地的分支机构在清算过程中催收债权时，接收债务方土地使用权、房屋所有权所发生的权属转移免征契税。除另有规定者外，被撤销的金融机构所属、附属企业，不享受该项税收优惠政策。

（16）对青藏铁路公司及其所属单位承受土地、房屋权属用于办公及运输主业的，免征契税；对于因其他用途承受的土地、房屋权属，照章征收。

六、征收管理

(一) 纳税义务发生时间

契税的纳税义务发生时间是纳税人签订土地、房屋权属转移合同的当日或者纳税人取得其他具有土地、房屋权属转移合同性质凭证的当日。

(1) 因人民法院、仲裁委员会的生效法律文书或者监察机关出具的监察文书等发生土地、房屋权属转移的,纳税义务发生时间为法律文书等生效当日。

(2) 因改变土地、房屋用途等情形应当缴纳已经减征、免征契税的,纳税义务发生时间为改变有关土地、房屋用途等情形的当日。

(3) 因改变土地性质、容积率等土地使用条件需补缴土地出让价款,应当缴纳契税的,纳税义务发生时间为改变土地使用条件当日。

发生上述情形,按规定不再需要办理土地、房屋权属登记的,纳税人应自纳税义务发生之日起 90 日内申报缴纳契税。

纳税人应当在依法办理土地、房屋权属登记手续前申报缴纳契税。纳税人办理土地、房屋权属登记,不动产登记机构应当查验契税完税、减免税凭证或者有关信息。未按照规定缴纳契税的,不动产登记机构不予办理土地、房屋权属登记。

(二) 纳税期限

纳税人应当在依法办理土地、房屋权属登记手续前申报缴纳契税。

(三) 纳税地点

契税在土地、房屋所在地的征收机关缴纳。

(四) 其他管理

(1) 契税申报以不动产单元为基本单位。根据《不动产登记暂行条例》及其实施细则规定,不动产单元是权属界线封闭且具有独立使用价值的空间,且不动产单元具有唯一编码。以不动产单元为基本单位申报契税有利于提升契税纳税申报的规范性,便于纳税人理解和办理,并与不动产登记有关规定统一衔接。

因共有不动产份额变化或者增减共有人导致土地、房屋权属转移的,纳税人也应以不动产单元为单位申报契税。

【例 4-19】 自然人 A 整体购买某幢住宅楼。在办理不动产权属登记时，不动产登记机构将该幢住宅楼登记为 2 个不动产单元，则 A 应就 2 个不动产单元分别向税务机关申报契税。

（2）纳税人缴纳契税后发生下列情形，可依照有关法律法规申请退税：

① 因人民法院判决或者仲裁委员会裁决导致土地、房屋权属转移行为无效、被撤销或者被解除，且土地、房屋权属变更至原权利人的；

② 在出让土地使用权交付时，因容积率调整或实际交付面积小于合同约定面积需退还土地出让价款的；

③ 在新建商品房交付时，因实际交付面积小于合同约定面积需返还房价款的。

关键概念

契税　　企业改制　　唯一住房

思考题

1. 契税的特点是什么？
2. 简述企业改制中的契税相关政策。

第三节　城镇土地使用税

学习目标

1. 熟悉城镇土地使用税的征税范围、纳税人和税率。
2. 掌握城镇土地使用税的计税依据和应纳税额的计算。
3. 熟悉城镇土地使用税的减免税优惠。
4. 了解城镇土地使用税的申报和缴纳。

引导案例

利惠公司是外贸企业，拥有某办公楼 644 平方米（建筑面积），该楼每层建筑面积 1288 平方米，共计 16 层。该楼占地面积 6000 平方米，土地面积是共用的，未标该公司占多少。在这种情况下，利惠公司应怎样缴纳城镇土地使用税？

一、城镇土地使用税概述

我国人多地少,土地资源非常宝贵。近年来,随着城镇化和工业化步伐的加快,建设用地供需矛盾十分突出。党中央、国务院对此高度重视,采取多项措施加强土地管理和宏观调控,促进土地的集约和节约利用。在税收方面,为了合理利用城镇土地,调节土地级差收入,提高土地使用效益,加强土地管理,1988年9月27日,国务院发布了《中华人民共和国城镇土地使用税暂行条例》(以下简称《条例》),于2007年1月1日实施。国务院分别于2006年12月31日、2011年1月8日和2013年12月7日对《条例》先后进行了三次修订。

城镇土地使用税是以开征范围内的土地为课税对象,以实际占用土地面积为计税依据,按规定税额对拥有土地使用权的单位和个人征收的一种税。

二、征税制度

(一)纳税义务人

1. 在城市、县城、建制镇、工矿区范围内使用土地的单位和个人,为城镇土地使用税的纳税人

城市为市行政区(不含建制镇)的区域范围,县城为县城镇行政区的区域范围,建制镇为镇行政区的区域范围,工矿区为工商业比较发达,尚未设立镇建制的工矿园区区域范围。

城市、县城、建制镇、工矿区范围内土地,是指在这些区域范围内属于国家所有和集体所有的土地。

单位,包括国有企业、集体企业、私营企业、股份制企业、外商投资企业、外国企业以及其他企业和事业单位、社会团体、国家机关、军队以及其他单位;个人,包括个体工商户以及其他个人。

凡在城镇土地使用税开征区范围内使用土地的单位和个人,不论通过出让方式还是转让方式取得的土地使用权,是否已缴纳土地使用金,都应依法缴纳城镇土地使用税。

在城镇土地使用税征税范围内实际使用应税集体所有建设用地,但未办理土地使用权流转手续的,由实际使用集体土地的单位和个人按规定缴纳城镇土地使用税。

2. 产权人（使用权人等）不在所在地，纳税人为实际使用人

拥有土地使用权的纳税人不在土地所在地的，由代管人或实际使用人纳税；土地使用权未确定或权属纠纷未解决的，由实际使用人纳税；土地使用权共有的，由共有各方分别纳税。这里的实际使用人其实是指的房产或土地的实际受益人，只有当确实无产权人（或土地使用权人）而有受益人的，才由受益人纳税。

3. 在城镇土地使用税征税范围内，承租集体所有建设用地的，由直接从集体经济组织承租土地的单位和个人，缴纳城镇土地使用税

实际使用人将土地再出租的，仍由直接与集体经济组织签订土地使用合同（协议等）的单位和个人缴纳城镇土地使用税。

（二）税率

城镇土地使用税适用地区差别幅度定额税率，按大、中、小城市和县城、建制镇、工矿区分别规定不同的税额。具体税率安排见表4-3。

表4-3　　　　　　　　　　城镇土地使用税税率

土地所在地	每平方米税额（元）
大城市	1.5~30
中等城市	1.2~24
小城市	0.9~18
县城、建制镇、工矿区	0.6~12

省、自治区、直辖市人民政府应当在规定的税额幅度内，根据市政建设状况、经济繁荣程度等条件确定所辖地区的适用税额幅度。市、县人民政府应当根据实际情况，将本地区土地划分为若干等级，在省级税额幅度内，制定相应的适用税额标准，报省、自治区、直辖市人民政府批准执行。

经省、自治区、直辖市人民政府批准，经济落后地区土地使用税的适用税额标准可以适当降低，但降低额不得超过规定最低税额的30%。经济发达地区土地使用税的适用税额标准可以适当提高，但须报经财政部批准。

地方人民政府应按照有关规定确定工矿区范围。对在工矿区范围内的油气生产、办公、生活用地，其税额标准不得高于相邻的县城、建制镇的适用税额标准。

(三) 计算方法

1. 计算公式

城镇土地使用税以纳税人实际占用的土地面积为计税依据，依照规定税额计算征收。城镇土地使用税计算公式为

年应纳税额 = 实际占用的土地面积 × 适用税额

【例4-20】某市一商场坐落在该市繁华地段，企业土地使用证书记载占用土地的面积为6000平方米，经确定属一等地段；该商场另设两个统一核算的分店均坐落在市区三等地段，共占地4000平方米；一座仓库位于市郊，属五等地段，占地面积1000平方米。计算该商场全年应纳城镇土地使用税税额（一等地段年税额4元/平方米，三等地段年税额2元/平方米，五等地段年税额1元/平方米）。

【解析】商场占地应纳税额 = 6000 × 4 = 24000（元）

分店占地应纳税额 = 4000 × 2 = 8000（元）

仓库占地应纳税额 = 1000 × 1 = 1000（元）

全年应纳土地使用税额 = 24000 + 8000 + 1000 = 33000（元）

2. 计税依据

城镇土地使用税以纳税人实际占用的土地面积为计税依据。应税面积，以合同约定的土地面积为准，无论是否已经利用。

纳税人持有县以上人民政府核发的土地使用证书的，按照证书确认的土地面积计算纳税；尚未核发土地使用证书的，但能够提供土地出让（划拨）、转让合同的，纳税人可按照合同约定的土地面积申报纳税；不能提供土地出让（划拨）、转让合同的，暂按由纳税人据实申报并经设区的市、县（市）税务部门审核确认的土地面积纳税。

纳税人没有土地使用证书，征纳双方对土地面积无法达成一致时，或纳税人确有特殊原因无法提供占地面积的，由税务机关请有资质的测绘部门进行实地测量，测量结果经纳税人、测绘部门和税务部门签字认可后，据以确认纳税人的应税土地面积。

（四）税收优惠

1. 法定减免

（1）国家机关、人民团体、军队自用的土地。

是指这些单位本身的办公用地和公务用地。人民团体是指经国务院授权的政府部门批准设立或登记备案并由国家拨付行政事业的各种社会团体。

军需工厂用地,凡专门生产军品的,免税;生产经营民品的,依照规定征税;既生产军品又生产经营民品的,可按各占的比例划征免税。从事武器修理的军需工厂,其所需的靶场、试验场、危险品销毁场用地及周围的安全区用地,免税。军人服务社用地,专为军人和军人家属服务的免税,对外营业的应按规定征收土地使用税。军队实行企业经营的招待所(包括饭店、宾馆),专为军内服务的免税;兼有对外营业的,按各占的比例划分征免税。

对行使国家行政管理职能的中国人民银行总行(含国家外汇管理局)所属分支机构自用土地,免税。

(2) 由国家财政部门拨付事业经费的单位自用的土地。

是指这些单位本身的业务用地。由国家财政部门拨付事业经费的单位,是指由国家财政部门拨付经费、实行全额预算管理或差额预算管理的事业单位。不包括实行自收自支、自负盈亏的事业单位。

企业办的学校、医院、托儿所、幼儿园,其用地能与企业其他用地明确区分的,可以比照由国家财政部门拨付事业经费的单位自用的土地,免税。

(3) 宗教寺庙、公园、名胜古迹自用的土地。

宗教寺庙,包括寺、庙、宫、观、教堂等各种宗教活动场所;其自用的土地,是指举行宗教仪式等的用地和寺庙内的宗教人员生活用地。公园、名胜古迹自用的土地,是指供公共参观游览的用地及其管理单位的办公用地。

以上单位的生产、经营用地和其他用地,不属于免税范围。如公园、名胜古迹中附设的营业单位,如影剧院、饮食部、茶社、照相馆等使用的土地,应依法纳税。

(4) 市政街道、广场、绿化地带等公共用地。

(5) 为发展农、林、牧、渔业生产和鼓励整治土地,改造废地,直接用于农、林、牧、渔业的生产用地,免税。

直接用于农、林、牧、渔业的生产用地,是指直接从事于种植、养殖、饲养的专业用地,不包括农副产品加工场地和生活、办公用地。

① 在城镇土地使用税征收范围内经营采摘、观光农业的单位和个人,其直接用于采摘、观光的种植、养殖、饲养的土地,免税;

② 对林区的有林地、运材道、防火道、防火设施用地,免税;林业系统的森林公园、自然保护区,免税。

（6）经批准开山填海整治的土地和改造的废弃土地，从使用的月份起免缴土地使用税5年至10年，具体免税期限由各地自定。

享受免缴土地使用税5～10年的填海整治的土地，是指纳税人经有关部门批准后自行填海整治的土地，不包括纳税人通过出让、转让、划拨等方式取得的已填海整治的土地。

（7）由财政部另行规定免税的能源、交通、水利设施用地和其他用地。

① 中国石油天然气总公司所属企业、单位。

下列油气生产建设用地暂免征税：石油地质勘探、钻井、井下作业、油田地面工程等施工临时用地；各种采油（气）井、注水（气）井、水源井用地；油田内办公、生活区以外的公路、铁路专用线及输油（气、水）管道用地；石油长输管线用地；通信、输变电线路用地。

在城市、县城、建制镇以外工矿区内的下列油气生产、生活用地，也暂免征税：与各种采油（气）井相配套的地面设施用地，包括油气采集、计量、接转、储运、装卸、综合处理等各种站的用地；与注水（气）井相配套的地面设施用地，包括配水、取水、转水以及供气、配气、压气、气举等各种站的用地；供（配）电、供排水、消防、防洪排涝、防风、防沙等设施用地；职工和家属居住的简易房屋、活动板房、野营房、帐篷等用地。

② 中国统配煤矿总公司、东北内蒙古煤炭工业联合公司所属的煤炭企业。

煤炭企业的矸石山、排土场用地，防排水沟用地，矿区办公、生活区以外的公路、铁路专用线及轻便道和输变电线路用地，火炸药库库房外安全区用地，向社会开放的公园及公共绿化带用地，暂免征税。

③ 矿山企业（包括黑色冶金矿和有色金属矿及除煤矿外的其他非金属矿）。

对矿山的采矿场、排土场、尾矿库、炸药库的安全区、采区运矿及运岩公路、尾矿输送管道及回水系统用地，免税。

对矿山企业采掘地下矿造成的塌陷地以及荒山占地，在未利用之前，暂免征税。

④ 交通部门的港口。

对港口的码头（即泊位，包括岸边码头、伸入水中的浮码头、堤岸、堤坝、栈桥等）用地，免税。

⑤ 盐场、盐矿。

对盐场的盐滩、盐矿的矿井用地，暂免征税。

对盐场、盐矿的其他用地，由省、自治区、直辖市税务局根据实际情况，确定征税或给予定期减征、免征的照顾。

⑥ 中国海洋石油总公司及其所属公司（以下简称中油公司）。

中油公司导管架、平台组块等海上结构物建造用地、码头用地、输油气管线用地、通信天线用地和办公、生活区以外的公路、铁路专用线、机场用地暂免征税。

⑦ 军品科研生产及其相应附属设施用地，原则上免税。

对军品的科研生产专用的厂房、车间、仓库等建筑物用地和周围专属用地，及其相应的供水、供电、供气、供暖、供煤、供油、专用公路、专用铁路等附属设施用地，免征土地使用税；对满足军工产品性能实验所需的靶场、试验场、危险品销毁场用地，以及因防爆等安全要求所需的安全距离用地，免税。

对科研生产中军品、民品共用无法分清的厂房、车间、仓库等建筑物用地和周围专属用地，以及其相应的供水、供电、供气、供暖、供煤、供油、专用公路、专用铁路等附属设施用地，按比例减征城镇土地使用税，具体办法，在应纳土地使用税额内按军品销售额占销售总额的比例，相应减征城镇土地使用税，计算公式为：

减征税额 = 应纳税额 × 军品销售额 ÷ 销售总额

上述科研生产企业的军品销售额及城镇土地使用税的减免，由当地税务征收机关商同级财政部门核批。

⑧ 铁路运输企业。

铁道部所属铁路运输企业：铁路局、铁路分局（包括客货站、编组站、车务、机务、工务、电务、水电、车辆、供电、列车、客运段）、中铁集装箱运输有限责任公司、中铁特货运输有限责任公司、中铁行包快递有限责任公司、中铁快运有限公司，免税。

⑨ 核电站。

对核电站的核岛、常规岛、辅助厂房和通信设施用地（不包括地下线路用地），生活、办公用地按规定征税，其他用地免税；对核电站应税土地在基建期内减半征收。

2. 其他减免

（1）对生产核系列产品的厂矿，为照顾其特殊情况，除生活区、办公区用地外的其他用地暂予免税。

（2）电力行业。

对火电厂厂区围墙外的灰场、输灰管、输油（气）管道、铁路专用线用地，免税；对水电站的发电厂房用地（包括坝内、坝外式厂房），生产、办公生活用地外的其他用地，免税；对供电部门的输电线路用地、变电站用地，免税。

（3）水利设施。

对水利设施及其管护用地（如水库库区、大坝、堤防、灌渠、泵站等用地），免税。

（4）民航机场。

机场飞行区（包括跑道、滑行道、停机坪、安全带、夜航灯光区）用地，场内外通信导航设施用地和飞行区四周排水防洪设施用地，免税；机场的场外道路用地，免税。

（5）高等学校用于教学及科研等本身业务用土地，免税。

（6）企业搬迁后原场地不使用的、企业范围内的荒山等占地尚未利用的，可暂免征税，但应事先向土地所在地的主管税务机关报送有关部门的批准文件或认定书等相关证明材料，以备税务机关查验。

土地开始使用时，应从使用的次月起自行计算和申报缴纳城镇土地使用税。

（7）安置残疾人就业单位。

对在一个纳税年度内月平均实际安置残疾人就业人数占单位在职职工总数的比例高于25%（含）且实际安置残疾人人数高于10人（含）的单位，可减征或免征该年度城镇土地使用税，具体减免税比例及管理办法由省、自治区、直辖市财税主管部门确定。

（8）石油天然气（含页岩气、煤层气）生产企业。

下列石油天然气生产建设用地暂免征税：地质勘探、钻井、井下作业、油气田地面工程等施工临时用地；企业厂区以外的铁路专用线、公路及输油（气、水）管道用地；油气长输管线用地。

在城市、县城、建制镇以外工矿区内的消防、防洪排涝、防风、防沙设施用地，暂免征税。

石油天然气生产企业应按照有关税收减免管理规定向主管税务机关备案免税土地情况。

（9）为支持铁路股份制改革和合资铁路发展，对股改铁路运输企业及合资铁路运输公司自用的土地暂免征收城镇土地使用税。

（10）自2016年1月1日至2023年12月31日，对国家级、省级科技企业孵化器、大学科技园和国家备案众创空间自用以及无偿或通过出租等方式提供给在孵对象使用的土地，免征城镇土地使用税。

（11）对城市公交站场、道路客运站场、城市轨道交通系统运营用地，免征城镇土地使用税。

（12）自2019年1月1日至2023年12月31日，对农产品批发市场、农贸市场（包括自有和承租，下同）专门用于经营农产品的土地，暂免征收城镇土地使用税。对同时经营其他产品的农产品批发市场和农贸市场使用的土地，按其他产品与农产品交易场地面积的比例确定征免城镇土地使用税。

（13）自2020年1月1日至2022年12月31日，对物流企业自有（包括自用和出租）或承租的大宗商品仓储设施用地，减按所属土地等级适用税额标准的50%计征城镇土地使用税。物流企业的办公、生活区用地及其他非直接用于大宗商品仓储的土地不属于减税范围。

（14）自2019年1月1日至2023年供暖期结束，对向居民供热而收取采暖费的供热企业，为居民供热所使用的土地免征城镇土地使用税；对供热企业其他土地，应当按规定征收城镇土地使用税。

对专业供热企业，按其向居民供热取得的采暖费收入占全部采暖费收入的比例，计算免征的城镇土地使用税。

对兼营供热企业，视其供热所使用的土地与其他生产经营活动所使用的土地是否可以区分，按照不同方法计算免征的城镇土地使用税。可以区分的，对其供热所使用土地，按向居民供热取得的采暖费收入占全部采暖费收入的比例，计算免征的城镇土地使用税。难以区分的，对其全部土地，按向居民供热取得的采暖费收入占其营业收入的比例，计算免征的城镇土地使用税。

对自供热单位，按向居民供热建筑面积占总供热建筑面积的比例，计算免征供热所使用的土地的城镇土地使用税。

（15）自2018年1月1日至2025年12月31日。对易地扶贫搬迁安置住房用地免征城镇土地使用税。在商品住房等开发项目中配套建设安置住房的，按安置住房建筑面积占总建筑面积的比例，计算应予免征的安置住房用地相关的城镇土地使用税。

（16）自2019年1月1日至2023年12月31日，对饮水工程运营管理单位自用的生产、办公用土地，免征城镇土地使用税。对于既向城镇居民供水，又向农村居民供水的饮水工程运营管理单位，依据向农村居民供水量占总供水量的比例免征城镇土地使用税。无法提供具体比例或所提供数据不实的，不得享受上述税收优惠政策。

（17）经中国人民银行依法决定撤销的金融机构及其分设于各地的分支机构清算期间自有的或从债务方接收的房地产，免征城镇土地使用税。除另有规定者外，被撤销的金融机构所属、附属企业，不享受该项税收优惠政策。

（18）对青藏铁路公司及其所属单位自用的土地免征城镇土地使用税。

（19）对个人出租住房，不区分用途，免征城镇土地使用税。

（20）对经济适用住房建设用地免征城镇土地使用税。开发商在商品住房项目中配套建造经济适用住房，如能提供政府部门出具的相关材料，可按经济适用住房建筑面积占总建筑面积的比例免征开发商应缴纳的城镇土地使用税。

（21）对公租房建设期间用地及公租房建成后占地，免征城镇土地使用税。在其他住房项目中配套建设公租房，按公租房建筑面积占总建筑面积的比例免征建设、管理公租房涉及的城镇土地使用税。

（22）对棚户区改造安置住房建设用地免征城镇土地使用税。在商品住房等开发项目中配套建造安置住房的，依据政府部门出具的相关材料、房屋征收（拆迁）补偿协议或棚户区改造合同（协议），按改造安置住房建筑面积占总建筑面积的比例免征城镇土地使用税。

（23）纳税人有下列情形之一的，视为缴纳城镇土地使用税确有困难，可申请办理城镇土地使用税困难减免税：

① 因风、火、水、地震等造成的严重自然灾害或因其他不可抗力因素遭受重大损失的。其中重大损失是指，因严重自然灾害或其他不可抗力因素给纳税人造成的资产损失，在剔除保险赔款、个人赔款、财政拨款等因素后，超过其上年主营业务收入和其他业务收入总和的20%（含），或超过其注册资本的20%（含）。

② 从事国家鼓励和扶持产业或社会公益事业发生严重亏损的。

③ 纳税人关闭、停产后停用1个公历年度及以上且无正常生产经营收入的自用土地。国家产业政策限制或禁止发展的行业，以及财政部、国家税务总局规定不得减免税的其他情形，不属于困难减免税范围。

④ 纳税人取得土地后，自开工建设之日起至达到预定可使用状态为止，建设期超过1个公历年度及以上的。

符合申请城镇土地使用税困难减免税条件的纳税人，应于年度终了后5个月内，向税务机关提出上年度的减免申请。

3. 特别说明

（1）对免税单位无偿使用纳税单位的土地（如公安、海关等单位使用铁路、民航等单位的土地），免税；对纳税单位无偿使用免税单位的土地，纳税单位应照章纳税。

（2）纳税单位与免税单位共同使用共有使用权土地上的多层建筑，对纳税单位可按其占用的建筑面积占建筑总面积的比例计税。

（3）对于各类危险品仓库、厂房所需的防火、防爆、防毒等安全防范用地，可由各省、自治区、直辖市税务局确定，暂免征税。

（4）企业搬迁后，其原有场地不使用的，经各省、自治区、直辖市税务局审批，可暂免征税。

（5）对企业的铁路专用线、公路等用地，除另有规定者外，在企业厂区（包括生产、办公及生活区）以外、与社会公用地段未加隔离的，暂免征税。

（6）对企业范围内的荒山、林地、湖泊等占地，尚未利用的，可暂免征税。

（7）对企业厂区（包括生产、办公及生活区）以外的公共绿化用地和向社会开放的公园用地，暂免征税。

（五）纳税义务发生时间

（1）以出让或转让方式有偿取得土地使用权的，实际使用人应自双方合同约定交付土地时间的次月起缴纳城镇土地使用税，未约定交付土地时间的，由实际使用人于合同签订的次月起缴纳城镇土地使用税。

合同未约定交付土地时间的，由受让方从合同签订的次月起缴纳城镇土地使用税。其中，对尚未取得土地使用权证书的纳税人，因未完成拆迁或城市规划调整的原因，未按约定时间交付土地的，国土部门（或其他政府有关部门）与纳税人签订补充协议，重新约定土地交付时间的，或由国土部门（或其他政府有关部门）出具延迟交付土地证明的，以纳税人实际取得土地之次月为纳税义务发生时间。

（2）新征收的土地，依照下列规定缴纳城镇土地使用税：
① 征收的耕地，自批准征收之日起满1年时开始缴纳城镇土地使用税；
② 征收的非耕地，自批准征收次月起缴纳城镇土地使用税。

（3）通过招标、拍卖、挂牌方式取得的建设用地，不属于新征用的耕地，纳税人应从合同约定交付土地时间的次月起缴纳城镇土地使用税；合同未约定交付土地时间的，从合同签订的次月起缴纳城镇土地使用税。

（4）出租、出借房产，自交付出租、出借房产之次月起计税；房地产开发企业自用、出租、出借本企业建造的商品房，自房屋使用或交付之次月起计征房产税和城镇土地使用税。

（5）因人民法院、仲裁委员会制发的法律文书，导致土地使用权设立、变更、转让的，城镇土地使用税纳税义务发生时间为法律文书发生效力的次月。

（6）购置新建商品房，自房屋交付使用之次月起计征城镇土地使用税。

（7）购置存量房，自办理房屋权属转移、变更登记手续，房地产权属登记机关签发房屋权属证书之次月起计征城镇土地使用税。

【例4-21】甲公司的土地使用权5年前被法院判决给乙公司，由于其他原因，土地使用权一直未办理过户手续，其间，土地一直处于闲置状态。稽查中，甲乙两公司都认为自己不属于土地使用税的纳税人，甲公司认为已经判决给乙公司，但乙公司认为未办理过户，自己不是权利人，无法使用该土地使用权。税务机关应怎样认定城镇土地使用税的纳税义务人？

【解析】如法院判决已生效，则土地使用权已变更，乙公司应为城镇土地使用税的纳税人，其纳税义务发生时间为法院判决生效的次月。

（六）纳税期限

城镇土地使用税按年计算、分期缴纳。缴纳期限由省、自治区、直辖市人民政府确定。

（七）纳税地点

城镇土地使用税由土地所在地的税务机关征收。土地管理机关应当向土地所在地的税务机关提供土地使用权属资料。

纳税人使用的土地不属于同一省（自治区、直辖市）管辖范围的，应由纳税人分别向土地所在地税务机关缴纳；在同一省（自治区、直辖市）管辖范围内，纳税人跨地区使用的土地，其纳税地点由省、自治区、直辖市税务机关确定。

（八）税源管理

城镇土地使用税税源管理是城镇土地使用税征管的基础性工作。近年来，各地围绕加强城镇土地使用税税源管理做了大量工作，取得了一定成效。为适应全国土地使用税管理和税制改革的需要，国家税务总局于2000年、2008年在全国范围内开展城镇土地使用税税源普查工作，以计算机为手段，建立全国性的土地使用税税源数据库，摸清各地应税土地面积、土地利用状况、平均税额等情况，澄清税源底数，以便分析土地使用税收入增减变化情况和存在的主要问题，研究制定切实可行的措施，合理调节土地级差收益、有效地加强土地使用税的征收管理，深入挖掘增收潜力，大力组织收入，并为土地使用税税制改革与完善提供真实可靠的数据。

城镇土地使用税税源普查设定的项目指标主要有纳税人名称、纳税人识别号、经济类型、所属行业、占地总面积、应税面积、免税面积、土地等级、税额标准、应纳税额、免税税额等信息。税源普查可以全面摸清纳税人的税源信息，建立统一规范的税源数据库，在此基础上开展税源分析和纳税评估工作，有针对性地采取措施，堵塞征管漏洞，切实提高征管水平，更好地发挥城镇土地使用税在组织收入和土地宏观调控方面的作用。

严格土地管理，制止乱占滥用土地，促进土地合理利用是国民经济健康发展的一项重要内容。城镇土地使用税虽然税种收入规模小，征收难度大，但其在规范和引导土地市场健康、有序发展，贯彻国家产业政策方面具有积极的作用。

关键概念

城镇土地使用税　　差别幅度税额

思考题

1. 简述城镇土地使用税的纳税义务人。
2. 简述城镇土地使用税的优惠项目。
3. 城镇土地使用税税源管理的意义是什么？

第四节　车船税

学习目标

1. 熟悉车船税的征税范围、纳税人和税率。
2. 掌握车船税的计税依据和应纳税额的计算。
3. 熟悉车船税的减免税优惠。
4. 了解车船税的申报和缴纳。

> 引导案例

陈晓羽是否应当获得68.38元的车船税退税呢？

某日上午，住在A市区的陈晓羽开车前去该区税务局，提交一份行政复议申请书，要求税务局退还他因限行而多交的68.38元车船税。原因是，当地一项大型国际性体育赛事期间，为保证正常交通，A市政府全面实施交通管制，所有车辆按照单双号行驶。陈晓羽认为他是按年计算缴纳车船税的，但由于限行，他的车辆在限行期间有多天不允许上路，闲置在家中，因此他认为应该按照限行的天数退还其68.38元的车船税。请问陈晓羽的这种理解正确吗？他是否应当获得税务局的退税？为什么？

一、车船税概述

2006年12月29日国务院颁布了《中华人民共和国车船税暂行条例》（以下简称《条例》），并于2007年1月1日实施。《条例》施行以后，取得了较好效果。

随着国民经济的发展，在我国人均资源拥有量少，经济社会发展资源环境承载能力较低，生态环境日益脆弱的情况下，汽车生产与消费的快速增长，面临着石油紧缺、交通拥堵、空气污染等问题。因此，在税制相对稳定，制定法律的条件比较成熟的情况下，按照全国人大授权决定和立法法有关规定，国务院制定的税收单行条例在条件成熟时应当上升为法律。

2011年2月25日，第十一届全国人民代表大会常务委员会第十九次会议通过了《中华人民共和国车船税法》（以下简称《车船税法》），同年11月23日，国务院第182次常务会议通过了《中华人民共和国车船税法实施条例》，二者自2012年1月1日起正式施行。2006年12月29日国务院公布的《中华人民共和国车船税暂行条例》同时废止。

根据《车船税法》的规定，车船税是指对在我国境内应依法到公安、交通、农业、渔业、军事等管理部门办理登记的车辆、船舶，根据其种类，按照规定的计税依据和年税额标准计算征收的一种财产税。

二、征税制度

（一）纳税义务人

1. 纳税义务人

在中华人民共和国境内属于《车船税法》所附《车船税税目税额表》规定的

车辆、船舶（以下简称车船）的所有人或者管理人，为车船税的纳税人，应当依法缴纳车船税。

境内单位和个人租入的外国车船和香港特别行政区、澳门特别行政区、台湾地区的车船，临时入境的，不征收车船税；境内单位和个人将船舶出租到境外的，应依法征收车船税。

2. 扣缴义务人

方便车主在购买机动车交通事故责任强制保险（以下简称交强险）的同时履行纳税义务，为纳税人节省时间，降低成本，《车船税法》规定，从事机动车第三者责任强制保险业务的保险机构是机动车车船税的扣缴义务人，应当在收取保险费时依法代收车船税，并当在交强险的保险单以及保费发票上注明已收税款的信息，作为代收税款凭证出具。

在交通运输部直属海事管理机构（以下简称海事管理机构）登记的应税船舶，其车船税由船籍港所在地的税务机关委托当地海事管理机构代征。海事管理机构受税务机关委托，在办理船舶登记手续或受理年度船舶登记信息报告时代征船舶车船税。

已完税或者依法减免税的车辆，纳税人应当向扣缴义务人提供登记地的主管税务机关出具的完税凭证或者减免税证明。税务机关出具减免税证明和完税凭证的船舶，海事管理机构对免税和完税船舶不代征车船税，对减税船舶根据减免税证明规定的实际年应纳税额代征车船税。

没有扣缴义务人的，纳税人应当向主管税务机关自行申报缴纳车船税。

（二）课税对象

1. 应税的车辆和船舶

包括依法应当在车船登记管理部门登记的机动车辆和船舶，以及依法不需要在车船登记管理部门登记的在单位内部场所行驶或者作业的机动车辆和船舶。

2. 税目

车船税设置六大类税目，包括乘用车、商用车、挂车、其他车辆、摩托车和船舶。拖拉机、纯电动乘用车、燃料电池乘用车、非机动车船（不包括非机动驳船）均不在车船税法规定的征税范围内，不需要缴纳车船税。

（1）乘用车：是指在设计和技术特性上主要用于载运乘客及随身行李，核定载客人数包括驾驶员在内不超过 9 人的汽车。

（2）商用车：是指除乘用车外，在设计和技术特性上用于载运乘客、货物的汽车，划分为客车和货车。其中，半挂牵引车是指装备有特殊装置用于牵引半挂车的商用车；三轮汽车是指最高设计车速不超过每小时 50 公里，具有三个车轮的货车；低速载货汽车是指以柴油机为动力，最高设计车速不超过每小时 70 公里，具有四个车轮的货车。

（3）挂车：是指就其设计和技术特性需由汽车或者拖拉机牵引，才能正常使用的一种无动力的道路车辆。

（4）其他车辆：

① 专用作业车是指在其设计和技术特性上用于特殊工作的车辆。对于在设计和技术特性上用于特殊工作，并装置有专用设备或器具的汽车，应认定为专用作业车，如汽车起重机、消防车、混凝土泵车、清障车、高空作业车、洒水车、扫路车等。以载运人员或货物为主要目的的专用汽车，如救护车，不属于专用作业车。

② 轮式专用机械车是指有特殊结构和专门功能，装有橡胶车轮可以自行行驶，最高设计车速大于每小时 20 公里的轮式工程机械车。

（5）摩托车：是指无论采用何种驱动方式，最高设计车速大于每小时 50 公里，或者使用内燃机，其排量大于 50 毫升的两轮或者三轮车辆。

（6）船舶：是指各类机动、非机动船舶以及其他水上移动装置，但是船舶上装备的救生艇筏和长度小于 5 米的艇筏除外。其中，机动船舶是指用机器推进的船舶；拖船是指专门用于拖（推）动运输船舶的专业作业船舶；非机动驳船是指在船舶登记管理部门登记为驳船的非机动船舶；游艇是指具备内置机械推进动力装置，长度在 90 米以下，主要用于游览观光、休闲娱乐、水上体育运动等活动，并应当具有船舶检验证书和适航证书的船舶。

（三）税率

1. 车船税实行定额税率

在税率的设计上，车船税的税率与乘用车的排量挂钩，从而体现出鼓励节能减排的导向。按照不同排量实施阶梯式征税（见表 4-4），其目的在于鼓励发展小排量汽车，引导消费者节能减排。

表 4-4　　　　　　　　　　　车船税税目税额

税目		计税单位	年基准税额	备注
乘用车〔按发动机汽缸容量（排气量）分档〕	1.0 升（含）以下的	每辆	60~360 元	核定载客人数 9 人（含）以下
	1.0 升以上至 1.6 升（含）的		300~540 元	
	1.6 升以上至 2.0 升（含）的		360~660 元	
	2.0 升以上至 2.5 升（含）的		660~1200 元	
	2.5 升以上至 3.0 升（含）的		1200~2400 元	
	3.0 升以上至 4.0 升（含）的		2400~3600 元	
	4.0 升以上的		3600~5400 元	
商用车	客车	每辆	480~1440 元	核定载客人数 9 人以上，包括电车
	货车	整备质量每吨	16~120 元	包括半挂牵引车、三轮汽车和低速载货汽车等
挂车		整备质量每吨	按照货车税额的 50% 计算	
其他车辆	专用作业车	整备质量每吨	16~120 元	不包括拖拉机
	轮式专用机械车	整备质量每吨	16~120 元	
摩托车		每辆	36~180 元	
船舶	机动船舶	净吨位每吨	3~6 元	拖船、非机动驳船分别按照机动船舶税额的 50% 计算
	游艇	艇身长度每米	600~2000 元	

2. 车辆的具体适用税额

车辆的具体适用税额由省、自治区、直辖市人民政府依照《车船税税目税额表》规定的税额幅度和国务院的规定确定。

（1）乘用车依排气量从小到大递增税额，以车辆登记管理部门核发的机动车登记证书或者行驶证书所载的排气量毫升数确定税额区间。

（2）客车按照核定载客人数 20 人以下和 20 人（含）以上两档划分，递增税额。

（3）客货两用车依照货车的计税单位和年基准税额计征车船税。客货两用车，又称多用途货车，是指在设计和结构上主要用于载运货物，但在驾驶员座椅后带有固定或折叠式座椅，可运载 3 人以上乘客的货车。

省、自治区、直辖市人民政府确定的车辆具体适用税额，应当报国务院备案。

（4）车辆车船税的纳税人按照纳税地点所在的省、自治区、直辖市人民政府确定的具体适用税额缴纳车船税。

3. 船舶的具体适用税额

船舶的具体适用税额由国务院在车船税税目税额表规定的税额幅度内确定。

（1）机动船舶具体适用税额为：

净吨位不超过 200 吨的，每吨 3 元；

净吨位超过 200 吨但不超过 2000 吨的，每吨 4 元；

净吨位超过 2000 吨但不超过 10000 吨的，每吨 5 元；

净吨位超过 10000 吨的，每吨 6 元。

拖船按照发动机功率每 1 千瓦折合净吨位 0.67 吨计算征收车船税。

（2）游艇具体适用税额为：

艇身长度不超过 10 米的，每米 600 元；

艇身长度超过 10 米但不超过 18 米的，每米 900 元；

艇身长度超过 18 米但不超过 30 米的，每米 1300 元；

艇身长度超过 30 米的，每米 2000 元；

辅助动力帆艇，每米 600 元。

（四）应纳税额的计算

1. 计税依据

辆、整备质量每吨、净吨位每吨、千瓦（1 千瓦 = 净吨位 0.67 吨）、艇身长度每米，以车船登记管理部门核发的车船登记证书或者行驶证所载数据为准。

依法不需要办理登记的车船和依法应当登记而未办理登记或者不能提供车船

登记证书、行驶证的车船,以车船出厂合格证明或者进口凭证标注的技术参数、数据为准;不能提供车船出厂合格证明或者进口凭证的,由主管税务机关参照国家相关标准核定,没有国家相关标准的参照同类车船核定。

车船税法及其实施条例涉及的整备质量、净吨位、艇身长度等计税单位,有尾数的一律按照含尾数的计税单位据实计算车船税应纳税额。

2. 应纳税额的计算

(1) 非当年购置的车船,车船税按一个年度计算车船税。计算公式为:

年应纳税额 = 计税单位 × 年基准税额

【例4-22】 某运输公司拥有载货汽车15辆(货车载重净吨位全部为10吨),20人以上大型客车20辆,20人以下小型客车10辆。计算该公司应纳车船税(该地区税额为:货车每吨年税额80元,大型客车每辆年税额500元,小型客车每辆年税额400元)。

【解析】 载货汽车应纳税额 = 15 × 10 × 80 = 12000(元)

大型客车应纳税额 = 20 × 500 = 10000(元)

小型客车应纳税额 = 10 × 400 = 4000(元)

全年应纳车船税额 = 12000 + 10000 + 4000 = 26000(元)

(2) 当年购置的新车船,计算公式为:

应纳税额 = (年应纳税额 ÷ 12) × 应纳税月份数

应纳税月份数 = 12 - 纳税义务发生当月 + 1

(3) 对于机动车临时上道路行驶,或机动车距规定的报废期限不足一年而购买短期交强险的车辆,保单中"当年应缴"项目的计算公式为:

当年应缴 = 计税单位 × 年单位税额 × 应纳税月份数 ÷ 12

其中,应纳税月份数为交强险有效期起始日期的当月至截止日期当月的月份数。

(4) 计算得出的应纳税额小数点后超过两位的可四舍五入保留两位小数。

(五)税收优惠

(1) 下列车船免征车船税:

① 捕捞、养殖渔船:是指在渔业船舶登记管理部门登记为捕捞船或者养殖船的船舶。

② 军队、武装警察部队专用的车船:是指按照规定在军队、武装警察部队车

船登记管理部门登记,并领取军队、武警牌照的车船。

③ 警用车船:是指公安机关、国家安全机关、监狱、劳动教养管理机关和人民法院、人民检察院领取警用牌照的车辆和执行警务的专用船舶。

④ 依照法律规定应当予以免税的外国驻华使领馆、国际组织驻华代表机构及其有关人员的车船。

(2) 为促进节约能源,鼓励使用新能源,对符合以下标准的节能乘用车,减半征收车船税:

① 获得许可在中国境内销售的排量为1.6升以下(含1.6升)的燃用汽油、柴油的乘用车(含非插电式混合动力、双燃料和两用燃料乘用车);

② 综合工况燃料消耗量应符合标准。

减半征收车船税的节能商用车应同时符合以下标准:

① 获得许可在中国境内销售的燃用天然气、汽油、柴油的轻型和重型商用车(含非插电式混合动力、双燃料和两用燃料轻型和重型商用车);

② 燃用汽油、柴油的轻型和重型商用车综合工况燃料消耗量应符合标准。

(3) 对新能源车船,免征车船税。

① 免征车船税的新能源汽车是指纯电动商用车、插电式(含增程式)混合动力汽车、燃料电池商用车。纯电动乘用车和燃料电池乘用车不属于车船税征税范围,对其不征车船税。

② 免征车船税的新能源汽车应同时符合以下标准:

a. 获得许可在中国境内销售的纯电动商用车、插电式(含增程式)混合动力汽车、燃料电池商用车;

b. 符合新能源汽车产品技术标准;

c. 通过新能源汽车专项检测,符合新能源汽车标准;

d. 新能源汽车生产企业或进口新能源汽车经销商在产品质量保证、产品一致性、售后服务、安全监测、动力电池回收利用等方面符合相关要求。

③ 免征车船税的新能源船舶应符合以下标准:

船舶的主推进动力装置为纯天然气发动机。发动机采用微量柴油引燃方式且引燃油热值占全部燃料总热值的比例不超过5%的,视同纯天然气发动机。

符合上述标准的节能、新能源汽车,由工业和信息化部、税务总局不定期联合发布《享受车船税减免优惠的节约能源使用新能源汽车车型目录》予以公告。

享受优惠政策车船的范围,由国务院财政、税务主管部门商国务院有关部门制订，报国务院批准，并报全国人民代表大会常务委员会备案。

（4）对受地震、洪涝等严重自然灾害影响纳税困难以及有其他特殊原因确需减免税的车船，可以在一定期限内减征或者免征车船税。具体减免期限和数额由省、自治区、直辖市人民政府确定，报国务院备案。

（5）省、自治区、直辖市人民政府根据当地实际情况，可以对公共交通车船，农村居民拥有并主要在农村地区使用的摩托车、三轮汽车和低速载货汽车定期减征或者免征车船税。

（6）国家综合性消防救援车辆由部队号牌改挂应急救援专用号牌的，一次性免征改挂当年车船税。

（六）征收管理

车船税由税务机关负责征收。

1. 纳税地点

车船税的纳税地点为车船的登记地或者车船税扣缴义务人所在地。依法不需要办理登记的车船，纳税地点为车船的所有人或者管理人所在地。

税务机关可以在车船登记管理部门、车船检验机构的办公场所集中办理车船税征收事宜。

2. 纳税义务发生时间

车船税纳税义务发生时间为取得车船所有权或者管理权的当月，应当以购买车船的发票或者其他证明文件所载日期的当月为准。

在一个纳税年度内，已完税的车船被盗抢、报废、灭失的，纳税人可以凭有关管理机关出具的证明和完税凭证，向纳税所在地的主管税务机关申请退还自被盗抢、报废、灭失月份起至该纳税年度终了期间的税款。

已办理退税的被盗抢车船失而复得的，纳税人应当从公安机关出具相关证明的当月起计算缴纳车船税。

已经缴纳车船税的车船，因质量原因，车船被退回生产企业或者经销商的，纳税人可以向纳税所在地的主管税务机关申请退还自退货月份起至该纳税年度终了期间的税款。退货月份以退货发票所载日期的当月为准。

3. 纳税期限

车船税按年申报，分月计算，一次性缴纳。纳税年度为公历1月1日至12月31日。具体申报纳税期限由省、自治区、直辖市人民政府规定。

纳税人在购买交强险时，已由扣缴义务人代收代缴车船税的，纳税人凭注明已收税款信息的交强险保险单，不再向车辆登记地的主管税务机关申报缴纳车船税。车辆登记地主管税务机关再次征收的，应予退还。

纳税人没有按照规定期限缴纳车船税的，扣缴义务人在代收代缴税款时，可以一并代收代缴欠缴税款的滞纳金，从各省、自治区、直辖市人民政府规定的申报纳税期限截止日期的次日起计算。

扣缴义务人应当及时解缴代收代缴的税款和滞纳金，并向主管税务机关申报。扣缴义务人解缴税款和滞纳金的具体期限，由省、自治区、直辖市税务机关依照法律、行政法规的规定确定。

4. 其他规定

纳税人缴纳车船税时，应当提供反映排气量、整备质量、核定载客人数、净吨位、千瓦、艇身长度等与纳税相关信息的相应凭证以及税务机关根据实际需要要求提供的其他资料。纳税人以前年度已经提供前款所列资料信息的，可以不再提供。

已缴纳车船税的车船在同一纳税年度内办理转让过户的，在新登记地凭完税凭证不再纳税，在原登记地也不退税。

公安、交通运输、农业、渔业等车船登记管理部门、船舶检验机构和车船税扣缴义务人的行业主管部门应当在提供车船有关信息等方面，协助税务机关加强车船税的征收管理。

车辆所有人或者管理人在申请办理车辆相关登记、定期检验手续时，应当向公安机关交通管理部门提交依法纳税或者免税证明。公安机关交通管理部门核查后办理相关手续，对没有提供依法纳税或者免税证明的，不予办理相关手续。

关键概念

车船税　　扣缴义务人　　机动车交通事故责任强制保险

思考题

1. 简述车船税的征税范围。
2. 简述保险机构如何代收车船税。

第五章　行为税

第一节　环境保护税

学习目标

1. 了解环境保护税的概念及征税范围。
2. 掌握环境保护税的计税依据和应纳税额的计算。
3. 了解环境保护税的申报和缴纳。
4. 理解环境保护税开征的意义。

引导案例

某企业8月向水体直接排放第一类水污染物总汞、总镉、总铬、总砷、总铅、总银各10千克。排放第二类水污染物悬浮物（SS）、总有机碳（TOC）、挥发酚、氨氮各10千克。假设水污染物每污染当量税额按《环境保护税税目税额表》最低标准1.4元计算，企业8月水污染物应缴纳多少环境保护税？

一、环境保护税概述

环境保护税源于排污收费制度。我国于1979年开始排污收费试点。通过收费这一经济手段促使企业加强环境治理、减少污染物排放，对防治污染、保护环境起到了重要作用。但在实际执行中也存在如执法刚性不足等问题，影响了该制度功能的正常发挥。

为保护和改善环境，减少污染物排放，推进生态文明建设，2016年12月25日，第十二届全国人民代表大会常务委员会第二十五次会议通过了《中华人民共和国环境保护税法》（以下简称《环境保护税法》），自2018年1月1日起施行。《环境保护税法》对于保护和改善环境，减少污染物排放，推进生态文明建设具有十分重要的意义。为保障环境保护税法顺利实施，2017年12月25日，国务院颁布了《中华人民共和国环境保护税法实施条例》，细化有关规定，进一步明确界限、增强可操作性，与税法同步实施。

二、纳税义务人

在中华人民共和国领域和中华人民共和国管辖的其他海域，直接向环境排放应税污染物的企业事业单位和其他生产经营者为环境保护税的纳税人，应当缴纳环境保护税。

应税污染物，是指《环境保护税税目税额表》《应税污染物和当量值表》规定的大气污染物、水污染物、固体废物和噪声。

三、课税对象

环境保护税对直接向环境排放应税污染物的行为征税。

（1）有下列情形之一的，不属于直接向环境排放污染物，不缴纳相应污染物的环境保护税：

① 企业事业单位和其他生产经营者向依法设立的污水集中处理、生活垃圾集中处理场所排放应税污染物的；

② 企业事业单位和其他生产经营者在符合国家和地方环境保护标准的设施、场所贮存或者处置固体废物的。

（2）依法设立的城乡污水集中处理、生活垃圾集中处理场所超过国家和地方规定的排放标准向环境排放应税污染物的，应当缴纳环境保护税。城乡污水集中处理场所，是指为社会公众提供生活污水处理服务的场所，不包括为工业园区、开发区等工业聚集区域内的企业事业单位和其他生产经营者提供污水处理服务的场所，以及企业事业单位和其他生产经营者自建自用的污水处理场所。

(3) 达到省级人民政府确定的规模标准并且有污染物排放口的畜禽养殖场，应当依法缴纳环境保护税；依法对畜禽养殖废弃物进行综合利用和无害化处理的，不属于直接向环境排放污染物，不缴纳环境保护税。

(4) 企业事业单位和其他生产经营者贮存或者处置固体废物不符合国家和地方环境保护标准的，应当缴纳环境保护税。

四、税率

如表 5-1 所示，环境保护税对大气、水污染物设置了税额幅度，并授权各省、自治区、直辖市在幅度内依法制定本地具体适用税额。对固体废物和噪声实行固定税额。各应税污染物及其当量值如表 5-2 ~ 表 5-5 所示。

表 5-1　　　　　　　　　环境保护税税目税额

税目		计税单位	税额
大气污染物		每污染当量	1.2 ~ 20 元
水污染物		每污染当量	1.4 ~ 14 元
固体废物	煤矸石	每吨	5 元
	尾矿	每吨	15 元
	危险废物	每吨	1000 元
	冶炼渣、粉煤灰、炉渣、其他固体废物（含半固态、液态废物）	每吨	25 元
噪声	工业噪声	超标 1 ~ 3 分贝	每月 350 元
		超标 4 ~ 6 分贝	每月 700 元
		超标 7 ~ 9 分贝	每月 1400 元
		超标 10 ~ 12 分贝	每月 2800 元
		超标 13 ~ 15 分贝	每月 5600 元
		超标 16 分贝以上	每月 11200 元

表 5-2　　　　　　　　大气污染物污染当量值　　　　　　　　单位：千克

污染物	污染当量值	污染物	污染当量值
1. 二氧化硫	0.95	3. 一氧化碳	16.7
2. 氮氧化物	0.95	4. 氯气	0.34

续表

污染物	污染当量值	污染物	污染当量值
5. 氯化氢	10.75	25. 甲醛	0.09
6. 氟化物	0.87	26. 乙醛	0.45
7. 氰化氢	0.005	27. 丙烯醛	0.06
8. 硫酸雾	0.6	28. 甲醇	0.67
9. 铬酸雾	0.0007	29. 酚类	0.35
10. 汞及其化合物	0.0001	30. 沥青烟	0.19
11. 一般性粉尘	4	31. 苯胺类	0.21
12. 石棉尘	0.53	32. 氯苯类	0.72
13. 玻璃棉尘	2.13	33. 硝基苯	0.17
14. 碳黑尘	0.59	34. 丙烯腈	0.22
15. 铅及其化合物	0.02	35. 氯乙烯	0.55
16. 镉及其化合物	0.03	36. 光气	0.04
17. 铍及其化合物	0.0004	37. 硫化氢	0.29
18. 镍及其化合物	0.13	38. 氨	9.09
19. 锡及其化合物	0.27	39. 三甲胺	0.32
20. 烟尘	2.18	40. 甲硫醇	0.04
21. 苯	0.05	41. 甲硫醚	0.28
22. 甲苯	0.18	42. 二甲二硫	0.28
23. 二甲苯	0.27	43. 苯乙烯	25
24. 苯并（a）芘	0.000002	44. 二硫化碳	20

表5-3　　　　　　　　　第一类水污染物污染当量值　　　　　　　　单位：千克

污染物	污染当量值	污染物	污染当量值
1. 总汞	0.0005	6. 总铅	0.025
2. 总镉	0.005	7. 总镍	0.025
3. 总铬	0.04	8. 苯并（a）芘	0.0000003
4. 六价铬	0.02	9. 总铍	0.01
5. 总砷	0.02	10. 总银	0.02

表 5-4　　　　　　　　第二类水污染物污染当量值　　　　　　单位：千克

污染物	污染当量值	污染物	污染当量值
11. 悬浮物（SS）	4	37. 五氯酚及五氯酚钠（以五氯酚计）	0.25
12. 生化需氧量（BOD_5）	0.5	38. 三氯甲烷	0.04
13. 化学需氧量（COD_{cr}）	1	39. 可吸附有机卤化物（AOX）（以Cl计）	0.25
14. 总有机碳（TOC）	0.49		
15. 石油类	0.1	40. 四氯化碳	0.04
16. 动植物油	0.16	41. 三氯乙烯	0.04
17. 挥发酚	0.08	42. 四氯乙烯	0.04
18. 总氰化物	0.05	43. 苯	0.02
19. 硫化物	0.125	44. 甲苯	0.02
20. 氨氮	0.8	45. 乙苯	0.02
21. 氟化物	0.5	46. 邻-二甲苯	0.02
22. 甲醛	0.125	47. 对-二甲苯	0.02
23. 苯胺类	0.2	48. 间-二甲苯	0.02
24. 硝基苯类	0.2	49. 氯苯	0.02
25. 阴离子表面活性剂（LAS）	0.2	50. 邻二氯苯	0.02
26. 总铜	0.1	51. 对二氯苯	0.02
27. 总锌	0.2	52. 对硝基氯苯	0.02
28. 总锰	0.2	53. 2,4-二硝基氯苯	0.02
29. 彩色显影剂（CD-2）	0.2	54. 苯酚	0.02
30. 总磷	0.25	55. 间-甲酚	0.02
31. 元素磷（以P计）	0.05	56. 2,4-二氯酚	0.02
32. 有机磷农药（以P计）	0.05	57. 2,4,6-三氯酚	0.02
33. 乐果	0.05	58. 邻苯二甲酸二丁酯	0.02
34. 甲基对硫磷	0.05	59. 邻苯二甲酸二辛酯	0.02
35. 马拉硫磷	0.05	60. 丙烯腈	0.125
36. 对硫磷	0.05	61. 总硒	0.02

注：同一排放口中的化学需氧量、生化需氧量和总有机碳只征收一项。

表5-5   pH值、色度、大肠菌群数和余氯量污染当量值

污染物		污染当量值
1. pH值	(1) 0~1, 13~14	0.06吨污水
	(2) 1~2, 12~13	0.125吨污水
	(3) 2~3, 11~12	0.25吨污水
	(4) 3~4, 10~11	0.5吨污水
	(5) 4~5, 9~10	1吨污水
	(6) 5~6	5吨污水
2. 色度		5吨水·倍
3. 大肠菌群数（超标）		3.3吨污水
4. 余氯量（用氯消毒的医院废水）		3.3吨污水

注：1. pH值5~6指大于等于5，小于6；pH值9~10指大于9，小于等于10，其余类推。
2. 大肠菌群数和余氯量只征收一项。

应税大气污染物和水污染物的具体适用税额的确定和调整，由省、自治区、直辖市人民政府统筹考虑本地区环境承载能力、污染物排放现状和经济社会生态发展目标要求，在《环境保护税税目税额表》规定的税额幅度内提出，报同级人民代表大会常务委员会决定，并报全国人民代表大会常务委员会和国务院备案。

五、计税依据

（一）应税污染物

应税污染物的计税依据，按照下列方法确定。

1. 应税大气污染物按照污染物排放量折合的污染当量数确定

纳税人委托监测机构对应税大气污染物和水污染物排放量进行监测时，其当月同一个排放口排放的同一种污染物有多个监测数据的，应税大气污染物按照监测数据的平均值计算应税污染物的排放量；应税水污染物按照监测数据以流量为权数的加权平均值计算应税污染物的排放量。在环境保护主管部门规定的监测时限内当月无监测数据的，可以跨月沿用最近一次的监测数据计算应税污染物排放量。纳入排污许可管理行业的纳税人，其应税污染物排放量的监测计算方法按照排污许可管理要求执行。

因排放污染物种类多等原因不具备监测条件的，纳税人应当按照《关于发布

计算污染物排放量的排污系数和物料衡算方法的公告》的规定计算应税污染物排放量。其中，相关行业适用的排污系数方法中产排污系数为区间值的，纳税人结合实际情况确定具体适用的产排污系数值；纳入排污许可管理行业的纳税人按照排污许可证的规定确定。生态环境部尚未规定适用排污系数、物料衡算方法的，暂由纳税人参照缴纳排污费时依据的排污系数、物料衡算方法及抽样测算方法计算应税污染物的排放量。

2. 应税水污染物按照污染物排放量折合的污染当量数确定

应税水污染物的污染当量数，以该污染物的排放量除以该污染物的污染当量值计算。其中，色度的污染当量数，以污水排放量乘以色度超标倍数再除以适用的污染当量值计算。畜禽养殖业水污染物的污染当量数，以该畜禽养殖场的月均存栏量除以适用的污染当量值计算。畜禽养殖场的月均存栏量按照月初存栏量和月末存栏量的平均数计算。

纳税人有下列情形之一的，以其当期应税大气污染物、水污染物的产生量作为污染物的排放量：

（1）未依法安装使用污染物自动监测设备或者未将污染物自动监测设备与环境保护主管部门的监控设备联网；

（2）损毁或者擅自移动、改变污染物自动监测设备；

（3）篡改、伪造污染物监测数据；

（4）通过暗管、渗井、渗坑、灌注或者稀释排放以及不正常运行防治污染设施等方式违法排放应税污染物；

（5）进行虚假纳税申报。

3. 应税固体废物按照固体废物的排放量确定

固体废物的排放量为当期应税固体废物的产生量减去当期应税固体废物的贮存量、处置量、综合利用量的余额。固体废物的贮存量、处置量，是指在符合国家和地方环境保护标准的设施、场所贮存或者处置的固体废物数量；固体废物的综合利用量，是指按照国务院发展改革、工业和信息化主管部门关于资源综合利用要求以及国家和地方环境保护标准进行综合利用的固体废物数量。

纳税人应当准确计量应税固体废物的贮存量、处置量和综合利用量，未准确计量的，不得从其应税固体废物的产生量中减去。纳税人依法将应税固体废物转移至其他单位和个人进行贮存、处置或者综合利用的，固体废物的转移量相应计入其当期应税固体废物的贮存量、处置量或者综合利用量；纳税人接收的应税固体废物转移量，不计入其当期应税固体废物的产生量。纳税人对应税固体废物进行综合利用的，应当符合工业和信息化部制定的工业固体废物综合利用评价管理规范。

纳税人有下列情形之一的，以其当期应税固体废物的产生量作为固体废物的排放量：

（1）非法倾倒应税固体废物；

（2）进行虚假纳税申报。

纳税人申报纳税时，应当向税务机关报送应税固体废物的产生量、贮存量、处置量和综合利用量，同时报送能够证明固体废物流向和数量的纳税资料，包括固体废物处置利用委托合同、受委托方资质证明、固体废物转移联单、危险废物管理台账复印件等。有关纳税资料已在环境保护税基础信息采集表中采集且未发生变化的，纳税人不再报送。纳税人应当参照危险废物台账管理要求，建立其他应税固体废物管理台账，如实记录产生固体废物的种类、数量、流向以及贮存、处置、综合利用、接收转入等信息，并将应税固体废物管理台账和相关资料留存备查。

4. 应税噪声按照超过国家规定标准的分贝数确定

应税噪声的应纳税额为超过国家规定标准分贝数对应的具体适用税额。噪声超标分贝数不是整数值的，按四舍五入取整。一个单位的同一监测点当月有多个监测数据超标的，以最高一次超标声级计算应纳税额。声源一个月内累计昼间超标不足15昼或者累计夜间超标不足15夜的，分别减半计算应纳税额。

（二）应税大气污染物、水污染物的污染当量数

应税大气污染物、水污染物的污染当量数以该污染物的排放量除以该污染物的污染当量值计算。每种应税大气污染物、水污染物的具体污染当量值，依照《应税污染物和当量值表》执行。

每一排放口或者没有排放口的应税大气污染物，按照污染当量数从大到小排序，对前三项污染物征收环境保护税。

每一排放口的应税水污染物，按照《应税污染物和当量值表》，区分第一类水污染物和其他类水污染物，按照污染当量数从大到小排序，对第一类水污染物按照前五项征收环境保护税，对其他类水污染物按照前三项征收环境保护税。

省、自治区、直辖市人民政府根据本地区污染物减排的特殊需要，可以增加

同一排放口征收环境保护税的应税污染物项目数，报同级人民代表大会常务委员会决定，并报全国人民代表大会常务委员会和国务院备案。

从两个以上排放口排放应税污染物的，对每一排放口排放的应税污染物分别计算征收环境保护税；纳税人持有排污许可证的，其污染物排放口按照排污许可证载明的污染物排放口确定。

（三）应税大气污染物、水污染物、固体废物的排放量和噪声分贝数的确定方法

应税大气污染物、水污染物、固体废物的排放量和噪声的分贝数，按照下列方法和顺序计算：

（1）纳税人安装使用符合国家规定和监测规范的污染物自动监测设备的，按照污染物自动监测数据计算。

（2）纳税人未安装使用污染物自动监测设备的，按照监测机构出具的符合国家有关规定和监测规范的监测数据计算；自行对污染物进行监测所获取的监测数据，符合国家有关规定和监测规范的，可视同环境保护税法第十条第二项规定的监测机构出具的监测数据。

（3）因排放污染物种类多等原因不具备监测条件的，按照国务院环境保护主管部门规定的排污系数、物料衡算方法计算。

不能按照上述方法计算的，按照省、自治区、直辖市人民政府环境保护主管部门规定的抽样测算的方法核定计算，由税务机关会同环境保护主管部门核定污染物排放种类、数量和应纳税额。

纳税人申报缴纳时，应当向税务机关报送所排放应税污染物的种类、数量，大气污染物、水污染物的浓度值，以及税务机关根据实际需要要求纳税人报送的其他纳税资料。

六、应纳税额的计算

应税大气污染物的应纳税额 = 污染当量数 × 具体适用税额

应税水污染物的应纳税额 = 污染当量数 × 具体适用税额

应税固体废物的应纳税额 = 固体废物排放量 × 具体适用税额

应税噪声的应纳税额 = 超过国家规定标准的分贝数对应的具体适用税额

【例 5-1】某企业 8 月向大气直接排放二氧化硫、硫酸雾各 10 千克，一氧化

碳、氯化氢各100千克,假设大气污染物每污染当量税额按1.2元计算,该企业只有一个排放口。请计算该企业8月应缴纳的环境保护税(计算结果保留两位小数)。

【解析】

第一步,计算各污染物的污染当量数:

二氧化硫:10/0.95 = 10.53

硫酸雾:10/0.6 = 16.67

一氧化碳:100/16.7 = 5.99

氯化氢:100/10.75 = 9.30

第二步,将各污染物的污染当量数从大到小排序,选取前三项污染物征税:

硫酸雾(16.67)>二氧化硫(10.53)>氯化氢(9.30)>一氧化碳(5.99)

第三步,计算应纳税额:

硫酸雾:16.67×1.2 = 20.00(元)

二氧化硫:10.53×1.2 = 12.64(元)

氯化氢:9.30×1.2 = 11.16(元)

应纳税额合计 = 20.00 + 12.64 + 11.16 = 43.8(元)

【例5-2】某企业10月产生尾矿1000吨,其中,综合利用尾矿300吨(符合国家和地方环境保护标准),在符合国家和地方环境保护标准的设施贮存200吨。请计算该企业10月应缴纳的环境保护税。

【解析】

尾矿排放量 = 当期尾矿产生量 - 当期尾矿综合利用量 - 当期尾矿贮存量
         = 1000 - 300 - 200 = 500(吨)

应纳税额 = 500×15 = 7500(元)

七、税收减免

为充分发挥环境保护税绿色调节作用,环境保护税法建立了"多排多缴、少排少缴、不排不缴"的激励机制,通过明显有力的优惠政策导向,有效引导排污单位治污减排、保护环境。

1. 暂予免征环境保护税

(1) 农业生产(不包括规模化养殖)排放应税污染物的;

(2) 机动车、铁路机车、非道路移动机械、船舶和航空器等流动污染源排放应税污染物的；

（3）依法设立的城乡污水集中处理、生活垃圾集中处理场所排放相应应税污染物，不超过国家和地方规定的排放标准的；

（4）纳税人综合利用的固体废物，符合国家和地方环境保护标准的；

（5）国务院批准免税的其他情形，由国务院报全国人民代表大会常务委员会备案。

2. 减税

（1）纳税人排放应税大气污染物或者水污染物的浓度值低于国家和地方规定的污染物排放标准30%的，减按75%征收环境保护税。

应税大气污染物或者水污染物的浓度值，是指纳税人安装使用的污染物自动监测设备当月自动监测的应税大气污染物浓度值的小时平均值再平均所得数值或者应税水污染物浓度值的日平均值再平均所得数值，或者监测机构当月监测的应税大气污染物、水污染物浓度值的平均值。

申请减征环境保护税的，应当对每一排放口排放的不同应税污染物分别计算。且应税大气污染物浓度值的小时平均值或者应税水污染物浓度值的日平均值，以及监测机构当月每次监测的应税大气污染物、水污染物的浓度值，均不得超过国家和地方规定的污染物排放标准。

（2）纳税人排放应税大气污染物或者水污染物的浓度值低于国家和地方规定的污染物排放标准50%的，减按50%征收环境保护税。

八、征收管理

（一）征管主体

1. 分工

环境保护税由税务机关依法征收管理，履行环境保护税纳税申报受理、涉税信息比对、组织税款入库等职责。为促进各地保护和改善环境、增加环境保护投入，国务院决定，环境保护税全部作为地方收入。

环境保护主管部门依法负责对污染物的监测管理，制定和完善污染物监测规范。

县级以上地方人民政府应当加强对环境保护税征收管理工作的领导，及时协调、解决环境保护税征收管理工作中的重大问题。

国务院税务、环境保护主管部门制定涉税信息共享平台技术标准以及数据采集、存储、传输、查询和使用规范。

2. 合作

（1）环境保护主管部门和税务机关应当建立涉税信息共享平台和工作配合机制。环境保护主管部门应当将排污单位的排污许可、污染物排放数据、环境违法和受行政处罚情况等环境保护相关信息，定期交送税务机关。环境保护主管部门应当通过涉税信息共享平台向税务机关交送在环境保护监督管理中获取的下列信息：

排污单位的名称、统一社会信用代码以及污染物排放口、排放污染物种类等基本信息；

排污单位的污染物排放数据（包括污染物排放量以及大气污染物、水污染物的浓度值等数据）；

排污单位环境违法和受行政处罚情况；

对税务机关提请复核的纳税人的纳税申报数据资料异常或者纳税人未按照规定期限办理纳税申报的复核意见；

与税务机关商定交送的其他信息。

（2）税务机关应当将纳税人的纳税申报、税款入库、减免税额、欠缴税款以及风险疑点等环境保护税涉税信息，定期交送环境保护主管部门。税务机关应当通过涉税信息共享平台向环境保护主管部门交送下列环境保护税涉税信息：

纳税人基本信息；

纳税申报信息；

税款入库、减免税额、欠缴税款以及风险疑点等信息；

纳税人涉税违法和受行政处罚情况；

纳税人的纳税申报数据资料异常或者纳税人未按照规定期限办理纳税申报的信息；

与环境保护主管部门商定交送的其他信息。

（3）税务机关应当将纳税人的纳税申报数据资料与环境保护主管部门交送的相关数据资料进行比对。

税务机关应当依据环境保护主管部门交送的排污单位信息进行纳税人识别。在环境保护主管部门交送的排污单位信息中没有对应信息的纳税人，由税务机关在纳税人首次办理环境保护税纳税申报时进行纳税人识别，并将相关信息交送环境保护主管部门。

税务机关发现纳税人的纳税申报数据资料异常或者纳税人未按照规定期限办理纳税申报的，可以提请环境保护主管部门进行复核，环境保护主管部门应当自收到税务机关的数据资料之日起十五日内向税务机关出具复核意见。税务机关应当按照环境保护主管部门复核的数据资料调整纳税人的应纳税额。

环境保护主管部门发现纳税人申报的应税污染物排放信息或者适用的排污系数、物料衡算方法有误的，应当通知税务机关处理。

纳税人申报的污染物排放数据与环境保护主管部门交送的相关数据不一致的，按照环境保护主管部门交送的数据确定应税污染物的计税依据。

（4）纳税人从事海洋工程向中华人民共和国管辖海域排放应税大气污染物、水污染物或者固体废物，申报缴纳环境保护税的具体办法，由国务院税务主管部门会同国务院海洋主管部门规定。

（5）税务机关、环境保护主管部门应当无偿为纳税人提供与缴纳环境保护税有关的辅导、培训和咨询服务。

（6）税务机关依法实施环境保护税的税务检查，环境保护主管部门予以配合。

（二）纳税义务发生时间

环境保护税的纳税义务发生时间为纳税人排放应税污染物的当日。

（三）纳税地点

纳税人应当向应税污染物排放地的税务机关申报缴纳环境保护税。应税污染物排放地是指：应税大气污染物、水污染物排放口所在地；应税固体废物产生地；应税噪声产生地。

纳税人跨区域排放应税污染物，税务机关对税收征收管辖有争议的，由争议各方按照有利于征收管理的原则协商解决；不能协商一致的，报请共同的上级税务机关决定。

（四）纳税期限

环境保护税按月计算，按季申报缴纳。不能按固定期限计算缴纳的，可以按次申报缴纳。

纳税人按季申报缴纳的，应当自季度终了之日起 15 日内，向税务机关办理纳税申报并缴纳税款。纳税人按次申报缴纳的，应当自纳税义务发生之日起15日内，向税务机关办理纳税申报并缴纳税款。

《中华人民共和国环境保护税法》是中国首部体现"绿色税制"的单行税法。开征环境保护税是党中央、国务院推进生态文明建设、落实绿色发展理念的重大战略举措，旨在保护和改善环境，减少污染物排放。开征环境保护税有利于提高纳税人环保意识和遵从度，强化企业治污减排责任；有利于构建促进经济结构调整、发展方式转变的绿色税制体系；有利于强化税收调控作用，提高全社会环境保护意识，推进生态文明建设和绿色发展。实施环境保护税不是为了增加财政收入，而是为了促进环境保护，其生态意义和社会意义都远大于财政意义。

关键概念

环境保护税　　应税污染物　　污染当量

思考题

1. 环境保护税的意义是什么？
2. 简述环境保护税的征税范围。
3. 简述环境保护税的纳税人。

第二节　印花税

学习目标

1. 了解印花税的概念及征税范围。
2. 掌握印花税的计税依据和应纳税额的计算。
3. 熟悉印花税减免税优惠。
4. 了解印花税的申报和缴纳。

引导案例

某贸易公司对外签订3份合同：（1）与某建筑工程队签订工程承包合同，合同金额为100万元；（2）与某运输公司签订货物运输合同，合同金额为50万元；（3）向某商业银行贷款200万元。请问谁是印花税的纳税义务人？应如何缴纳印花税？

一、印花税概述

印花税是对经济活动和经济交往中书立、领受、使用的应税经济凭证所征收的一种税。因纳税人主要是通过在应税凭证上粘贴印花税票来完成纳税义务，故名印花税。

印花税历史悠久，但人们对它的起源却鲜为人知。从税史学理论上讲，任何一种税种的"出台"，都离不开当时的政治与经济的需要，印花税的产生也是如此。公元1624年，荷兰政府发生经济危机，财政困难。当时执掌政权的统治者摩里斯（Maurs）为了解决财政上的需要，拟提出要用增加税收的办法来解决支出的困难，但又怕人民反对，便要求政府的大臣们出谋献策。众大臣议来议去，就是想不出两全其美的妙法来。于是，荷兰的统治阶级就采用公开招标办法，以重赏来寻求新税设计方案，谋求敛财之妙策。印花税，就是从千万个应征者设计的方案中精选出来的"杰作"。可见，印花税的产生较之其他税种，更具有传奇色彩。印花税的设计者可谓独具匠心。他观察到人们在日常生活中使用契约、借贷凭证之类的单据很多，连绵不断，所以一旦征税，税源将很大；而且，人们还有一个心理，认为凭证单据上由政府盖个印，就成为合法凭证，在诉讼时可以有法律保障，因而对缴纳印花税也乐于接受。正是这样，印花税被资产阶级经济学家誉为税负轻微、税源畅旺、手续简便、成本低廉的"良税"。英国的哥尔柏（Kolebe）说过："税收这种技术，就是拔最多的鹅毛，听最少的鹅叫。"但在英国印花税的执行并不顺利，1765年3月22日，债台高筑的英国通过了《印花税法》，规定北美殖民地所有印刷品、报刊、商业单据、法律证件和各种契约都要缴付印花税，违者重罚。这立即遭到普遍反对，在"要自由、财富，不要印花税"的号召下，民众发起捣毁税务机关、揪斗税官、烧毁印花税票的暴动，拉开了北美独立战争前奏。

印花税是中国效仿西洋税制的第一个税种。从清光绪十五年（1889年）开始，大清帝国拟开征印花税二十余年，虽先后印制了日本版和美国版印花税票，也拟定了"印花税则"十五条，但最终因种种原因未能正式实施。中华民国成立后，北洋政府把推行印花税作为重要的聚财之举，于1912年10月21日公布了《印花税法》，并于次年正式实施。这是中华民国成立后，按照法律程序公布施行的第一部印花税法，从此，印花税一直被民国政府视为重要的财源。军阀割据地区和各类伪政权，更将印花税作为筹措军饷和补给的法宝。其间，北洋政府和民国政府印制和使用了"长城图""嘉禾图""城楼图""六和塔图""孙中山像""复兴关图""联运图"等数十种印花税票。

新中国成立以后，中央人民政府财政部税务总局于1949年11月，发行了新中国第一套印花税票，主图是在两根柱子之间由齿轮和麦穗衬托下的五星红旗飘扬在地球上，称之为"旗球图"印花税票。中央人民政府政务院于1950年发布了《印花税暂行条例》，在全国范围内开征印花税；1958年简化税制时，经全国人民代表大会常务委员会通过，将印花税并入工商统一税，印花税不再单设税种征收，直至经济体制改革以前。

国务院于1988年8月发布了《中华人民共和国印花税暂行条例》（以下简称《印花税暂行条例》），自同年10月1日起施行。2021年6月10日，第十三届全国人民代表大会常务委员会第二十九次会议通过了《中华人民共和国印花税法》，于2022年7月1日正式实施，标志着从1988年开始已经实施了三十四年的《印花税暂行条例》退出税法的历史舞台。随着我国经济体制由有计划的商品经济向社会主义市场经济体制转变，印花税的征收在规范书立经济凭证行为方面起着更加重要的作用。

二、印花税的特点

（一）兼有凭证税和行为税的性质

一方面，印花税是对单位和个人书立的应税凭证、进行证券交易征收的一种税，因而具有凭证税性质。另一方面，书立、使用应税经济凭证，进行证券交易反映的都是某种特定的经济行为，因此，印花税又具有行为税的性质。

（二）征税范围广、税负轻

在经济活动和经济交往中的各种应税凭证，凡书立这些凭证的单位和个人都要缴纳印花税，因此其征税范围是非常广泛的。此外，印花税与其他税种相比较，税率要低得多，我国印花税的最低税率仅有万分之零点五，其税负较轻，具有广集资金、聚少成多的财政效应。

（三）自行贴花纳税，多缴不退税不抵税

印花税采取纳税人自行计算应纳税额、自行购买印花税票、自行贴花、自行

在每枚税票的骑缝处盖戳注销（或划销）的纳税方法。印花税条例规定，凡多贴印花税票者，不得申请退税或者抵用。这与其他税种多缴税款可以申请退税或抵缴的规定也不相同。

（四）印花税票具有丰富的文化内涵

首先，印花税票是税文化的重要内容和实物体现。不同时期的实贴单据，被打上了深深的时代烙印，蕴含着当时社会、政治、经济等各方面的特定文化信息。印花税票的设计、印制水平，也从一个侧面反映了一个国家税收文化的水平。印花税票是一个国家的"税务名片"，编组成册后可以当作税收国际交流中的礼品，方便了对外交流和宣传。其次，印花税票是收藏文化的载体。印花税票和邮票虽然性质不同，但外形酷似，英文都是"stamp"。国际集邮联合会于1991年将印花税票纳入竞赛级正式展品，更使其身价倍增。如美国1871年发行的面值500美元的华盛顿头像印花税票，现已成为美国"国宝级"收藏品。

三、印花税的纳税人及征税范围

（一）纳税人

凡在我国境内书立、使用属于征税范围内所列凭证，进行证券交易的单位和个人都是印花税的纳税义务人。包括各类企业、事业、机关、团体、部队，以及中外合资经营企业、合作经营企业、外资企业、外国公司企业和其他经济组织及其在华机构等单位和个人，印花税对外商投资企业和外国企业也适用。按照征税项目划分的具体纳税人是：

（1）立合同人：不包括合同担保人、证人、鉴定人。比如甲、乙、丙三人签订三方采购合同并各执一份，那么甲、乙、丙三人均为印花税的纳税义务人。

（2）立账簿人：设立并使用营业账簿的单位和个人。

（3）立据人：财产转移的当事人。所谓当事人，是指对凭证有直接权利义务关系的单位和个人，不包括保人、证人、鉴定人。

（4）使用人：指在境外书立，但在境内使用应税凭证的单位和个人。

（5）进行证券交易的单位和个人：仅对证券交易的出让方征收，不对受让方征收。

对于同一凭证，如果由两方以上当事人书立的，按照各自涉及的金额分别计算应纳税额。

【例 5 - 3】 张三、李四签订一份商品买卖合同，张三要求李四提供商品的鉴定，赵五为该种商品提供鉴定，谁是印花税的纳税义务人？

【解析】 张三、李四是印花税的纳税义务人，而赵五为鉴定人，并非纳税义务人。

（二）征税范围

1. 书面合同

（1）买卖合同。指各类动产的买卖合同，但不包括个人书立的动产买卖。

（2）承揽合同。

（3）建设工程合同。包括建设工程勘察设计合同和建筑安装工程承包合同等。其中建设工程勘察设计合同包括勘察、设计合同的总包合同、分包合同和转包合同；建筑安装工程承包合同包括建筑、安装工程承包合同的总包合同、分包合同和转包合同。

（4）融资租赁合同。

（5）租赁合同。

（6）运输合同。指货运合同和多式联运合同，但不包括管道运输合同。

（7）保管合同。其中委托代理合同、管理费合同不需要缴税。

（8）仓储合同。

（9）借款合同。包括银行及其他金融组织和借款人（不包括银行同业拆借）所签订的借款合同。

（10）财产保险合同。如企业财产保险合同、货物运输保险合同、家庭财产两全保险等都属于应税项目，但平安康寿险不属于财产保险范围，因此不征印花税。财产保险合同具体来说包括财产、责任、保证、信用保险合同，以及作为合同使用的单据，再保险合同不包括在内。

（11）技术合同。包括技术开发、转让、咨询、服务等合同。专利权、专有技术使用权转让数据不包括在内。

技术转让合同包括专利申请转让、专利实施许可、非专利技术转让所书立的合同，但不包括专利权转让、专有技术使用权转让所书立的合同。后者适用于产权转移书据合同。

一般的法律、会计、审计等方面的咨询不属于技术咨询，其所书立合同不贴印花。

2. 产权转移书据

我国印花税税目中的产权转移书据包括财产权、商标专用权、著作权、专利权、专有技术使用权共5项产权的转移书据。这里的"财产"是指经政府管理机关登记注册的动产、不动产及企业股权。财产权转移所书立的书据，包括土地使用权出让书据、土地使用权及房屋等建筑物和构筑物所有权转让书据（不包括土地承包经营权和土地经营权转移）、股权转让书据（应缴纳证券交易印花税的单独核算）。

3. 营业账簿

营业账簿包括资金账簿和其他营业账簿，印花税仅对营业账簿中的实收资本（股本）、资本公积金合计金额征税。

有关"营业账簿"征税范围应明确的若干个问题：

（1）跨地区经营的分支机构使用的营业账簿，应由各分支机构在其所在地缴纳印花税。

（2）实行公司制改造并经县级以上政府和有关部门批准的企业在改制过程中成立的新企业（重新办理法人登记的），其新启用的资金账簿记载的资金或因企业建立资本纽带关系而增加的资金，凡原已贴花的部分可不再贴花，未贴花的部分和以后新增加的资金按规定贴花。

（3）以合并或分立方式成立的新企业，其新启用的资金账簿记载的资金，凡原已贴花的部分可不再贴花，未贴花的部分和以后新增加的资金按规定贴花。合并包括吸收合并和新设合并，分立包括存续分立和新设分立。

（4）企业债权转股权新增加的资金按规定贴花。

（5）企业改制中经评估增加的资金按规定贴花。

（6）企业其他会计科目记载的资金转为实收资本或资本公积的资金按规定贴花。

4. 证券交易

印花税法所指的证券交易是指转让在依法设立的证券交易所、国务院批准的其他全国性证券交易场所交易的股票和以股票为基础的存托凭证。

5. 经财政部门确定征税的其他凭证

适用于中国境内，并在中国境内具备法律效力的应税凭证，无论在中国境内或者境外书立，均应依照印花税的规定贴花。

四、印花税的税率

印花税的税率使用比例税率。各类合同以及具有合同性质的凭证，包括以电子形式签订的各类应税凭证、产权转移书据、营业账簿中记载资金的账簿，都适用比例税率。印花税的比例税率分为五个档次，即0.05‰、0.5‰、0.3‰、0.25‰、1‰。

印花税税目税率详见表5-6。

表5-6　　　　　　　　　印花税税目税率

应税凭证		税率（‰）
书面合同	借款合同	0.05
	融资租金合同	
	买卖合同	0.3
	承揽合同	
	建设工程合同	
	运输合同	
	技术合同	
	租赁合同	1
	保管合同	
	仓储合同	
	财产保险合同	
产权转移书据	商标专用权、著作权、专利权、专有技术使用权转让书据	0.3
	土地使用权出让书据	0.5
	土地使用权、房屋等建筑物和构筑物所有权转让书据	
	股权转让书据	
营业账簿	实收资本（股本）、资本公积的合计金额	0.25
证券交易	交易的股票和存托凭证	1

五、印花税的计税依据

印花税根据不同征税项目，实行从价计征征收方法。应税合同的计税依据，为合同所列的金额,不包括列明的增值税税款。

从价计税情况下计税依据的确定:

(1) 各类经济合同,以合同上所记载的金额、收入或费用为计税依据,不包括列明的增值税税款。

① 买卖合同的计税依据为合同金额,不得作任何扣除,特别是调剂合同和易货合同,均应包括调剂、易货的全额。

在商品购销活动中,采用以货换货方式进行商品交易签订的合同,是反映既购又销双重经济行为的合同,对此,应按合同所载的购、销合计金额计税贴花。合同未列明金额的,应按合同所载购、销数量,依照国家牌价或者市场价格计算应纳税额。

【例5-4】甲公司与乙公司分别签订了两份合同:一是以货换货合同,甲公司的货物价值200万元,乙公司的货物价值150万元;二是采购合同,甲公司购买乙公司50万元货物,但因故合同未能兑现。甲公司应缴纳印花税多少?乙公司应缴纳印花税多少?

【解析】甲公司应缴纳印花税 = (200 + 150 + 50) × 0.3‰ × 10000 = 1200(元)

乙公司应缴纳印花税 = (200 + 150 + 50) × 0.3‰ × 10000 = 1200(元)

以物易物合同应按购销金额合计计税贴花,应税合同在签订时产生纳税义务,不论合同是否兑现,均应贴花。

② 承揽合同的计税依据是加工或承揽收入的金额。

对于由委托方提供主要材料或原料,受托方只提供辅助材料的加工合同,无论加工费和辅助材料金额是否分别记载,均以辅助材料与加工费的合计数,依照承揽合同计税贴花。对委托方提供的主要材料或原料金额不计税贴花。

【例5-5】甲企业受托为乙企业加工一批产品,加工合同分别记载原材料金额60万元由乙企业提供,甲向乙企业收取加工费20万元。该项业务中甲企业应缴纳印花税多少?

【解析】应纳印花税 = 200000 × 0.3‰ = 60(元)

③ 建设工程合同的计税依据为合同约定金额。如建设工程勘察设计合同的计税依据为勘察、设计收取的费用(即勘察、设计收入)。建筑安装工程承包合同的计税依据为承包金额,不得剔除任何费用。如果施工单位将自己承包的建筑项目再分包或转包给其他施工单位,其所签订的分包或转包合同,仍应按所载金额另行贴花。

【例5-6】某建筑公司与甲企业签订一份建筑承包合同，合同金额6000万元。施工期间，该建筑公司又将其中价值500万元的安装工程转包给乙企业，并签订转包合同。该建筑公司上述合同应缴纳印花税多少？

【解析】建筑承包合同中总包合同和分包合同都是需要贴花的，应纳印花税 = (6000 + 500) × 0.3‰ = 1.95（万元）

④ 租赁合同的计税依据为租赁金额（即租金收入）。

【例5-7】1月，甲公司将闲置厂房出租给乙公司，合同约定每月租金4000元，租期未定。签订合同时，预收租金8000元。5月底合同解除，甲公司收到乙公司补交租金12000元。甲公司6月份应补缴印花税多少？

【解析】该租赁业务发生的租金收入 = 12000 + 8000 = 20000（元）

应纳的印花税 = 20000 × 1‰ = 20（元）

⑤ 运输合同的计税依据为取得的运输费金额（即运费收入），不包括所运货物的金额、装卸费和保险费等。

对国内各种形式的货物联运，凡在起运地统一结算全程运费的，应以全程运费作为计税金额，由起运地运费结算双方缴纳印花税；凡分程结算运费的，应以分程的运费作为计税金额，分别由办理运费结算的各方缴纳印花税。

对国际货运，凡由我国运输企业运输的，运输企业所持的运费结算凭证，以本程运费计算应纳税额；托运方所持的运费结算凭证，按全程运费计算应纳税额。由外国运输企业运输进出口货物的，运输企业所持的运费结算凭证免纳印花税，托运方所持的运费结算凭证，应按规定计算缴纳印花税。

对货物运输、仓储保管、财产保险、银行借款等，办理一项业务既书立合同，又开立单据的，只就合同贴花；凡不书立合同，只开立单据，以单据作为合同使用的，应按照规定贴花。汇总所有的运输发票计算缴纳。

【例5-8】某运输公司与民政局签订了价值300万元的救灾物资运输合同，合同中注明运费2万元，装卸费3000元，则该运输公司应缴纳多少印花税？

【解析】装卸费不作为计税依据，因此该运输公司应缴纳印花税 = 20000 × 0.5‰ = 10（元）

⑥ 仓储、保管合同的计税依据为仓储、保管的费用。

⑦ 借款合同的计税依据为借款金额。

a. 凡是一项信贷业务既签订借款合同，又一次或分次填开借据的，只以借款合同所载金额计税贴花；凡是只填开借据并作为合同使用的，应以借据所载金额计税,在借据上贴花。

b. 借贷双方签订的流动资金周转性借款合同,一般按年(期)签订,规定最高限额,借款人在规定的期限和最高限额内随借随还。对这类合同只就其规定的最高额为计税依据,在签订时贴花一次,在限额内随借随还不签订新合同的,不再另贴印花。

c. 对借款方以财产作抵押,从贷款方取得一定数量抵押贷款的合同,应按借款合同贴花,在借款方因无力偿还借款而将抵押财产转移给贷款方时,应再就双方书立的产权书据,按产权转移书据的有关规定计税贴花。

d. 对银行及其他金融组织的融资租赁业务签订的融资租赁合同,应按合同所载租金总额,暂按借款合同计税。

【例 5-9】某金融机构发生下列业务:与某商场签订一年期流动资金周转性借款合同,合同规定一个年度内的最高借款限额为每次 100 万元,当年实际发生借款业务 4 次,累计借款额 300 万元,但每次借款额均在限额以内;与某企业签订融资租赁合同,金额 1000 万元;与某银行共同承担贷款业务,与甲企业签订总额为 5000 万元的贷款合同,其中本机构承担 40% 的份额。该金融机构应缴纳印花税多少?

【解析】该金融机构应缴纳印花税
$= 1000000 \times 0.05‰ + 10000000 \times 0.05‰ + 50000000 \times 40\% \times 0.05‰ = 1550$(元)

【例 5-10】某企业以一栋价值 50 万元的房产作抵押,取得银行抵押贷款 30 万元,并签订抵押贷款合同,年底由于资金周转困难,按合同约定将房产产权转移给银行,并依法签订产权转移书据。该企业应缴纳印花税多少?

【解析】该企业应先按借款合同贴花,抵押物转让,再按产权转让书据贴花。
应缴纳印花税 $= 30 \times 0.05‰ \times 10000 + 50 \times 0.5‰ \times 10000 = 265$(元)

⑧ 融资租赁合同的计税依据为租赁的租金。

⑨ 财产保险合同的计税依据为支付(收取)的保险费金额,不包括所保财产的金额。再保险合同亦不征税。

⑩ 技术合同的计税依据为合同所载的价款、报酬或使用费。

对技术开发合同,只就合同所载的报酬金额计税,研究开发经费不作为计税依据。

【例 5-11】某企业签订了如下经济合同:与银行签订一年期借款合同,借款金额 200 万元;与甲公司签订技术开发合同,合同总金额为 200 万元,其中研究开发费100万元。该企业应缴纳印花税多少?

【解析】应缴纳印花税 = 200 × 0.05‰ × 10000 + (200 - 100) × 0.3‰ × 10000 = 100 + 300 = 400(元)

（2）产权转移书据以书据中所载的金额为计税依据，不包括列明的增值税税款。

上述应税合同、产权转移书据未列明金额的，印花税的计税依据按照实际结算的金额确定。计税依据按照前款规定仍不能确定的，按照书立合同、产权转移书据时的市场价格确定；依法应当执行政府定价或者政府指导价的，按照国家有关规定确定。

（3）记载资金的营业账簿，以实收资本和资本公积的两项合计金额为计税依据。凡"资金账簿"在次年度的实收资本和资本公积未增加的，对其不再计算贴花。

【例5-12】某企业某年度实收资本为1000万元，资本公积为900万元。该企业在上年度资金账簿已按规定贴印花2500元。该企业当年应纳印花税是多少?

【解析】该企业应纳印花税 = (10000000 + 9000000) × 0.25‰ - 2500 = 2250(元)

计算结果说明企业账簿上的资本公积和实收资本金额较上年度增加了。只对增加的部分金额加收印花税。

（4）证券交易的计税依据，为成交金额。证券交易无转让价格的，按照办理过户登记手续时该证券前一个交易日收盘价计算确定计税依据；无收盘价的，按照证券面值计算确定计税依据。

表5-7及表5-8总结了合同类应税凭证及非合同类应税凭证的计税依据。

表5-7　　　　　　　　　合同类应税凭证的计税依据

应税合同	计税依据	说明
租赁合同	租赁金额	如税额不足1元的，按1元贴花
财产保险合同	保险费或收入	不包括所保财产的金额
仓储合同	仓储费或收入	不包括存储货物的金额
保管合同	保管费或收入	不包括所保管货物的金额
承揽合同	加工费或承揽收入	
融资租赁合同	租金	无
运输合同	运输费用或收入	不含所运货物的金额、装卸费和保险费

续表

应税合同	计税依据	说明
买卖合同	买卖金额	以货换货方式,应按合同所载的购、销金额合计数计税贴花
建设工程合同	合同金额	分包或合同,仍应按所载金额另行贴花
技术合同	合同所载金额	技术开发合同,只就其合同所载的报酬金额计税,研发经费不作为计税依据
借款合同	借款金额	六种特殊借款合同

表 5-8 非合同类应税凭证的计税依据

应税凭证	计税依据
书据类凭证	书据所载金额
账簿类凭证	记载资金的营业账簿"实收资本"和"资本公积"两项的合计金额
证券交易	成交金额

六、应纳税额的计算

纳税人的应纳税额,根据应纳税凭证的性质,分别按比例税率计算,其计算公式为:

应纳税额 = 应税凭证计税金额 × 适用税率

其中,同一应税凭证载有两个以上税目事项并分别列明金额的,按照各自适用的税目税率分别计算应纳税额;未分别列明金额的,从高适用税率。

计算印花税应纳税额应当注意的问题:

(1) 按金额比例贴花的应税凭证,未标明金额的,应按照凭证所载数量及市场价格计算金额,依适用税率贴足印花。

(2) 应税凭证所载金额为外国货币的,按凭证书立当日的国家外汇管理局公布的外汇牌价折合人民币,计算应纳税额。

(3) 同一凭证因载有两个或两个以上经济事项而适用不同税率,如分别载有金额的,应分别计算应纳税额,相加后按合计税额贴花;如未分别记载金额的,按税率高的计税贴花。比如以提供广告劳务抵偿房屋租赁费用的合同,是反映提供广告劳务和出租房屋的双重经济行为合同，属于应税凭证，分别按"承揽合同"和"租赁合同"的税目税率计算缴纳印花税。

【例5-13】阳光公司与铁路部门签订运输合同规定，由铁路部门负责货物运输和保管，合计收入额为10万元，则该合同适用的税率是多少？

【解析】由于该合同载有运输和保管两个事项，而且未分别记载金额的，应按税率高的计税贴花，保管合同的税率为1‰，而运输合同的税率为0.3‰，因此该合同适用的税率为1‰。

【例5-14】某运输公司8月与甲公司签订货物运输保管合同，记载运费9万元、装卸费1万元、保管费8万元、货物保价100万元。以价值60万元的仓库作抵押，从银行取得抵押贷款80万元，并在合同中规定了还款日期，但是到了还款日期后，由于资金周转困难而无力偿还，按合同规定将抵押财产的产权转移给银行，签订了产权转移书据。该运输公司以上经济行为应缴纳印花税是多少？

【解析】运输保管合同中分别记载了运费和保管费等，因此应分别按运输合同和保管合同计算印花税。

应缴纳印花税 =
90000×0.3‰ + 80000×1‰ + 800000×0.05‰ + 600000×0.5‰ = 447（元）

（4）已贴花的凭证，修改后所载金额增加的，其增加部分应当补贴印花税票，减少部分不退印花税。

（5）按比例税率计算纳税而应纳税额又不足1角的，免纳印花税；应纳税额在1角以上的，其税额尾数不满5分的不计，满5分的按1角计算贴花。对财产租赁合同的应纳税额超过1角但不足1元的，按1元贴花。

【例5-15】某企业与海外公司签订一份金额为700万美元的采购合同，并按规定缴纳了印花税，次年修改该合同，将金额增加为900万美元，修改凭证当日的美元与人民币的汇率为6.3889，当月1日美元与人民币的汇率为6.376，则该企业应补缴的印花税是多少？

【解析】该企业第二年应缴的印花税 =（900 - 700）×10000×6.3889×0.3‰ = 3833.34（元），尾数低于5分，不计，所以应缴纳3833.3元。

已贴花的凭证，修改后所载金额增加的，其增加的部分应当补贴印花税票；应税凭证所载金额为外国货币的，按凭证当日的国家外汇管理局公布的外国牌价折合人民币，计算应纳税额。

【例 5-16】某企业 2 月开业,领受房产权证、工商营业执照、税务登记证、卫生许可证及土地使用证各一件,与其他企业订立转移专用技术使用权书据一件,所载金额 90 万元;订立产品购销合同两件,所载总金额为 200 万元;订立借款合同一份,所载金额为 50 万元。此外,企业的营业账簿中,"实收资本"科目载有资金 600 万元,其他营业账簿 30 本。12 月该企业"实收资本"所载资金增加为 800 万元。试计算该企业 2 月应纳印花税额和 12 月应补缴印花税额。

【解析】

(1) 企业订立产权转移书据应纳税额:

应纳税额 = 900000 × 0.3‰ = 270(元)

(2) 企业订立买卖合同应纳税额:

应纳税额 = 2000000 × 0.3‰ = 600(元)

(3) 企业订立借款合同应纳税额:

应纳税额 = 500000 × 0.05‰ = 25(元)

(4) 企业营业账簿中"实收资本"所载资金:

应纳税额 = 6000000 × 0.25‰ = 1500(元)

(5) 2 月企业应纳印花税税额为:

270 + 600 + 25 + 1500 = 2395(元)

(6) 12 月资金账簿应补缴税额为:

应补纳税额 = (8000000 - 6000000) × 0.25‰ = 500(元)

七、减免税优惠

下列凭证免征印花税:

(1) 应税凭证的副本或者抄本;

(2) 依照法律规定应当予以免税的外国驻华使馆、领事馆和国际组织驻华代表机构为获得馆舍书立的应税凭证;

(3) 中国人民解放军、中国人民武装警察部队书立的应税凭证;

(4) 农民、家庭农场、农民专业合作社、农村集体经济组织、村民委员会购买农业生产资料或者销售农产品书立的买卖合同和农业保险合同;

(5) 无息或者贴息借款合同、国际金融组织向中国提供优惠贷款书立的借款合同；

（6）财产所有权人将财产赠与政府、学校、社会福利机构、慈善组织书立的产权转移书据；

（7）非营利性医疗卫生机构采购药品或者卫生材料书立的买卖合同；

（8）个人与电子商务经营者订立的电子订单。

根据国民经济和社会发展的需要，国务院对居民住房需求保障、企业改制重组、破产、支持小型微型企业发展等情形可以规定减征或者免征印花税，报全国人民代表大会常务委员会备案。

八、征收管理

（一）缴纳方法

1. 一般纳税方法

印花税通常由纳税人根据规定自行计算应纳税额，购买并一次贴足印花税票，完纳税款。

2. 简化纳税方法

（1）以缴款书或完税证代替贴花的方法。

（2）按期汇总缴纳印花税的方法。

（3）代扣税款汇总缴纳的方法。

3. 核定征收印花税

若出现下列情形之一时，则应由税务机关核定征收印花税：

（1）未按规定建立印花税应税凭证登记簿，或未如实登记和完整保存应税凭证的；

（2）拒不提供应税凭证或不如实提供应税凭证致使计税依据明显偏低的；

（3）采用按期汇总缴纳办法的，未按税务机关规定的期限报送汇总缴纳印花税情况报告，经税务机关责令限期报告，逾期仍不报告的；或者税务机关在检查中发现纳税人有未按规定汇总缴纳印花税情况的。

4. 纳税贴花的其他具体规定

（1）在应税凭证书立或领受时即行贴花完税，不得延至凭证生效日期贴花。

（2）印花税票应粘贴在应纳税凭证上，并由纳税人在每枚税票的骑缝处盖戳注销或画销，严禁揭下重用。

(3) 已经贴花的凭证，凡修改后所载金额增加的部分，应补贴印花。

(4) 凡多贴印花税票者，不得申请退税或者抵扣。

(5) 纳税人对纳税凭证应妥善保存。凭证的保存期限，凡国家已有明确规定的，按规定办理；其他凭证均应在履行纳税义务完毕后保存10年。

(二) 纳税时间、纳税环节和纳税地点

1. 纳税时间

印花税的纳税义务发生时间为纳税人书立应税凭证或者完成证券交易的当日。证券交易印花税扣缴义务发生时间为证券交易完成的当日。

印花税按季、按年或者按次计征。实行按季、按年计征的，纳税人应当自季度、年度终了之日起15日内申报缴纳税款；实行按次计征的，纳税人应当自纳税义务发生之日起15日内申报缴纳税款。但是，证券交易印花税需按周解缴。即证券交易印花税扣缴义务人应当自每周终了之日起5日内申报解缴税款以及银行结算的利息。

2. 纳税环节

印花税应当在书立或领受时贴花。具体是指，在合同签订时、账簿启用时和证照领受时贴花。

3. 纳税地点

印花税一般实行就地纳税。纳税人为境外单位或者个人，在境内有代理人的，以其境内代理人为扣缴义务人；在境内没有代理人的，由纳税人自行申报缴纳印花税，具体办法由国务院税务主管部门规定。

关键概念

印花税　　立合同人　　立账簿人　　立据人　　领受人
流动资金周转性借款合同

思考题

1. 印花税的特点是什么？
2. 简述印花税的征税范围。
3. 简述印花税的缴纳方法。

第三节 车辆购置税

学习目标

1. 熟悉车辆购置税的征税范围、纳税人和税率。
2. 掌握车辆购置税的计税依据和应纳税额的计算。
3. 熟悉车辆购置税的减免税优惠。
4. 了解车辆购置税的申报和缴纳。

引导案例

"一车开两票",汽车物流配送有限公司有没有逃税行为?

2022年,某市税务局稽查局在对某汽车物流配送有限公司开展纳税检查时发现,该公司2021年购买本田雅阁小轿车一辆,价值148000元。公司记账凭证反映购买汽车的发票有两张,一张是经销商开具的机动车销售统一发票,发票品名是汽车,金额是90000元;另一张发票是商业销售发票,发票品名是汽车补差,余额是58000元。根据公司提供的车辆购置税税票反映,公司只按机动车销售统一发票金额向税务局申报缴纳了车辆购置税。那么,该汽车物流配送有限公司有没有逃税行为?

一、车辆购置税概述

2018年12月29日,第十三届全国人大常委会第七次会议审议通过了《中华人民共和国车辆购置税法》(以下简称《车购税法》),《车购税法》明确将车购税完税或免税电子信息代替了纸质车购税完税证明,《车购税法》于2019年7月1日起实施。2000年10月22日国务院公布的《中华人民共和国车辆购置税暂行条例》同时废止。

二、征税制度

(一)纳税义务人

在中华人民共和国境内购置汽车、有轨电车、汽车挂车、排气量超过150毫升的摩托车（以下统称应税车辆）的单位和个人，为车辆购置税的纳税人，应当依照本法规定缴纳车辆购置税。其中，购置是指以购买、进口、自产、受赠、获奖或者其他方式取得并自用应税车辆的行为。

（二）课税对象

车辆购置税的征税范围包括汽车、有轨电车、汽车挂车、排气量超过一百五十毫升的摩托车。

（三）税率

车辆购置税实行统一比例税率，税率为10%。

（四）计算

1. 应纳税额的计算公式

车辆购置税实行从价定率的办法计算应纳税额。计算公式为：

应纳税额 = 计税价格 × 税率

2. 计税依据

车辆购置税的计税价格根据不同情况，按照下列规定确定：

（1）纳税人购买自用应税车辆的计税价格，为纳税人实际支付给销售者的全部价款，不包括增值税税款。

【例5-17】消费者购买一辆含税价为11.3万元的国产车，计算该纳税人应缴车辆购置税。

【解析】应纳税额 = 计税价格 × 税率
            = 113000 ÷ (1 + 13%) × 10%
            = 10000（元）

在本节的引导案例中，依据税法，该汽车物流配送有限公司购买价值148000元的本田雅阁小轿车一辆，收到的以"汽车补差"名义开具的58000元发票，应计入车辆购置税的计税价格，和以"汽车"名义开具的90000元机动车销售统一发票一并计税。因此，汽车经销商以帮助客户少缴车辆购置税作为"促销杠杆"，每销售一辆汽车，均为客户开具一张机动车销售统一发票，另加开一张为"改制费""改装费""汽车补差"等名目的商品销售发票，属于未按照规定开具发票；该汽车物流配送有限公司仅按机动车销售统一发票金额的90000元向税务局申报缴纳车辆购置税，有逃避车辆购置税的嫌疑。

（2）纳税人进口自用的应税车辆的计税价格的计算公式为：

计税价格 = 关税完税价格 + 关税 + 消费税

纳税人以外汇结算应税车辆价款的，按照申报纳税之日中国人民银行公布的人民币基准汇价，折合成人民币计算应纳税额。

（3）纳税人自产自用应税车辆的计税价格，按照纳税人生产的同类应税车辆的销售价格确定，不包括增值税税款。纳税人以受赠、获奖或者其他方式取得自用应税车辆的计税价格，按照购置应税车辆时相关凭证载明的价格确定，不包括增值税税款。

（4）进口旧车、因不可抗力因素导致受损的车辆、库存超过3年的车辆、行驶8万公里以上的试验车辆、国家税务总局规定的其他车辆，凡纳税人能出具有效证明的，计税依据为其提供的统一发票或有效凭证注明的价格。

（5）纳税人申报的应税车辆计税价格明显偏低，又无正当理由的，由税务机关依照《中华人民共和国税收征收管理法》的规定核定其应纳税额。

（五）纳税环节

车辆购置税实行一次征收制度。购置已征车辆购置税的车辆，不再征收车辆购置税。

（六）税收优惠

1. 法定免税

（1）依照法律规定应当予以免税的外国驻华使馆、领事馆和国际组织驻华机构及其有关人员自用的车辆。

（2）中国人民解放军和中国人民武装警察部队列入军队武器装备订货计划的车辆，免税。

（3）设有固定装置的非运输车辆，免税。设有固定装置的非运输车辆是指列入国家税务总局印发的免税图册的车辆，或未列入免税图册但经国家税务总局批准免税的车辆。

（4）悬挂应急救援专用号牌的国家综合性消防救援车辆。

（5）城市公交企业购置的公共汽电车辆。

根据国民经济和社会发展的需要，国务院可以规定减征或者其他免征车辆购置税的情形,报全国人民代表大会常务委员会备案。

2. 其他减免

(1) 回国服务的在外留学人员购买的1辆国产小汽车,或长期来华定居专家进口1辆自用小汽车(包括境内购置),免税。小汽车,是指含驾驶员座位9座以内,在设计和技术特性上主要用于载运乘客及其随身行李或者临时物品的乘用车。

留学人员、来华专家可直接到主管税务机关提供相应资料后办理免税事宜。港、澳留学人员可比照回国留学人员享受税收优惠。

(2) 防汛部门和森林消防等部门购置的由指定厂家生产的指定型号的用于指挥、检查、调度、防汛(警)、联络的专用车辆,免税。

(3) 为促进农业生产发展,切实减轻农民负担,经国务院批准,自2004年10月1日起对农用三轮车免征车辆购置税。农用三轮车是指:柴油发动机,功率不大于7.4千瓦,载重量不大于500千克,最高车速不大于40千米/小时的三个车轮的机动车。

(4) 为促进我国交通能源战略转型、推进生态文明建设、支持新能源汽车产业发展,自2021年1月1日至2022年12月31日,对购置的新能源汽车免征车辆购置税。免征车辆购置税的新能源汽车是指纯电动汽车、插电式混合动力(含增程式)汽车、燃料电池汽车。

免税、减税车辆因转让、改变用途等原因不再属于免税、减税范围的,应当在办理车辆过户手续前或者办理变更车辆登记注册手续前缴纳车辆购置税。

(5) 对购置日期在2022年6月1日至2022年12月31日期间内且单车价格(不含增值税)不超过30万元的2.0升及以下排量乘用车,减半征收车辆购置税。

(七) 征收管理

车辆购置税由税务局征收。自2019年7月1日起,按照《车购税法》的规定,在全国范围内正式实施应用车辆购置税电子完税信息办理车辆注册登记业务,全面取消纸质车辆购置税完税证明。

1. 纳税申报

车辆购置税实行一车一申报制度。

(1) 申报时间:纳税人应当在向公安机关车辆管理机构办理车辆登记注册前,缴纳车辆购置税。公安机关交通管理部门办理车辆注册登记,应当根据税务机关提供的应税车辆完税或者免税电子信息对纳税人申请登记的车辆信息进行核对,核对无误后依法办理车辆注册登记。

纳税人购买自用应税车辆的，应当自购买之日起60日内申报纳税；进口自用应税车辆的，应当自进口之日起60日内申报纳税；自产、受赠、获奖或者以其他方式取得并自用应税车辆的，应当自取得之日起60日内申报纳税。

（2）申报地点：纳税人购置应税车辆后，需要办理车辆登记注册手续的，应当向车辆登记注册地的主管税务机关申报纳税；不需要办理车辆登记注册手续的，应当向纳税人所在地征收车购税的主管税务机关申报纳税。

（3）申报资料：纳税人在办理纳税申报时应如实填写《车辆购置税纳税申报表》，同时提供车主身份证明、车辆价格证明、车辆合格证明和税务机关要求提供的其他资料的原件和复印件，由主管税务机关审核。

主管税务机关应对纳税申报资料进行审核，确定计税依据，征收税款，核发完税证明。征税车辆在完税证明征税栏加盖车购税征税专用章，免税车辆在完税证明免税栏加盖车购税征税专用章。

完税证明分正本和副本，按车核发、每车一证。正本由纳税人保管以备查验，副本用于办理车辆登记注册。完税证明不得转借、涂改、买卖或者伪造。

符合车购税免税、减税规定的车辆，纳税人在办理纳税申报时，还应根据不同情况，分别提供相关资料的原件、复印件及彩色照片。

（4）已经办理纳税申报的车辆发生下列情形之一的，纳税人应按本办法规定重新办理纳税申报：

免税、减税车辆因转让、改变用途等原因不再属于免税、减税范围的，纳税人应当在办理车辆转移登记或者变更登记前缴纳车辆购置税。计税价格以免税、减税车辆初次办理纳税申报时确定的计税价格为基准，每满一年扣减10%。

2. 退税

已缴车辆购置税的车辆，发生下列情形之一的，准予纳税人申请退税：

（1）纳税人将已征车辆购置税的车辆退回车辆生产企业或者销售企业的，可以向主管税务机关申请退还车辆购置税。退税额以已缴税款为基准，自缴纳税款之日至申请退税之日，每满一年扣减10%。

（2）应当办理车辆登记注册的车辆，公安机关车辆管理机构不予办理车辆登记注册的。纳税人申请退税时，主管税务机关应退还全部已缴税款。

（3）符合免税条件但已征税的设有固定装置的非运输车辆，主管税务机关依据国家税务总局批准的《设有固定装置免税车辆图册》或免税文件，办理退税。

3. 信息交换

税务机关和公安、商务、海关、工业和信息化等部门应当建立应税车辆信息共享和工作配合机制，及时交换应税车辆和纳税信息资料。

车辆购置税制度对于组织财政收入、促进交通基础设施建设和引导汽车产业发展都发挥了重要作用。2018年12月29日第十三届全国人民代表大会常务委员会第七次会议通过了《中华人民共和国车辆购置税法》，落实税收法定原则，将采取税制平移的方式将此前国务院有关条例上升为法律，同时对少数征税事项进行合理调整。制定车辆购置税法有利于完善车辆购置税法律制度，增强其科学性、稳定性和权威性，更好保护纳税人权利。

关键概念

车辆购置税　　最低计税价格　　一车一申报制度

思考题

1. 车辆购置税的纳税人是谁？
2. 车辆购置税的计税价格有哪几种情况？具体是如何规定的？
3. 在哪些情况下纳税人可以申请退税？

第四节　耕地占用税

学习目标

1. 熟悉耕地占用税的征税范围、纳税人和税率。
2. 掌握耕地占用税的计税依据和应纳税额的计算。
3. 熟悉耕地占用税的减免税优惠。
4. 了解耕地占用税的申报和缴纳。

引导案例

张某要缴纳耕地占用税吗？

村民张某占用自家耕地200平方米修建自住房一栋，税务所核定张某应当缴纳耕地占用税500元，张某不服，认为自己具有耕地使用权，可以自主决定用途，因此,拒绝缴纳税款。请问张某是否应缴纳耕地占用税?

一、耕地占用税概述

耕地占用税是一种行为税,属于地方税的一种。耕地占用税作为对占用耕地建房或者从事其他非农建设为征收对象的税种,属于一次性税收。它按照纳税人占用的应税耕地面积就规定税额进行核算征收,采用定额税率,其标准取决于人均占有耕地的数量和经济发达程度。

土地是人类赖以生存和发展的资源,耕地是从事农业生产的基本条件。我国作为地少人多的国家,耕地资源十分稀缺。自20世纪80年代以来,由于非农业用地和人口的急剧增加,人均耕地面积大幅度减少,耕地使用情况堪忧。为了改变这种局面,合理利用土地资源,加强土地管理,保护农用耕地,国务院于1987年4月1日发布了《中华人民共和国耕地占用税暂行条例》,即日起施行。当时征税目的在于限制非农业建设占用耕地,建立发展农业专项资金,促进农业生产的全面协调发展。征税范围包括种植农作物耕地(含3年前曾用于种植农作物的耕地)、鱼塘、园地、菜地和其他农业用地,如人工种植草场和已开发种植农作物或从事水产养殖的滩涂等。随着经济与社会的发展,旧耕地占用税条例的有关条款已不符合现实发展的需要。2007年12月1日国务院修改并公布了《中华人民共和国耕地占用税暂行条例》,财政部、国家税务总局于2008年2月26日公布了《中华人民共和国耕地占用税暂行条例实施细则》。2018年12月29日,第十三届全国人民代表大会常务委员会第七次会议通过了《中华人民共和国耕地占用税法》,自2019年9月1日起施行。2019年8月30日,国家税务总局发布《关于耕地占用税征收管理有关事项的公告》,进一步规范了耕地占用税的征收管理。

二、耕地占用税的特点

(一)兼具资源税与行为税性质

耕地占用税以所占用的耕地为课税对象,属于土地资源范畴,具有资源税性质;耕地占用税又是对占用农用耕地建房或从事其他非农用建设的行为征税,以约束占用耕地的行为、促进土地资源的合理运用为课征目的,具有明显的特定行为税的特点。

（二）一次性征收

耕地占用税对特定的土地资源课征，因此，在发生应税行为时一次性征收，除对获准占用耕地后两年未使用者需要加征耕地占用税外，以后不再征收。

（三）因地制宜

耕地占用税采用地区差别税率，根据不同地区的不同情况，分别制定差别税额，人均耕地面积的差异越大，征收差别越大。它能适应我国地域辽阔、各地区之间耕地质量差别较大、人均占有耕地面积相差悬殊的具体情况，具有因地制宜的特点。

（四）普遍征收

不论是国家、集体或个人，不论是企事业或行政单位，不论是占用国家或集体的耕地，甚至本单位占用自己使用的耕地建房或从事其他非农业建设，除有明确规定的某些特殊用地外，都要依法征收耕地占用税。

（五）用途特定

国务院明确规定，国家征收的耕地占用税是国家土地综合开发建设基金的主要来源，全部用于发展农业，增加农业投资，开展宜耕土地开发和改良现有耕地之用，因此，耕地占用税具有补偿性质，它同农业生产直接联系，能形成新的生产能力的开发项目和措施。

三、耕地占用税的纳税义务人、征税对象

（一）纳税义务人

占用耕地建房或者从事非农业建设的单位或者个人，为耕地占用税的纳税人，应当依照规定缴纳耕地占用税。

单位，包括国有企业、集体企业、私营企业、股份制企业、外商投资企业、外国企业以及其他企业和事业单位、社会团体、国家机关、部队以及其他单位；个人，包括个体工商户以及其他个人。

（二）征税对象

耕地占用税的征税范围包括纳税人为建房或从事其他非农业建设而占用的国家所有和集体所有的耕地。

所谓"耕地"，是指种植农业作物的土地，包括菜地、园地等。具体来说，耕地占用税的征税范围包括以下土地：

（1）种植粮食作物、经济作物的土地，包括粮田、棉田、油料田、麻田、烟田、蔗田等。

（2）菜地，即城市郊区种植蔬菜的土地。

（3）园地，包括花圃、苗圃、茶园、果园、桑园和其他种植经济林木的土地。

（4）鱼塘，占用鱼塘建房或从事其他非农业建设，也视同占用耕地，必须依法征收耕地占用税。

（5）其他农用土地，包括已开发的从事种植、养殖的滩涂、草场、水面和林地等。占用这类土地是否征税，由省、自治区、直辖市人民政府本着有利于保护农用土地资源和保护生态平衡的原则，结合具体情况加以确定。

占用上述耕地，用作建房和其他非农业建设的，都是耕地占用税的纳税人。这部分占地数量大，有些对农业发展会带来极为不利的影响。因此，需要通过税收严格加以限制。至于农业内部结构调整占用的耕地，如退耕还林、退耕还牧等，都不属于耕地占用税的征税范围。需要注意的是，直接为农业生产服务而建设的建筑物、构筑物占用耕地，均不属于耕地占用税征税范围。

四、税率和应纳税额的计算

（一）税率

耕地占用税以纳税人占用耕地的面积为计税依据，以每平方米为计量单位，采取地区差别幅度定额税率。由于我国各地区经济发展情况各异，人口和耕地资源的分布极不均衡，有些地区人烟稠密，耕地资源相对匮乏；而有些地区则人烟稀少，耕地资源比较丰富。考虑上述因素，我国耕地占用税以县为单位，按人均占有耕地面积将税额标准分为四个档次。总体来说，人口稠密、人均耕地较少、经济比较发达、非农业占地问题比较突出或者土地质量较好的县，税率要高；反之，人口稀疏、人均耕地较多、经济不太发达或者土地质量较差的县，税率就低些。对农民新建自用住宅用地，从轻定率征税。具体的税率规定如表5-9所示。

表5-9　　　　耕地占用税税率（以县级行政区域为单位）

人均耕地面积	单位税额
1亩以下（含1亩）	10元/平方米至50元/平方米
超过1亩但不超过2亩	8元/平方米至40元/平方米
超过2亩但不超过3亩	6元/平方米至30元/平方米
超过3亩	5元/平方米至25元/平方米

在人均耕地低于0.5亩的地区，省、自治区、直辖市可以根据当地经济发展情况，适当提高耕地占用税的适用税额，但提高的部分不得超过上述规定税额的50%。而占用基本农田的，应当按照当地适用税额，加按150%征收。各地平均税额见表5-10。

表5-10　　　各省、自治区、直辖市耕地占用税平均税额

地区	每平方米平均税额（元）
上海	45
北京	40
天津	35
江苏、浙江、福建、广东	30
辽宁、湖北、湖南	25
河北、安徽、江西、山东、河南、重庆、四川	22.5
广西、海南、贵州、云南、陕西	20
山西、吉林、黑龙江	17.5
内蒙古、西藏、甘肃、青海、宁夏、新疆	12.5

（二）应纳税额的计算

耕地占用税以纳税人实际占用的耕地面积为计税依据，以每平方米土地为计税单位，按适用的定额税率计税。计算公式为：

应纳税额 = 实际占用耕地面积(平方米) × 适用定额税率

【例5-18】 某市一家企业新占用50000平方米耕地用于工业建设，所占耕地适用的定额税率为20元/平方米，计算该企业应纳的耕地占用税。

【解析】 应纳税额 = 50000平方米 × 20元/平方米 = 1000000（元）

五、税收优惠

(一) 免征耕地占用税

（1）军事设施占用耕地。

免税的军事设施，是指《中华人民共和国军事设施保护法》第二条所列建筑物、场地和设备。具体包括：指挥机关，地面和地下的指挥工程、作战工程；军用机场、港口、码头；营区、训练场、试验场；军用洞库、仓库；军用通信、侦察、导航、观测台站，测量、导航、助航标志；军用公路、铁路专用线，军用通信、输电线路，军用输油、输水管道；边防、海防管控设施；国务院和中央军事委员会规定的其他军事设施。

（2）学校、幼儿园占用耕地。

（3）社会福利机构占用耕地。

免税的社会福利机构，是指依法登记的养老服务机构、残疾人服务机构、儿童福利机构及救助管理机构、未成年人救助保护机构内专门为老年人、残疾人、未成年人及生活无着的流浪乞讨人员提供养护、康复、托管等服务的场所。

养老服务机构，是指为老年人提供养护、康复、托管等服务的老年人社会福利机构。具体包括老年社会福利院、养老院（或老人院）、老年公寓、护老院、护养院、敬老院、托老所、老年人服务中心等。

残疾人服务机构，是指为残疾人提供养护、康复、托管等服务的社会福利机构。具体包括为肢体、智力、视力、听力、语言、精神方面有残疾的人员提供康复和功能补偿的辅助器具，进行康复治疗、康复训练，承担教育、养护和托管服务的社会福利机构。

儿童福利机构，是指为孤、弃、残儿童提供养护、康复、医疗、教育、托管等服务的儿童社会福利服务机构。具体包括儿童福利院、社会福利院、SOS 儿童村、孤儿学校、残疾儿童康复中心、社区特教班等。

社会救助机构，是指为生活无着的流浪乞讨人员提供寻亲、医疗、未成年人教育、离站等服务的救助管理机构。具体包括县级以上人民政府设立的救助管理站、未成年人救助保护中心等专门机构。

（4）医疗机构占用耕地。免税的医疗机构，是指县级以上人民政府卫生健康行政部门批准设立的医疗机构内专门从事疾病诊断、治疗活动的场所及其配套设施。

(5) 农村烈士遗属、因公牺牲军人遗属、残疾军人以及符合农村最低生活保障条件的农村居民，在规定用地标准以内新建自用住宅，免征耕地占用税。

(6) 占用园地、林地、草地、农田水利用地、养殖水面、渔业水域滩涂以及其他农用地建设直接为农业生产服务的生产设施。

（二）减征耕地占用税

(1) 铁路线路、公路线路、飞机场跑道、停机坪、港口、航道、水利工程占用耕地，减按每平方米2元的税额征收耕地占用税。减税的公路线路，是指经批准建设的国道、省道、县道、乡道和属于农村公路的村道的主体工程以及两侧边沟或者截水沟。具体包括高速公路、一级公路、二级公路、三级公路、四级公路和等外公路的主体工程及两侧边沟或者截水沟。

(2) 农村居民在规定用地标准以内占用耕地新建自用住宅，按照当地适用税额减半征收耕地占用税。

【例5-19】某村农民李某经批准后，占用耕地140平方米为自家修建一栋两层楼住房，所占耕地适用的定额税率为10元/平方米，计算李某应缴纳的耕地占用税。

【解析】农村居民占用耕地新建住宅减半征收耕地占用税。

李某应缴纳税额 = 140平方米 × 10元/平方米 × 50% = 700（元）

免征或者减征耕地占用税后，纳税人改变原占地用途，不再属于免征或者减征耕地占用税情形的，应当按照当地适用税额补缴耕地占用税。

(3) 占用园地、林地、草地、农田水利用地、养殖水面、渔业水域滩涂以及其他农用地建设建筑物、构筑物或者从事非农业建设的，适用税额可以适当低于《耕地占用税法》规定的适用税额，但降低的部分不得超过50%。

（三）退税

纳税人因建设项目施工或者地质勘查临时占用耕地，应当依照规定缴纳耕地占用税。但纳税人在批准临时占用耕地期满之日起1年内依法复垦，恢复种植条件的，全额退还已经缴纳的耕地占用税。

六、申报和缴纳

（一）征收单位

耕地占用税由税务机关负责征收。税务机关应当与相关部门建立耕地占用税涉税信息共享机制和工作配合机制。县级以上地方人民政府自然资源、农业农村、水利等相关部门应当定期向税务机关提供农用地转用、临时占地等信息，协助税务机关加强耕地占用税征收管理。

自然资源主管部门凭耕地占用税完税凭证或者免税凭证和其他有关文件发放建设用地批准书。

（二）纳税期限

（1）获准占用耕地的单位或者个人应当在收到土地管理部门的通知之日起30日内缴纳耕地占用税。

（2）未经批准占用应税土地的纳税人，其纳税义务发生时间为自然资源主管部门认定其实际占地的当日。

（3）纳税人改变原占地用途，需要补缴耕地占用税的，其纳税义务发生时间为改变用途当日，具体为：经批准改变用途的，纳税义务发生时间为纳税人收到批准文件的当日；未经批准改变用途的，纳税义务发生时间为自然资源主管部门认定纳税人改变原占地用途的当日。

关键概念

耕地占用税　　占用面积

思考题

1. 耕地占用税的计税依据有几种？
2. 如何计算耕地占用税？

第五节　船舶吨税

学习目标

1. 了解船舶吨税的概念及征税范围。
2. 掌握船舶吨税的计税依据和应纳税额的计算。
3. 了解船舶吨税的期别、吨税执照申领及管理。

引导案例

2021年5月20日，A国某运输公司一艘货轮驶入我国某港口，该货轮净吨位为30000吨，货轮负责人已向我国该海关领取了吨税执照，在港口停留期限为30天。A国已与我国签订有相互给予船舶税费最优惠国待遇条款。请思考该货轮负责人是否应向我国海关缴纳船舶吨税。

一、船舶吨税概述

船舶吨税是对自中华人民共和国境外港口进入境内港口的船舶而征收的一种使用税，简称吨税。有的国家以灯塔税的名义征收船舶吨税。

船舶吨税是我国18个税种之一，2001年纳入中央预算。2012年1月1日，《中华人民共和国船舶吨税暂行条例》（以下简称《条例》）正式实施。船舶吨税的征收管理依据《条例》执行。1952年发布的沿用了近60年的《中华人民共和国海关船舶吨税暂行办法》同时废止。

2017年12月27日第十二届全国人民代表大会常务委员会第三十一次会议通过了《中华人民共和国船舶吨税法》，自2018年7月1日起施行。2011年12月5日国务院公布的《中华人民共和国船舶吨税暂行条例》同时废止。

二、船舶吨税应纳税额的计算

（一）税目税率

吨税的税目税率参见表5-11执行。吨税设置优惠税率和普通税率。中华人民共和国籍的应税船舶，船籍国（地区）与中华人民共和国签订含有相互给予船舶税费最惠国待遇条款的条约或者协定的应税船舶，适用优惠税率。其他应税船舶，适用普通税率。吨税的多少取决于船舶净吨位、国籍以及缴纳期别。

表5-11　　　　　　　　　船舶吨税税目税率

税目	税率（元/净吨）					
	普通税率（按执照期限划分）			优惠税率（按执照期限划分）		
	1年	90日	30日	1年	90日	30日
不超过2000净吨	12.6	4.2	2.1	9.0	3.0	1.5

续表

税目	税率（元/净吨）					
	普通税率（按执照期限划分）			优惠税率（按执照期限划分）		
	1年	90日	30日	1年	90日	30日
超过2000净吨，但不超过10000净吨	24.0	8.0	4.0	17.4	5.8	2.9
超过10000净吨，但不超过50000净吨	27.6	9.2	4.6	19.8	6.6	3.3
超过50000净吨	31.8	10.6	5.3	22.8	7.6	3.8

注：1. 拖船按照发动机功率每千瓦折合净吨位0.67吨。拖船，是指专门用于拖（推）动运输船舶的专业作业船舶。

2. 无法提供净吨位证明文件的游艇，按照发动机功率每千瓦折合净吨位0.05吨。

3. 拖船和非机动驳船分别按相同净吨位船舶税率的50%计征税款。非机动驳船，是指在船舶登记机关登记为驳船的非机动船舶。非机动船舶，是指自身没有动力装置，依靠外力驱动的船舶。

（二）税额的计算方法

吨税按照船舶净吨位和吨税执照期限征收。净吨位，是指由船籍国（地区）政府签发或者授权签发的船舶吨位证明书上标明的净吨位。吨税执照期限，是指按照公历年、日计算的期间。应税船舶负责人在每次申报纳税时，可以按照表5-11选择申领一种期限的吨税执照。

吨税的应纳税额按照船舶净吨位乘以适用税率计算。净是指由船籍国（地区）政府签发或者授权签发的船舶吨位证明书上标明的净吨位。

应纳税额 = 船舶净吨位 × 税率

【例5-20】2021年12月1日，A国某公司一艘货轮驶入我国某港口，该货轮净吨位为12000吨，货轮负责人已向我国该海关领取了《吨税执照》，在港口停留期限为1年，A国已与我国签订有相互给予船舶税费最惠国待遇条款的协定。则该货轮负责人应向我国海关缴纳船舶吨税多少元？

【解析】根据规定，该货轮应享受优惠税率，每净吨位为19.8元。因此，该货轮负责人应向我国海关缴纳船舶吨税 = 12000 × 19.8 = 237600（元）。

三、缴纳方式

如表5-11所示，船舶吨税分1年期、90天期与30天期三种缴纳方式。

缴纳期限由应税船舶负责人或其代理人自行选择。

四、吨税执照申领及管理

(一) 申领

应税船舶在进入港口办理入境手续时，应当向海关申报纳税领取吨税执照，或者交验吨税执照（或者申请核验吨税执照电子信息）。应税船舶在离开港口办理出境手续时，应当交验吨税执照（或者申请核验吨税执照电子信息）。

应税船舶负责人申领吨税执照时，应当向海关提供下列文件：

(1) 船舶国籍证书或者海事部门签发的船舶国籍证书收存证明；

(2) 船舶吨位证明。

应税船舶因不可抗力在未设立海关地点停泊的，船舶负责人应当立即向附近海关报告，并在不可抗力原因消除后，依照本法规定向海关申报纳税。

(二) 延长执照期限

在吨税执照期限内，应税船舶发生下列情形之一的，海关按照实际发生的天数批注延长吨税执照期限：

(1) 避难、防疫隔离、修理、改造，并不上下客货；

(2) 军队、武装警察部队征用。

(三) 继续有效情形

应税船舶在吨税执照期限内发生下列情形的，吨税执照继续有效：

(1) 更名的；

(2) 因修理导致吨位变化的；

(3) 船籍改变的；

(4) 因税目税率调整导致适用税率变化的；

(四) 毁损或遗失

吨税执照在期满前毁损或者遗失的，应当向原发照海关书面申请核发吨税执照副本，不再补税。

五、优惠政策

（一）免税政策

下列船舶免征吨税：

(1) 应纳税额在人民币 50 元以下的船舶；

(2) 自境外以购买、受赠、继承等方式取得船舶所有权的初次进口到港的空载船舶；

(3) 吨税执照期满后 24 小时内不上下客货的船舶；

(4) 非机动船舶（不包括非机动驳船）；

(5) 捕捞、养殖渔船；

(6) 避难、防疫隔离、修理、改造、终止运营或者拆解，并不上下客货的船舶；

(7) 军队、武装警察部队专用或者征用的船舶；

(8) 警用船舶；

(9) 依照法律规定应当予以免税的外国驻华使领馆、国际组织驻华代表机构及其有关人员的船舶；

(10) 国务院规定的其他船舶。

前款第十项免税规定，由国务院报全国人民代表大会常务委员会备案。

（二）延期优惠

在吨税执照期限内，应税船舶发生下列情形之一的，海关按照实际发生的天数批注延长吨税执照期限：

(1) 避难、防疫隔离、修理、改造，并不上下客货；

(2) 军队、武装警察部队征用。

六、征收管理

（一）纳税义务发生及纳税期限

(1) 船舶吨税纳税义务发生时间为应税船舶进入港口的当日。

(2) 应税船舶在吨税执照期满后尚未离开港口的，应当申领新的吨税执照，自上一次执照期满的次日起续缴吨税。

（3）应税船舶负责人应当自海关填发船舶吨税缴款凭证之日起 15 日缴清税款。未按期缴清税款的，自滞纳税款之日起至缴清税款之日止，按日加收税款滞纳金。

（二）征管机关

吨税由海关负责征收。海关征收吨税应当制发缴款凭证。

应税船舶负责人缴纳吨税或者提供担保后，海关按照其申领的执照期限填发吨税执照。

（三）其他管理

（1）海关发现少征或者漏征税款的，应当自应税船舶应当缴纳税款之日起 1 年内，补征税款。但因应税船舶违反规定造成少征或者漏征税款的，海关可以自应缴纳税款之日起 3 年内追征税款，并自应缴纳税款之日起按日加征少征或者漏征税款 0.5‰的税款滞纳金。

海关发现多征税款的，应当在 24 小时内通知应税船舶办理退还手续，并加算银行同期活期存款利息。

应税船舶发现多缴税款的，可以自缴纳税款之日起 3 年内以书面形式要求海关退还多缴的税款并计算银行同期活期存款利息；海关应当自受理退款申请之日起 30 日内查实并通知应税船舶办理退还手续。

应税船舶应当自收到退税通知之日起 30 日内办理有关退还手续。

（2）应税船舶有下列行为之一的，由海关责令其改正，处 2000 元以上 3 万元以下罚款；不缴或者少缴应纳税款的，处不缴或者少缴税款 50% 以上 5 倍以下的罚款，但罚款不得低于 2000 元：

① 未按照规定申报纳税、领取吨税执照；

② 未按照规定交验吨税执照（或者申请核验吨税执照电子信息）以及提供其他证明文件。

关键概念

船舶吨税　吨税执照　净吨位

思考题

1. 简述船舶吨税政策的沿革历程。
2. 简述船舶吨税执照申领和管理。

图书在版编目（CIP）数据

中国税制／于海峰，李林木主编. —北京：经济科学出版社，2022.6
ISBN 978-7-5218-3749-0

Ⅰ.①中… Ⅱ.①于…②李… Ⅲ.①税收制度-中国-教材 Ⅳ.①F812.422

中国版本图书馆CIP数据核字（2022）第103919号

责任编辑：初少磊　尹雪晶
责任校对：李　建　郑淑艳
责任印制：范　艳

中国税制

于海峰　李林木　主编

经济科学出版社出版、发行　新华书店经销
社址：北京市海淀区阜成路甲28号　邮编：100142
总编部电话：010-88191217　发行部电话：010-88191522
网址：www.esp.com.cn
电子邮箱：esp@esp.com.cn
天猫网店：经济科学出版社旗舰店
网址：http://jjkxcbs.tmall.com
北京季蜂印刷有限公司印装
787×1092　16开　24印张　420000字
2022年6月第1版　2022年6月第1次印刷
ISBN 978-7-5218-3749-0　定价：78.00元
（图书出现印装问题，本社负责调换。电话：010-88191510）
（版权所有　侵权必究　打击盗版　举报热线：010-88191661
QQ：2242791300　营销中心电话：010-88191537
电子邮箱：dbts@esp.com.cn）